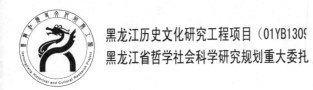

黑龙江历史文化研究工程项目（01YB130S

黑龙江省哲学社会科学研究规划重大委托

吴兆骞杨瑄研究资料汇编

李兴盛◇主编

黑龙江大学出版社
HEILONGJIANG UNIVERSITY PRESS

图书在版编目（CIP）数据

吴兆骞杨瑄研究资料汇编／李兴盛主编. —— 哈尔滨：
黑龙江大学出版社，2014.12（2021.7重印）
（东北流人文库／李兴盛主编）
ISBN 978 - 7 - 81129 - 852 - 9

Ⅰ．①吴… Ⅱ．①李… Ⅲ．①吴兆骞（1631～1684）
- 人物研究②杨瑄（1650～1720）- 人物研究 Ⅳ.
①K825.6

中国版本图书馆 CIP 数据核字（2014）第 285956 号

吴兆骞杨瑄研究资料汇编
WUZHAOQIAN YANGXUAN YANJIU ZILIAO HUIBIAN
李兴盛　主编

责任编辑　王剑慧
出版发行　黑龙江大学出版社
地　　址　哈尔滨市南岗区学府路 74 号
印　　刷　三河市春园印刷有限公司
开　　本　720毫米×1000毫米　1/16
印　　张　36
字　　数　431 千
版　　次　2014 年 12 月第 1 版
印　　次　2021 年 7 月第 2 次印刷
书　　号　ISBN 978 - 7 - 81129 - 852 - 9
定　　价　75.00 元

《东北流人文库》编委会

主　　任　张效廉

副 主 任　张　翔　艾书琴

成　　员（按姓氏笔画排序）

邓天红　任海天　李兴盛　张立民

庞玉红　赵军生　赵儒军

执行主编　李兴盛

李兴盛与流人学的研究

(《东北流人文库》代总序)

世有"显学"与"晦学"之分,"显学"为当世所重,群趋若鹜,如清之乾嘉考据学,今之红学、敦煌学等等,于是资料盈箧,成果丰硕,人才辈出,为举世所瞩目。"晦学"则不然,虽其学重要,然资料发掘艰难,前人成作较少,一时难见其功,学人多视为畏途,潜研者寥寥,若为世所遗忘者,今之流人学类此。

流人源出于流刑,多为蒙冤受屈,备受迫害与刑罚者。流人颇多具有文化素养,甚至学问淹博者也为数不少,世所谓"天下才子流人多"即指此而言。其人虽投诸四裔,犹不弃边远,播种文化,开发蒙昧,厥功至伟,是流人与流人文化问题固不得不有所研讨,而世之投身斯学者,固屈指可数也。

我之接触流人问题,始得益于安阳谢国桢(刚主)先生。我家与谢氏有通家之谊,少时曾借书于谢氏,得读刚主先生所著《清初流人开发东北史》,为前此未读之书。见其对清初发戍东北之流人所作专门性研究,既钦其治学视野之广阔,复感其研究有裨于清初开国史的探求。后此则未见有关流人新作。二十世纪五六十年代政治运动中辄有因种种新账老账一齐算而遭贬谪者,西部荒漠及北大荒等地均有其人，虽下放、锻炼名目各异，而其实与流人差近。投鼠忌器，颇为流人问题之研究增忌讳。七十年代初，我曾下放农村四年，耕余无聊，又谨言慎行，寡交游，遂就所携图籍中之流人著述，时加研读，随手札记心得，积久乃成《读流人书》一文。此举一则纾烦遣愁，借他人杯酒，浇自己块垒；再则见流人虽困处厄塞，而犹能寄托诗文，传播文化，颇受激励。深惟似此群体而淹塞不彰，研究者又甚鲜而深致感慨。八十年代初，海宇廓清，学术文化顿显新颜，有幸获识西北周轩、东北李兴盛二君，皆以流人问题研究自任，撰述探讨，卓有成就。其穷年累月从事"晦学"研究之精神，尤令人钦佩。

我识李君兴盛较晚，初仅书信往来，继又得读其惠我大作。我虽曾粗涉流人之学，而视李君所著之精深，则瞠乎其后矣！1989年，先后读其所著《边塞诗人吴兆骞》及《东北流人史》，见其"筚路蓝缕，以启山林"的精神及从个案研究走向通史研究的历程，窃喜流人学研究之得人！惟惜其尚局限于东北一隅，深冀其由一隅而扩及全面。孰意不及五年，而百余万言之《中国流人史》又问世，李君用功之勤，投入之深，求之当世，实不多见。我曾为此书做过鉴评说：《中国流人史》"'是对流人问题进行全方位、多层次、各区域的完整论述，开创了流人史研究的新体系'。我通读《中国流人史》的最深感受是，他不把知识分子流人的遭遇作为个案，而是加以群体的系统记述，使之成为记述中国知识分子坎坷经历、不幸命运、悲惨处境而仍能百折不挠，利国利民，奋发向上的感人史诗"。1998年冬，兴盛复以所主编之《何陋居集(外二十一种)》一书见惠，此书以清方拱乾之《何陋居集》为总名而含有宋、清、民国之流人文献共二十二种，为流人史之研究提供基本史料，厥功至伟。次年，兴盛不辞千里，亲临寒舍，一倾积愫，交流沟通，听其言，观其行，固恂恂然一君子也。我读书未遍，关于流人史的研究，除周、李二君的著述外，其他专著、论文所见尚鲜，此流人学之所以为"晦学"也。究其缘由，愚意以为治此学者必须具备三条件：

其一,研究者必须久居边远戍地,对流人生活背景、岁月煎熬,有亲临其地的切身感受,有一种为不幸者存史的激情冲动,乃以真挚的感情去探讨、研究,从而论述中国知识分子的忧患史。这是最重要的精神支柱。

其二,研究者必须具备发现挖掘史源、搜检考校史料和公允评论人物的学识底蕴与熟练技能。唯其如此,方能于人于事,持之有故,言之成理。方能由此及彼,由表及里,由个案至群体,由古代至近世,撰成诸种有关著述,使流人学之研究不数十年而蔚为大观。这是最重要的物质基础。

其三,研究者必须淡泊自甘,硁硁自守,不急功近利,不艳羡荣华。以悲天悯人之心,阐幽发微;不偏不倚,还人物以本来,终其生而无怨无悔。这是最重要的史德。

三者言易而行难,周、李二君得天独厚,幸逢其会,一羁居西陲,一谋食黑水,耳听故老逸闻,目见流人遗迹,抚今思昔,思潮汹涌,笔端激情,油然而生。二君皆好学深思之士,穷年累月,孜孜不倦,广搜博采,勤于著述,颇见称誉于学术界,而李君兴盛所著连年问世,凡个案研究、文献记录、史事纵论,皆所涉及,涵盖可谓深广。2000年,兴盛更将其流人文化研究延伸至流寓文化与旅游文化领域,主持《黑龙江流寓文化与旅游文化丛书》编写工作,其第一种《流寓文化中黑龙江山水名胜与轶闻遗事》一书,既出版问世,赋流人学以实践意义,研究对象由流人扩展至客寓人士,视野愈益开阔。2000年,复出示其另一种《中国流人史与流人文化论集》。兴盛倾历年之积存,更于《中国流人史》之基础上,总结升华,成此论集。捧读之余,欣悦不已。

兴盛之辑《中国流人史与流人文化论集》,虽为辑录其于流人问题研究中之理论观点,实则寓构筑流人学框架之深意。书分上下编,上编阐述有关流人与流人文化之理论问题,诸如流人的分类、流人史的分期及流人文化的界定与特性、流人历史作用的评价等等;

下编为文选，辑与撰者及其著作有关之资料，可备了解兴盛治学历程与所获成就之参考。从此，兴盛之于流人学之研究，有史、有论、有专门著述、有文献汇编，足称完整架构专学之规模。

目前，为了弘扬我国历代东北流人在逆境中建功立业、保卫与开发边疆的业绩及其艰苦奋斗的精神，为了促进由谢刚主先生开创的流人史、流人文化，乃至流人学这一新学科、新体系、新流派真正创建成功，兴盛君在黑龙江省委宣传部、黑龙江省新闻出版局及黑龙江大学出版社的大力支持下，以其三十余年研究成果为基础，正在编纂《东北流人文库》这部大型的历史文化丛书。《东北流人文库》拟分为"流人文献"与"流人研究"两大部分，堪称一部恢宏巨著。

相信我国前所未有的这部开拓型丛书的出版，对于黑龙江历史文化资源的抢救与黑龙江边疆文化大省的建设，对于东北，乃至全国历史文化，尤其是文学史、刑法史、民族交流史、人口迁徙史等学科的研究，对于繁荣我国出版事业，都会起到极大的促进作用。

流人学的建立是兴盛的一个梦，他自谦目前是"残编寻旧梦"，我看他已在日益走近"全编圆美梦"的佳境。他自勉是"攀登今未已，风雨正兼程"，我则以耄耋之年真诚地期待流人学不久将在社会科学的学科分类表上堂堂正正地占有一席之地。流人学之跫然足音，殆已日近一日。兴盛其勉旃！

二〇一〇年元月

凡　例

　　为了弘扬我国历代东北流人筚路蓝缕以启山林的创业精神,自强不息苦心经营的奋斗精神,关心国事反抗侵略的爱国精神,为了彰显他们在逆境中建功立业、保卫与开发边疆的业绩,为了促进由谢刚主先生开创的流人史这种新学科的研究,并使流人文化,乃至流人学这一新体系、新流派真正创建成功,在中共黑龙江省委宣传部、黑龙江省新闻出版局及黑龙江大学出版社的大力支持下,在本人三十余年全方位、多层次、系统化、理论化的流人研究的基础上,编纂了这部大型的历史文化丛书。相信我国前所未有的这部开拓型丛书的出版,对于黑龙江历史文化资源的抢救与黑龙江边疆文化大省的建设,对于东北,乃至全国历史文化,尤其是文学史、刑法史、民族交流史、人口迁徙史等学科的研究,都会起到极大的促进作用。现将本丛书"流人文献"的编辑凡例介绍如下:

　　(一)本系列所辑包括两种不同类型的著述:一为东北流人及其曾经出塞的亲友自撰的各种(诗文、史地、学术等)著述;一为前人(流人除外)所撰所编(如吴燕兰编《汉槎友札》、吴晋锡《半生自纪》)以及今人所辑录的与流人有关的各种体裁(包括碑传文)传记资料著述等。

　　(二)本系列所收流人及其曾经出塞的亲友自撰文献,上限始于有文献流传的宋辽金,下限止于清末。

　　(三)本系列所收各种流人文献及相关资料著述,原则上可以单独成册者印成一册,反之则将一人之多种著述或将数人之著述合为一册印行。

(四)本系列所收各种著述,均冠以一篇"前言",主要简单介绍作者行实与著述、所收著述之版本概况以及选用的底本。至于所收著述之史料价值及对作者的评价,不一定每书均有。这一点,请读者自行审酌。此外,书后尽量附录几种与作者及该文献相关之资料,供读者研读之参考。

(五)在整理过程中,将原竖刊本改为横排本,将原文之繁体字、异体字改为规范的简化字。原有避讳字(如为避康熙玄烨讳之"玄"字,方拱乾、方孝标之诗文集均缺末笔,陈之遴之诗集则作"元")一律改回。对少数民族含有侮辱性之字改为今天的正字,如《浮云集》之"猺"改为"瑶"等,其他则一仍其旧。但下列情况除外:

①专名用字(如人名、地名、事物名称)及容易引起歧义的繁体字,按习惯酌予保留。基于此,《甦庵集》之"甦"不作"苏",地名寘(tián)颜山之"寘"不作"置",徐湘蘋之"蘋"不作"苹"。又如表示剩余、多余之义的"餘"字,与代表"我"之"余"字极易引起歧义,因此不能一律以"余"字替代,有时必须作"餘"。基于此,"余生"、"余身"与"餘生"、"餘身"有别,而陈之遴"应连万死餘"句、释函可"自悔罪深餘舌在"句之"餘"字不能简化为"余"。同样的道理,陈之遴诗中的"於戏"与"短歌哀筑漫相於"之"於"也不能简化为"于"。方拱乾"八载縲人此日还"诗句中的"縲"字不宜简化为"累"。另如"髮"与"发"、"麯"与"曲"等经常会引起歧义等字也作如是处理。

②为了忠实于原文,同时为了便于学者对地名、人名、物名等事物名称源流及异名之考证与研究,同一名称的不同用字或词,酌予保留。如在古代文献中,长江多作扬子江,也有作杨子江者,山海关多作榆关,也有作渝关者(《浮云集》即作杨子江、渝关),凡此本系列二者并存,不予统一,余此类推。

③古籍刻本中多有通假字,为了忠实于原文,我们在点校整理时未予改正,仍存其原貌,如《甦庵集》辛丑年卷首有"男亨咸较"四

字,"较"是"校"的通假字。余者类推。

（六）本系列收录之流人文献,诗、词、赋与散文并存。为了整齐划一与美观,诗之排版五言、七言者基本每两句一行(杂言诗也尽量仿此)。作者之原注与我们所写之校记(改正、说明、增补)或注释等文字,则以"编者按"的形式,作为脚注,置于本页界线下方。而散文、赋、词(包括序、跋),则采取连排的排版方式。词有上下阕者,则在上下阕之间空两字。

作者原注及我们校改文字则作如下处理:凡原误、衍字应删或疑误之字,均加( ),而改正、增补或说明之文字则加〔 〕,至于疑误之文字不宜改正者,则于〔 〕中加问号即〔?〕,以示存疑。错误之字显而易见者(如干支中己亥误作巳亥等)径改,可以推知其误者,在〔 〕中注明"当作某"或"疑作某"。凡阙文或原文实在无法辨认之字,则以□代之。

又及,本丛书所收之文多据前人刻本,有的原文有正文和注文之分,注文多为双行夹注。我们在点校整理时,对此类注文采用比正文(宋体)小一些的楷体字编排,以示与正文有所区分。

前　　言

本书由《吴兆骞卷》与《杨瑄卷》两部书稿组成。

《吴兆骞卷》，辑录了清代至当代有关吴兆骞研究的资料。吴兆骞(1631—1684)，字汉槎，江苏吴江人，是清初"天分特高"、"惊才绝艳"的著名诗人，又是黑龙江，乃至东北一位历史文化名人。在其54岁的生命史中，最有作为的23年的青壮年是在"极人世之苦"的宁古塔地区度过的。在塞外，他播下文明的种子，撰写了大量反映东北自然风光、社会生活及流人心态，尤其是以抗俄斗争为题材的诗篇，对于清代东北文学史的研究、我国清诗的研究，乃至流人史、流人文化、流人学的研究，都发挥了不可低估的作用。从上世纪80年代初，本人就曾多次南北奔走，在全国多地图书馆中查阅大量相关文献，陆续编纂了《吴兆骞资料汇编》，并收入于2000年出版的《诗人吴兆骞系列》(另二册为传、年谱)中。2006年又曾略作修订，收入大型黑龙江地方文献丛书《黑水丛书》第十一辑之中。

本书自2000年初版至今已历时14年，其间又陆续搜集到一些相关史料，使吴氏的研究资料益臻完备，并在此基础上编纂了此书。本书资料分散文部分与韵文部分上下两编，上编为传记资料、序跋题记、著述考略、诗文辑佚、诗话诗评、友札辑存六部分，下编所辑诗词按写作时间为序分十年社集诸什、入狱出塞诸什、塞外流离诸什、喜还伤逝诸什及其他诸什五部分。另附其父吴晋锡《半生自纪》、吴兆骞《书信辑考》等附录。

本人对吴兆骞资料的搜集始于1980年，至今已35年。35年

来,从未间断,从未放弃,目前本书已辑录的相关资料,可称略尽于是,但仍不敢说完备无缺。如民国初年,著名画家胡汀鹭曾为顾贞观与纳兰性德书扇作《贯华阁图》,题此图的裴景福等十余位著名文人之诗词均曾涉及吴兆骞,但为避免版权纠纷,本书一首也没有收录。这是就可知者来说,至于未知者,当仍有遗漏。但不论如何,这方面的工作,本人已远远超越了他人。还应指出,《诗人吴兆骞系列》出版后,有些关注该书的读者,如李锡胤教授与田中侠教授及苏州从未谋面的严佳明先生等,均曾认真读过拙著,并就书中未曾校出的错字致信或打电话告知,使我深受感动,谨此致谢!

《杨瑄卷》,高云凌编。杨瑄,字玉符,一作玉斧,号楷庵,华亭(今上海市松江区)人。生于顺治十四年(1657),康熙十五年(1676)进士,授翰林院编修。二十九年,因故褫职发奉天八旗当差。三十三年,释归本籍。四十二年,诏复原职,官至内阁学士兼礼部侍郎。四十八年,在争夺储位的党争中,因依附皇八子胤禩被"原品休致"。雍正元年(1723),以"擅入乾清门"等罪,同其子锡履、锡恒遣戍黑龙江。四年(1726)除夕(即1727年1月21日)卒于戍所瑷珲(今爱辉)。有《楷庵诗略》、《塞外草》、《萝村诗稿》等。杨瑄正史无传,但其父子在塞外的侠诗与轶事,为黑龙江历史文化的发展所作出的贡献,是值得挖掘与研究的。

女作家高云凌生于古瑷珲城,对家乡的历史文化情有独钟,自然对杨瑄的事迹与著述倍加关注,基于此,曾立志为杨瑄父子撰写一部长篇历史小说。退休后寓居上海时,多次去杨瑄故乡金山卫考察调研,获得了《金山卫春秋》编委会俞德良、黎家余等先生的支持,他们提供了当地俞氏世代编修的《金山卫俞氏家谱》、《康城黄廷广记》关于杨瑄史料的传抄件。又多次赴上海图书馆与个人藏书家(如金文明先生),寻访相关史料。经过三四年的惨淡经营,写成《黑龙江文化流人杨瑄父子研究的拾遗补缺》一文。现将其中侧重资料性,并可征信者辑录成编,又将其搜访到的《萝村诗稿》整理点校,附录于后,从而编成这部《杨瑄卷》。这部书稿的刊印,对杨瑄父子,乃至东北历史文化与东北流人文化研究的作用是显而易见的。

　　限于我们的水平,这次整理,疏漏乃至错误之处在所难免,望广大读者批评指正。

李兴盛

2014.3.15

目　　录

吴兆骞卷

下编　韵文部分

杨瑄卷

吴兆骞杨瑄研究资料汇编

吴兆骞卷

李兴盛 主编

本书凡例

本书的编纂，与某些同类著述打破体裁类别，仅按作者时代先后为序的编法有所不同，主要采取以分类方式为主、其他方式为辅的编法。兹将本书的编纂体例说明如下：

（一）本书所有资料分为散文部分与韵文部分两大类。韵文部分系辑录诗、词、赋等韵文资料，而诗、词、赋等韵文之外的资料，均为散文部分。

（二）散文与韵文两大类资料，又各自分为若干小类。散文部分资料按体裁之不同，分为传记资料、序跋题记、著述考略、诗文辑佚、诗话诗评、友札辑存六小类。韵文部分则按吴兆骞生平事迹先后之差异，先分为十年社集、入狱出塞、塞外流离、喜还伤逝诸什四个小类，而不能列入上述四个时期之作，则编入第五小类——其他诸什。

（三）上述"传记资料"一类，基本以作者时代先后或作品产生先后为序，凡这种先后无法考知者，则据文意作大致之安排。"友札辑存"一小类，则以作者姓氏笔画为序。韵文部分"其他诸什"一类，则按诗词所咏内容类别之不同，同时兼顾作者时代先后之差异，加以安排。

（四）本书所收诗词与书信，凡写作时间能够考知者，均以按语形式予以注明。但为了节约篇幅，不完全作具体考证。

（五）鉴于吴氏《归来草堂尺牍》合众图书馆丛书本脱落与讹误处较多，因此本书重新辑录时，校以较罕见之章氏算鹤量鲸室抄本。

此外，本书之编纂参阅了张廷济之《秋籍馀韵》及其所附的翁广平、徐达源二氏所辑文献，并从中转录了部分诗文。这部分诗文，均予注明，以示不敢掠美。而转引于该书的诗文，个别字由于系草书，难以辨识，用□符号标明，以示存疑。在编辑方法上吸收了麻守中与王孟白先生之所长，特此声明，并致以谢意。

上编 散文部分

（一）传记资料

韩 菼

公讳晋锡，字兹受，号燕勒，姓吴氏，苏之吴江人也。六世祖，赠太仆寺卿，讳璋，以孝行著闻。子讳洪，孙讳山，皆仕至刑部尚书，吴中人称为大小尚书。小尚书生赠布政司左参政讳邦栋，于公为曾祖。参政生乡进士，赠左军都督府经历讳承熙，于公为祖。进士生顺宁府知府讳士龙，公之先考也。公微时，见天下已乱，即讲习象纬、韬钤、骑射之学。崇祯己卯举于乡，庚辰成进士。殿试时，上亲临策问，试新进士射骑，公三发三中，天颜大喜，赐酒，授湖广永州推官。呜呼！公之时，时事不可为矣。流贼蔓延，屡蹶复张，而守土无兵，震喝遁避，未见一贼，城邑已为丘墟矣。公至永，即首创团练之议，作保甲以募乡勇。清谳之暇，教以坐作进退之节，当事倚以为重。张献忠连陷荆襄、承德，且及长沙，祁阳土贼冯异借其声势，遥相呼应，竟破祁围永。公提剑登陴，督团兵鏖战三昼夜，贼宵遁去。公密设方略，大出师倾其巢穴，遂降其精锐，公威大振。长沙既陷，巡抚王聚奎来奔，公谓今虽陷败，而永新胜势锐，可以一战，请严辑部伍，分

守要害，庶兵民相安。王不能用，肆行剽掠，禁抑不止，而永始不可为。公乃突围北上，将泣血面陈楚事，而新抚何腾蛟移檄追之，且为题守永功，晋团练监军，因留佐之。是时北都沦没，福王监国南京，左良玉镇楚，骄蹇不奉命，何甚患之。公屡正其所为，左不敢横。我大清破闯，自成窜于湖北，至蒲圻，为乡兵所诛，其余党悉降于何。公因赞其乘势恢复，何不能用，乃题公为郴桂道，用以控御南楚。时郴有砂夫之乱，人惮不往，公单骑赴之。郴人闻公至，皆踊跃，曰："我公至，吾属生矣。"砂夫亦释甲听令。公乃诛其骁悍，用其材良，郴人悦服。南京覆亡，唐王在福，公疏请临楚东征。唐王以疏宣示群臣，终不能用，擢广西布政使司，辞以郴乱不行。乃加公大理寺卿，仍管道事。时郴地已危，公誓以死守，而何腾蛟督师长沙，檄公督饷。郴民号泣请留，公去而郴果复乱。全楚既失，督师奔滇，衡永郴桂长宝巡抚之命复下，公于是痛哭拜辞，入九疑山匿迹为头陀。及大清定楚，以书币招公，且荐为广西提学道，公坚不可，遂听公南归。终身闭户，蔬食以卒，时康熙元年七月初八日也。卒之日，语其子曰："某生不能死国难，死当表我墓，曰前进士某人之墓足矣。"呜呼！可哀也已。夫明之亡也，由于流贼之乱，守令不得其人，不能先事防遏，使其势日炽，畏葸退缩，不可复治。诚得公辈数人，亦未必乱。即乱，亦即时扑灭，又何至猖狂溃坏不可收拾若此哉？前夫人沈氏生兆宽、兆宫。早卒，葬于吴县之竹坞。后夫人杜氏于葵祖为侄，生兆宜，先公一年卒。侧室李氏生兆骞、兆宸、兆穹，婚皆名族。女适杨维斗先生子焯。康熙十三年正月二十一日，宽等奉公暨我表姑杜夫人，葬于吴县之宝华山采字圩祖茔之右。其葬也未有铭志，后数年兆宜以公所为《半生自纪》来，请葵为之次第其说，使志于墓。宽、宫、骞皆知名，人称为延陵三凤。宜齿弱于诸兄，而名亦相埒，或又号为吴四君，以比唐之窦氏、明之皇甫焉。宽以子树臣贵，赠奉直大夫、四川汉州知州。兆宫崇祯壬午副榜。兆骞顺治丁酉举人，被诬遣戍，献《长白山赋》赦归。诸孙，十有六人，曾孙十人，俱能世其业。铭曰：

　　延陵之胄，以孝起家。司寇相继，蔚为国华。奕叶佩绶，有名南土。公丁其艰，捍蔽全楚。谋之不用，抑有天命。崎岖危疑，率完其正。子孙纯纯，极公之忠。勒兹贞石，永列幽宫。

　　赐进士及第礼部尚书兼翰林院掌院学士教习庶吉士长洲韩菼顿首拜撰。

吴安国《吴氏族谱》卷十一

明故湖广永州推官燕勒吴公墓志铭

胡　渭

　　康熙四十八年秋八月庚申，松陵处士吴君靖誉先生卒。君讳兆宜，字显令，苏州吴江人也。其始祖赠太仆寺卿，讳璋，以孝德闻，世所称吴孝子者是也。孝子生洪，官宫保刑部尚书。尚书有四子，长讳山，官与父同，人谓之世司寇。两尚书皆以进士起家，有功烈，诏予孝子特祠，两尚书配飨，而吴氏遂为东南右族。世司寇之子讳邦栋，于君为高祖，以次子承煮贵，封山东布政司左参政。曾祖讳承熙，登乡荐，赠奉直大夫。祖讳士龙，以门荫仕至顺宁知府。考讳晋锡，文行茂著，为士林楷模，明季以进士，调永州推官。时方多事，诏授□□巡抚，寻弃官而归。君昆弟六人，弘人、闻夏、汉槎久已知名海内。君齿弱于诸昆，而名亦相埒，有延陵四君子之称。门第清华，资产素饶，及顺治丁酉，江南有科场之狱，而兆骞与其祸，时父子共财，所有田宅皆被籍，而君始萧然，无以自给矣。然义命自安，虽久处穷约，未尝有几微怨尤之色见于颜面也。少学为诗，有中唐风格，已而谢华就实，益肆力于古书。尤爱六朝骈俪之文，乃取徐、庾二集，句疏而字栉之，为笺注。齐梁之

世，去今已远，当时所用之书，今多散亡，君旁搜广辑，征事释意，必毫发无憾而后已。余向亦有事于此，见君之作，俯首叹绝，遂辍笔焉。君雅志淡泊，不昵声利，尝一至京都，权门援为塾师，未几即掉头去。而一遇大夫修学好古之家，辄徘徊经岁不忍别。近与余旅食花溪，为同舍客，凡五载。一旦遘腹疾，仓卒告归，甫浃旬而凶问至矣。临终神气自若，无乱命，享年七十有三。既卒，□族之长幼，群请其宗老，权谋所以为其名者。宗老曰："按谥法，宽乐令终曰靖，述古状今曰誉。君席富而贫，布衣草履，善乎自宽，生同逆旅，虽入朱门，如游蓬户，安时处顺，哀乐两去，可不谓靖乎？嗜奇耽僻，博览群书，大而法象，细及虫鱼，一物不知，中心阙如，疏通证明，随事补苴，可不谓誉乎？请谥之以靖誉。"众皆曰："善。"退而无异词，邑中遂□〔当作谥〕为靖誉先生。先生母杜夫人，中丞之继室也。娶于陈，有嗣音之美。男二，秩臣、秬臣。皆夙慧，补县学弟子员，不幸相继而夭。秩臣有一子曰然，为君嫡孙，恂恂孝谨，有文采，能世其家学。曾孙二，至诚、至慎，尚幼。君女二，孙女、曾孙女各二，婚嫁皆高门旧德。昔王无功有诗，自诩其事云："三男婚令族，二女嫁贤夫。"君之姻亚足以当之矣。君有西河之戚，久而不能忘。年七十复举一子，名之曰根臣。汤饼之会，适与君初度同日，喜而赋诗，命善画者写己像，为《枯杨生稊图》，盖至是而四世同堂，其心始慰也。及卒，根臣才四龄，不胜衰绖，嫡孙承重为丧主，含襚之事，必诚必敬，观者称有礼焉。后二岁，将以□月□日卜葬于尧峰山之麓。先期来乞铭，余泣然，曰："吾尚忍铭吾友乎？且吾之言，讵足以扬尔祖潜德乎？虽然，二十年之素交，言虽无文，不可已也。"乃为之铭曰：

黔娄之贫兮展禽之和，先生有道兮往世同科。生虽无爵，死则有谥。靖誉之名，加彼康惠。卜兹宅兆，既安且利。用介繁祉，以昌其后嗣。

同学弟德清胡渭撰。

吴安国《吴氏族谱》卷十一吴靖誉先生墓志铭

屈运隆

〔吴晋锡子〕季兆骞，字汉槎，丁酉举于乡。遭谣诼之祸，徙关外二十余年，作《长白山赋》，名动京师。癸亥春，得赎归，逾年卒。所著有《秋笳集》。

康熙二十四年《吴江县志》卷十三吴晋锡传附

按：兆骞系于康熙二十年辛酉赎归京师，此云癸亥（二十二年）春赎归，实指其归省吴江之时间，而非指其入关之时间。

徐　釚

余读《史记》邹阳上梁孝王书，曰："女无美恶，入宫见妒；士无贤不肖，入朝见嫉。"不禁掩卷叹息，以为千古若出一辙也。及观有明卢柟之为人，以跅跅使酒，至罹重法，械系黎阳，著《幽（鞠）〔鞫〕》、《放招》赋以自广。东郡谢榛，见长安诸贵人絮而泣曰："生有一卢柟，视其死而不救，乃从往古哀湘而吊沅乎？"诸贵人怜之，卒出柟于狱，而柟终无所遇，益落魄纵酒以殁，未尝不深悲之。若余友汉槎吴君者，岂非其人哉？

汉槎姓吴氏，讳兆骞，字汉槎，世为吴江人。明刑部尚书立斋吴公七世孙也。父燕勒公，讳晋锡，举庚辰进士，授永州府推官。汉槎垂髫，随至任所，过浔阳、大别，由洞庭泛衡湘，揽其山川形胜、景物气象，为诗赋，惊其长老。未几，流寇张献忠蹂躏楚地，汉槎奉母归，燕勒公亦解组旋里。值我朝定鼎江南，汉

9

槎年方英妙，才名大起，相随诸兄为鸡坛牛耳之盟，驰骛声誉，与今长洲相国文恪宋公、家司寇、司农玉峰两徐公，暨诸名贤，角逐艺苑，谈论风生，酒阑烛跋，挥毫落纸如云烟，世咸以才子目之。

丁酉登贤书，会科场事起，下刑部狱，羁囚请室，慷慨赋诗，随蒙世祖章皇帝宽宥，遣戍宁古塔。荷戈绝域，极目惨沮。太仓吴祭酒梅村为《悲歌行》以赠之，有"山非山兮水非水，生非生兮死非死"之句，送吏无不呜咽。而汉槎独赁牛车，载所携书，挥手以去。在宁古塔垂二十余年，白草黄沙，冰天雪窖，较之李陵、苏武，犹觉颠连困厄也。无锡顾梁汾舍人，与汉槎为髫龀交，时在东阁，日诵汉槎平日所著诗赋于纳腊侍卫性君所，如谢榛之于卢楠者。性君固心异之，思有以谋归汉槎矣。会今皇帝御极二十有一载，诏遣侍臣致祭长白山。长白山者，东方之乔岳也，地与宁古塔相连。汉槎为《长白山赋》数千言，词极瑰丽，藉使臣归献天子。天子亦动容咨询。有尼之者，不果召还。而纳腊侍卫，因与司农、司寇，暨文恪相国，醵金以输少府佐匠作，遂得循例放归。然在绝域已二十三年矣。时余方官京师，亦曾与汉槎一效奔走。其归也，抱头执手，为悲喜交集者久之。其母固无恙，而诸兄已相继云亡，遂为经师，馆于东阁者又期年，归而与太夫人上觞称寿，宗党戚里咸聚，以为相见如梦寐也。乃未及一年，复至都门，竟卒于旅舍。嗟嗟！岂非其命之穷也哉？初，汉槎为人性简傲，不谐于俗，以故乡里嫉之者众。及漂流困厄于绝塞者，垂二十余年，一旦受朋友脱骖之赠，头白还乡，其感恩流涕，固无待言，而投身侧足之所，犹甚潦倒，不自修饰，君子于是叹其遇之穷，而益痛其志之可悲也已。

余为吴氏婿，余亡妻与汉槎为兄妹行，且幼同学也，余故知之独深。汉槎以前辛未十一月某日生，其卒以康熙二十三年十月某日，年五十四。配葛氏，前庚午举人葛端调讳霡之女。子男一

人，桭臣，太学生。女四人，俱葛氏出。桭臣以康熙二十七年十一月十五日举柩葬于吴县宝华山之麓，即燕勒公墓旁也，以状涕泣而请余铭。余固不忍辞，遂为之铭，曰：

吁嗟乎，吴季子！幼而学经并学史，万里投荒几至死。绝域生还岂易耳，胡为泯泯止于此？吁嗟乎，吴季子！

《南州草堂集》卷二十九孝廉汉槎吴君墓志铭

钱 霑

吴兆骞，字汉槎，永州推官晋锡子。少有隽才，象勺时作《胆赋》，累千余言，见者无不惊异。与兄兆宽字弘人、兆宫字闻夏，以文行相劘切，有三凤之目。继复社而起，举敦槃之会，名士云集者，常数千人。为人简傲自寄，不拘细行，与所知出东郭门，述袁淑语曰："江东无我，卿当独步！"意气岸然。丁酉举于乡，遭谣诼之祸，徙关外二十余年，作《长白山赋》，名动至尊，得复归，逾年卒。所著有《秋笳集》。

康熙五十九年《吴江县志续编》(传抄本)卷六吴兆骞传

倪师孟

吴兆骞，字汉槎，父晋锡，见《名臣传》。兆骞性简傲，而有隽才，童子时作《胆赋》，累千余言，见者惊异。及长，与所知出北郭门〔按：他书作东郭门〕，顾同郡汪琬，述袁淑语曰："江东无我，卿当独步！"意气岸然。顺治十四年举于乡。科场事发，遣戍宁古塔。兆骞赁牛车，载书万卷，居塞外二十余年，日与羁臣逐客，饮酒赋诗，气益壮，才益沉丽，诸大帅皆敬礼之。康熙中，献《长白山赋》，圣祖览而称善。其友大学士宋德宜、尚书徐乾学，醵金赎之，得释归，逾年卒。所著有《秋笳集》行世〔下述其兄兆宽、兆宫事，略〕。

乾隆十一年《震泽县志》卷十九

周廷谔

　　吴举人兆骞，字汉槎，尚书洪七世孙，晋锡第四子也……年十六随伯兄兆宽，与吴中诸名宿，词坛角艺，援笔立就，落纸烟云，见者咋舌……（卒）时康熙甲子十月某日也，年五十四。公博通今古，喜为诗，颇极葩艳。其之宁古塔也，独赁牛车，载所携书万卷，冰天雪窖，遇羁臣逐客，相聚无不作诗。所著《秋笳集》，人或訾其居塞久，其风土人物，未获雕搜，刻画不若少陵客剑外，纤悉无不入咏。予曰："不然！公才士也。其羁愁与少陵同，而诗则未可以一律拘之，然而亦足以传矣。"

《吴江诗粹》卷二十吴兆骞诗附传

翁广平

　　汉槎姓吴氏，名兆骞。父名晋锡，前明崇祯十三年进士，授永州推官，永明王擢湖南巡抚，详《明史》列传。汉槎少颖悟，有隽才，九岁作《胆赋》数千余言，见者惊异。年十三游湘中，成《纪游》及《秋感》诗数十首，计甫草见之，叹为悲凉雄丽，直逼盛唐，而以用修"青楼"之句、元美《宝刀》之歌拟之。喜读书，一目数行俱下，然短于视，每鼻端有墨，则是日读书必数寸矣，同学以此验其勤否。性简傲，少所许可，尝与同辈出吴江东郭门，意气岸然不屑。中途忽顾同郡汪苕文，述袁淑语曰："江东无我，卿当独步。"旁人为之侧目。顺治十四年举于乡。先是，有吴超士者，汉槎族属也，自谓有才而厌于汉槎。又，汉槎弱冠时，与两兄弘人、闻夏入慎交社，而超士不得与，心尝衔之。至是，科场事起，超士遂以汉槎告当事，汉槎乃与弘人、闻夏同系狱。追汉槎论戍宁古塔，而释弘人、闻夏归。

汉槎既论戍，慨然就道，以牛车载书数千卷以行。居塞外二十余年，日与羁臣逐客，饮酒赋诗，气益壮，才益沉丽。结七子诗社，月凡三集。七子者，张坦公、姚琢之、钱虞仲、方叔、丹季、同邑钱德维与汉槎也。宁古某将军雅慕汉槎才，常敬礼之，俾掌书记，故虽戍，未尝有困苦也。朝鲜使臣李节度云龙，以兵事至宁古，尝属撰《高丽王京赋》，汉槎援笔草数千言，语使臣曰："词采华赡，仿佛班、扬。"其国亦以汉槎自评为当。康熙中，色侍中献汉槎所制《长白山赋》，圣祖览而称善。其友宋相国蓼天、徐尚书健庵，醵金赎之，得释归。一时朝野赋《喜吴汉槎入关诗》，多至数十百人。逾年卒。所著有《秋笳集》行世。

弘人名兆宽，廪膳生。闻夏名兆宫，崇祯壬午副贡。为人并淳谨和易，工诗古文，与汉槎齐名，有延陵三凤之目，及汉槎被遣，遂绝意进取，沉酣典籍。弘人著有《古香堂文集》、《爱吾庐诗稿》。闻夏著有《椒亭诗稿》。弟显令，名兆宜，私谥靖誉先生，博学工诗赋，尝笺注徐孝穆、庾子山、李义山、韩致尧诸集，征事训释，穷日夜不厌，书成，人咸服其博洽云。

《秋笳馀韵》附录松陵四子传之一

按：松陵四子，其他三人为顾有孝、计东、潘耒。

《秋笳附编》者，余友嘉兴张叔未梓其我邑吴孝廉汉槎唱和之作与友朋之尺牍也。余初未识叔未，而叔未数数问讯余。乙丑腊尽，挈舟过访于新篁里，纵观其所藏古书、金石文字与其所自著及《秋笳附编》一册，皆从所购真迹录出，且谓余曰："余平生喜读吴汉槎诗，今幸获是，急与子共赏之。"其《喜吴汉槎入关》一题，搜罗几尽，而徐健庵之首唱独阙焉，心尝恨也。时余感而颔之，不敢答。既归，遍访诸藏书家，亦竟不得。天寒被冷，起坐读《叶学山遗集》，而健庵首唱竟于是乎在，不觉拍案狂叫也：
"天下事有无心求觅而适相合者，岂真有数定欤？岂叔未之诚有以
感之，汉槎之魂魄有以护持之欤？"亟抄录之。又录同作三人诗，
又健庵诸公寄汉槎塞外书数首，俾健卒走报叔未。越三日，叔未
书至，乞余为序，因错综一二，以塞知己。

　　夫汉槎，松陵四子之一也。三子者，计甫草、顾茂伦、潘稼
堂也。三子虽穷达不同，然皆得优游林下以自适，独汉槎遭戍万
里之外，雪窖冰天，历二十五年之久，故其侘傺厄塞，悲愤无聊
之况，一一发之于诗。余尝披其前后集而尽读之，其苍凉雄丽，
如幽燕老将，河洛少年也。其情辞哀艳，如寡妇之夜哭，弱女之
捐躯也。其清婉溜亮，忧悱凄惨，如黄莺紫燕之和鸣，老狐□猿
之啼啸也……诗人之境遇至此而困极，诗人之体格亦至此而穷尽
矣。或曰汉槎以磊落不可羁之才，使得与鸿博之举，随侍从之班，
不难与稼堂、竹垞诸词臣比，而乃为变徵激楚之音，其殆遭际使
然乎？

　　余闻汉槎之出就外傅也，同学无不被其狎侮，其傅痛惩之，
谓它日必罹文网。又闻同人出垂虹桥，意气岸然不屑，中途忽顾
汪钝翁曰："江东无我，卿当独步！"旁人为之侧目。盖其矜己傲
物，凌轹侪辈，出自性成，遭戍之事，其有以召致也欤？古今来
恃才能而不遇者，若三闾大夫、李太白、韩昌黎、苏子瞻辈，其
文章诗赋断为千秋绝调。然使此四人者不遭贬斥，其文章诗赋必
不能若是之工，若是之悲壮，若是之流布而动人哭泣歌舞也。是
汉槎之遭戍也，天亦玉成之而不朽之也。独是汉槎我邑人也，其
遗编断句，子孙无能守者。而同邑诸君子又听其散佚焉。好古博
雅之叔未，独编次而续刊之也，余能无愧乎？竭其驽钝为序此而
不辞者，志余愧也。吴江翁广平撰。

　　　　《秋笳馀韵》附录《秋笳附编》序

翁小海

　　吴汉槎名兆骞，少有隽才，喜读书，目数行下，然短于视，每鼻端有墨，是日读书必数寸矣。顺治丁酉举于乡，未□□科场事起，论戍宁古塔。至日，与羁臣逐客，饮酒赋诗。有朝鲜使臣李云龙，属撰《高丽王京赋》，汉槎援笔草数千言，其国评之曰："情辞萧□，仿佛班、扬。"在戍所二十余年。康熙中，色侍中致其所撰《长白山赋》，圣祖称善。其友宋相国蓼天、徐尚书健庵，遂醵金赎之归，逾年卒。著有《秋笳集》。

　　　　　　　　　　《秋笳馀韵》附录松陵四先生画像之一

顾千里

　　士生于世，其能卓然自立、没而为人称道者，亦曰学而已矣。是故其不学也，岂无禄位赫奕、容貌壮佼，沾沾自喜，而转眄遒尽，徒类孤雏腐鼠。其学也，则虽槁项黄馘，偃蹇困顿，溘死无时，而光炎难泯，闻其风者往往流连遗迹，至于弗能自已。予观翁子小海松陵四君画像而益信斯言之非谬也。四君者，计甫草、顾茂伦、潘稼堂、吴汉槎。或牵连遭黜，或终身行遁，或才登旋替，或窜逐濒殆，所遇不同，而其遇之归于穷则同。迄于今，神往太虚，形蔽宰木，门户继嗣，渐就凋零，独其画像之传流，犹转相临抚，不啻与古来盛德丰功丹青炳焕者等。岂非四君之各显其学，有以自致于此乎？翁子家吴江，写真极工，往来郡城，多与闻人称莫逆，盖胸有友天下善士，又尚论古人之思焉。合绘是册，言敬维桑，辱其不弃，属予为之记。高山景行，朝夕一室，须眉面目宛然如生，夫善死者不亡，四君其有焉。抑莫为之后，虽美弗彰，翁子其有焉。他日者愿更访求松陵当日学人，若朱长

15

孺、王晓庵、陈见桃诸公，推是册而广之，俾夫百余年来，老成典型均得以勿坠于地，吾知翁子之盛心，固勤勤未有艾，而诸公之光炎难泯，亦正犹夫此四君也。至于四君与诸公之所学，详见邑乘郡志、本集暨同时人著述中，则不待复缀。是为记。

《思适斋集》卷五松陵四君画像记

清国史馆

吴兆骞，字汉槎，江苏吴江人。少有隽才，童时作《胆赋》五千余言，其师计名见之，诧曰："此子异时有盛名，然不免于祸矣。"及长，继复社主盟，才名动一世。时有江左三凤凰之目，谓华亭彭师度、宜兴陈维崧及兆骞也。顺治十四年举于乡，以科场事逮系，遣戍宁古塔。居塞上二十三年，佗傺不自聊，一发之于诗。尝作《长白山赋》数千言，词极瑰丽，圣祖遣侍臣祭长白山，归献之，上动容，咨嗟。后其友顾贞观商于纳兰性德、徐乾学，为纳锾，康熙二十年蒙恩赦还。逾三年卒，年五十四。著《秋笳集》三卷、《西曹杂诗》一卷、《前集》一卷、《杂体诗》一卷、《后集》一卷、《杂著》一卷。兆骞骈体文惊才绝艳，诗风骨遒上，出塞后尤工，故当时以才人目之。

《清史列传》卷七十吴兆骞传

顾　沅

吴兆骞，字汉槎，吴江人，晋锡之子。少有隽才，童子时作《胆赋》累千余言，见者惊异。入慎交社，名闻远近。为人简傲，不拘细行。顺治十四年举于乡。科场事发，遣戍宁古塔。塞外二十余年，日与羁臣逐客饮酒赋诗，气壮而才丽，诸大帅皆敬礼之。康熙癸亥，献所作《长白山赋》，圣祖览而称善。友人大学士徐元文捐金赎之，得释归。逾年卒，所著有《秋笳集》。墓在尧峰山薛家湾。赞曰：

其人简傲，细行不拘。秋笳一编，名在寰区。

《吴郡名贤图传赞》卷十七吴兆骞传赞

李元度

吴君兆骞，字汉槎，亦吴江人，童时作《胆赋》累千余言。长继复社主盟，才名动一世。顺治丁酉领乡荐，以科场事中蜚语被斥，流徙（尚阳堡）〔按应作宁古塔〕二十余年。作《长白山赋》，有研京炼都风力。宋文恪、徐健庵捐金赎之，得归。著有《秋笳集》。

《国朝先正事略》卷三十八

吴 修

吴兆骞，字汉槎，吴江人，顺治丁酉举人。以科场事谪戍宁古塔，一时送其出关之作遍天下，在塞外二十余年释归。诗多悲壮之音，有《秋笳集》。

《昭代名人尺牍》卷七

长 顺

吴兆骞，字汉槎，江苏吴江县人。少有隽才。父燕勒，以进士为永州府推官，从过浔阳、大别，出洞庭，泛衡湘，览山川形胜，发为诗歌，往往惊其长老。尝作《胆赋》，其师计名赏之曰："此子异时有盛名，然亦不免于祸。"性简傲，尝从侪辈出邑东门，意气岸然不屑，俄顾其宗人青坛作袁淑语曰："江东无我，卿当独秀。"闻者为侧目。与华亭彭师度、宜兴陈其年，号江左三凤凰，尤善无锡顾贞观。

顺治十四年举于乡，而主试方猷（检）〔检字衍〕、钱开宗颇通关节，或就其姓，减方之点，钱之二戈，为《万金记》传奇，流闻禁中。世祖大怒，诛猷（检）〔检字衍〕、开宗及同考官十六人于市。会顺天同考官李振邺、张我璞亦以张千、李万之谣坐诛。命复试南北举人于瀛台，题即《瀛台赋》。以护军二持刀挟举人一，与试者多震惧失次。则叹曰："焉有吴兆骞而以一举人行贿者乎？"遂不复为。亦以夙负才名，为言者多，谪戍宁古塔。将军巴海礼重之。妻葛亦间关相从。而纵酒放歌，与迁客张缙彦等为七谪之会，颇亦足乐。盖吴伟业赠《悲歌行》时所未及料。所著诗及骈体文见《秋笳集》者，气体益遒上，视少作不侔矣。康熙二十一年，圣祖遣祭长白山，因为《长白山赋》并序，使者以闻。其辞云云。

先是，京师诸故人多与谋赐环，贞观尤力。大学士明珠子成德故与善，感所寄兆骞《金缕》词二阕，言于其父。赋既奏，大学士宋德宜、刑部尚书王士正、徐乾学偕成德等酾赎锾以进，得放归。乾学、士正为赋入关诗志喜。于是，居绝域二十三年矣。子桭臣，生戍所，著《宁古塔纪略》。

《吉林通志》卷一百十五

按：民国《宁安县志》寓贤传与此相同，故从略。

赵尔巽

兆骞，字汉槎，亦〔顺治〕十四年举人。以科场蜚语逮系，遣戍宁古塔。兆骞与弟兆宜皆善属文，居塞上二十年，侘傺不自聊，一发之于诗。已而友人顾贞观言于纳兰成德、徐乾学，为纳锾，遂于康熙二十年赦还，著《秋笳集》。

《清史稿》列传二百七十一文苑一

秦缃业

顾贞观，字华封，以举人官秘书院典籍。才调清丽，尤善填词，为人俊爽，笃古谊。初契吴江吴兆骞，兆骞戍宁古塔，贞观洒涕要言曰：必归季子。纳兰成德者，与贞观交而相国子也，雅善兆骞，贞观作《金缕曲》二词示成德，寄戍所。成德读之，悉力处办赎锾，相国为之道地，兆骞卒得生入关。兆骞既归，言塞外多暴骨，贞观即募僧心月者，敛金，遍历战场收瘗之。贞观自少名噪东南慎交社，晚构积书岩于惠山祖祠之旁。著有《纑塘诗》，一洗绮靡之习。子统钧，字珊公，幼聪俊，最工五言诗。

光绪《无锡金匮县志》卷二十二文苑顾贞观传

汤成烈

吴育，字山子，吴江人，高祖兆骞，世所称汉槎先生也。育年二十一，婚于常州陆氏，依外舅以居。少涉经史百家，能古文辞，工四体书，篆法尤美。育笃重伦谊，风貌朴诚，性严正而乐奖后进。平生游历燕、楚、豫、粤、越，几三十年。卒于常州。子汝庚，字巽先，丰仪古雅，亦工篆书。孙新铭，有文才，占籍为县学廪生。

光绪《武进阳湖县志》卷二十七寓贤吴育传

梅文昭

吴氏为清初才子，谪居宁城，阅年最久，而此邦之文明开化，实比之唐之柳柳州〔柳宗元〕、刘播州〔刘禹锡〕焉。

民国《宁安县志》卷四

叶恭绰

吴兆骞,字汉槎,江苏吴江人。少有隽才,童时作《胆赋》累千余言,见者惊异。长入慎交社,名闻远近。为人简傲,不拘细行。顺治十四年,举于乡。科场事发,遣戍宁古塔。一时送其出关之作遍天下。其友顾梁汾先生时馆于纳兰太傅家,为《金缕曲》二阕代书寄之。云:"季子平安否?便归来,平生万事,那堪回首。行路悠悠谁慰藉?母老家贫子幼。记不起从前杯酒。魑魅搏人应见惯,总输他覆雨翻云手。冰与雪,周旋久。泪痕莫滴牛衣透,数天涯依然骨肉,几家能够?比似红颜多薄命,更不如今还有。只绝塞苦寒难受。廿载包胥承一诺,盼乌头马角终相救。置此札,君怀袖。""我亦飘零久,十年来,深恩负尽死生师友。宿昔齐名非忝窃,试看杜陵消瘦,曾不减夜郎僝僽。薄命长辞知己别,问人生到此凄凉否?千万恨,为兄剖。兄生辛未我丁丑,共些时冰霜摧折,早衰蒲柳。词赋从今须少作,留取心魂相守。但愿得河清人寿。归日急翻行戍稿,把空名料理传身后。言不尽,观顿首。"太傅公子成容若先生见之泣曰:"河梁生别之诗,山阳死友之传,得此而三。此事三千六百日中,我当以身任之。"梁汾曰:"人寿几何?公子乃以十载为期耶?"太傅闻之,竟为道地。梁汾乃因容若力求太傅。太傅时方宴客,手巨觥,酹梁汾曰:"若引满,为救汉槎。"梁汾素不能饮,至是一吸而尽。太傅笑曰:"余直戏耳!即不饮,余岂遂漠然耶?梁汾何壮也!"因献先生所作《长白山赋》,圣祖览而称善。大学士徐立斋复捐金赎之,先生乃荷赐环。在塞外二十余年,日与羁臣逐客饮酒赋诗,诸大帅皆敬礼之。归后,逾年卒。所著有《秋笳集》若干卷。

《清代学者像传》第二辑

汪 琬

吴孝廉兆骞，尝与余辈同出吴江东门，意气傲然不屑，中路忽率尔顾予，述袁淑语曰："江东无我，卿当独秀。"旁人为之侧目，吴不顾。

吴四少时简傲，不拘礼法。在塾中见人所脱巾冠，辄窃取溺之。其师计青辚先生〔名〕大加捶楚，后见渠所作《胆赋》，乃嗟赏曰："此子异时必有盛名，然当不免于祸。"至丁酉科场事起，众谓先生知言。

吴四性傲岸，不为同里所喜。其友或规之。吴大言曰："安有名士而不简贵者？"

吴四最耽书，一目十行。然短于视，每鼻端有墨，则是日读书必数寸矣。同学以此验其勤惰。

《说铃》

按：此四则中之三、四，又见于王晫之《今世说》卷三。

蒋景祁

汉槎与宜兴陈其年、云间彭古晋三人，梅村有江左三凤凰之目。

《迦陵先生外传》，据《秋笳馀韵》卷上转引

张 贲

窃见松陵吴子汉槎远徙不归，先生〔指龚鼎孳〕每为深痛，常临食三叹，必不使某〔指本文作者张贲〕再继其迹……

《白云集》卷三上大司寇龚公书（摘钞）

王士禛

康熙二十年，吴江吴汉槎兆骞自宁古塔归京师。驻防将军安某者，老将也，语之曰："子归，可语史馆（者）〔疑作诸〕君，昔王师下江南，破扬州时，吾在行间，亲见破城时，一官人戴巾衣氅，骑一驴诣军营，自云：我史阁部也。亲王引与坐，劝之降，以洪承畴为比。史但摇首云：我此来只办一死，但虑死不明白耳。王百方劝谕，终不从，乃就死。此吾目击者，史书不可屈却此人云。"

《池北偶谈》卷七史阁部

吴江吴孝廉汉槎兆骞以顺治十五年流宁古塔二十余载，康熙辛酉归至京师。相见，出一石砮，其状如石，作绀碧色，云出混同江中，乃松脂入水年久所结，所谓肃慎之矢也。又高丽棋子一枚，乃砗磲所制。又云宁古塔东北二百余里，乃金之会宁府，有断碑尚存，书法如柳诚悬。顷为一流人所碎。碑文可以辨识者，有"俯瞰阙庭"，又"文学盛于东观"云。

《池北偶谈》卷二十三吴汉槎

《猗觉寮记》辨楛矢石砮，引晋《肃慎传》，魏景元以来供楛矢石砮。晋元帝时，诣江左供石砮。其地有山，出石，其利如铁。唐《黑水靺鞨传》云云。予尝见吴江吴孝廉兆骞自塞外携来石砮，形如砺石，色如蒸栗，云是混同江所产。盖江边松脂入水所结，非石也。

《池北偶谈》卷二十六石砮

徐　晟

吴汉槎兆骞，天才横逸，几掩王骆，竟为主司罗致，遂得谪戍。客从塞外来，吟其诗，凄然肠断。

《存友札小引》

徐　釚

汉槎惊才绝艳，数奇沦落，万里投荒，驱车北上时，尝托名金陵女子王倩娘题诗驿壁，以自寓哀怨。云："忆昔雕窗锁玉人，盘龙明镜画眉新。如今流落关山道，红粉空娇塞上春。""毡帐沉沉夜气寒，满庭霜月浸栏干。明朝又向渔阳去，白草黄云马上看。"情词凄断，两河三辅间多有和者，故计改亭甫草诗云："最是倩娘题壁句，吴郎绝塞不胜情。"其《西曹杂诗》自叙云："望慈帏于天际，白发双悲；忆少妇于楼头，红颜独倚。"婉转悲凉，如听银筝之呜咽矣。

《续本事诗》卷十二

汉槎之徙塞外也，书来，言朝鲜使臣李节度云龙以兵事至宁古，属制《高丽王京赋》，遂草数千言以应。其国颇以汉槎诗文为重。又自云"仿佛班、扬"。其狂态如故。无锡顾贞观梁汾寄汉槎诗曰："万里谁能忆？三都只自伤。声名箕子国，词赋夜郎王。泪尽临关月，心摧拂镜霜。李家兄妹好，倘复惜班扬。"

《续本事诗》卷十二

礼部定例，每年宁古塔人应往朝鲜国会宁地方交易一次。本朝照例，遣六品通事一员、七品通事一员，带领宁古防御一员、骁骑校一员、笔帖式一员，赴会宁地方监看交易。康熙十七年，吴江吴孝廉兆骞因丁酉科场事，久戍宁古塔，将《菊庄词》及成容若《侧帽词》、顾梁汾《弹指词》三本，与骁骑校带至会宁地方。有东国会宁都护府记官仇元吉、前观察判官徐良崎见之，用金一饼购去，仍各题一绝句于左。其仇元吉题《菊庄词》云："中朝寄得菊庄词，读罢烟霞照海湄。北宋风流何处是？一声铁笛起相思。"徐良崎题《弹指》、《侧帽》二词云："使车昨渡海东边，携得新词二妙传。谁料晓风残月后，而今重见柳屯田？"以高丽纸书之，仍与骁骑校带回中国，遂盛传之。新城王侍郎阮亭先生有"新传春雪咏，蛮徼织弓衣"之句，今载《渔洋山人续集》中。门人叶舒璐谨识。

《南州草堂集》菊庄词话

九临先生为先君子素交，四十年来，凿坯闭户，下帷读《易》，教授群弟子，操履端严，里人有王彦方之目。余官京师，每见同郡诸老，必问讯张先生安否。余告以健饭无恙，诸老咸色喜称快。今因垂老无子，以二女子为子，亦先生之大不得已者。余友吴子汉槎，援据香山、中郎以破流俗之见，其亦念先生深矣。凡为先生之友与奉教于先生者，有不为先生恻然者哉？

《南州草堂集》卷二十八跋
吴汉槎题张九临先生卷

叶奕苞

吴汉槎兆骞云："宁固塔即金之会宁府也。去黄龙府尚远一千五百里，金曰上京，有紫金城。城西南角一百二十步，有碑，已断，磨灭不可辨。剔垢读之，识三句，'儒风盛于东观，俯瞰阙廷，深契朕怀'。后云天会某年月。"遐荒汉字，唯见此碑而已。

《金石录补》卷二十七

王　源

四明万斯同曰：吴兆骞，吴人。康熙某年流宁古塔，后释还。其守将安珠护谓之曰："乙酉破扬州，吾在军，亲见史阁部死。初，城破，求史公不得。久之乃自出，众挟之见豫王。王疑其伪。史公曰：'吾出，明白死，岂伪耶？'王令人识之，果然。劝之降，不应。乃杀之。吾生平第闻忠臣，不知何状？及见史公，乃知世真有忠臣。但汉人不知，或诬以为遁去。今闻朝廷修明史，而徐立斋先生领史事。子归，幸以吾言告知。"观此，则公之处死，未尝不如陈和尚，特扬人屠戮无遗，公尸又不得，故有遁荒之诬。

《居业堂文集》卷二十自书史阁部遗文序后

惠　栋

吴汉槎，吴江人，顺治戊戌以丁酉科场案蜚语逮系，遣宁古塔。至康熙辛酉，健庵先生为之纳锾，放归田里。

《渔洋山人精华录训纂》

杨　宾

（宁古塔）蘑菇，猴头、鸡腿之外，尚有数种，然状莫大于猴头，味莫鲜于鸡腿。鸡腿蘑菇，篱落间皆有之。往，吴汉槎还，病且死，谓予曰："余宁古塔所居篱下，产蘑菇。今思此作汤，何可得？"予时窃笑之，以为蘑菇所在有，何宁古塔也？及予省觐东行，乃知宁古塔蘑菇，为中土所无，而汉槎旧居篱下所产，又宁古塔所无者。今此屋属河南李闻远，而蘑菇已尽。数年来，数祁家马槽下者为第一矣（祁家者，祁奕喜妾所居也）。

《柳边纪略》卷三

王一元

吴兆骞，吴江人，丁酉举孝廉，戍宁古塔，著《长白山赋》及《秋笳集》。甲子召至京师，未几卒。吴幼负才名，以科场事论戍，而非其罪。在戍籍二十六年，垂老放还，赍志而殁，论者惜之。

《辽左见闻录》

戴延年

吴江吴汉槎兆骞少负奇才，诗文哀丽，登顺治（乙）〔丁〕酉乡书，旋以科场事遣戍宁古塔。后奏《长白山赋》，当宁知其冤，得赐环归。先是，徐司寇健庵梓其集问世，名曰《秋笳》，以十八拍之凄怆况之也。十三岁时，《登晴川阁》诗云云。《岳州》诗云云。

《秋灯丛话》

阮葵生

吴汉槎戍宁古塔，行笥携徐电发《菊庄词》、成容若《侧帽词》、顾梁汾《弹指词》三册。会朝鲜使臣仇元吉、徐良崎见之，以一金饼购去。元吉题《菊庄词》云："中朝寄得菊庄词，读罢烟霞照海湄。北宋风流何处是？一声铁笛起相思。"良崎题《侧帽》、《弹指》二词云："使车昨渡海东边，携得新词二妙传。谁料晓风残月后，而今重见柳屯田？"以高丽纸书之，寄来中国。《渔阳续集》有"新传春雪咏，蛮徽织弓衣"。指此事也。

《茶馀客话》卷十一朝鲜使臣购三家词

阙 名

汉槎，名兆骞，与群从弘人、闻夏、显令，皆有盛藻高名。鼎革后，吴下诸孤子，如侯武功檠〔广成先生孙〕、杨俊三焯〔维斗先生子〕，咸相亲善。侯、杨早世。汉槎以丁酉科场飞语配宁固塔，著《秋笳集》。其《寄怀故人》，有"却悔平原轻赴洛"，悲壮逾于古《从军》、《出塞》。后徐健庵升总宪，为捐（镮）〔当作锾〕赎归。

程穆衡《吴梅村诗集》卷九引《鞶帨卮谈》

袁景辂

朴村云：一庵（吴与湛）遭乱后，隐居湖浦之荆园，闭户读书，不闻世事，与徐介白、俞无殊、无致、赵砥之、山子、顾茂伦、樵水、陈长发、朱长孺、徐松之、其叔闻玮、兄弘人、小修、闻夏、弟汉槎，结诗社于江枫庵，作招隐诗以见志，亦高尚士也。

《国朝松陵诗征》卷二吴与湛

袁 枚

康熙初，吴兆骞汉槎谪戍宁古塔。其友顾贞观华峰馆于纳兰太傅家，寄吴《金缕曲》云："季子平安否？谅绝塞苦寒难受。廿载包胥曾一诺，盼乌头马角终相救。置此札，兄怀袖。词赋从今须少作，留取心魂相守。归日急翻行戍稿，把空名料理传身后。言不尽，观顿首。"太傅之子成容若见之，泣曰："河梁生别之诗，山阳死友之传，得此而三。此事三千六百日中，我当以身任之。"华峰曰："人寿几何？公子乃以十载为期耶？"太傅闻之，竟为道地，而汉槎生入玉门关矣。顾生名忠者，咏其事云："金兰倘使无良友，关塞终当老健儿。"一说：华峰之救吴季子也，太傅方宴客，手巨觥，谓曰："若饮满，为救汉槎。"华峰素不饮，至是一吸而尽。太傅笑曰："余直戏耳！即不饮，余岂遂不救汉槎耶？虽然，何其壮也！"呜呼！公子能文，良朋爱友，太傅怜才，真一时佳话。余常谓：汉槎之《秋笳集》，与陈卧子之《黄门集》，俱能原本七子，而自出精神者。

《随园诗话》卷三

卢见曾

兆骞，字汉槎，江南吴江县学生。顺治丁酉以科场事谪宁古塔，康熙辛酉赎还。有《秋笳集》。

王士禛《感旧集》卷十二附传

吴德旋

吴汉槎名兆骞，吴江人。少工乐府、诗歌，与无锡顾梁汾舍人齐名。汉槎耽书，然短于视，每鼻端有墨，则是日读书必数寸矣。同学以此验其勤否。性简贵，不谐俗，尝与长洲汪苕文及同辈数人出吴江东门，意气岸然不屑。中路忽率尔顾苕文述袁淑语曰："江东无我，卿当独秀！"旁人为之侧目。顺治丁酉举于乡，寻以科场事谪戍宁古塔。太傅明珠子侍御成容若，夙知汉槎之才，而与顾梁汾善。梁汾为汉槎求援于侍御，未即许，乃作《金缕曲》二阕寄汉槎。侍御见之，泣曰："山阳思旧之作，都尉河梁之什，并此而三矣。此事三千六百日中，弟当以身任之。"梁汾曰："人寿几何？请以五载为期。"侍御告之太傅，汉槎遂以康熙辛酉入关。所著有《秋笳集》。

《初月楼闻见录》卷九

昭 梿

成容若德，为纳兰太傅长子，中康熙癸丑进士。时太傅权震当时，而侍卫素嗜丹铅，与诸名士交接，初不干预政事。唯吴汉槎谪戍黑龙江，以顾贞观舍人向侍卫乞怜，故侍卫阅其寄吴小词。词甚凄苦，恻然曰："都尉《河桥》之作，子荆《楚雨》之吟，并此而三矣！此事三千六百日中弟当专任其责，毋烦兄更多言也。"贞观曰："人生几何？顾以十年期之？"侍卫乃白太傅，援例赦还，一时贤名大著。

《啸亭杂录》卷九成容若

黄 邛

黄邛《识小录》：松陵吴兆骞字汉槎，以事戍宁古塔，得生入关，顾梁汾中翰力也。汉槎既还，颇与中翰参商，中翰初不自明也。一日，相国明珠招汉槎饮，饮毕复延入书室，见粉壁大书云："顾梁汾为吴汉槎屈膝处。"汉槎惭恧，汗流浃背。

据周有壬《锡金考乘》卷十三杂录转引

朱克敬

吴兆骞，字汉槎，江苏吴江人。幼慧，傲放自矜，在塾中见同辈所脱帽，辄取溺之，塾师责问，兆骞曰："居俗人头，何如盛溺？"师叹曰："他日必以高名贾祸。"顺治（十三年）〔按应作十四年〕举乡试,坐通榜,谪戍宁古塔,居塞外廿余年不得归。其友顾贞观素善明珠子成德,时时为请,又以语激之。德为尽力,久之得赦归。兆骞诗风格遒上,如"山空春雨白,江迥暮潮青"、"羌笛关山千里暮,江云鸿雁万家秋",皆一时传诵。

《儒林琐记》

钱 林

吴兆骞,字汉槎,吴江县学生,顺治丁酉以科场事,谪戍宁古塔。性傲岸,不为同里所喜,其友规之,吴大言曰:"焉有名士而不简贵者。"耽书,然短于视,每鼻端有墨,则是日读书必数寸矣,同学以此验其勤否。少在塾中,见人所脱巾冠,辄溺之。其师计名捶楚之,后见所作《胆赋》,乃嗟赏曰:"此子异时有盛名,然当不免于祸矣。"吴青坛曰:"孝廉常与予辈同出吴江东门,意气岸然不屑,中路忽率尔顾予,述袁淑语曰:江东无我,卿当独秀,旁人为之侧目。"时有江左三凤凰之目:华亭彭师度、陈其年、兆骞也……居塞上廿年,侘傺不自聊,一发之于诗。镇守巴将军甚重之,每赠裘御寒。善骈体文……后其友顾贞观,力商于明太傅子成德,徐健庵时为宫赞,为纳锾,遂于康熙丁酉赎还……君还有《秋笳集》四卷。

《文献征存录》卷十

戴 璐

顺治丁酉科场大狱,相传因尤侗著《钧天乐》而起。时尤侗、汤传楹高才不第,隐姓名为沈白、杨云,描写主考何图,尽态极妍,三鼎甲贾斯文、程不识、魏无知,亦穷形尽相。科臣阴应节纠参。殿廷复试之日,不完卷者银铛下狱。吴汉槎兆骞,本知名

士，战栗不能握笔，审无情弊，流尚阳堡……

《石鼓斋杂录》

许嗣茅

叶忠节，余外母祖也……后于顺治丁酉登秋试。《万金记》狱起，同年中名士如吴汉槎、陆子元，皆战栗不能终卷，公与张相国、叶学士、吴詹事等从容挥洒而出……

《绪南笔谈》

李延年

田茂遇，字仿渊，江南清浦人。顺治丁酉举人，授山东新城知县，不赴。著有《水西草堂集》。按丁酉科场事发，九重震怒，命严鞫之。复试之日，堂上命题，二书一赋一诗。监试官罗列侦视，堂下列武士，银铛而外，黄铜之夹棍，腰市之刀，悉森布焉。未刻缴卷，诸生文皆如格，抚臣以覆卷奏进，事乃解，复原名，先生其一也。唯有据者充发数人，世皆以吴汉槎兆骞为可惜云。

《鹤征录》卷二十三

徐 珂

无锡顾贞观与吴江吴兆骞，以文章齐名当世，相友善。吴中顺天乡试南元，会是科为言者所纠，特旨通榜殿廷复试，吴因病曳白除名，遣戍塞外。时顾亦客京师，临歧，执手泣曰："汉槎往矣。子年方三十，幸而至五十不死，则此二十年中，吾必捐踵顶救吾汉槎也。"

顾以工填词与明珠子侍卫成德订交，遂客明家。一日，念吴不已，谱《金缕曲》二阕以代札。其一云……其二云……成德，字容若，后改名性德。

　　缄书既发，置其草于几，成见之，叹曰："此河梁生别诗也，弟当成先生之志。"言于父，力求为吴道地。明曰："汝明日邀顾至内斋，吾亲与言之。"越日，顾入见，明笑语顾曰："吴素负才名，又与先生莫逆，老夫愿一效绵薄。但先生素不饮酒，今日能为君友饮乎？"且笑且举杯以进。顾立尽其器。明复笑曰："先生南人，不肯效吾旗俗请安。今日更能为君友请安者，老夫必有以报命。"顾径前请安，不稍逡巡。明改容谢曰："老夫聊相戏耳，不图先生血性热肠一至于此，请放怀以待。"未几，吴果以明力，得赐环归，归固不知其情，顾亦不言也。二人后以小隙失睦，绝往来，而吴诋顾尤甚。明知之，亟具酒召吴。吴至，即前日见顾之内斋也，榜其左楹曰："顾某为吴某饮酒处。"榜其右楹曰："顾某为吴某屈膝处。"吴见之大愕，及询得实，请顾相见，长跪言曰："生死肉骨之恩，而以口舌之争辜之，兆骞非人类矣。"乃大哭。明命进酒以饮二人，二人之交谊自此益密。

　　　　　　　　　《清稗类钞》义侠类顾贞观救吴兆骞

　　吴汉槎孝廉兆骞以科场事遭冤狱，投荒二十四年，垂老赐还。当时人莫不怜其才，悲其遇，而以生入玉门，张为幸事。然汉槎在宁古塔时，历任将军皆延之为上宾，飞书草檄，纵情诗酒，无异于在内地。盖其地读书人少，汉槎至，则官吏子弟及土人之志在科第者，皆就之执经问业，修脯丰腴，养生之具赖以无缺。及归，乃侘傺无聊，日为饥驱。且在边塞久，习其风土，江南溽暑，转以为苦，卒以此致肺疾而终。临殁时，语其子曰："吾欲与汝射雉白山之麓，钓尺鲤松花江，挈归供膳，手采庭下篱边新蘑菇，付汝母作羹，以佐晚餐，岂可得耶？"味其词意，若转不忘塞外之乐也。

　　　　　　　　　《清稗类钞》师友类吴汉槎为师于塞外

郭则沄

吴汉槎亦以顺治丁酉举人坐科场事遣戍宁古塔，梅村赋《悲歌》赠之，有云："仓颉夜哭良有以，受患只从读书始。"徐原一尚书《怀汉槎在狱》云："吴郎才笔胜诸昆，多难方知狱吏尊。谁为解骖存国士，可怜一饭困王孙。蝉吟织室秋声静，剑没丰城夜气昏。闻道龙沙方议谴，圣朝解网有新恩。"盖遣戍已从宽典也。在戍所，适朝鲜李云龙来互市，闻其才，索制《高丽王京赋》。汉槎援笔立就，寓书顾梁汾，自谓"仿佛班、扬"。梁汾寄诗云："万里谁能忆？三都只自伤。声名箕子国，词赋夜郎王。泪尽临关月，心摧拂镜霜。李家兄妹好，倘复忆班扬。"名扬异域而屈于王廷，宁非命蹇。后纳兰容若以梁汾请，为营救得归，其与梁汾酬唱《金缕曲》，至今传诵……是科中式诸生，于瀛台复试，至用护军持枪夹立，前此所未有也。

《十朝诗乘》卷二

刘禺生

顺治十四年丁酉科江南乡试……台谏奏参，诏以该科江南中式正副榜举人一体来京，由皇上亲临，再行考试……吴汉槎兆骞，惊才绝艳，江南名士也，犹交白卷而出。或曰，汉槎惊魂不定，不能执笔，查初白所谓"书生胆小当前破"也。或曰，汉槎恃才傲物，故意为此。结果……吴兆骞则发往宁古塔戍所，以交白卷故，朝士不能力救也。时明珠当国，其子纳兰成德与无锡顾贞观最善。顾跪求纳兰，挽救汉槎生还。汉槎获赦还，京师朝野名流欢宴无虚日，投赠盈尺。益都冯相国诗："吴郎才调胜诸君，多难方知狱吏尊。"又："太息梅村今宿草，不留老眼待君还。"最为动人。

《世载堂杂忆》顺治丁酉江南科场案

　　按："吴郎"两句系徐乾学诗，"叹息"两句系王士禛诗，
　　　　此误。

夏承焘

　　汉槎逮刑部时，为《西曹杂诗》，号冤呼屈，百涕千洟；并上诗叩阍，求乞甚哀。此在当时，诚不足怪。其与计甫草第二书，述在塞外复事赋学，自谓"可以规模江、鲍，接迹王、扬"，"但负罪之人，为时捐弃，纵调如白雪，才如和璧，亦将唾洟视之矣。"继曰："彼才不逮于中人，名不出于里闬，一旦身跻云霄，从容辇毂，虽复伏猎侍郎、金根校理，得其片言只语，以为韩、欧复生"云云。《秋笳集》卷七有咏王昭君诗云："下陈曾未识君王，绝国何堪捐贱妾。夜夜毡穹青海隅，月明非复旧金铺。不知甲帐承恩者，曾有蛾眉胜妾无。"自喻之词，正与前书同意。按当时以科场案谪戍者，中州闱有主考丁澎，亦南方名士。吴颢《杭郡诗辑》卷一云："丁澎字飞涛，号药园，仁和人，顺治乙未进士，有《扶荔堂》、《信美轩》、《药园》等集。少时为《白雁楼》诗，流传吴下，士女争相采摭，书之衫袖。居盐桥，与仲弟景鸿弋云、季弟萦素涵并有名，号盐桥三丁。初官法曹，与宋琬、施闰章、严沆等号燕台七子。"是其人早年声华，亦颇似汉槎。《诗辑》又云："顺治丁酉，主试中州，为榜首数卷更易数字，廷议谪戍奉天。值冰合不得汲，取芦粟和小米，和雪嚼之；躬自饭牛，与牧竖同卧起；暇则乘牛车行游紫塞中。作《辽海杂诗》，磊落雄秀，绝无失职不平之慨。戍五年而归，遍游名山大川，著述益富。浙督李尚书欲荐之，作书辞焉。"林璐《岁寒堂存稿》丁药园外传云："谪居东，崎岖三千里，邮亭驿壁，读迁客诗大喜，后妻妾亦

曰：'得非闻中朝赐还诏耶？'药园曰：'上圣明，赐我游汤沐邑，出关迁客皆才子，此行不患无友。'久之，渡辽海，望长白诸山，土人以鱼为饭，粮尽馁而啼孺子，妾慰劳之曰：'卿有友必箪食迎客。'药园笑曰：'恐如卿言，当先以酒疗吾渴。'"丁、吴两人同受清廷残酷之压迫，而气度固有高下。使汉槎稍稍振拔，不作乞哀颂圣之什，岂不令梁汾二词更生色哉？

《唐宋词论丛》顾贞观寄吴汉槎金缕曲征事（节录）

谢国桢

吴兆骞充军到宁古塔，在荒寒不毛之地，亦立七人之会……此可以与函可和尚在沈阳之冰天诗社相媲美。

《明清之际党社运动考》

顺治丁酉年（一六五七）的科场狱案，遍及了江南、河北以及山东、山西、河南各省，株连了不下数十百家，其中如吴兆骞、孙旸、陆庆曾诸君，有不少的江南知名之士，独因吴兆骞的才华照耀，和吴梅村、顾梁汾的几首诗词慷慨悲歌，卒因引起了朝中士大夫的同情，捐资营救，得赋生还，遂把这案子渲染得有声有色，成了清初可歌可泣的一件故事。如今我便叙述这案中最有名的吴兆骞。

兆骞字汉槎，吴江人，从小的时候就有才名。父燕勒以进士做永州推官。兄弟六人，长兄弘人名兆宽，次兄闻夏名兆宫，均为一时眉目。当他十三岁时，从其父过浔阳到湖南去，看见洞庭湖的波涛汹涌，山川奇伟，做了《湘阴》诗六首，如云：

二月逢寒食，三年寄短亭。山空春雨白，江回暮潮青。芳树连巫峡，归鸿落洞庭，严城有刁斗，萧瑟未堪听。

他的哥哥兆宽非常称赞他。他又作一篇《胆赋》，他的老师计名也很赏识他，说："此子异时有盛名，然恐不免于祸。"因为年少恃才傲物，老辈总是这样规劝的。在汉槎少年时候，正是士子喜欢结社的风气盛极一时，在江南则有复社、几社，浙江则有读书、登楼诸社，一时名士都入社盟，汉槎在吴江也结了慎交社，陈去病《五石脂》云：

　　汉槎长兄兆宽，次兄兆宫，才望尤夙著，尝结慎交社于里中，四方名士咸翕然应之，而吴门宋既庭实颖、汪苕文琬、练水侯研德玄泓、陆圻丽京，同邑计改亭东、顾茂伦有孝、赵山子沄，尤为一时之选。当慎交社极盛之际，苕文尝来吴江，一日汉槎与之出东郭门，徘徊垂虹桥，忽顾视苕文，引袁淑对谢庄语曰："江东无我，卿当独步。"其放诞如此。

因此汉槎也遭了不少人的嫉妒。不久清兵南下，明社为屋，一个读书人总免不了有家国之思，况是赋性激昂、真情流露的吴汉槎，他更有说不出来的一种悲感。可惜他的文集缺落大半，无从找出长篇的证据，但是字里行间常发出郁抑不平之气。他曾托名刘素素作《虎丘题壁二十绝句》，前面有序云：

　　妾刘素素，豫章人也，少随阿母育于外氏，长姊倩娘雅工属文，刺绣之暇每教妾吟咏，自是闺阁之中屡多酬和。丁亥之岁，姊年十八，嫁于某氏。妾时十六，发始总额，阿母以妾许聘于同郡熊生，生一时贵公子也。是年豫章大乱，妾随母氏避乱山中，既而北兵肆掠，遂陷穹庐，痛母姊之各分，念家山之入破，肝肠寸断，血泪双垂，薄命如斯，真不减土梗浮萍。今岁某从役浙中，彼人以戎事滞迹白门，因停舟吴阊门外以俟其来，兀坐篷窗，百愁总集，因觅纸笔作绝句二十首，以写其哀怨之思。夜半诗成，窃与侍婢泛舟虎丘，吊贞娘之墓，因粘诗寺壁，欲与吴下才人共明妄意。嗟乎！峡里猿声，镜中鸾影，千古哀情在此诗矣。

北兵肆掠，遂陷穹庐，是写得如何的沉痛，也可以表明他不得已的心迹，思欲一奋的旨趣。此诗写于顺治丁酉以前，想不到竟成了谶语。到了顺治十四年（一六五七），汉槎出来应江南乡闱，不幸就遭了奇祸。当时凡有通关节嫌疑的士子，顺治帝犹以市恩的缘故，叫他们都到北京中南海瀛台亲加复试，复试时举子仍是戴着刑具，和犯人一般，每举人一名，命护军二员持刀夹两旁作严厉的监视。与试的举子悉惴惴其栗，几不能下笔，如何能做得起文章？汉槎很愤慨地说："焉有吴兆骞而以一举人行贿的吗？"遂交了白卷，皇帝自然要生气，凡不中试的举人，都把他们打了四十大板，充军到宁古塔去，并且把他们的父母、兄弟、妻子都连同谪戍，这样子看他们还胡闹不胡闹！以文弱的书生，受了这种重创，真是父母悲啼、妻子牵衣，北京的亲戚朋友听见都要落泪。幸亏汉槎的朋友们替他斡旋，父母、兄弟总算没有遭戍，只有他的夫人葛氏同他到东北去。至顺治十五年（一六五八）戊戌八月，汉槎单衣就道（他的夫人随后去的），那时京中的好朋友就慷慨地送他出关，尤其关心国是的热情诗人吴梅村伟业，做了一首长歌《悲歌赠吴季子》送他，真写得悲愤慷慨，淋漓尽致（见下），其余若徐乾学也有《怀友远戍》诗，其第二首云：

已甘罪谴戍荒蹊，又发家人习鼓鼙。孟博暂能随老母，子卿犹得见生妻。鹡鸰原上闻猿啸，鸡鹿山前听马嘶。梦里依稀归故国，千重关隘眼终迷。

实则汉槎的父母并未远戍，亦不幸中的幸事。他谪戍关外，跋涉山川，受了无限的辛苦，中还经老羌（即俄罗斯国）的侵略，那时帝俄占据了黑龙江北岸雅克萨、尼布楚二城，顺治十一年（一六五四）到十五年（一六五八），清廷派遣八旗和朝鲜的军队力讨之，并把谪戍充军的人口，北调到乌喇的地方出差当兵（见于清王之春《国（清）朝柔远记》）。可是宁古塔将军巴海非常器重他，请他为其子授经，从游甚众。后来夫人葛氏也来到戍所，在康熙三年（一六六四）甲辰十月生了一个儿子，小名叫苏还，取苏武可以还乡的意思，就是后来著《宁古塔纪略》的吴桭臣。宁古塔地方虽然寒冷，但是山川秀丽，出产非常丰富，山蔬野蕨都很精美，他与那些南方来的迁客诗酒酬唱，倒也不很寂寞，久而久之就习惯起来。吴桭臣《宁古塔纪略》云：

予父惟馆谷为业，负笈者数人，诸同患难子弟，为陈昭令、叶长文、孙毓宗、毓章、许丙午、沐中贞、田景园及吕氏昆季。

那些谪戍的朋友，意气激昂，纵酒放歌。结文字之交者，便有张缙彦等为七谪之会。《盛京通志》卷一百十五"寓贤"云：

七谪者，缙彦字坦公，目为河朔英灵，有江左风味。江宁姚琢之，诗如春林翡翠，时炫采色。湖州钱虞仲、方叔、丹季兄弟，才笔特妙。震泽钱威字德维，亦举人，与兆骞同谪者，议论雄肆，诗格苍老。此外山阴杨友声，兆骞谓铁面虬髯，诗甚清丽。泰州陈编修志纪（字雁群），以上书谪戍，与兆骞情致殊深，唱酬亦富。而从受学者，闽人陈光启字昭令，秀而嗜学，兆骞谓为北州少年之冠。兆骞又言，与龙眠父子（方拱乾父子）谈诗论史，每至夜分。谪籍无征，知泯没者多矣。

又柽臣十四岁时，其父汉槎为聘叶之馨女，之馨字明德，四川巴县人，甲午解元，任云南大理府理刑，与吴三桂忤，流窜宁古，亦谪戍中的佳者。吴汉槎久留戍所，虽受巴海的优待，亦受到无数的坎坷，况且他的父母在堂，还在故里，江南、塞北，两地茫茫，家国之怀萦于心目，生还玉门的心情，时时刻刻没有忘掉。近来合众图书馆（新中国成立后合并于上海图书馆）有影印本《归来草堂尺牍》，是汉槎与他父母的家信，还有《秋笳集》卷八戊午十二月十一日《寄顾舍人（贞观）书》叙述他谪戍中的苦况，非常的亲切，故不惮烦摘要录在下面。《归来草堂尺牍》七月二十一日书云：

> 今年正月初五日，副都统因大将军卧病，忽发令遣儿与德老两家立刻往乌喇地方，此时天寒雪大，又无牛车、帐房，赖孙、许两家合力相助，才得动身，其室中什物尽寄孙家。儿与媳妇以初六平明起身登车，雪深四尺，苦不可言，山草皆为雪掩，牛马无食，只得带豆料而行，一车所载不过三百斤，儿与媳妇孙子复坐其上，除被褥之外，一物不能多载，行至百里，人牛俱乏，赖湖州钱方叔复借一牛车，沈华妻与吴御始免步行。头一日沈妻及吴御因无车坐，以银一两雇路旁人车，若过沙林则千里无人，虽有银亦无处可雇矣。行至三日，将军

命飞骑追回，倘再行两日，到乌稽林，雪深八九尺，人马必皆冻死，将军真再生之恩也。儿辈才回家，将军即差管家慰问路上辛苦，儿与德维进见拜谢其恩。此番往返雇人推车及路上盘费又去十余金，真所谓雪上加霜也。

这次派谪戍流人到乌喇地方当差，系为与老羌（俄罗斯）备战，演习水战，所当差使共有三项：一水营，二庄头，三壮丁，这三件都是苦差。汉槎因有将军巴海的照顾，汉槎以捐款认修太常寺衙门仓房四十间的工程，得免于征徭。即汉槎所以能生还者，亦因纳镪，才可以回来，可见清初的政治，无处不在要钱，若无钱的流人，困苦而死者又不知多少。《归来草堂尺牍》云：

> 旧吏陈敬尹在将军家处馆，教他儿子，然亦选入火器营管炮。至若山阴祁奕喜、李兼汝、杨友声、宜兴陈卫玉、苏州杨骏声，同年伍谋公，皆作水兵，往乌喇去矣。唯儿与姚、钱两年兄因系认工，暂且照旧，等候文书回来定夺，倘若不准，明年必入官庄矣。儿思家中贫乏，工程实难承认，然不认工必死无疑。

由此两封家信中看来，可以知道清廷对于谪戍人等之虐待，于是他不得不想到京中的旧友顾贞观、徐乾学这一辈老友，向他们请援。《秋笳集》卷八《寄顾舍人书》云（下略）。

这封信写得情文并至，感慨悲恻，任何人读了都要感动；何况顾梁汾是汉槎最要好的朋友，怎样能不给他作奋勇的援助。汉槎还有一篇给徐乾学的信，惜集中不载。梁汾得到这封信，马上就作了两阕《金缕曲》词，以词代书，寄给汉槎。词曰：

季子平安否？便归来，生平万事，那堪回首！行路

悠悠谁慰藉，母老家贫子幼。记不起从前杯酒。魑魅搏
人应见惯，总输他覆雨翻云手。冰与雪，周旋久。

泪痕莫滴牛衣透，数天涯依然骨肉，几家能够？比
似红颜多薄命，更不如今还有；只绝塞苦寒难受。廿载
包胥承一诺，盼乌头马角终相救。置此札，君怀袖。

第二首云：

我亦飘零久！十年来，深恩负尽，死生师友。宿昔
齐名非忝窃，试看杜陵消瘦，曾不减夜郎僝僽。薄命长
辞知己别，问人生到此凄凉否？千万恨，为君剖。

兄生辛未我丁丑，共些时冰霜摧折，早衰蒲柳。词
赋从今须少作，留取心魂相守；但愿得河清人寿。归日
急翻行戍稿，把空名料理传身后。言不尽，观顿首。

那时太傅明珠的儿子成容若夙知汉槎的才华，又是与顾贞观
梁汾要好的朋友，梁汾就托容若给汉槎帮一点忙，说几句好话，
还未及答应。很巧看到梁汾给汉槎的《金缕曲》两阕，他感动得
几乎要落泪了，这可见有血性的文字最足以动人，汉槎《寄顾舍
人书》和梁汾这两首词，遂成了文学上不朽的杰作。容若马上说：
"山阳思旧之作，都尉河梁之什，并此而三矣，此事三千六百日
中，弟当以身任之。"梁汾爱朋友的心切，还嫌他慢，就说："人
寿几何？如能以五年为期，把汉槎救出来怎么样？"容若很慷慨地
答应了他。

可巧康熙帝遣侍臣到东北去祭长白山，汉槎作了一篇祭
《长白山赋》，文字瑰丽，托侍臣带回来，献给皇帝，玄烨看了
非常的赞叹，就有召回他的意思。但是清廷对于召还流人的陋
规，时正当三藩变乱中间，流人可以纳镪赎罪，借以缓和空气，

正是汉槎可以回来的机会，但汉槎是一介寒儒，哪有这些钱来捐款自赎。于是大学士徐乾学首先提倡大家醵金来赎他回来。乾学是容若的老师，又是明珠的一党，他因为要巴结明珠，又自称为相府的扫门人，这样专权弄势、炙手可热的人物，经他提倡，自然一呼百诺，于是捐款的人非常踊跃，辇下名流都以不与此事为憾。汉槎是顺治十五年戊戌出塞，在关外共住了二十三年，到康熙二十年辛酉就奉诏赐环，得以生还玉门，二十三年不见的塞内河山，风土景物，他一路看来，真是"马前桃花马后雪"，应当如何的欢喜，而且他的夫人葛氏同出榆关，白首同归，一时人士，啧啧称羡，传为佳话。其子栻臣历述其父汉槎入关时之景况曰：

> 山海关即秦之长城第一关也。……有一岭，出关者称凄惶岭，入关者称为欢喜岭。岭下有孟姜女庙。是夕宿于岭下，两大人各述当时出关景况，今得到此真为欢喜！明日进关，气象迥别。又七日至京师，与亲友相聚，执手痛哭，真如再生也……洎乎《长白山赋》入，天心嗟叹，温诏下颁。流人复归本土，玉门之关既入，才子之名大振。手加额者盈路，亲绪论者满车，一时足称盛事。

汉槎生还玉门，京中的亲故朋友，都来劳问，尤其是徐乾学更觉得于颜面有光，于是大开宴会来欢迎他，主张赋诗，以志这种千载难得的盛况。可惜最关心汉槎的诗人吴梅村已经下世，不及见了。当时都下名流无不有诗，其中以王渔洋作得最好，原诗云：

丁零绝塞鬓毛斑，雪窖招魂再入关；万古穷荒生马

角，几人乐府唱刀环。天边魑魅愁迁客，江上莼鲈话故
山；太息梅村今宿草，不留老眼待君还。

作《钧天乐传奇》引起这场大狱的尤西堂，他也作诗《赠吴
汉槎自塞外归》二首。其一云：

　　二十三年梦见稀，管宁无恙复来归。馀生尚喜形容
在，故国翻疑城廓非。燕市和歌宜纵酒，山阳闻笛定沾
衣（自注：感念弘人、闻夏）。西风紫塞重回首，不断龙
沙哀雁飞。

汉槎感念徐乾学援救之力得以重回，他有《奉酬徐健庵见赠
之作》云：

　　金灯帘幕款清关，把臂翻疑梦寐间；一去塞垣空别
泪，重来京洛是衰颜。脱骖深愧胥靡赎，裂帛谁怜属国
还；酒半却嗟行戍日，鸦青江上渡潺湲。

他还有《集成侍中容若斋赋得柳毅传书图，次俞大文韵》绝
句四首，有："年年沙朔掩蒿莱，桔社包山梦屡回；今日雨工图上
见，却怜侬亦牧羊来。"汉槎以苏武自喻，仍怀有故土乔木之思。
李孟符《春冰室野乘》称其《秋笳集》"倦倦故国，不忘沧桑之
感；触绪纷来，始悟其得祸之由。"可惜汉槎回到北京，仅逾三
载，还未有回到故乡吴江垂虹桥畔，就病殁了，年五十有四。留
下了《秋笳集》八卷（计《秋笳诗》二卷，《西曹杂诗》一卷，
《前集》二卷，《拟古后杂体诗》一卷，《后集》二卷附《补遗》），
前四卷为徐乾学所刻，后四卷为其子桭臣所补辑增刻的。

《清初东北流人考》

张玉兴

吴兆骞（1631—1684），字汉槎。江南吴江（今属江苏）人。少有才名，当时文人结社活跃，他入慎交社，被誉为"江左三凤凰"之一。顺治十四年丁酉（1657）应江南乡试，中举人。不久因科场案发，以涉嫌作弊被押赴北京，在顺治帝福临亲临复试中，他交了白卷。遂被定罪打四十板，流放宁古塔。顺治十六年（1659）夏出关，七月抵戍所，隶正红旗下。他（倍）〔当作备〕尝了艰苦，但因受到八旗将领的优待和接济，而困难少抒。在戍所期间曾授徒自给，并曾与张缙彦等流人结七子之会，诗酒往还。康熙七年（1668）被赦为塞外散人，行动有所自由。曾为巴海将军做书记兼馆师三年。后在其好友顾贞观等多方努力和纳兰性德的支持下，终于在康熙二十年（1681）被纳款赎回。在戍所凡二十三年。不幸回归后仅三年便溘然长逝，终年五十四岁。一生创作诗歌甚多，早年诗作华赡典雅，多艳丽之章。流放后诗格雄浑苍劲，多写实之作。其大量丰富的边塞诗章尤为精警动人，思想性、艺术性甚高，堪称"诗史"。其作惜多散失，现有《秋笳集》八卷行世，存诗五百余首。

《清代东北流人诗选注》

李延沛

我素性嗜读杂书，也爱文学、历史。吴兆骞者，清之著名诗人，故已在我敬慕之中。诗人少有隽才，童子时曾作《胆赋》五千余言，名动一世。及长，继复社主盟。入清后，其名赫然，与彭师度、陈维崧有"江左三凤凰"之称。顺治朝，因科场案系狱，遣戍宁古塔，居塞外二十余年，写有大量诗作，其诗多写塞外景色与思乡之情，以及歌颂黑龙江流域军民的抗俄斗争，气壮而才丽。我读此传，不禁为书中情景所动，三百年前事历历如在眼前，这不能不说是作者苦心经营所致。

据我所知，作者为写此传，不辞跋涉之苦，走访诗人乡里、戍地，到过许多图书馆查阅史料，摭据故实，并采集闾巷之旧事，绘一时之人情，多为正史所鲜见者，此正是此书之价值所在。当然，也有不足之处，如科场案之因果尚是个谜，有待史家进一步弄清，但它仍不失为一部拓荒之作。余不敏，谨为数语，以赘书后。

《边塞诗人吴兆骞》一九八六年四月五日编后记

李兴盛

吴兆骞（1631—1684）是清初著名诗人，早在二十年代末，国内外学者，如日本的有高岩，我国的任维焜（访秋）、孟森、谢国桢等人，就开始了对吴兆骞的研究。近年来，这位诗人更为东北史研究者所瞩目，甚至还引起国外学者的关注。前人（包括港、台学者）的研究，主要是探讨其高才沦落、负屈远戍的人生道路，表达了对其悲惨遭遇的同情与慨叹。所谓"丰才薄命"或"寒笳远戍"等题目，就是这种观点的反映。我们认为，仅仅反映清廷对汉族知识分子的迫害，反映其身世的不幸，反映其诗歌的成就，是远远不够的。

我们认为，吴兆骞首先是一位爱国者，一位被流放在塞外的抗俄爱国诗人。过去的研究者，在具体史实的论述上，也多有不足。如关于吴兆骞家世及其七代祖先的事迹，几乎无人考稽。又如，其出塞的时间，有人定在顺治十五年"萧瑟的秋天"。有人认为他曾"参加抗清斗争"，流放后他的"足迹遍布黑龙江中下游两岸"，甚至还到黑龙江口特林永宁寺。"诬陷吴兆骞的章（在兹）、王（发）二贼就是被（清廷）收买的特务"。把《远望曲》中"本陈君皇士题也"一句，解释为"陈君者，向君王陈述也"（其实，陈君皇士指陈皇士，即陈济生）等，多是主观臆测，无史实根据。由此，使我深受感发，很早以前，在著名史学家谢国桢先生鼓励与指点下，即留意搜集吴兆骞的史料，暗下为这位爱国的边塞诗人撰写一部传记。几年来，我走访了许多地方，从吴兆骞的故乡吴江县，到其流放地宁古塔，顺着他当年走过的足迹，做了许多实地考察。同时，又多次奔走于北京、南京、苏州、上海、吴江县、吴县、长春等地图书馆，查阅了大量史料。《吴氏族谱》的查获，解开了吴兆骞家世之谜；其父、兄、弟、侄及众多友人之著述，尤其是《秋笳馀韵》（稿本）的发现，再加上吴兆骞的佚诗之辑录，为其生平行实及交游情况之考证，提供了许多信实的史料。此外，在正史、杂史、方志、笔记、文集中也搜集到许多新史料，为了有助于东北史的深入研究及实事求是地评价吴兆骞的历史作用，在继承前人有关研究成果的基础上，我利用这诸多史料，写了此书（下略）。

作为专著，本书是吴兆骞研究中的拓荒之作，由于编者水平所限，舛误之处仍然在所难免，至望读者予以批评指正。

《边塞诗人吴兆骞》前言

一九八五年十月二十二日

在南闱科场案中，还有一位被当时人誉"天才横逸"、"一目十行"、"援笔立就"、"惊才绝艳"的著名诗人与"傲岸自负"、风度翩翩、"谈论风生"、名士气质十足的江南才子，这就是吴兆骞。

吴兆骞，字汉槎，吴江（江苏吴江）人。明崇祯四年

（1631）十一月生于"门第清华，资产素饶"① 的世代书香门第与贵胄之家，第六世祖吴洪与五世祖吴山都官至尚书，以后几代祖先也曾做过大小不等的官员，共父吴晋锡被人誉为"文行并茂"。晋锡共有八个子女。先娶沈氏，生长子兆宽、次子兆宫。沈氏于天启三年（1623）去世之后，晋锡继娶杜氏，生五子兆宜。同时又娶侧室李氏，生四子兆骞、六子兆宸、七女文柔、八子兆穹。现有的文献资料，均未提到其三子，以情理而推，三子当为沈氏所生，而且生而即殇。吴晋锡这七个子女，除了兆宸、兆穹文学上无建树外，其余几人都是才华焕发，长于词赋。兆宽著有《爱吾庐诗稿》等；兆宫有《椒亭诗稿》；兆宜著述甚多，有《茹古斋诗文集》、《庾子山集笺》、《徐孝穆集笺》等；其妹文柔，工诗，尤擅填词，著有《桐听词》。在吴兆骞的晚辈之中，擅长诗文者，也大有人在，其中以兆宽的第三子吴树臣为最。树臣有《涉江草》、《一砚斋集》。此外，吴兆骞之子吴桭臣有《宁古塔纪略》，桭臣之女吴蕙也"幼聪敏，好吟诗"②，有《庾楼吟》。吴蕙之弟（即兆骞之孙）吴大勋有《遗安书屋吟草》。兆骞之四世孙吴育有《吴山子遗文》等。可见兆骞是生在一个"兄弟皆名世，诗篇尽擅场"的书香门第与显赫的贵胄之家。现在将其世系列表于下：

---

① 吴安国：《吴氏族谱》卷十一，吴靖誉先生墓志铭。
② 袁景辂：《国朝松陵诗征》卷三十。

吴兆骞世系表

七世祖　吴璋—
六世祖　吴洪—
五世祖　吴山—
四世祖　吴邦栋—
曾　祖　吴丞熙—
祖　父　吴士龙—
父　　　吴晋锡—

兆穹

文柔

兆宸——四女某

兆宜——三女某

兆骞——振臣——弟大勋、蕙——某—育—汝庚—新铭

不详——次女某——兄某

兆宫——长女某

兆宽——长女某

注：此表系据《吴氏族谱》及其他多种文献制成，其中"某"可能是兄某之子，亦可能为弟大勋之子，尚有待考证。

兆骞少年颖悟，"有隽才"。有人说他"七岁参玄文（指汉代文学家扬雄写的深奥难懂的《太玄经》），十岁赋京都"，"十三学经并学史"①。友人汪琬也说他"最耽书，一目十行。然短于视（指眼近视），每鼻端有墨，则是日读书必数寸矣"②。勤奋与刻苦，加上聪明与颖悟，使其学业大进，九岁时就写有数千言之《胆赋》。

同时，他"少时简傲，不拘礼法"③。随着学识的大进，更加"为人性简傲"，"不谐于俗"，"以故乡里嫉之者众"④。有一次，在塾中读书时，曾取同学之帽而溺之。其师计名责问他时，他回答道："（帽）居俗人头，何如盛溺？"计名盛怒之下，责骂了他。后来发现他所作的《胆赋》，惊叹道："此子异时有盛名！"但看到他傲然自负、锋芒毕露的样子，不由又道："然不免于祸矣！"⑤此事充分反映了他"不拘礼法"、"不谐于俗"的鲜明个性。

后来他曾随父亲宦游湖南等地，作客四年，所至之处，"揽其山川形胜、景物气象，为诗赋，惊其长老"⑥。无论是通都广邑，或名山大川，所闻所见，都开拓了他的心胸与眼界，丰富了他的诗的感情、诗的境界、诗的素材。但是作客归来，已经改朝换代，清帝已君临天下了。

他返回吴江后，匿迹乡里，潜心治学。顺治五年（1648）五月，曾被南明永历政权授为衡永郴桂巡抚（相当湖南巡抚）的其

---

① 潘耒：《遂初堂集·梦游草》寄怀吴汉槎表兄；吴伟业：《吴梅村诗集》卷七，悲歌赠吴季子。
② 王晫：《今世说》卷三。
③ 王晫：《今世说》卷三。
④ 徐釚：《南州草堂集》卷二十九，孝廉汉槎吴君墓志铭。
⑤ 《清史列传》卷七十。
⑥ 徐釚：《南州草堂集》卷二十九，孝廉汉槎吴君墓志铭。

父吴晋锡，以抗清斗争失败，拒绝清人招降，间关归来。从此，兆骞在其父辛勤教育下，学业大进。

面对着清军的杀掠与弘光政权的覆灭，并受其父抗清斗争的影响，吴兆骞在其诗文中不能不有所感慨，其《赠祁奕喜》、《送康小范之广陵》、《夜集赠余淡心》、《哭友》等诗，都寓有一种家国之痛与兴亡之感。《秋日感怀》等，表明他并没有忘记现实。尤其是他托名刘素素作《虎丘题壁》二十绝句，对"北（清）兵肆掠"进行了大胆的揭露与控诉。"愁心却是春江水，日日东流无尽时"，诗的结尾写得何等沉痛！而这种思想感情，与其后来的贾祸遣戍，恐怕不无关系。

顺治六年，随着科举制度的举行，明末一度终止的文人社事活动也恢复了。吴郡也出现了慎交与同声两个文社，这两个文社由于存有矛盾，因此"互为水火"，有如"敌国"。当时，吴兆骞同其兄兆宽、兆宫加入慎交社，"角逐艺苑，谈论风生，酒阑烛跋，挥毫落纸如云烟"。① 他的风流文采，高谈雄辩，挥笔狂书，使"名流老宿，莫不望风低首"②。在社集期间，与大量名士的交往又增进了他的名士气质及傲岸不群的性格。有人规劝他，他大言道："安有名士而不简贵者？"③ 当慎交社极盛时，汪琬来吴江。一天，吴兆骞陪他出游，"途中傲然不屑"。出了东郭门，来到风光如画的垂虹桥畔，他忽然直视汪琬，引南朝时袁淑对谢庄之语曰："江东无我，卿当独秀！"人们听了，侧目久之，其"放诞如此"。④

顺治十年，诗坛领袖吴伟业想要调和慎交与同声两社的矛盾，于是两社举行了三次大会。三月三日在虎丘举行的大会上，兆骞

---

① 徐釚：《南州草堂集》卷二十九，孝廉汉槎吴君墓志铭。
② 袁景辂：《国朝松陵诗征》卷三。
③ 王晫：《今世说》卷三。
④ 陈去病：《五石脂》。

"与吴学士（伟业）即席唱和，学士嗟叹，以为弗及，一时名噪吴下。传闻至京师，诸前辈巨公，恨不识吴生也"①。尤其使他感到荣幸的是吴伟业把他与陈其年、彭师度，并称为"江左三凤凰"。

顺治十四年（1657），兆骞参加了南闱乡试，考中举人。但不久在震惊朝野的南闱科场案中，"为仇家所中"，由于"一纸谤书"的诬陷而衔冤下狱。虽然最后"审无情弊"，但仍于十五年（1658）十一月二十八日判处遣戍宁古塔。十六年（1659）闰三月初三日，与同案的方拱乾全家、钱威、吴兰友等同路起行。吴兆骞出塞时，"一时送其出关之作遍天下"②，如徐乾学、祁班孙、毕映宸、唐士徵、叶舒颖、王摅、董以宁等均有送行或慰藉之作。其中，吴伟业之《悲歌赠吴季子》一诗尤为脍炙人口。其诗云：

> 人生千里与万里，黯然消魂别而已。
> 君独何为至于此？
> 山非山兮水非水，生非生兮死非死。
> 十三学经并学史，生在江南长纨绮。
> 词赋翩翩众莫比，白璧青蝇见排抵。
> 一朝束缚去，上书难自理，
> 绝塞千山断行李。
> 送吏泪不止，流人复何倚？
> 彼尚愁不归，我行定已矣。
> 八月龙沙雪花起，橐驼垂腰马没耳，
> 白骨皑皑经战垒，黑河无船渡者几？
> 前忧猛虎后苍兕，土穴偷生若蝼蚁。
> 大鱼如山不见尾，张鬐为风沫为雨。

---

① 张贲：《白云集》卷四，吴汉槎诗序。
② 叶恭绰：《清代学者像传》第二辑。

日月倒行入海底，白昼相逢半人鬼。

噫嘻乎，悲哉！

生男聪明慎无喜，仓颉夜哭良有以，

受患只从读书始。

君不见，吴季子？

　　三四月之交行抵沈阳，吴兰友因不堪折磨，病死于抚顺。吴兆骞等埋葬了难友，继续远行，终于在七月十一日抵达戍所宁古塔旧城（今黑龙江海林）。

　　他初到戍所，由于身无分文，囊空如洗，因此生活异常艰辛。他经常独坐在柴门旁，或用斧子敲击冰块，以冰水煮稗子，以充饥渴。幸亏友人们"解衣推食，得免饥寒"①。

　　他的患难之交，首推方拱乾父子。他们在狱中同处五个月，同赴戍所历时四个半月，在戍所同处二年四个月。总之，"同谪三年，情好殷挚"，"逾于骨肉"，他们经常"商榷图史，酬唱诗歌"，而且"谈诗论史，每至夜分"，可见他们关系之密切。② 他们初到戍所，就听当地土著居民谈起，沙岭（今宁安沙兰）东十余里，有一座石垒的古城，周匝约三十里。石砌的女墙，下边还完好无缺，城内外街道隐隐可稽。内有宫殿，瓦砾遍地，多为金碧色。当地人称之为"东京"，而中原流寓人士认为是金朝的上京，基于此，康熙前期修的《盛京通志》也认为是金上京会宁府。当然，上述的说法都是错误的，因为今日学者的研究证明，这是唐代渤海国上京龙泉府遗址。

　　方拱乾听了，早就想"拟乘春骑暖，一问旧城名"③，而吴兆骞也有此心，于是二人决定来年春暖之后同去考察。

---

① 《秋笳集》卷八，寄顾舍人书。

② 《秋笳集》卷八，寄顾舍人书、与计甫草书之二。

③ 方拱乾：《何陋居集》刘重显卜居沙岭。

至顺治十七年（1660）五月初，方拱乾以诗代信，写诗约吴兆骞同去"东京"城，诗云：

久有东京约，非关浪出游。

知君能吊古，此地是神州。

穷迹思先哲，孤怀赖胜俦。

踏泥须借马，山色雨堪留。

——《游东京先一日柬汉槎》

这首诗表明，他们久有此约，表明此行并不是一般的游赏，而是有计划的吊古与考察。

到期，吴兆骞欣然而来，于是他们在端午节前，乘马出发了。

当他们快到"东京"城时，远远望去，绿树环抱，郁郁葱葱。野草闲花，分外娇艳。土人相传，他们经常能看到城上似乎笼罩着一层变幻不定的云气，像楼阁旌旗，庐室鸡犬，村落依稀，人马杂沓。但是当走近时，却又一无所见。现在看来，这不过是海市蜃楼的幻景罢了，可是当时人们却迷信地归结为帝王的王气所致。

吴兆骞一行，走到近前，只见一片长满荆棘的颓垣断壁，于是他们细心地观察起来。城内石路车辙，依稀可辨，坏桥乱石，横亘水中。宫殿三重，气象辉煌，也宛然如旧。城南有一尊高大的古佛，庄严如满月，石塔玲珑，金茎孤峙。这一切表明，这里古代确实是帝王之都。他们认为"朝鲜疆宇本荒唐，指画金元亦渺茫"①。既不是朝鲜的疆宇，又非金元的故都，究竟是哪个朝代的都城？他们没有得出正确结论。

这次考察，兆骞必有诗作，可惜已经无征，仅方拱乾留下了

_____

① 方拱乾：《何陋居集》游东京旧址。

《游东京旧址》一诗。

次年（1660）闰七月，兆骞又曾随另一名流人吴调御去沙岭，准备再次游览东京城。兆骞这个"经年不出户"的人，不料"出与雨相期"，一出门就遇上了大雨。"吊古情方剧，冲泥甘所之"。为了满足浓郁的"吊古"之情，任凭雨湿泥泞，他也心甘情愿。他们乘马在泥泞不堪的路上，走了很久，先投奔卜居在这里的一个叫刘重显的流人。过了几天，秋霖散去，一片晓晴，吴兆骞就动身去游"东京"。"渡入断桥应忆板，车经深轨尚疑城"①，风光如旧，记忆犹新。"莲花古佛台痕破，苔藓前王殿脚明"②，他对古佛的观察，与上次相比，有了更深的体会。

这次重游之后，吴兆骞对方拱乾说，准备作一篇赋，以歌咏其事，但此赋今天也没有见到。宁古塔的历史，虽然无图籍可征，但却很久远，因此方拱乾建议吴兆骞及自己的儿子，能够写出一部宁古塔志，但由于处境之艰辛与文献之无征，吴兆骞当时并未动笔。不过后来却写了《天东小纪》一文，记述了宁古塔的风物、古迹等，其中也记述了在"东京"城的所闻所见。

吴兆骞遣戍宁古塔期间，以授徒为生，开始是教流人子弟，后来当地少数民族子弟也有从学之人。康熙二年（1663）初，其妻葛采真来到戍所，并于次年十月生下一子，这就是后来著《宁古塔纪略》的吴桭臣。由于葛氏"携来二三婢仆"，还有少许钱物，因此他的处境稍为好转。

康熙四年（1665）夏，他应张缙彦之邀请，参加了七子诗会。他们七人规定每月集会三次，然后分派题目，限定诗韵，吟诗作赋。由于文献无征，社集之诗未能流传，但作为黑龙江第一个诗社，毕竟是黑龙江诗坛大事，对牡丹江地区的文风不能不产生一

① 方拱乾：《何陋居集》再怀汉槎。
② 方拱乾：《何陋居集》再怀汉槎。

定的影响。因此民国《宁安县志》编者谓："宁安人物向以武功显，其以文学传者良鲜……然就近古以观，其唯有清顺康吴兆骞等辈谪戍到此，为文化之先导欤？"

当时的宁古塔官员，对于流人，尤其是流人中的文士与官员，持宽大态度。如将军巴海、副都统安珠护及后来任副都统的萨布素都是"雅重文士"①，"无不怜才，待以殊礼"②。"长于知人，喜接文士"的安珠护看到"遣发之士，多不能充当苦差"，就"行文咨部，令每人纳粮一石，免其役，由是士人得无苦"。③ 当这些流人生活困难时，又常予以救济。而且，他们对吴兆骞等文士，"暇则引接，与共谈论"④。并且先后聘请吴兆骞等有学识者为家庭教师或为幕府的幕僚，参赞军政要务，请教安邦治国的统治办法与经验教训。吴兆骞也经常参加他们组织的宴会，并写了许多这方面的诗篇。如《陪诸公饮巴大将军宅》诗：

> 佳兴南楼月正新，森沉西第夜留宾。
> 围炉卷幔初飞雪，击剑行杯不起尘。
> 四座衣冠谁揖客？一时参佐尽文人。
> 褐衣久已惭珠履，不敢狂歌吐锦茵。

第三联点明了参与巴海将军家宴者为包括自己在内的文人。此诗是写参与将军家宴，而另一首诗《置酒歌》则是咏参与将军公堂之宴。在"临潢城头暮吹笛，北斗栏干月将出"的暮色苍茫之际，"金吾（此指将军巴海）置酒坐北堂，银鞍召客何辉煌"。客人进入铺有华丽地毯的堂内，桌上已摆满黄羊之馔与马奶之酒。筵前

---

① 《秋笳集》卷八，与顾舍人书。

② 吴桭臣：《宁古塔纪略》。

③ 光绪《吉林通志》卷八十七，安珠护传。

④ 光绪《吉林通志》卷八十七，安珠护传。

火炬通明，并吹奏起箛管。月上东山时，红妆的歌女褰帷而出，轻启芳唇而歌，扭动细腰而舞。这次宴席一直进行到"月落秋河低"之时，然后客人纷纷乘车离去，"锦灯车马纵横去，应照香尘绕路飞"。这次宴会参加者肯定有诗人，否则他不会写得这样具体、细致。

当巴海巡视安集海东诸部时，他赋诗奉送。《奉送大将军按部海东》云：

> 玉勒动珠帻，旌旗远肃纷。
> 鸣弓行碛雪，飞盖入边云。
> 属国鲛鱼部，佳兵鹅鹳群。
> 海东三万里，笳吹日相闻。

海东三万里的江山，笳吹相闻，平安无事，可见巴海的政绩卓著。关于这一点，兆骞还有《奉赠大将军巴公》一诗作了进一步的颂扬。内云：

> 碛开万幕边声合，境拓双城战气收。
> 欲画南宫谁第一？功高独有冠军侯。

由上可见吴兆骞受到了巴海等官员的重视，后来巴海还聘吴兆骞为书记兼家庭教师，教自己的两个孩子额生与尹生读书，"待师之礼甚隆，馆金三十两"①。而且经常"赠裘御寒"，从而使兆骞的生活逐渐得到改善。兆骞的授读，使"穷边子弟，负耒传经，据鞍传诵，彬彬乎，冰天雪窖之乡，翻成说礼敦诗之国矣"②，可见

① 吴兆骞：《归来草堂尺牍》卷一。
② 吴桭臣：《宁古塔纪略》。

他在传播以中原文化为主体的流人文化方面的贡献。

吴兆骞久戍思归，由于家庭破落，已没有力量营救自己，因此只好把希望寄托在自己旧日的社友，尤其是顾贞观与徐乾学身上。顾贞观曾读过吴兆骞于康熙二年、十二年寄给自己的书信，了解到其悲惨处境，谋归故友的心情更加迫切。康熙十五年（1676）顾贞观很幸运地结识了当朝太傅明珠之子、三等侍卫纳兰容若，于是他把希望寄托在容若身上。这年冬天，他寄居在京师的千佛寺。"我行霜露犹苦寒，冰雪摧残不忍想"（这是顺治十八年顾贞观在山东蒙阴山中怀念吴兆骞之诗）。当他看到周围冰封雪锁，朔风狂吹，从而想起了远在冰天雪窖中的兆骞，想起了兆骞出塞后自己所许的生还故友的诺言，不禁悲从中来，感慨生哀，于是即兴填了两阕脍炙人口的千古绝唱——《金缕曲》词。词云：

> 季子平安否？便归来，平生万事，那堪回首？行路悠悠谁慰藉？母老家贫子幼。记不起，从前杯酒。魑魅择人应见惯，总输他覆雨翻云手。冰与雪，周旋久。

> 泪痕莫滴牛衣透。数天涯，依然骨肉，几家能够？比似红颜多命薄，更不如今还有。只绝塞苦寒难受。廿载包胥承一诺，盼乌头马角终相救。置此札，兄怀袖。

> 我亦飘零久。十年来，深恩负尽，死生师友。宿昔齐名非忝窃，只看杜陵穷瘦。曾不减，夜郎僝僽。薄命长辞知己别，问人生到此凄凉否？千万恨，为兄剖。

> 兄生辛未吾丁丑。共些时，冰霜摧折，早衰蒲柳。词赋从今须少作，留取心魂相守。但愿得，河清人寿。归日急翻行戍稿，把空名料理传身后。言不尽，观顿首。

顾贞观平时在容若面前，经常吟诵兆骞之诗赋，已引起容

57

若之钦佩。贞观乘机"求援于侍卫（容若）"，但容若考虑到事关重大，并非轻而易举，因此未立刻答应。这时见了此二阕词，感动得声泪俱下道："河梁生别之诗，山阳死友之传，得此而三。此事三千六百日中，弟当以身任之，不俟兄再嘱也。"顾贞观听了焦急地说："人寿几何？请以五载为期。"① 容若才答应了顾贞观的请求。

纳兰容若为了实现营救兆骞归来的诺言，就带领顾贞观去见其炙手可热的父亲明珠。当时明珠正在宴客，听了来意，手持巨觥，对顾贞观说："你若都饮下去，我就营救汉槎。"顾贞观平素滴酒不沾，这时一饮而尽。明珠见状，笑道："余直戏耳！即不饮，余岂遂不救汉槎耶？虽然，何其壮也！"②

康熙十八年冬，兆骞曾将顾贞观的《弹指词》、纳兰容若的《侧帽词》、徐釚的《菊庄词》三部词集，交给骁骑校某，带到朝鲜会宁府。会宁都护府记官仇元吉、前观察判官徐良崎见到后，大为激赏，认为北宋著名词人柳永（屯田）复生，也不过如此而已，就用一金饼购去，并各题一绝句于其上。仇元吉题《菊庄词》曰：

> 中朝寄得菊庄词，读罢烟霞照海湄。
> 北宋风流何处是？一声铁笛起相思。

徐良崎题《弹指词》与《侧帽词》曰：

> 使车昨渡海东边，携得新词二妙传。
> 谁料晓风残月后，而今重见柳屯田？

---

① 顾贞观：《弹指词》卷下，《四部备要》本。
② 袁枚：《随园诗话》卷三。

二诗题罢，又用高丽纸写了下来，交该骁骑校带回，于是此事便盛传开来，从此，这件事成为了诗坛佳话。

又有一次，朝鲜节度使李云龙，以兵事至宁古塔，由于素知吴兆骞的才名，便请他写一篇《高丽王京赋》。吴兆骞听了，不假思索，欣然命笔。他饱蘸浓墨，挥笔疾书，"遂草数千言以应"。李云龙被吴兆骞的绝代才华与敏捷的诗思所震惊，带回国后，四处传扬，因此，"其国颇以汉槎为重"。提起此事，吴兆骞也非常得意地说："此赋仿佛是（汉代文学家）班固、扬雄所作！"① 其简傲与狂态，犹如少年，也可见当时他已名重国外。

同时，朝廷中身居要职的友人徐乾学、徐元文、宋德宜、徐釚等人，也都在设法营救兆骞归来。其中友人徐乾学正任编修之职，徐元文任都察院左都御史，宋德宜任吏部侍郎（后来他们升任大学士、尚书等），纳兰容若已是一等侍卫，他们都倡导大家醵金赎归吴兆骞。由于他们都身居要职，而且有明珠作后盾，因此一经他们倡议，就应者云集，辇毂之下名流，都以不参与此事为憾。结果吴兆骞"以输少府佐将作，遂得循例放归"②。就是说他以认修内务府工程，纳二千金方得赎归。

康熙二十年七月还乡诏下，遂理归装。九月二十日起行，十一月近中旬回到京师。亲友们闻知，均来问讯，"执手痛哭，真如再生也"③。

不久，徐乾学大设宴席，为兆骞洗尘接风，许多亲友也都参加了这次盛会。会上，酒过数巡，徐乾学起身，赋诗一首，表示庆贺兆骞的南还。诗曰：

惊看生入玉门关，卅载交情涕泗间。

---

① 徐釚：《续本事诗》卷十二。
② 徐釚：《南州草堂集》卷二十九，孝廉汉槎吴君墓志铭。
③ 吴桭臣：《宁古塔纪略》。

不信遐陬生马角，谁知彩笔动龙颜？

君恩已许闲身老，亲梦方思尽室还。

五雨风轻南下好，桃花春涨正潺湲。

在徐乾学的倡议下，大家纷纷赋诗相贺，纪念这千载难逢的盛况。徐元文、纳兰容若、潘耒、冯溥、陈其年、王士禛、吴树臣、尤侗、徐釚、钱中谐、陆元辅、王摅、毛奇龄、吴祖修等著名文人均有次徐乾学原韵之作。容若的"星沉渤海无人见，枫落吴江有梦还"、徐釚的"廿年词赋穷边老，万里冰霜匹马还"等句，形象鲜明，对仗工整，格律严谨，都是传诵一时的名句。后来连许多不在京师的人，如孙旸、叶舒颖、赵沄、顾景星等听说此事，也都曾赋诗相贺。在这众多的诗作中，诗人王士禛之诗有句云："太息梅村今宿草，不留老眼待君还。"就是叹息吴梅村（即伟业）早逝于康熙十年，未及见兆骞之归来。

兆骞当场也赋有《奉酬徐健庵见赠之作次原韵》诗。诗云：

金灯帘幕款清关，把臂翻疑梦寐间。

一去塞垣空别泪，重来京洛是衰颜。

脱骖深愧胥靡赎，裂帛谁怜属国还？

酒半却嗟行戍日，鸭青江畔度潺湲。

兆骞归后，被纳兰性德留在家中，教自己的弟弟揆叙读书。这期间，他曾一度回吴江省视老母（其父已早卒）。不久，回到京师。二十三年（1684）十月十八日，在贫病交加中，逝世于性德家中，年54岁。嘉庆年间，一位词人郭麐，曾以"一代奇才千秋恨"①，概括了他的才华与悲惨遭遇，是恰如其分的。

———————————

① 郭麐：《灵芬馆集·浮眉楼词》卷二。

他著述很多，但多已失传。今传《秋笳集》、《归来草堂尺牍》，还有与友人顾茂伦、蒋宣虎合编的《名家绝句钞》六卷。至于在戍所写的《天东小纪》、《词赋协音》等，则已失传。

吴兆骞之诗，颇受当代人之推崇。我们认为，其出塞前之诗作，虽然典雅华丽，但多数缺乏鲜明的社会内容。而出塞后，由于长期生活在下层人民中间，"极人世之苦"①，且又耳闻了沙俄侵略者在我国东北边区的烧杀与淫掠暴行，因此创作出大量具有新的意境与新的风格的现实主义诗篇。从内容来看，其诗多数是以东北塞外的自然风光与社会生活为素材，尤其是与抗俄斗争有关的诗歌，更富有现实意义。如"羁戍自关军国计，敢将筋力怨长征"（《可汗河晓望》）、"幕府只今勤远戍，敢将离思问重逢"（《送姚琢之赴兀喇》），表明了他支持抗俄斗争的积极态度。"朔漠自来争战地，欲将书剑一论功"（《一蓝冈夜行》）、"还怜豪气在，长啸学从军"（《登西阁》），反映了他想要从征的跃跃欲试的思想状态。又如《秋日杂述》五首之三云：

> 戍楼鞞鼓动严城，朔塞山川郁战争。
> 旄节未归鱼海使，羽书还下铁关兵。
> 月高亭障千烽出，雪照旌旗万马鸣。
> 莫道疮痍犹未起，庙谟今日重东征。

其四云：

> 朔风毡幕拥旌旄，八阵营开筚簟高。
> 铁马两甄横塞草，水犀三翼动江涛。
> 迁人未见征徭息，属国微闻战伐劳。

---

① 靳荣藩：《吴诗集览》卷七上。

漫道射雕多健卒，只今文士习弓刀。

尤其是《奉送巴大将军东征逻察》一诗，揭示了沙俄入侵的罪行，颂扬了广大将士的抗俄热情以及各族人民箪食壶浆以迎王师的情景，最后预言了这场正义战争的必胜结局，从而表现了其强烈的爱国思想。其诗云：

> 乌孙种人侵盗边，临潢通夜惊烽烟。
> 安东都护按剑怒，麾兵直度龙庭前。
> 牙前大校五当户，吏士星陈列严鼓。
> 军声欲扫昆弥兵，战气遥开野人部。
> 卷芦叶脆吹长歌，雕鞬弓矢声相摩。
> 万骑晨腾响朱戟，千帐夜移喧紫驼。
> 驼帐连延亘东极，海气冥蒙际天白。
> 龙江水黑云半昏，马岭雪黄暑犹积。
> 苍茫大碛旌旗行，属国壶浆夹马迎。
> 料知寇兵鸟兽散，何须转斗摧连营。

另如《赠泰州李生》、《送萨参领》、《送阿佐领奉使黑斤》等诗，都是这方面的代表作，这类诗篇是吴兆骞全部诗歌中的力作，是其爱国思想的集中表现。可以说吴兆骞是我国古代文学史上以抗俄斗争为创作题材最多的诗人。此外，从形式上来看，这些诗篇又融合着对自己不幸遭遇所寄托的满腔忧愤与无限哀愁。这样，他就把清初东北边区荒凉冷落的气氛与自己悲惨凄凉的身世结合起来，熔铸成感慨苍凉、悲壮幽怨的风格，从而又构成了其艺术上不同于他人的突出特点。这表明，他无愧是一位抗俄爱国的边塞诗人。当然，由于时代与阶级的局限，诗人也有其消极的一面，如悲观、厌世、佞佛、宿命论等，在其诗作中也有反映。

此外,《归来草堂尺牍》是他写的书信集。共 37 件,其中 20 件写于塞外,17 件写于狱中或归后,多为寄父母兄弟书,少数为寄友人书。就书信多数写于塞外来讲,此集可称是黑龙江第一部书信集。此集对"兆骞生平志节,与当日塞上景物"(顾廷龙语)之研究,对流人心态与清初东北官庄制度残酷剥削之研究,极具史料价值,是研究清初东北,尤其是黑龙江史的珍贵文献。

其子吴桭臣于康熙末年曾追忆自己幼年在宁古塔之所见所闻,撰写了《宁古塔纪略》,记述了该地的民俗、物产,颇富史料价值,成为研究清初东北历史文化之重要文献之一。

总之,作为一位边塞诗人,作为江南才子、塞北名人,吴兆骞在其 54 年的生命史中,"荷戈绝域"23 年,对塞外的开发,尤其是文化、教育上的贡献,应该给予充分的肯定。① 但是,改革开放前,吴氏在我国文学史研究中一直没有得到应有的重视,一些文学史专著甚至连其名字都没有点到。近 20 余年来,这种情况才得到改变。朱则杰先生编纂的《清诗史》可称是典型。其《清诗史》为吴氏作了专题介绍,并指出:

> 吴兆骞在清代特别是清初东北的边塞诗人中成就为最高,影响也最大。因此,吴兆骞的诗歌可以视为清代边塞诗的代表。这在客观上恰恰也是无辜遣戍给他带来的"恩赐",诚如沈德潜所说:"尝人世之奇穷,非正使之为传人耶?"②

可见,吴兆骞的影响,近二三十年来才开始得到学术界的

---

① 本文参考文献数十种,可详见拙著《诗人吴兆骞系列》(《吴兆骞传》、《吴兆骞年谱》、《吴兆骞资料汇编》各一册)。

② 朱则杰:《清诗史》,江苏古籍出版社 1992 年版,第 79—80 页。

认同。

2013 年新版《中国流人史》第四编第十四节
《山非山兮水非水，生非生兮死非死》（吴兆骞遣戍宁古塔）

（二）序跋题记

吴兆宜

秋笳集小引

　　盖闻山禽铩羽，怨四子之分飞；庭树敷荣，叹三荆之同本。是以僻依参佐，爱比机、云；家藏赐书，学同彪、固。茱萸两地，寄摩诘之幽忧；春草一塘，劳惠连之梦寐。余兄汉槎，以惠子五车，陈王七步。琉璃雕管，题成芍药之工；翡翠笔床，篇擅芙蓉之誉。何来谣诼，遽悼漂离？马伏波之薏苡，溪水随鸢；杼中监之毡毛，塞天啮雪。迢遥紫土，水咽松花；迤逦黄云，关寒榆叶。托嘶马以长征，望孤鸿而永恸。穹庐静夜，遥听边笳；刁斗凌风，时闻坞笛。蒲萄藏贵相之谷，岂易消忧；琵琶调马上之弦，徒然增戚。此执珪所以越吟，而军府为之南操者也。况夫鹤邮万里，萱背无依；鸡塞频年，棣华空茂。帛书雁足，向南望而程遥；尺素鱼鳞，思北驰而路渺。夏连积雪之岭，畴念衣单；秋转飞蓬之根，独怜衰草。遂使垂虹烟柳，限若羊肠；笠泽莺花，杳如马角。铁衣远戍，萧条银碛之声；牙帐从军，憔悴金微之客。嗟乎！生存华屋，子建以之哀吟；贫贱亲离，颜远因而悲咽。陶彭泽有《停云》之作，孙子荆有《零雨》之篇。缅彼安居，尚多感慨；矧伊远谪，能不凄其！由是构兹危苦，抒彼劳歌，命曰《秋笳》，汇

成一集。陈子公之关河城邑，并入缥囊；郭景纯之《山海图经》，咸盈赤轴。聊述《穷鸟》之赋，用当塞客之吟。健庵先生，标俊乂之鸿名，推艺林之渊府。三虎联镳，登鳌头而缥缈；九飞齐奋，抟鹏翼以逍遥。身既托于重霄，情弥深于旧雨。慷慨绨袍之恋，清俸时捐；徘徊歧路之隅，芳讯屡及。读定远《玉关》之札，侧望沾襟；接都尉塞外之诗，悲凉陨涕。乃谋剞劂，以寿枣梨。将令开府思乡，人诵《江南》之赋；若使孝仪归国，家贻使北之书。余惭居第五之名，兼切在三之义。春风秋月，溯景淑而群离；暑雨祁寒，惊节序而滋戚。时披华制，以代萱苏，敢藉短翰，而仰斧藻。自此蔡女清笳之拍，乐府俱传；晏子脱骖之恩，故人共感云尔。

雍正四年吴氏刻本《秋笳集》卷首

侯玄泓

秋笳前集序

汉槎吴季子，今之贾生、终童也。出其余技，为歌诗，才名籍甚吴楚间。与予遇于虎阜，抵掌莫逆，遂出诗编，属余弁语。予结发诵诗，自成童时，常与兄弟朋好，跌宕江湖，有唱有答，然终不能名一家。十余年间，浡被倾覆，群从凋丧，向者雕虫末技，兵燹散亡，而予益颓然废放，渐夺声华，如沟断散栎，以不才求全矣。虽然，风雅之原，声情之本，酒酣狂来，尚能为季子言之。夫诗之为用者，声也；声之所以用者，情也。《豳风》、二南、二雅、三颂，或出于妇人小夫，冲口率志之作，或出于元臣硕老，讽谕赋述之言。泳泆休明，抒写道德，情盛而声自叶焉，遂登乐章，歌荐朝庙，此天下之真声也。若夫情曼者，其声啴；情忧者，其声厉；情危者，其声烈；情豫者，其声扬。是数者，虽诡于和，而情之所激，皆足以铿锵律吕，感动鬼神。《相鼠》之诗其声率；《山枢》之诗其声迫。迫且率而仲尼不删者，为其情真也。真，故不讳其激，有激极而和之势焉，此亦声亚也。六季三唐，刻镂组绘；南北二宋，披猖率野，声情交叶，什无二三。何大复常谓唐初四子，音节可歌，子美调失流转。予初疐之，然究其所撰《明月篇》，声浮于情，学者从是矫宋元之过，相与规步音响，趋摹格调，而天下之情隐者，亦大复为之戎首也。数十年以来，声盛者情伪，情真者声俗，两家之说，戛然不入，而其不谐真乐则同，终亦成其两伪而已矣。予虽稍有窥见，自愧能知而不作，悠悠尘溢，莫可为尽也，窃愿为。

季子以其髫龀之岁，岨江楚，吊沅湘，指衡霍，剑槊相摩，龙虎争搏，华年盛气，掉臂出没乎其间。故其为人，英朗隽健，忠孝激发，凡感时恨别，吊古怀贤，流连物色之制，莫不寄趣哀凉，遗音婉丽，情盛而声叶，非季子其孰能及之。而予回首昔时，与兄弟上浔阳，经庐岳，分曹课句，睥睨争雄，衔杯一笑，江波振起。今日独与季子谈河山之变迁，数风云之灭没，灯炮酒阑，骚屑偃蹇，其能无乐极而哀来，婆娑而吊影乎？虽然，季子伯兄弘人，以其文章器识，领袖群彦。仲子闻夏，撰述英多，一时屈眘。与予兄弟交十余年，犹兄弟也。季子出而玉振之，予不孤矣。遂书之，为其诗序。

雍正四年吴氏刻本《秋笳集》卷五

宋实颖

杂体诗序一

杂体诗之拟，始于谢康乐，盛于江文通。其言谓楚骚汉风，既非一骨，魏制晋造，固亦二体。然蛾眉不同美，而俱动于魄；

芳草不同馨，而悉悦于魂。非性情使然欤？予友吴子汉槎，卫子冰清，谢家玉润，翩翩隽逸，望者疑神仙中人，及读其诗，则又气体高妙，波澜独老，卢骆王杨之藻采，李杜高岑之风则，无不兼备。盖拟议之迹化，天然之致胜也。使与北地、信阳，并驱中原，尚当退避三舍，矧历下、长兴诸公哉。

今秋予过松陵，汉槎出《拟杂体诗》示予，声情慷慨，格调悲凉，大有山河离别，风月关人之感焉。仲宣流连于汉南，子山羁旅于江北，带甲满天，笳歌动地，文人遭会其时，性情实有相符者。胡霜金柝之章，蕙草阑干之句，信可以铄谢凌江矣。岂云团扇秋风，芙蓉绿竹，取古人之眉黛，代一己之萱苏已也。酒酣耳热，凉星三五，戏语汉槎，岁月不居，风流易散，后有作者，于弘人、研德、甫草、茗文、俊三、武功诸子，未知当作何拟。汉槎其操不律以豁我愁乎！

雍正四年吴氏刻本《秋笳集》卷六

陆 圻

杂体诗序二

原夫河梁赠答，实肇风徽。邺下歌谣，渐多辩丽。五言之盛，可得而言。然如子荆以《零雨》见珍，康乐以春草特妙，以至司空儿女之呲，延年雕缋之累，莫不性取独适，家罕兼善。譬之观魏阙者，兰锜之第横陈，入越都者，绛绡之荣不惬。此言殊轨者易为工，而通方者难为巧也。乃若醴陵创调，杂体名诗。笙簧匏管，九吹之变悉和；橘柚楂梨，一啜之鲜不御。庶几力同贲获，才甚骠骑，真天姿之备美，人外之绝智矣。然世风代降，拟作为繁，薛君采驰骋嗣音，王弇州条列群品，颇多虎贲之形，不失虞丘之貌。

而今时如吴子汉槎者，辞为南国之宗，名在延陵之季，远随羁宦，遇阁题铭，近同伤乱，当筵流涕。身赍油素，无不推其奇文；容比珊瑚，俱欲为之作架。斯固三虎之称伟节，八龙之有慈明矣。乃复以销暑放愁，幽居缀藻，踵江生之后，综诸子之长，循其时次，亦拟作三十首。上自宣城，下迄司隶，景物兴会，仰溯曩符，神韵格调，取高前式。所谓雕组之文，本异杼而均炫于目；芳香之草，不同岑而皆袭于裾也。至若太元、天监，既不一揆，河右、江左，亦又二致。居南服者，未识伧面；产北方者，不晓吴语。斯固物理之自然，实非品类之难协。而吴子形容著胜，阿堵之蕴悉传；刻画中规，纵横之态已极。状如胡宽营新丰，而鸡犬竞识；仲谋扪屏上，而苍蝇欲飞，斯已奇矣。后有作者，先河后海，则吴逊文通；祀近桃远，则吴盛王薛。岂非记室之后劲，好事之深忧也哉！

雍正四年吴氏刻本《秋笳集》卷六

张 贲

吴汉槎诗序

古人言，诗必穷而后工，岂其言哉。以余所交海内诗人数十百家众矣，不关穷达也。有显而在位者，有卑而伏处者，有少壮优游而中道夭折者，亦有垂老困厄而忧愁穷饿以死者。要之，才人之赋畀不同，而学问随所遭遇以为浅深，如是而矣。自余为童子有闻于当世，是时古学未兴，随时汩没，弱冠乃自奋为古文词。

吴子汉槎，少于余十余岁，髫稚时，随父游宦学于楚，已自江右历闽粤返吴会。十二三岁时，发言吐词，一座尽惊，长老人人逊避。同人会于虎阜，与娄东吴学士即席唱和，学士嗟叹，以为弗及，一时名噪吴下，传闻至京师，诸前辈巨公恨不识吴生也。余方游公卿间，推举海内诗人某某，必首吴生。又迟之八九年而吴生举于乡，一时相贺。已而余蒙难下司败，吴生亦被诬。明年遇于请室，出所为诗，纵读之，日夕联床，极论古今诗体格。余生平性喜雄迈，迹类粗豪，不逮吴生诗律之细也。海昌陈相国从而和之，令幼子子长日听绪论以为取法。是时公侯卿士颇多从壁上观也。又迟之十有二年，余至徙所，吴生出近所为诗，诸体并有增益，衰集为若干卷，长安故交某某将征而梓之。嗟乎！吴生其传之后世，有不朽之名，信乎无疑也。

　　诚虑后世读吴生诗，悯其才而吊其遇，比之潾县卢生次楳，辄引庐陵穷而后工之言，以为吴生不流离失志如此，不如是工也。嗟乎，谬矣！追溯之十有二年之前，以余所交如此，再溯之八九年以前，以余所得之传闻如此，已是可传，何必俟之流离失志为哉。若使吴生遭逢盛遇，翱翔馆翰，应诏撰赋乐府郊庙词章，润色一代之制作，更何逊于古人哉。今陷绝域，友生之咨议颇少，又无前古书乘以供其博览，名山大川，一望荒漠，无有岳渎之名号，名贤古迹，踪迹罕至，不堪凭吊。凡诗家所取材者，率缺焉。若非负绝世之材，夙有蕴蓄，其不湮没于荒烟蔓草也稀矣。座间，钱子德惟、姚子琢之辈闻余言，皆为泣下。因序其端，以俟当世之君子论定焉。

《白云集》卷四

吴桭臣

秋笳集跋

　　右集诗文共八卷，先君子汉槎先生所作也。先君少负大名，登顺治丁酉贤书，为仇家所中，遂至遣戍宁古。维时大父母在堂，先君忽离桑梓而谪冰雪，触目愁来，愤抑侘傺，登临凭吊，俯仰伤怀，于是发为诗歌，以鸣其不平。虽蔡女之《十八拍》，不足喻其凄怆，此《秋笳》所由名也。昆山徐健庵先生，悲故人之沦落，千里命介，索其草稿，梓以问世，古人之交情，不以穷通少异有如此者。洎乎《长白赋》奏，而特邀当宁之知，沉冤昭雪，赐环归里。张俭返于亡命，蔡邕召自髡钳。推毂者总属巨卿，延誉者半由名士。方且谓一生抱负，抒展有时，何图乍入玉门，遽捐馆舍，鄙人所以抱恨终天也。今栻臣年过六旬，追思往日，几同隔世。《传》曰："先祖无美而称之，是诬也；有善而勿知，不明也；知而勿传，不仁也。"栻臣愚蒙不肖，既不能发名成业，以显扬我先君矣；敢复蹈不仁不明，致使先君没没于后世哉！爰就旧刊，增以家藏，析为八卷，汇成一集。其前四卷，系健翁所刻，后四卷，则栻臣所增也。《后集》为戍所暨归来所作，《前集》及《杂体诗》二卷，皆少年所作。序表书记，则合新旧所抄辑而成，不分年月日。盖先君垂髫之岁，即好吟咏，加以身际艰难，著作颇富。奈屡丁颠沛，存者无几。当健翁索稿之先，值有老枪之警，遗失过半。后遇插哈喇之乱，都统唐公，限三日内，合城满汉俱迁至必儿汀避难。及扶枢南边，复覆舟于天津，而沉溺者又过半。今此所补，皆从故旧处搜罗，所得殆未及十之一二。至于骈丽之体，向与陈阳羡齐名，乃集中所有，仅此数首，尤可痛惜。闻之昆山某氏，收贮颇多，栻臣曾力为寻访，而已移居村舍。然终当物色，以成全璧，是则鄙人之素志也。是役也，其订证校雠之功，侄恒叔之力为多，亦不可不记。谨跋。

雍正丙午秋八月，男栻臣谨跋。

雍正四年吴氏刻本《秋笳集》

佚　名

题西曹杂诗

　　辛未仲春，仆三上长安，寓居李北部松客邸，闭门深坐，不问朝市事。秋冬之际，采菊剥蟹，颇似江乡，宾主相对，脱略礼法，致足乐也。偶得吴江吴汉槎孝廉《西曹杂诗》、《秋笳集》两帙，哀其负才沦落，抄以送日。抄既毕，与王元倬先生《南隂堂诗》，藏之枕函。或谓汉槎与元倬先生不侔，元倬先生胜国遗逸，操履善全，《南隂堂诗》，感时触事，篇篇忠孝，字字涕洟，俾读之者生《黍离》、《麦秀》之悲，增鹃血猿肠之惨，人传诗传固其所也。汉槎则流窜塞外，其羁孤忧郁，纪述土风，伤今吊古，谀贵求生，摛词虽工，结衷实鄙。顾何庸抄？抄亦何庸与《南隂堂诗》合置一处？仆唯唯否否。慨念文信国、谢信州、家铉翁、郑所南、杨铁崖、倪元镇诸公尚矣，逮元遗山、萨都剌、高青丘、刘文成、袁白燕、徐幼文，世亦未尽非之。仆第取其诗，悲其遇，至两孝廉之志节行事，自随时代先后，未可一概论之也。或人不言而退。

知止草堂本《秋笳集》卷四

王协梦

吴汉槎诗集跋

　　吴汉槎先生，在国初有三凤凰之目，谓先生、陈其年、彭古晋也。二十年前，阅赵瓯北先生《诗话》，论国朝诗人，与钱、吴、施、宋并举，因觅其集，杳不可得，访之垂十年，竟得之。

顾念作者湮没不传，录其诗，付之梓。道光十一年辛卯九月豫章王协梦记。

道光十一年王协梦刻本

伍崇曜

秋笳集跋

右《秋笳集》三卷，《西曹杂诗》一卷，《前集》一卷，《杂体诗》一卷，《后集》一卷，《杂著》一卷，共八卷。国朝吴兆骞撰。按兆骞，字汉槎，吴江人。《苏州府志》称其少有隽才，与慎交社，名闻远近。顺治丁酉举于乡，以科场蜚语逮系，遣戍宁古塔。康熙辛酉，徐健庵司寇为之纳锾，放归田里，亦成容若侍御力也。徐菊庄《续本事诗》，称汉槎惊才绝艳，数奇沦落，万里投荒，驱车北上时，尝托名金陵女子王倩娘，题诗驿壁，以自寓其哀怨，两河三辅间，多有和者。故计改亭诗云："最是倩娘题壁句，吴郎绝塞不胜情。"诗今载集中，则为豫章刘素素，倩娘其姊云。夫汉槎以美才获隽，偶缘蜚语，遂罹重遣，固见当日功令之严，而国初诸老，如徐健庵、王渔洋、宋商邱等，于其在狱、出塞、入关，均各有诗，怜才雅意，尤不可及。至顾梁汾《金缕曲》二阕，则更沉着真挚，非血性男子不能作。然余尤服膺者，则吴梅村《悲歌赠吴季子》七古一首，如凄风骤雨，霎飒而来，殆兼感辽左故人陈素庵相国事，故言哀入痛欤？相国固与汉槎同时遣戍者也。梅村诗原评，称汉槎极人世之苦，然不如此，无《秋笳》一集，其人恐不传，天之厄之，正所以传之也。谅亦国初诸老之笔。噫！天欲传之而定厄之乎？其然，岂其然乎？哀其遇，特出藏本重梓之，校毕为之黯然。咸丰壬子上元后二日，苦寒，南海伍崇曜谨跋。

《粤雅堂丛书》本跋

纪　昀

秋笳集提要

《秋笳集》八卷（江苏巡抚采进本），国朝吴兆骞撰。兆骞字汉槎，吴江人。顺治丁酉举人，戊戌以科场案，缘事戍宁古塔，后蒙恩赦还。此集前四卷为徐乾学所刊，后四卷为其子桭臣所刊，而编次无序，通为八卷。前三卷题《秋笳集》，四卷题《西曹杂诗》，五卷题《秋笳前集》，六卷题曰《拟古后杂体诗》，七卷曰《秋笳后集》，八卷则五页以前题《杂著》，六页以后题《后集》，盖随得随刊，故舛讹如是。兆骞诗天分特高，风骨遒上。又荷戈边塞，穷愁之语易工，故当时以才人目之。而立身一败，万事瓦裂，其诗亦颇为当代所轻。特其自知罪重遣轻，甘心窜谪，但有悲苦之音，而绝无怨怼君上之意，犹为可谅，故仍存其目焉。如兆骞者，使其谨守防检，克保身名，岂非国初一作手哉！

《四库全书总目》

邓之诚

秋笳集题识

吴兆骞字汉槎，吴江人。少有俊才，童时作《胆赋》五千言。吴伟业以与华亭彭师度、宜兴陈维崧，共目为江左三凤凰。稍长，为慎交社眉目，与同声社章在兹、王发，争操选政有隙。顺治十四年罹科场之狱，遣戍宁古塔，章、王所告发也。居塞上二十三年，挚交顾贞观填词寄之云："季子平安否？便归来，

73

平生万事那堪回首?" 传诵一时。贞观为纳兰性德客,屈膝求性
德道地。昔日社盟宋德宜、徐乾学乃醵金纳赎,得放归,为明
珠子揆叙授读。旋南归省母,未半年,北行,以腹疾卒于康熙
二十三年,年五十四……兆骞高才远徙,伟业首赋《悲歌赠吴
季子》以伤之,比其生还,乾学有《喜吴汉槎入关》之作,同
时和者甚众。及卒,竟少哀挽之什,乾学所作亦未入集,盖吴、
徐之交不终矣。所撰《秋笳集》,乾学所刻者,为赋、诗、《西
曹杂诗》,不分卷,首载兆骞与乾学书,有"遭难十八年"语,
当刻于丙辰康熙十五年。后其子桭臣于雍正四年丙午,重刻为
八卷,析徐刻为四卷,增《秋笳前集》、《杂体诗》、《秋笳后
集》、《杂著》各一卷。称其稿半失于老羌之警,南归舟覆沉溺
者,又过半,所增皆搜自故旧。又称骈文旧与陈维崧齐名,稿
在徐氏不能得,然则幸而得传者亦仅矣。诗文摹六朝初唐,惊
才绝艳,同时辈流,罕及之者,惜学业无成,格律亦未更进,
固一时之秀,而非盖代所宗。嘉庆中,张廷济尝就顺、康人集,
辑《秋笳馀韵》二卷,上卷寄汉槎诗,下卷喜汉槎入关之作,
今不传。

《清诗纪事初编》卷三

按:邓先生另有徐乾学刻本《秋笳集》题识,详本书《著述
考略》,兹不赘。

袁行云

秋笳集题记

吴兆骞撰。兆骞字汉槎,江苏吴江人。晋锡子,兆宽弟。
顺治十四年举人。以丁酉科场狱案,遭戍宁古塔,居塞上二十
三年。尝作《长白山赋》,词极瑰丽。友人顾贞观寄以《金缕

曲》二阕，脍炙当时。后经徐乾学乞于明珠，纳镪赎还。卒于康熙二十三年，年五十四。此集前四卷为赋、诗。四卷曰《秋笳集》、《西曹杂诗》，徐乾学初刻。雍正四年，其子桭臣重刻为八卷，增《秋笳前集》、《杂体诗》、《后集》、《杂著》〔按原文有错简，兹为之更正——编者按〕。为诗词采高丽。身在西曹，以谤议系都，有诗。又作《白头宫女行》，记崇祯时旧宫人，以托哀思。顺治十五年〔应作十六年〕，遣戍出关，所作《闰三月朔日将赴辽左留别吴中诸故人》、《晓发抚宁题逆旅壁》、《榆关老翁行》、《燕支山辞》、《海郎山灵湫神女歌》、《塔山道中望海》，名篇隽句，沉郁苍凉。戍宁古塔，为将军巴海子授经，与旧友时作诗文往还。《同陈子长坐毡帐中话吴门旧游怆然作歌》、《早秋陪诸公游密将山》、《松花江》、《封祀长白山二十韵》、《抚顺寺》、《浚稽曲》、《秋日杂述》、《忆旧书情寄陈子长一百韵》、《奉酬徐健庵见赠》、《寄顾梁汾舍人三十韵》，俱为高唱。赠千山名僧函可诗及送人之朝鲜、蒙古、俄罗斯，亦可见交游尚广也。宁古塔为罪犯流徙之所，荒原绝塞，被罪者多不能生还。兆骞为当时才士，方其出关，吴伟业有《悲歌赠吴季子》赠之。徐乾学、顾贞观、纳兰成德等俱有怀诗。比归，徐乾学有喜吴汉槎入关之作，都下名流王士禛、宋荦等，和者甚众。其塞上秋笳，得以名垂不朽，殆亦旷代所无矣。

《清人诗集叙录》卷九

柯愈春

秋笳集提要

吴兆骞撰。兆骞生于崇祯四年（1631），卒于康熙二十三年（1684）。字汉槎，江苏吴江人。吴伟业以其与华亭彭师度、宜兴

陈维崧共目为江左三凤凰。稍长为慎交社首领，与同声社章在兹、王发争操选政有隙。顺治十四年举于乡，为章、王所告发，遂起科场之狱，遣戍宁古塔。吴伟业吟诗为之送行，有"山非山兮水非水，生非生兮死非死"句，传诵一时。兆骞居塞外二十三年，以所著《长白山赋》进献康熙，挚友顾贞观又为之请于纳兰性德，昔日社盟徐乾学等为纳锾赎还。所撰《秋笳集》，取蔡琰胡笳凄怆之意。徐乾学所刻者不分卷，为赋、诗及西曹杂诗。张尚瑗《宁古塔纪略序》称，康熙辛亥后六七载，"汉槎之《秋笳集》始寄归，昆山司寇公为刊本行世"。又兆骞与乾学书，有"遭难十八年"语。初刻当在康熙十六、七年，中国科学院图书馆藏邓之诚跋本。中国国家图书馆藏清钞本一册，题《吴汉槎诗集》，叶志诜跋。南京图书馆藏钞本，作《秋笳集》二卷、《西曹杂诗》一卷。其集通常作《秋笳集》八卷，上海图书馆藏康熙间钞本，有鲍倚云批点、鲍康跋。其子桭臣析徐乾学所刻为四卷，增秋笳前集、杂体诗、秋笳后集、书序杂著各一卷，以补遗诗九首，于雍正四年重刻《秋笳集》为八卷，此即吴江吴氏衍厚堂刻本，中国国家图书馆藏。所增后集为在戍所及赎归后所作，前集及杂体诗皆少年所为，杂著则抄辑新旧成之。跋称其稿半失于老羌之警，南归舟覆沉溺者又过半，此其十之一二而已。集中康熙十七年戊午寄顾贞观书，详记至戍所后二十余年事，可当兆骞自传读。又有《归来草堂录》不分卷，传钞本，录其系狱及戍宁古塔时所寄家书十五篇、与友人书二十篇，附诗七首，自被逮至归里，首尾毕具，可补《秋笳集》所未详。长洲章氏四当斋旧藏此稿，《续修四库提要》著录。又有《合众图书馆丛书》本，题《归来草堂尺牍》一卷。兆骞诗文多记戍所风物，人称边塞诗人。

《清人诗文集总目提要》卷九

张缙彦

词赋协音序

声者，自心生者也。心有所感而口宣焉，故形之为声。《记》曰："声成文谓之音。"《三百篇》，田夫野老，孤臣怨女，出口自协，此元音也。迨沈休文定四声，孙恤定反切，后之诗歌，咸取式焉。然为数约而严，若用之柏梁体古歌行，尚有不足，况楚骚、汉赋，沛然而来，泊然而止，又安能测剑首之一映乎？是以《上林》、《子虚》等赋，至今有不能调宫商者，此古今用音之殊也。

汉槎吴子，能文章，擅词赋，其所著《鶡鹤》、《秋雪》诸赋数十篇，读之者，至此之司马相如、扬子云。乃以文事下西曹，试以囚诗立就，然卒以同事徙塞外。又究极古今词苑，取古韵转注，合以古乐府、骚、赋，调协成书，曰《词赋协音》，以序属予。

予维夫声音之道，与礼乐通者也。魏文侯问乐于子夏，子夏曰："君之所问者乐也，所好者音也。"故弦歌《诗·颂》，谓之德者，若郑、卫、宋、齐之音，皆淫于色而害于德，谓之溺音。音者若是其不同也。宗庙宾筵，礼乐之大者也。匏竹列之堂下，(升)〔笙〕歌列之堂上，贵人声也。倨中矩，句中钩，累累乎如贯珠，盖言协也。协则合，合则安，安则久，用能格于上下，以承天庥，故能极声音之致而动万物之情。吴子之协音，非欲其铿锵已也，盖有以合其音义焉耳。盖有本音合而古音不合，有古今音合而意义不合，有意义合而点画不合。读吴子之《协音》，则引商刻羽，与含哺鼓腹合也；清庙明堂，与《下里巴人》合也。春雁嗷嗷，秋鹤唳唳，与和凰之喁喁，飘风之謞謞，无不合也。合则天地和，鬼神通。《诗》曰："肃雍和鸣，先祖是听。"盖言协也。或认为《协音》一书，但举古诗歌赋，疑其偏也。不知吴子协古今人之所不协，是其所以为全也。通乎此则声音之理备矣，声音之理备，而制礼作乐之理备矣。

《域外集》

纳兰性德

名家绝句钞序

　　夫圜流千顷，鸡犀划而中分；灵岳三成，员岊开而独擘。吴淞之水，并剪双裁；昆岫之瑶，昆刀缕切。只袜溅杨家之泪，自尔温馨；半鬟窥徐后之妆，居然掠削。团圞三五，乍看新月宜人；烂熳千行，时或残英照眼。靡不宝文鳐之单翼，珍赤鲤之片鳞。物既有之，并以偏隅擅胜；文亦宜尔，自应断句专长也。然则阳春渌水，缔构差同；子夜前溪，体裁相类。较之《易水》两言之制，《大风》三叠之章，机上盘中，回旋隐互，焦卿秦女，飒遝纵横，似犹凫鹤之异短长，不啻马牛之殊逆顺。而乃同收乐府，狎处词坛，泾渭可以不分，涪汉于焉相混。盖古人言以足志，声律不以为程；情见乎辞，字句非其所限。流泉呜咽，行止随时；天籁噫嘘，洪纤应节。无律体之可称，何绝句之能准乎？自夫沈、宋联镳，斫雕破朴；高、岑继轨，毁瓦为方。则有沉香倾妃子之杯，画壁下女伶之拜。仲初新体，并咏宫中；少伯悲吟，都由塞上。柘枝蛮舞，鼓腰魂断流官；杨柳妍词，笏面神飞节使。恼郦州之从事，何物红儿？悲蜀国之夫人，当年白帝。固不独义山咏史，讽托情深，抑岂唯杜牧闲愁，风流调逸。迩来作者，代不乏人，始则搜讨于洪公，继复校雠于赵氏，观斯止矣，可略言焉。独有明起元宋之衰，昭代际唐虞之盛。洪河岱岳，既颂洞而惊神；拳石偃松，亦留连而动目。短章片什，可喜可观。至乃鹤裳客妇，裂长笛于五湖；乌犍伴狂，垫角巾于三泖。四杰之争芳兰蕙，月死珠伤；七子之互有薰莸，水清石见。谢山人邺下琵琶，徐博士扬州烟月。昆仑兀臬，不减白襄青笠之游；蒙叟幽忧，可怜红豆碧梧之句。尧峰山麓踏歌，旧有汪伦；历下亭隅觞咏，夙推王令。并可以发挥雅颂，领袖风骚。迷谷之华四照，炜炜欲浮；版桐之圈九层，峣峣直上。顾以简编杂沓，载重牛腰；后学模糊，情惊鼠嚇。于是杜陵蒋诩〔宣虎〕，扫径余闲，吴郡顾荣〔茂伦〕，挥扇多暇，适逢吴札乍返延州〔汉槎〕，遂相与研露晨书，燃糠暝写。撷两朝之芳润，掇数氏之菁英，凡若干篇，都为一集。按新词于菊部，磊磊敲珠；奏丽曲于芍阑，声声戛玉。若彼文犀翠羽，拣自金盘；因而合组纂綦，织成璇锦。藏之秘帐，顿令更得异书；悬彼国门，定是难增一字。某技愧雕虫，识惭窥豹。入贾胡之肆，目炫琳琅；游广乐之庭，梦迷阊阖。惊看妙选，悬冰鉴而呈形；快睹雅裁，衔烛阴而照夜。自此南山望雪，何妨意尽终篇；抑令东海熬波，不惮应声成韵。循环在手，似获灵珠，吟讽忘疲，如探束锦。爰题简首，载以芜词。拟玄晏先生之笔，非所敢居；诵昭明太子之编，实缘多幸尔。

《通志堂集》卷十三

章　钰

《归来草堂尺牍》跋

原书不著何人手录。副页有"四世孙毓装"五字，并"佛弟子"朱文方印，首页顶有"长留天地间"朱文圆印，下应著录者姓名处，已挖去。按《府志》汉槎父晋锡，崇祯十三年进士，永明王时，巡抚永、郴、桂、长、宝，事不可为，为僧九疑山，著有《孤臣泣血录》等书。观首篇《与汉槎》尺牍，有"父子共坐楼头读书"云云，疑始而出家，禁网既解，仍复乡里也。四世孙毓，当即山子先生。班固《东都赋》："尝圃草以毓兽"。注："毓同育"。《府志·育传》，但云兆骞后人，语涉鹘突。此书姚子梁观察于冷摊拾得。钰于乡党遗文，宝如头目，假而移写，并得证明为山子先生遗物。他日当付之剞劂，为《秋笳》三集之佐证焉。光绪丁未长洲章钰记。

《合众图书馆丛书》本《归来草堂尺牍》

石莲庵

《归来草堂尺牍》跋

汉槎家书辑存十五件。上两亲者八件，父殁后者七件，不能衔接，固知遗落甚多，非全录也。即其丁父艰事，全为佚去，他可知矣。久戍冰天，艰难危苦，文人之不幸，而以比祁奕喜诸君六人之为水兵往乌喇者，又不幸之幸矣。何时释回，亦无从考查，增人闷损。予于甲寅得《秋笳集》，兹又于章式之译部处得见此册，因录副，以附集后，欲知汉槎始末者，俾得大略焉。石莲随志。

《合众图书馆丛书》本《归来草堂尺牍》

顾廷龙

《归来草堂尺牍》跋

右《归来草堂尺牍》一卷，清吴江吴兆骞撰。计家书十五通，致朋旧者廿一通，首冠其父晋锡所付字一通。海丰吴氏传抄本，为叶揆初丈所得。家书第一通，首行，吴氏朱笔旁注云：原书有"以下皆高祖书"六字。章式之丈以原书副叶有"四世孙毓装"五字，证为山子先生遗物，可信也。寻绎各书，当自顺治丁酉被逮，至康熙戊申戍边时所寄。观其音信投递之难，十二年中鱼雁浮沉，仅存如许，宜矣。越岁辛酉释回，相距十三年之久，则又一字无存，良可惋惜。辛酉，榑臣撰《宁古塔纪略》，记述其父为之命名，又遣赴乌喇及认工代役诸事，悉本家书，可以考见一二。意者，榑臣在日，家书犹得奉藏，传至毓，遂手录成册，后附致朋旧书，疑毓从各处辑获者。今《秋笳集》中有《戊午与顾舍人书》，适与此册《与顾华峰书》相衔接，使榑臣得寓目，必为刊载入集也。据榑臣跋，谓兆骞"著作颇富，奈屡丁颠沛，存者无几"，则此册未经刊行，附诗《述怀》一首，亦出集外，尤为可珍。详览诸札，可见兆骞生平志节，与当日塞上景物，足备故乘之遗，即此鳞爪，岂可以等闲尺牍视之哉。爰为印行，以广流传。顾廷龙谨跋。

《合众图书馆丛书》本《归来草堂尺牍》

（三）著述考略（现存、已佚、讹传者均收）

吴榑臣谓兆骞，"先君垂髫之岁，即好吟咏，加以身际艰难，著作颇富。奈屡丁颠沛，存者无几"（《秋笳集》八卷本跋）。此盖实录也。其所丁颠沛而致著述遗失者，据榑臣言有三次，即："先值有老羌之警，遗失过半。后遇插哈喇之乱，都统唐公限三日内合城满汉，俱迁至必儿汀避难。及扶柩南还，复覆舟于天津而沉溺者又过半。"（同上）老羌之警，究竟指康熙三年清廷"治师东伐"事，还是十二三年大练水师，"以备老羌"事？不得而知。插哈喇之乱系指康熙十四年察哈尔布尔尼之反清而言。天津覆舟当在康熙二十三年与二十四年之交，榑臣扶兆骞之柩南还时所发生之事。兆骞亦自言："插哈喇之乱，仓卒中遗亡百余篇。"又言："塞外之乱（当指插哈喇之乱），苍黄中失五古、七绝二种，怅惜殊甚。"三次事件，使兆骞著述损失颇重，今所存者"殆未及十之一二"。兹就本人所知、所见者，作兆骞著述考。

甲、兆骞著述今存者：

秋笳集不分卷　康熙十八年徐乾学刻

此书为赋、诗及《西曹杂诗》三种之合刻。首载吴兆骞与乾学书，有"遭难十八年"之语，邓之诚先生据此，初认为"是康熙乙卯（十四年）所作，此集亦当刻于是时"（该书邓氏题识），后又认为"当刻于丙辰（康熙十五年）"（《清诗纪事初编》卷三页388）。其实这是将兆骞十四或十五年之书信，误作该书刻成之时间。考徐釚康熙十九年十一月十三日写给兆骞之书，谓："尊著《秋笳集》，去岁即在南边刻完。"可见，此书系十八年于南边（可能是昆山或苏州）刻成。先是，康熙十二年，徐乾学有信，言及欲刊刻兆骞之诗文成书。兆骞逡巡久之，至十五年六月，始寄上诗赋若干篇，并作有复书一封。徐乾学即以此为基础，删去避讳者数首，付诸剞劂，至十八年方正式刻完。此即该书成书过程，详见拙著《吴兆骞年谱》康熙十二、十五、十八、十九年有关谱注。《秋笳集》首所载兆骞与徐乾学书，即十五年六月之书，并非《秋笳集》成书之年。邓先生偶尔失考，特为辨证如此。

此书今颇罕见，唯中国科学院图书馆有藏，可能已是海内孤本。书原为邓先生所藏，并有先生题识。邓先生题识云："秋笳集，无卷数，徐健庵所刻。首载汉槎《与健庵书》，有'遭难十八年'语，是康熙乙卯（十四年）所作，此集亦当刻于是时。传世八卷本，乃（其）子桭臣本，此为四卷，外增《秋笳前集》、《杂体诗》、《秋笳后集》、《杂著》各一卷，虽足观其全，然不如此集之为汉槎自订，去取出入，必不苟然。世有真赏，或能解此耳。是册有张得天藏印。《送友人》（日前单车发）一首题下注云：'辛亥送仵馨久赴兀喇'九字，审系得天手书，必当见重他本。或汉槎墨迹，始添入者。"

秋笳集八卷　雍正四年丙午吴桭臣刊　即衍厚堂刻本

此书有桭臣之跋，略云："爰就旧刊（指徐刻本），增以家藏，析为八卷，汇成一集。其前四卷，系健翁（乾学）所刻，后四卷则桭臣所增也。"此本前四卷一仍徐刻之旧，只不过将徐刻析为四卷而已。又增《秋笳前集》一卷（卷五）、《杂体诗》一卷（卷六）、《秋笳后集》一卷（卷七）、《杂著》一卷（卷八）。此外，卷七与卷八之间又附入补遗诗十首。此即吴江吴氏衍厚堂本。此书既不分体，又不按年编辑，"编次无序"，宜为后人所讥。然桭臣所刊，视徐刻倍之，对于征考边事或研究兆骞史事者，颇为有益，其功亦不可泯。

自雍正本出后，又陆续出现多种版本之《秋笳集》，名目虽多，但只要检阅一过，可知这些版本均是雍正丙午本之翻刻本。这些版本是：衷白堂本（即知止草堂本）、粤雅堂丛书本、风雨楼丛书本、丛书集成书本等。

秋笳集八卷　康熙间抄本

据柯愈春先生谓，此书有鲍倚云批点、鲍康跋，上海图书馆藏，未及寓目。

吴汉槎诗四卷　清刻本

此书三册，南京图书馆藏。未及寓目。

吴汉槎诗集不分卷　传抄本

此书一册，北京图书馆藏，后有叶志诜跋。按叶志诜系叶

83

名琛之父，郑振铎《劫中得书集》称其刊书"精工之处，几可乱真"。

吴汉槎诗集六卷　道光十一年刻本

此书二册，中国科学院图书馆藏，后有王协梦跋，跋语详前文。

归来草堂尺牍（又名归来草堂录）一卷

（1）清末长洲章钰算鹤量鲸室抄本，北京图书馆藏。

（2）清末海丰吴重熹石莲庵抄本，上海图书馆藏。

（3）民国二十六年燕京大学蓝晒本，北京大学图书馆藏。

（4）民国合众图书馆丛书本。

以上四种，笔者均曾寓目，发觉后三者均来源于章本，而又各有脱漏、讹误之处，其中以章氏本为最佳。近年来，又有麻守中先生校点《秋笳集》附录本与李兴盛主编《黑水丛书》（第六辑）本。

名家绝句钞六卷

《贩书偶记续编》作约康熙年间刻。此书系顾有孝、吴兆骞与蒋以敏同纂，无刻书年月，约康熙二十三四年，即兆骞卒后不久刻。纳兰容若曾为之作序。内云："杜陵蒋诩（宣虎），扫径余闲。吴郡顾荣（茂伦），挥扇多暇。适逢吴札，乍返延州（汉槎）。遂相与研露晨书，燃糠暝写。撷两朝之芳润，掇数氏之菁华，凡若干篇，都为一集。"表明系吴兆骞乍返关内之际编辑而成。但兆骞初返，即寓居京师，未与顾、蒋见面，故无联合编辑之可能。至康熙二十二年春归省至吴江，与顾有孝、蒋以敏朝夕相处，此书之编纂，已有可能。故此书之编纂时间必在二十二年夏秋。刻书当在兆骞去世不久。

乙、兆骞著述已佚者：

词赋协音

考张缙彦《域外集》有《词赋协音序》一文，内云："汉槎吴子，能文章，擅词赋……徙塞外。又究极古今词苑，取古韵转注，合以古乐府、骚、赋，调叶成书，曰《词赋协音》，以序属予。"此序详前文。

此序点明此书写于塞外，惜已佚。成书在康熙初年。

天东小纪

高士奇《扈从东巡日录》，内言及："吴江吴兆骞《天东小记》所载：火茸城，广四十余里，中间禁城可里余，三殿基址皆在，碎碧瓦棋布其上。禁城外有大石佛，高可三丈许，莲花承之，前有石塔，向东小欹……"

> 按：此《天东小记》，系记载宁古塔风土、山川、古迹之作。除高士奇引用过此文外，杨宾在《柳边纪略》卷一中也曾引过数则（"东京城"及德林石事）。此外，程穆衡《吴梅村诗集笺注》卷九《悲歌行赠吴季子》一诗，在言及宁古塔木城时，也曾引用过此文。

秋笳词一卷

见《清史稿》艺文志集部。然叶恭绰《全清词钞》卷二却谓兆骞有《秋笳词》二卷，由于该词集已佚，未知孰是。按兆骞词，目前可考知者仅三首，即采桑子（寄妹）、生查子（古意）、念奴娇（家信至有感），详《诗文辑佚》。

出塞赋

周廷谔《吴江诗粹》卷二十："弘人为予言，季弟年十三作赋，始命题，为《出塞赋》。今忆之，乃成诗谶。悲夫！"可见十三岁时有《出塞赋》之作，今已佚。

胆 赋

《震泽县志》卷十五吴兆骞传："性简傲，而有隽才，童子时作《胆赋》累千言，见者惊异。"又，此赋他书亦多有著录，兹不赘。

高丽王京赋

徐釚《续本事诗》："汉槎之徙塞外也，朝鲜使臣李节度云龙，以兵事至宁古塔，属制《高丽王京赋》，遂草数千言以应，其国颇以汉槎为重。"

涿州旅舍题壁

计东《改亭集》卷五《秋兴十二首》，其三自注："涿州旅壁有金陵女子王倩娘绝句，吾友吴汉槎笔也。题诗百余首。山东、三辅间多有和之。"

> 按：兆骞以王倩娘之名于涿州题壁诗，多至百余首，我们今日所能见到者仅一首，相差甚远。还其完璧，期诸异日。

拟古乐府诗（组诗多首）

方孝标《钝斋诗选》卷七《拟古乐府诗》："以五言拟乐府诗，六朝人好为之。至唐则出以律，大历以后，或同于咏史……己亥之冬，余弟邵村同吴子汉槎倡之，大人案节以和，余亦为之。"

又，方拱乾《何陋居集》王昭君一诗下亦云："儿辈与汉槎以五律作乐府题，适拈此，老夫亦戏为之。"

> 按：此组诗，方拱乾所赋者96题97首，今幸全部传世，方
> 孝标所赋者今传约70首，方邵村所赋者现存十余首。至

于吴兆骞所赋者，今仅《芳树》、《巫山高》、《铜雀伎》、《中山孺子妾》、《结客少年场》、《湘妃怨》、《长门怨》、《妾薄命》、《将进酒》、《采莲曲》、《春曲》与《闺怨》12首传世，其余均佚。

游东京赋

方拱乾《再怀汉槎》诗（《何陋居集》辛丑稿），有"东京似解游人意，特向秋霖乞晓晴"之句，自注："自槎曾云，'游归，当作赋'"。据此，兆骞尚有《游东京赋》，惜未见。

质　嶘

吴兆骞《与计甫草书》："每啜糜之暇，辄与龙眠诸君子，商榷图史，酬唱诗歌。街谈巷曲，颇成一集，取扬子云哀屈之文，命曰质嶘……"可见自顺治十六年至十八年，吴兆骞与方拱乾父子，尚编有此唱和集，惜已佚。

黄山诗

方拱乾《何陋居集》有《同汉槎谈黄山胜分赋》，此诗之下为《雪》与《取苏子榨灯油》二诗，二诗之后又有《汉槎以黄山诗来，惮夜遄归》诗。由此可见吴兆骞有咏黄山之诗，惜已佚。

出塞送春归诗

方孝标《钝斋诗选》卷七有《出塞送春归》诗，诗序云："是日立夏，大人（方拱乾）从车上以此命题，余及二弟邵村、吴子汉槎、钱子德惟同赋。"今方邵村、钱德惟与吴兆骞所赋者均佚，唯拱乾与孝标所咏者尚存。

登中后所城楼诗

方孝标《钝斋诗选》卷十三有《登中后所城楼和吴汉槎韵》

诗。考《秋笳集》有《同诸公登中后所戍楼》一诗，为萧韵，而方诗为冬韵，二者韵部有异，可见该时吴兆骞另有《登中后所城楼》冬韵诗，今已佚。

见问诗

方孝标《钝斋诗选》卷十三有《依韵答汉槎见问》诗，《秋笳集》不载原作，可见已佚。

佚题诗

方拱乾《何陋居集》庚子稿有《九月十三夜月明，儿辈就许、姚诸子酣饮吹箫赋诗，诘朝向老夫称说，亦为勃然》（用汉槎原韵秋字）诗，《秋笳集》不载兆骞之作，可见已佚。

佚题诗

魏耕《雪翁诗集》卷六有《越州邸舍酬吴四塞垣见寄之作》诗，《秋笳集》不载原作，可见已佚。

苦雨诗

张贲《白云集》卷十四有《苦雨同吴汉槎作》诗，《秋笳集》不载吴之原作，可见已佚。

冬日书怀诗

陈之遴《浮云集》卷五《冬日书怀同汉槎作》云云，此诗《秋笳集》不载原作，已佚。

见寄诗

考《太仓十子诗选》收顾湄之《水乡集》，有顾氏《次韵答吴汉槎〈见寄〉》诗，此诗《秋笳集》未载，已佚。

佚题诗二首

《秋笳馀韵》卷上有陈之遴《己亥冬月奉答汉槎词宗》七律二首（按：其《浮云集》仅有前一首，后一首佚），《秋笳集》不载吴氏原作，可见二诗均佚。

借读通鉴纲目诗

方孝标《钝斋诗选》卷七有《答吴汉槎借读通鉴纲目》诗五律二首，《秋笳集》不载吴之原诗，可见已佚。

丙、兆骞著述讹传者：

吴兆骞笔记

《地学杂志》第 11 与 12 号载魏声龢所撰《塞上旧闻录》。在论述渥集与乌集时，谓："《吴兆骞笔记》：自宁古塔赦归，行第三日，进大乌稽，五日复至小乌稽，七日渡松花江，至乌拉，即吉林云云。"

> 按：此段引文，与吴桭臣《宁古塔纪略》所述归途一节，甚为相似，殆即一书，此系魏声龢失检之故。

宁古塔记

《长白汇征录》卷八《宁古塔瓦尔喀长白府鸭绿江辨》中谓："考吴兆骞《宁古塔纪》有云：南门临鸭绿江，西门外三里许有石壁……"

> 按：细核《长白汇征录》所引之文字，亦与吴桭臣《宁古塔纪略》所载者完全相同，因此，可以断言，兆骞实无此书，必系《长白汇征录》编者过于疏忽，不细阅《宁古塔纪略》原文而致误之结果。

（四）诗文辑佚

赠门西打嗒

时时秋貂渌绒衣，金鞍新鞲紫骝肥。

挥鞭日晚城西去，射尽头鹅不遣飞。

《吴江诗粹》卷二十

送沈雪樵归苕中，兼怀朱朗诣、夌山夫诸子

雨笠烟蓑足胜流，和君八咏共登楼。

凭将万顷长虹月，映彻苏潭一样秋。

《吴江诗粹》卷二十

阊门泊舟口号

此日当年载酒行，春风兰渚荡船轻。

飘零毳帐归来日，漾水红栏到眼生。

《吴江诗粹》卷二十

按：此三首绝句，《吴江诗粹》编者云辑自顾有孝《三体诗钞》。

送严伯玉之惠阳

相期且对酒，相见辄悲歌。

相送有如此，相思知若何？

晴川疏树远，落日乱山多。
别后丰湖月，闻钟应独过。

《皇清诗选》卷十一

赠张璩子

可怜张公子，流离自妙年。
身孤百战后，门掩万山前。
易下穷途泪，难耕负郭田。
平陵松柏在，余恨满南天。

《皇清诗选》卷十一

述怀奉呈郎侍中

漂零廿载隔中原，去去空怜舌尚存。
自分耕锄安玉塞，谁将词赋达金门？
牛衣已尽书生泪，鸡赦频思圣主恩。
何日春风同燕雀，万年枝上一飞翻？

《归来草堂尺牍》寄电发（四）

驿壁题诗

毡帐沉沉夜气寒，满庭霜月浸栏干。
明朝又向渔阳去，白草黄沙马上看。

《续本事诗》卷十二
按："明朝"一联，《叶学山先生诗稿》卷一作"明朝更向边
　　州去，白草黄沙马上看"。

又按：此诗原有本事，兹录三则如下。徐釚《续本事诗》卷十二："汉槎惊才绝艳，数奇沦落。万里投荒，驱车北上时，尝托名金陵女子王倩娘，题诗驿壁，以自寓哀怨，'毡帐'云云。情词凄断，两河、三辅间多有和者。故计改亭诗云：'最是倩娘题壁句，吴郎绝塞不胜情。'其《西曹杂诗》自叙曰：'望慈闱于天际，白发双悲；忆少妇于楼头，红颜独倚。'婉转悲凉，如听银筝之呜咽矣。"

计东《改亭集》卷五《秋兴十二首》，其三最后一联云："最是倩娘题壁句，吴郎绝塞不胜情。"后附自注云："涿州旅壁有金陵（按：《叶学山先生诗稿》卷一'金陵'作'豫章'。）女子王倩娘绝句，吾友吴汉槎笔也，题诗百余首。山东、三辅间多有和之。幼舆（指王幼舆，长垣人）有次韵诸作，未详其人，予有书致之。"

此诗《续本事诗》尚载一首为："忆昔雕窗琐玉人，盘龙明镜画眉新。如今流落关山道，红粉空娇塞上春。"而王尔纲《名家诗永》卷十五作《涿州旅舍题壁》，载有二首。即："一身瓢〔漂〕泊叹边陲，泪落如珠那可挥？薄命不如双燕子，春来还傍旧家飞。"另一首作："暗把香绵拭泪流，相逢多分此生休。陇头流水声呜咽，未抵萧娘一半愁。"考此三首绝句，与其《秋笳集》卷五托名刘素素所写《虎丘题壁二十绝句》之十六、四、十二所载大同小异，殆《秋笳集》所载者为定稿本，其他为初稿本。

采桑子 寄妹，起句用合肥公来札中语

缟綦义烈人谁似？淡月寒梅。寂掩罗帷，生受黄昏盼紫台。

遥知枫落吴江冷，白雁飞回。锦字难裁，一片红冰熨不开。

《今词初集》卷下

生查子古意

秋高紫塞风，阵阵衔芦雁。盼断别时音，尘暗书难见。
昨岁灞桥头，折柳看如线。又是玉关春，絮卷天涯远。

《全清词钞》卷二

念奴娇家信至有感

牧羝沙碛，待风鬟唤作，雨工行雨。不是垂虹亭子上，休盼
绿杨烟缕。白苇烧残，黄榆吹落，也算相思树。空题裂帛，迢迢
南北无据。　　消受水驿山程，灯昏被冷，梦儿中叨絮。儿女心
肠英雄泪，抵死偏萦离绪。锦字闺中，琼枝海角，辛苦随穷戍。
柴车冰雪，七香金犊何处？

《今词初集》卷下

　按：《国朝词综》与《全清词钞》均辑有此词，然仅"无据"、
　　　"梦儿中"、"海角"三处微有不同，其他无异。

天东小纪残文

火茸城广四十余里，中间禁城可里余，三殿基址皆在，碎碧
瓦棋布其上。禁城外有大石佛，高可三丈许，莲花承之。前有石
塔，向东小欹。出大城而西则茭荷弥渚，逶迤绵渺，莫穷其际。
渚间有亭榭遗迹，岂当时之阙庭苑囿耶？

《扈从东巡日录》

自沙林而东八十里为宁古塔，临江而居，以木为城，地极寒，八月即雪，度清明冰乃解。人劲勇，重信义，道无拾遗，人不敢私斗。官民相习，狱无枉系，宛然有陶唐氏之风焉。自宁古塔东行六百里，曰羌突里噶尚，松花、黑龙二江于此合流，有大土城，或云五国城。

同上

按：此节引文，"自沙林"至"冰乃解"一段，程穆倩等笺注之《梅村诗集·悲歌行赠吴季子》亦曾引用，但少"而"与"度"二字。又，杨宾《柳边纪略》引用此节后部分文字作："自宁古塔东行六百里，名羌突里噶尚，松花、黑龙二江于此合流，有土城焉，疑即是。"与高士奇所引仅数字之异。

致宋既庭书

二十年冰雪之人，忽逢毒暑，竟委顿不可耐。百老此刻往阊门，明日想欲解维，杯酒剧谈，恐不能矣。此复既老长兄先生大人。小弟兆骞顿首。

吴修《昭代名人尺牍》卷七

（五）诗话诗评

此部分仅仅是有关吴兆骞诗（附词）作评论之辑录，其中既包括总体上对吴氏诗歌创作的论述，也包括对其个别诗篇的评介。至于对吴氏行实、事迹、业绩与思想的论述评价，则详传记轶事部分，此不赘。此外，本部分资料有些系自传记轶事部分资料摘录者。特此说明。

吴晋锡

见汝诗，情致激壮，词调悲凉，反复展阅，一字一泪。三闾大夫之处忧愁而赋《离骚》，其文至今，当不过此。

《归来草堂尺牍》寄兆骞书

吴兆宽

《金陵》至《湘阴》六首，皆家弟纪游旧作也。年甫十三，而境地便已尔尔。才非康乐，而家有惠连，讽咏未周，为之三叹。

《秋笳集》卷五《湘阴》等六诗附录

吴桭臣

先君少负大名，登顺治丁酉贤书，为仇家所中，遂至遣戍宁古塔。维时大父母在堂。先君忽离桑梓而谪冰雪，触目愁来，愤抑侘傺，登临凭吊，俯仰伤怀，于是发为诗歌，以鸣其不平，虽蔡女之十八拍，不足喻其凄怆，此秋笳所由名也……至于骈俪之体，向与陈阳羡齐名，乃集中所有，仅此数首，尤可痛惜。

《秋笳集》跋

计　东

（《秋感》八首）此汉槎十三岁时作也。悲凉雄丽，便欲追步盛唐。用修"青楼"之句，元美"宝刀"之歌，安得独季千古？

吴兆骞《秋笳集》卷五《秋感八首》附录

侯玄泓

吴季子今之贾生、终童也……其为人英朗隽健，忠孝激发。凡感时恨别，吊古怀贤，流连物色之制，莫不寄趣哀凉，遗音婉丽。

吴兆骞《秋笳集》卷五侯序

宋实颖

予友吴子汉槎，卫子冰清，谢家玉润，翩翩隽逸，望者疑神仙中人。及读其诗，则又气体高妙，波澜独老，卢、骆、王、杨之藻采，李、杜、高、岑之风格，无不兼备……使与北地、信阳，并驱中原，尚当退避三舍，矧历下、长兴诸公哉？今秋予过松陵，汉槎出《拟杂体诗》示予，声情慷慨，格调悲凉，大有山河离别，风月关人之感焉。

吴兆骞《秋笳集》卷六宋序

陆 圻

吴子汉槎者，辞为南国之宗，名在延陵之季。远随羁宦，遇阁题铭，近同伤乱，当筵流涕。

吴兆骞《秋笳集》卷六陆序

钱瞻伯

汉槎天才绝丽，虽原本初唐四子，兼溯江、徐、王、庾，驰结文路，独擅其长。然自有所获，足以方驾曩贤，如小钱师之后，于惊沙坐飞之外，悟夏云自然之势也。

《今诗粹》卷六

钱瞻伯曰：汉槎兄弟翩翩，不减机、云之秀，棘闱之祸，本属李代，所惜不早遂初服也。

《今诗粹》卷二

魏　耕

予昨秋游江城，饮于汉槎，酒中请出其七古。乃为口吟数首，篇篇皆东川之俊。今秋朱朗诣从吴下来，得汉槎《秋雁》、《春雪》、《白头宫女》、《将赴辽左》诸作，悉悱恻不堪，摇曳愈甚。欧阳永叔谓梅圣俞诗穷而益工，吾于汉槎信之矣。

又曰：吾谓今之称诗者，皆是学而后工。其生而才思溢发，出口华艳，可以才子归之者，山阴之张用宾、萧（然）〔?〕之毛大可、松陵之吴汉槎。今用宾赴夏侯之邑，汉槎蹈亭伯之祸，唯大可独得放旷人间，而又嗟原宪之贫。噫！亦可悲矣。

以上二则，《今诗粹》卷六

又曰：拟汉魏者，往往得貌而遗情。今汉槎独拟齐梁以下调，无不神合，而用笔用意，皆恣肆有余，故知其才敏，亦其善寻出路耳。

又曰：汉槎俊才也，以少年诖误文网，远谪塞外，长为异域之人，良可哀悼！

以上二则，《今诗粹》卷二

张缙彦

汉槎吴子，能文章，擅词赋。其所著《羁鹤》、《秋雪》诸赋数十篇，读之者至比之司马相如、扬子云……

《域外集·词赋协音序》

张 贲

吴子汉槎……十二三岁时，发言吐词，一座尽惊，长老人人逊避。同人会于虎阜，与娄东吴学士即席唱和，学士嗟叹，以为弗及，一时名噪吴下。传闻至京师，诸前辈巨公，恨不识吴生也……余生平性喜雄迈，迹类粗豪，不逮吴生诗律之细也。

《白云集》卷四吴汉槎诗序

陈维崧

《长白山》一赋，英奇瑰丽，前无古人。

《秋笳馀韵》附录

徐 釚

汉槎髫龄，随父至任所，过浔阳、大别，由洞庭泛衡湘，览其山川形胜，景物气象，为诗赋，惊其长老……值我朝定鼎江南，汉槎年方英妙，才名大起，相随诸兄，为鸡坛牛耳之盟，驰骛声誉……角逐艺苑，谈论风生，酒阑烛跋，挥毫落纸如云烟，世咸以才子目之。

《南州草堂集》卷二十九

汉槎惊才绝艳，数奇沦落，万里投荒，驱车北上时，尝托名金陵女子王倩娘题诗驿壁，以自写哀怨。情词凄断，两河、三辅间，多有和者，故计改亭甫草诗云："最是倩娘题壁句，吴郎绝塞不胜情。"其《西曹杂诗》自叙云："望慈闱于天际，白发双悲；忆少妇于楼头，红颜独倚。"婉转悲凉，如听银筝之鸣咽矣。

汉槎之徙塞外也，书来言朝鲜使臣李节度云龙，以兵事至宁古，属制《高丽王京赋》，遂草数千言以应，其国颇以汉槎诗文为重。又自云："仿佛班扬。"其狂态如故。无锡顾贞观梁汾寄汉槎诗云："万里谁能忆？三都只自伤。声名箕子国，词赋夜郎王。泪尽临关月，心摧拂镜霜。李家兄妹好，倘复惜班扬。"

《续本事诗》卷十二

邓汉仪

汉槎徙远塞，为诗益精丽雄浑。吾友徐健庵先生每对酒，辄忽忽不乐，以汉槎未得入关故。

《奉送巴大将军东征逻察》评：声势震动，意气飞舞，唯岑嘉州差可方驾。

《沙河道中》评：如闻啾啾鬼哭。

《锦州道中登海边旧保障台，上有传烽桔槔》评：不堪追忆。

《大乌稽》评：表空荒险，皆用全力纵送。

《可汗河晓望》评：雄丽夺席。

《奉送安都统安集海东诸部，因便道阅松花江水军》评：幅员之大，兵力之强，非此雄丽之笔，不能写出。

《秋日杂述》（"满目沙场征战后"一联）评：关心边事。

以上均见《诗观》三集卷二

周廷谔

王泽弘曰：予始受知于燕勒吴夫子，汉槎兄弟作诗，皆宗家学。巳、午间，吴中名士，禊社虎丘，吴氏诸昆，三珠照耀，一座尽倾。汉槎尤踔厉超越，分题拈韵，摇笔先成，望之若神仙。

《吴江诗粹》卷二十

毛漪秀曰：汉槎诗，其原出于乐府，《塞下曲》、《关山月》诸篇，词调凄婉，今竟长流碛北。弘人为予言，季弟年十三作赋，始命题，为《出塞赋》。今忆之，乃成诗谶。悲夫！

《吴江诗粹》卷二十

公博通今古，喜为诗，颇极葩艳。其之宁古塔也，独赁牛车，载所携书万卷。冰天雪窖，遇羁臣逐客相聚，无日不作诗。所著《秋笳集》，人或訾其居塞久，其风土人物，未获雕搜，刻画不若少陵客剑外，纤悉无不入咏。予曰：不然，公才士也，其羁愁与少陵同，而诗则未可以一律拘之。然而亦足以传矣。

《吴江诗粹》卷二十

王尔纲

王倩娘《涿州旅舍题壁》诗（"一身飘泊"与"暗把香绵"二首）评："婉恋凄楚。"又云："君子怜其才而哀其命焉。"

《名家诗永》卷十五

按：此二诗即吴兆骞《虎丘题壁二十绝句》之四、十二。

孙　铉

《送严伯玉之惠阳》评："落日"句非精于诗者不能道。

按：此为《秋笳集》佚诗。

100

《赠张璨子》评：大体感慨悲凉，凡失路英雄，俱堪下泪。

按：此为《秋笳集》佚诗。

《湘阴》评：景中传神之句。

《同顾茂伦、赵若千冠霞阁晚眺》评：高浑绝类初唐。

《感怀诗呈家大人》评：刘琨句工凄戾，刘湛词多感慨，此殆兼之。

《赠旧李侍御伍户曹》评：与少陵并驱争先，恐不在其右。

《上巳日同丁绣夫禊饮》评：仿佛见兰亭风景。

以上见《皇清诗选》卷十一、十八

沈德潜

汉槎傲岸自负，尝顾同辈述袁淑语曰："江东无我，卿当独秀！"其不顾世眼惊可知也。乃无辜被累，戍宁古塔，比于苏武穷荒十九年矣。然缘此诗歌悲壮，令读者如相遇于丁零绝塞之间。则尝人世之奇穷，非正使之为传人耶？诗可采者多，兹取其尤魁垒者。汉槎阅历，倘以老杜之沉郁顿挫出之，必更有高一格者，此则"王杨卢骆当时体"也。然就此体中，他人未能抗行，宜为梅村首肯。

《闰三月朔日将赴辽左留别吴中诸故人》评：比明妃远嫁，哀惨过之。篇中先叙少岁才华，故乡游宴，以次入蛾眉谣诼，万里投荒，有不堪南望者矣。与杨升庵《宿金沙江》、《锦津舟中》、《别友》诸作，同一凄惋。

《同陈子长夜饮即席作歌》评：辽海逢故人，又复踪迹飞蓬，旋当离别，有倍难为情者。读结语，令人同声悲咽。

《同陈子长坐毡帐中话吴门旧游怆然作歌》评："忆昨"一段，以少年行乐形出。"只今"、"憔悴"作宽解语，弥不堪也，勿认作排遣看。

《赠吴稚恭散骑》评：此故侯之后同在辽左，同不能归，因肠断于南飞之雁也。视青门种瓜人，不堪并论矣。

《赠孔叟》评：与上一章同意，而赠吴作悲凉，赠孔作激壮，风调各别。

《感怀诗呈家大人》评：此系狱时作，授经无人，上书无路，疾痛惨怛呼父母，信然。

又评：汉槎《西曹杂诗》自序云："望慈闱于天际，白发双悲；忆少妇于楼头，红颜独倚。"读之，他人亦为哽咽。

《九月八日病起，有怀宋既庭……》评：怀贤伤逝，故园亦复神伤，况万里之外乎？所交与者皆慎交社中正人，作者品地，从此可见。

《帐夜》评：寄衣旧事也，道来自新。

《奉酬徐健庵见赠之作次原韵》评：此赎归后晤健庵尚书作，感激中自存身份，见古道交。

以上均见《国朝诗别裁集》卷五

靳荣藩

汉槎极人世之苦，然不如此，无《秋笳》一集，其人恐不传。天之厄之，正所以传之也。诗格从嘉州《蜀葵花歌》化出。

《吴诗集览》卷七上

袁景辂

朴村云：吾邑人文，国初最盛。经术推朱鹤龄，古文推计改亭，诗赋则擅场虽多，当以吴孝廉为最。孝廉负异才，发未燥即声誉鹊起……后与弘人、闻夏两兄入慎交社，名珠玉树，照耀江左，一时名流老宿，莫不望风低首。以此才华，得与侍从，昌黎所云："铺张对天之鸿麻，扬厉无前之伟绩。"庶几其无愧欤？……始以盛名被谤，既以多才见怜。乃乍入玉关，遽弃人世，有才无命，至今犹令人泪涔涔下也。

《国朝松陵诗征》卷三

孝廉虽遭放废，其嗜古如故。出关时，以牛车载书万卷。在塞外，日与羁臣逐客饮酒赋诗，曾结七子诗会。七子者，孝廉与张坦公、姚琢之、钱虞仲、方叔、丹季、同邑钱德维，分题角韵，月凡三集，困厄中有此韵事，能穷其境，不能夺其才，彼工上官术者，究何益哉？

同上卷三

朴村云：（丁）绣夫……在慎交社中，与汉槎孝廉称金石交，其诗与《秋笳》，如干将、莫耶，从一炉中铸出……

同上卷三

朴村又云：予向推汉槎，无愧梅村……

同上卷三

朴村云：予尝论本朝七古宗李、杜、韩、苏者，首推渔洋，太史（潘耒）足以配之。宗唐初者，首推梅村，汉槎足以配之。后有论定，应不以予言为阿好也。

同上卷六

袁 枚

余常谓：汉槎之《秋笳集》，与陈卧子之《黄门集》，俱能原本七子，而自出精神者。

《随园诗话》卷三

赵　翼

与梅村同时而行辈稍次，有南施北宋两家。愚山以儒雅自命，稍嫌腐气；荔裳则全学晚唐，无深厚之力。此外，吴汉槎有高调，无余味。其名位声望为一时山斗者，莫如王阮亭……其次朱竹坨……故梅村后欲举一家列唐宋诸公之后者，实难其人，唯查初白才气开展，工力纯熟，鄙意欲以继诸贤之后……

《瓯北诗话》卷十查初白诗

纪　昀

兆骞诗天分特高，风骨遒上。又荷戈边塞，穷愁之语易工，故当时以才人目之。而立身一败，万事瓦裂，其诗亦颇为当代所轻。

《四库全书总目》卷一八二

翁广平

余尝披其（吴兆骞）前后集而尽读之，其苍凉雄丽，如幽燕老将，河洛少年也。其情辞哀艳，如寡妇之夜哭，弱女之捐躯也。其清婉溜亮，忧悱凄清，如黄莺紫燕之和鸣，老狐□猿之啼啸也……

《秋笳馀韵》翁序

郭　麐

吾乡吴汉槎以事戍宁古塔。所传《秋笳集》，悲凉抑塞，真有崩云裂石之音。其得家信《百字令》一词云云，与升庵"易求海上琼枝树，难得闺中锦字书"，同一凄怨。

《灵芬馆词话》卷二

王兰修

（吴汉槎）瓣香（吴）梅村，能自立帜。《浚稽山辞》，非梅村所能笼罩也。《秋笳》一集，亦能写边塞之音。

施淑仪《清代闺阁诗人征略》卷八

钱　林

……其（吴兆骞）《湘水曲》云……又"山空春雨白，江迥暮潮青"、"羌笛关山千里暮，江云鸿雁万家秋"、"九江潮落飞龙舰，万骑风高戏马台"、"雁飞白草年年雪，人老黄榆夜夜笳"，皆天分特高，风格遒上。

《文献征存录》卷十

谭　献

其气不衰，宜乎生还。

《箧中词》卷一吴兆骞

谢章铤

……《秋笳》之诗，《弹指》之词，固是骚坛二妙……

《赌棋山庄词话》卷七

清国史馆

兆骞骈体文，惊才绝艳。诗风骨遒上，出塞后尤工，故当时以才人目之。

《清史列传》卷七十

汤大奎

史衍存尝仿敖、王二公作国朝人诗评，一则云："……吴汉槎如胡琴羌管，独奏边音，动人处尤在《落梅》一曲。"

《炙砚琐谈》卷上

潘　清

华亭彭古晋师度，与吴江吴汉槎兆骞、阳羡陈其年维崧齐名，有"江左三凤"之目。

《抱翠楼诗话》卷一

朱克敬

兆骞诗风格遒上，如"山空春雨白，江迥暮潮青"、"羌笛关山千里暮，江云鸿雁万家秋"，皆一时传诵。

《儒林琐记》卷一

杨际昌

吴汉槎兆骞出塞，诸名公不胜惋惜，见于诗词者，吴梅村、顾梁汾其最著也。徐公健庵每对酒谈及，忽忽不乐。后蒙恩赦归，新城和健庵诗，有"太息梅村今宿草，不留老眼待君还"之句。余观其《秋笳集》，如"龙山晓色连沙起，皮岛涛声蹴岸回"，"天尽龟林通铁勒，地从鱼海入银河"，"军容直入无雷地，战气初销盛雪天"，"种榆尚识秦人地，射柳空传汉将坛"，"旌旆晓迷鸦岭色，风涛春走雁沙声"，"满目沙场征战后，谁将耕凿起凋残"，"剑锋用尽疮痍在，愁杀松山夜突围"等句，悲壮雄丽，自是出群材，宜诸公之见重也。归未久即死，才人命薄，至今犹慨。吴少时简傲，不拘礼法，其师计青辚名大加捶楚，后见所作《胆赋》，曰："此子必有盛名，然不免于祸。"两言俱验矣。

《国朝诗话》卷一

陆 莹

吴汉槎兆骞以科场事谪戍，太仓王虹友有《闻汉槎戍宁古塔》诗云："欲叩君门万里赊，惊闻远戍度龙沙。文章只道金难铄，谣诼翻成玉有瑕。减死蔡邕方出塞，哀时庾信未还家。可怜空橐归来日，岂有明珠载一车？"同时梅村祭酒《悲歌》赠行，余每读一过，歔欷唤奈何也。按方坦庵《绝域纪略》："宁古塔无疆界，无城郭，八月雪，春多风，夏多雹，病无医，无陶器，无盐。或云，其地即金之天会府，信人迹罕至之区。"而汉槎被罪之由，久而未得其首尾。顷阅《石鼓斋杂录》，前疑始释。盖顺治丁酉科，尤侗、汤传楹不第，乃为《钧天乐》传奇，隐姓名曰沈白、扬云，三鼎甲曰贾斯文、魏无忌、程不识，并主考何某，描模尽相。科臣阴应节据以纠参，殿廷复试，不完卷者锒铛入狱。汉槎本奇士，战栗不能握管，审无情弊，减死谪戍。汉槎事出无辜，西堂雅人，乃以弓影蛇杯陷人于罪，贤者固如是耶？先即山公有《和徐健庵尚书喜汉槎入关原韵》二律，其中一联云："输金幸值金鸡放，涅玉依然白璧还"。与虹友先生"文章"、"谣诼"二语相发明，盖公论也。汉槎著有《秋笳集》。其归也，徐尚书与宋文恪公捐金赎之。健庵原唱具见《（澹）〔憺〕园集》。

《问花楼诗话》卷三

张维屏

汉槎有《燕支山诗》（即《浚稽曲》），盖咏公主夫妇事。公主下嫁北部藩王，王爱琵琶小伎，公主妒，致伎于死，由是夫妇反目，隔绝不相闻。后公主姊妹为之调停解释，遂为夫妇如初。

《国朝诗人征略二编》听松庐诗话

杨钟羲

吴汉槎《燕支山辞》云云。按：嫩江水滨科尔沁汗奥巴，先诸蒙古入朝。天命十一年，以贝勒舒尔哈齐女孙妻焉，授和硕额驸，封土谢图汗。既而，奥巴屡违约私通明。天聪二年，将征喀尔喀，征其兵，不至，使侍卫索尼、阿珠祜赍敕责之。时奥巴居别室，索尼与阿珠祜谒公主，以谕旨告。奥巴闻之，扶掖至，佯问曰："此为谁？"索尼曰："我侪，天使也。尔有罪，义当绝。今之来，问公主耳。"奥巴趣具食，索尼、阿珠祜不顾出。奥巴恐，使台吉塞棱等请其事。索尼出玺书与之。奥巴使其大臣环跽请罪。翌日，辞以足疾，欲令台吉入谢。索尼曰："汝欲解罪，而使人行，吾岂取拜思噶尔等来耶？"奥巴乃使人请曰："上怒，使应肉袒谢，惧不容耳。"索尼曰："上覆载如天地，汝果入朝，虽有罪，必蒙恤。"奥巴乃叩头，决计入朝。奥巴叔父莽古斯孙满珠习礼尚郡主。汉槎诗所谓"姊妹相逢"，盖指此。奥巴为右翼中旗，莽古斯为左翼中旗，所谓"瀚源"之隔也……满珠习礼，赐号也。

《雪桥诗话续集》卷二

按：吴兆骞《燕支山辞》一诗本事，郭则沄《十朝诗乘》卷
一亦曾言之。但由于所言与此大同小异，故从略。

吴汉槎以隽才戍绝塞，纳兰容若力赎以还而馆之，殁复为之
完其丧，世高其义。诗有开元、大历风格。

《雪桥诗话》卷三

吴汉槎诗，如《金陵篇》、《榆关老翁行》、《浚稽曲》（一作
《燕支山辞》）、《海郎山灵湫神女歌》，票姚跌荡，锋发韵流。其
《赠故太常乐工申叟》云云，《送人之梭龙》云云，《晓望题抚宁逆
旅壁》云云，《上巳许康侯招同诸君禊饮即席分韵得年字》云云。

《雪桥诗话续集》卷二

朱庭珍

吴汉槎之《秋笳集》，高者近高、岑及初唐四子，次亦七子派
中之不空滑者，亦一小作家也。

《筱园诗话》卷二

徐世昌

汉槎意气傲岸，不可一世，卒以是贾祸。诗为健庵、渔洋所
称许，惊才绝艳，冠其侪偶。梅村目迦陵、汉槎及华亭彭师度为
"三凤凰"。出塞后，诗境沉雄，得朔方苍莽之气。少工骈体，其
《长白山赋》，足摩班、张之垒。

《晚晴簃诗汇》卷二十八

李岳瑞

吴汉槎以丁酉科场事谪戍绝域,晚岁赐环,侘傺以终,人但悲其数奇运蹇而已。及读《秋笳集》,乃知其于故国惓惓不忘,沧桑之感,触绪纷来,始悟其得祸之由,不随力田、赤溟辈湛身赤族者,盖亦幸耳。余最爱诵其《湘中秋感》八律,以为远追信阳,近挹黄门。按汉槎作此诗,当甲申九月,时年才十三,髫年得此,岂非异才?亟录于此,以谂读者。诗云云。

《春冰室野乘》卷下吴汉槎髫年能诗

俞陛云

《秋笳集》半为出塞后作,尤多激楚之音。集中有《白头宫女行》,……首句云云,结句云云,盖汉槎自伤谗枉,复闻妙音事,宜长歌之激越。宋祖昱《西洲稿》中,有《听明宫人杨氏度曲歌》云:"一代红颜绝可怜,三朝彤史谁能数?夜雨凋残玉树花,浮云隔断苍梧路。杜鹃啼月恨无穷,莫唱开元旧时谱。"与汉槎诗皆哀思之音也。

《吟边小识》卷四

庞树柏

汉槎少年时,尝作绝句二十首,亦托名女子,夜题于虎丘寺壁,其顽艳尤绝,词旨与上二绝(指《驿壁题诗》绝句二首)如出一时,论者谓已兆投荒之祸云。

《龙禅室摭谭》,转引自《清诗纪事》

由云龙

徐健庵宫赞喜吴汉槎入关诸作，皆遥踵唐音，近肩何、李。

《定厂诗话》卷上，转引自《清诗纪事》

郭则沄

吴汉槎《秋笳词》卷〔按：原书未著录卷数〕，皆戍宁古塔时所作。竹垞《词综》录其"家信至有感"（念奴娇）一阕（词略），语出至情，故当独擅。世盛传梁汾寄汉槎词所云"廿载包胥承一诺，盼乌头马角终相救"者，其动人亦只在一真字。固知文由情生，词虽小道，莫能外此。

《清词玉屑》卷一

陈去病

《秋笳集》亦七子一派，而才笔英挺，偶然不群，诚为骚坛健将。昔之论者，多取其出塞后之作，余独反是。凡其少年篇什，辄流连讽诵不忍休，殆所谓嗜好与俗殊酸咸也。尚忆其《金陵》、《秋感》、《哭友》、《感怀》诸作，悲壮雄丽，几欲追步盛唐，而《望远曲》十二章，尤顽艳绝伦。诗冗，不尽记。别录其三诗如下：《寄远》云云，《遗事》云云，与《旧史》云云，皆斐亹可诵。

《五石脂》

汉槎又尝有《绝句》二十首，亦《望远曲》之意也。托名豫章女子刘素素，乘夜题之虎丘寺壁。厥明，诸文士见之，咸甚惊异，以为真闺阁中笔也，一时和者殊众。其序有云："北兵肆掠，遂陷穹庐。"语虽出之戏笔，而实兆科场之狱。吁！亦奇矣。诗中佳句，若"薄命不如春燕子，年年犹傍旧巢飞"、"陇头流水声呜咽，未抵萧娘一半愁"、"莫道贞娘多薄命，犹胜青冢在阴山"、"吴下才人知不少，也应肠断蔡文姬"，皆绝凄怨。其全章若"毡裘貂帽卷风沙"云云，"自入穹庐已数春"云云，亦殊描摹逼肖。若"夜夜思君梦里回"云云一首，真欲剖露心肝。

《五石脂》

邓之诚

　　（兆骞）诗文摹六朝初唐，惊才绝艳，同时辈流，罕及之者。惜学业无成，格律亦未更进，固一时之秀，而非盖代所宗。

《清诗纪事初编》卷三

钱仲联

　　吴江吴兆骞，能为梅村体歌行，因事谪戍出塞，所为《秋笳集》，多激楚之音。如《榆关老翁行》、《白头宫女行》等，都可以步武梅村。

《三百年来江苏的古典诗歌》

　　《秋夜师次松花江……》诗评："诗魄力雄厚，追步李梦阳、陈子龙。"

《梦苕庵诗话》

　　《奉送巴大将军东征逻察》诗评："有李东川、高达夫七古风格。"

《梦苕庵诗话》

朱则杰

与此相应，"江左三大家"在诗歌史上的地位和影响也并不一样。钱谦益如前所述，开创一代诗风，非同寻常。龚鼎孳虽然在京师也曾一度领袖诗坛，但是谈不上有何影响。吴伟业的地位主要体现在叙事诗方面，其影响则以"梅村体"为最大。

早在吴伟业生前，吴兆骞和陈维崧等人就曾从之学诗。吴兆骞（1631—1684），字汉槎，行四，江苏吴江人。他青年时代即才华艳发，积极参加文社活动，驰名东南，深受吴伟业赏识。顺治十四年（1657），吴兆骞赴江南乡试，中式成举人。正当他功名初就、春风得意之时，舆论指摘这场乡试"弊窦多端"。清王朝借此机会，蓄意镇压江南士子，以打击抗清复明运动，于是在北京瀛台召集"复试"，四周甲士林立，刀枪密布。此后，便将原先的乡试考官处以极刑，其余多人流放边疆。这就是清初震惊朝野的南闱科场案。吴兆骞未能幸免，被遣戍黑龙江宁古塔。启程出都之际，许多好友赋诗赠行，吴伟业为作七古名篇《悲歌赠吴季子》，内有"山非山兮水非水，生非生兮死非死"诸句，凄苦惨切，众人无不声泪俱下。吴兆骞在塞外度过了二十三个春秋，历尽了人间的酸辛。著名词人顾贞观为他填了两阕感人肺腑的千古绝唱《金缕曲》，"以词代书"（《弹指词》），引起了满族词人纳兰性德的深切同情，辗转为之谋归，而此时吴伟业则早已谢世，"太息梅村今宿草，不留老眼待君还"（王士禛《带经堂集》卷三十六《和徐健庵宫赞喜吴汉槎入关之作》）。归后三年，吴兆骞也因体质已虚，溘然病逝。身后，只留下一部《秋笳集》。

吴兆骞的诗歌正如其集名所示，大都作于塞外的笳吹笛声、冰天雪地之中，"寄羁臣之幽愤，写逐客之飘踪"（《方与三其旋堂诗集序》），同时广泛地描写了边塞的自然景象、风土人情。如《夜行》：

113

惊沙莽莽飒风飙，赤烧连天夜气遥。

雪岭三更人尚猎，冰河四月冻初消。

客同属国思传雁，地是阴山学射雕。

忽忆吴趋歌吹地，杨花楼阁玉骢骄。

　　这首七律，即相当全面地反映了吴兆骞诗歌的主要内容。上截四句是写景。这里风沙遍地，山火连天，猎人在夜间从狩，河流至初夏刚刚开始解冻，其荒凉寒冷之状可想而知。下截四句是抒情。诗人联想到自己的悲惨遭遇，犹如汉代苏武一样身陷绝塞，行同异族，不免勾起故园旧游之思。在吴兆骞的诗歌中，描写边塞景象和抒发个人怨情总是同时出现，相互结合，因而格调大抵激楚苍凉，这正是由他的时代和身世所决定的。清初乃至整个清代的边塞诗，基本上也都出自流人之手，因此同样具有这样一种特色，而与豪放乐观的唐代边塞诗存在着显著的不同。同时，吴兆骞在清代特别是清初东北的边塞诗人中成就为最高，影响也最大。因此，吴兆骞的诗歌可以视为清代边塞诗的代表。这在客观上恰恰也是无辜遭戍给他带来的"恩赐"，诚如沈德潜所说："尝人世之奇穷，非正使之为传人耶？"（《清诗别裁集》卷五）

　　吴兆骞的诗歌在艺术上明显受到过吴伟业的熏染。其近体像吴伟业一样大抵追随陈子龙，步武明七子，"远追信阳（指何景明），近挹黄门"（李岳瑞《春冰室野乘》卷下），这方面姑置不论。而最可注意的，也就是他的七言歌行，如著名的《榆关老翁行》和《白头宫女行》两诗，分别通过"老翁"和"宫女"的身世遭遇以及荣辱变迁来反映家国沦亡、明清易代的重大主题，无疑都是学习"梅村体"的成功之作。这种现象，同样体现在陈维崧的诗歌创作之中。

（六）友札辑存

叶 燮

与吴汉槎书

弟自黜废山野，于今七年矣。生平知交故人从无有闻问齿及者，而弟益自远弃，不复与世酬酢，一切情文都绝，故人亦未尝有辞相责备，盖相忘有斯人也久矣。仁兄忽枉扁舟过我草堂，脱粟欢然，襆被信宿，不以弟贫贱废弃而勤勤恳恳，此古人之事，非可求之薄俗者也。仁兄从容询及弟废弃之由，盖弟获戾以来，绝不欲白于人久矣，且用世之念已绝，使置辩，人必曰其殆希复进乎？非我志也。仁兄能知我者也，何不可言耶？傥不厌听，敢详述之。

弟于乙卯谒选得宝应，六月受事，明年十一月被黜，在事仅一岁有半，而罪过丛生，怨尤交作，自上官以及亲交咸思酿祸而趣其败，皆以为县令者官私之外府也，有令若此，不如无有。邑为南北九省之冲，舟车便道枉过者日数十辈，其意皆有所为，弟宁不知此，然不幸值万难极穷之时势。宝邑地丁条额三万有奇，支应驿站一万有奇，即于本邑现征支应。前此驿站止应往来之使，以十之二充之足矣。为令者事上官出其中，交游出其中，不必攫暮夜之金，亦足倚办，故咸以官此为善地。此前令孙树百得行取如反掌也。自康熙九年邑被水患，渐蠲额征。至十三年，灾益甚，历邀恩蠲。至十四年乙卯，统计一邑，十分钱粮，蠲去九分五厘有奇，现征存额四厘有奇，仅一千七百两有奇耳。驿站在本邑扣销者仅四百两有奇，外俱申请藩司拨补，而藩司迁延推托，云须请于部，部又有岁终奏销之文。藩司当年给发仅十分之三。夫驿站急需，又值吴、耿倡逆之时，帑金御马军器之使，十四、十五两年军兴百端，夫马之需无论不可迟旬月，此日辰刻之需万不能迟至于午，而请拨补，动以岁计，以月计。且曰该县且自行设处。夫以一千七百两之地丁，按月立时提解，无可那移，书生初任为县令，安得家有余资以应在官之急？势必百计称贷以应。又安能餍大吏之欲，结交游之欢乎？且邑驿站原额一万一千两有奇，十四年奉文裁减一千五百九十两有奇。十五年又奉裁四留六之文，裁三千二百九十两有奇。合计两年，共裁四千八百两有奇。其时征剿闽逆，州县添设报马，邑添六站，站设马二十匹，计共添马一百二十匹。原额驿马九十匹，添之数倍，于原额又加半，刍牧皆如之。军兴法尤急，而钱粮则裁向日十之四，况所存之六又仰请藩库拨补。司主□君艰难勒揩，其意盖欲该县掣取空批，而不遂也，衔怨实始于此。计一岁司库之发不过五分，每分又七折，又抑配低钱一岁万两之额，至是仅可二千两矣。又十四年裁减，直至十五年四月十九日始奉司檄饬知。十五年裁减，至本年十一月十六日饬知。两年未奉饬知以前之日月，其夫马工料悉照未裁之额给发，岁正月朔为始，不得迟一日，不得丝毫拖挂。及奉裁减之文悉，系已放之目，而藩司则照裁数，于现拨内扣除已放夫马工料，檄令追补，不识问之马乎？问之夫乎？故两年间揭重债数千两拨补，裁去无可抵偿。弟谢事至今，每岁债主来山中追呼征索，彼徒见四壁萧然，久之亦遂罢去。由是言之，当时情事可知矣。

而或者曰做官者宁仅在此，取之地方必有道矣。亦思作吏之取诸地方者，非钱粮即词讼。邑之钱粮如彼，取之词讼，非灭天理丧良心倒黑白，是非敲骨吸髓则不能得所欲，世固有行之而辄效者矣。弟思上有苍天，胸有心肺，每见有司公堂之榜，皆为"视民如伤，天鉴在兹"等语，非不知善之可慕，恶之当戒。及措诸行事则不然，何也？弟每清夜扪心，使自一金以至十百千，明不可告君父，幽不可质鬼神，外不可告人，内不可问衾影，有丝毫昧心，则弟阖门十余口，天殛其躯，俾无遗种矣。

当是时，邑有二三极大狱，他人值此，必踞为奇货，皆可攫万金。如万乡绅之盗案，王逆督之簿录，周姓之勘湖田，弟皆矢之以公，行之以恕。邑绅有詈弟为愚且戆者。仁兄北上时，道出宝邑，可历数以问其民而征之者也。入都时，可问邑绅之在朝者而征之者也。弟固知以若所为必无济。或劝弟通声气以求齿牙之援，弟固力不能，且不欲，宁事败而终不悔，故弟之被黜，非独众人以为宜，至亲切友亦以为宜。非独不肖者以为宜，即世所称贤者亦以为宜。谤蘖诟厉，欲杀欲割，从未闻知交中有一言剖白者，此子长所以欷歔而亟著《货殖传》也。

大抵铄金销骨之论，倡于都下者，前邑令孙树百、敝同年江右□□□也。倡于淮扬间者，江都孝廉张问达也。树百为令时，信其腹心蠹隶董祥，杀射阳湖无辜四十六人，弟出都时，树百谆谆以此隶为托。弟至邑，立责逐此凶，树百憾入骨。□□家吉安，吴逆之乱，挈家东走，就邑中李姓者。至之日，向弟索夫一百名，弟以额例辞。是日总河都御史以巡河至，需夫亟，无一应，询之云额夫俱往□翰林家供役矣。弟责夫头，□□怒，令狼仆二三十人，带刀持弓矢，震噪于堂，锁衙役五人至其家，鞭之几死。词林气焰，弟曾与口角，□□亦憾入骨。张问达者，丙午孝廉，出舍弟苍岩门，昂然有所挟而来，谓必立馈千金。弟不应。三怨交作，口无择言。凡来而不遂欲者，□□相传，青蝇薏苡，空中楼阁，弟俱付之一笑，毫不置辨。然其中二事传闻异词，因事失实，有须剖明者。

一谤者曰浚民及卖菜佣。宝邑额有土税，岁五百七十两有奇，其款目部颁之藩司，藩颁之府，县刊木榜，树之务所。内一条菜茄瓜茄蔬韭之类，每百斤纳银四厘。若论宜蠲也，须详上官达部。当军饷急，他项悉量裁充饷，使申上台达部，必不济。若竟免诸民，须以己囊代输，计蔬菜之税一日四五百文不等，己囊亦何自来哉？孙树百固尝蠲茹菜之税以邀誉矣，树百于两河要害及赈荒二顶，共乾没数万金，蠲蔬菜之征，特万分之一耳。近来郡县有司百凡作为，动曰捐俸。宝邑官吏俸照蠲征分数扣减，知县俸仅二两七钱有奇，而动曰捐俸，吾谁欺乎？舍捐俸不识以何项代输乎？夫利不在官即在民，官之利未有不取之民者，若曰以己囊代输，是即取之民以代民输耳。此犹强取东邻之粟以赒西邻，而曰吾以厚邻里也可乎？

谤者又曰贩盐鱼以市利。此则舍亲冯姓者久贾江淮间，岂为官而禁其亲戚之为商贾乎？彼持本以营利，何与于官？若冯姓假官势以渔利，邑民最刁，即走告上官矣。且一丝一粟，弟从不以官价取之民，而亲戚敢尔乎？若云令之亲属不宜商贾于地方，则今日之居积接廛贸易连檐在通都属下者，比比而是。更有置良田万顷于所属者矣。昔人所云但见其上，何至县令则并其亲戚而禁其为商乎？此亦事理之较著者也。

抑弟之获罪，又不止此，宝邑北则山阳，南则高邮，漕河关系，利害相等。十五年大水，黄淮交溢，汇内地诸湖，山阳钓鱼台、高家堰及高邮清水潭俱决，宝邑东西两岸河堤一百六十里，弟督夫救护，寝食于堤，三阅月幸获全。凡河夫，例随工之紧缓大小多寡派民以应，大约乡绅免十五，督抚掾史免十三，其应役者皆水灾饥民，鹄面鸠形，死于役者十二三，弟恻然伤之。凡绅掾概不免，淮安诸绅恨弟入骨，盖淮绅之产大半在宝邑故也，交口媒蘖，职此之由。厥后山阳、高邮塞决之费皆以巨万计，而宝应止一抢修，不及五百两，上官犹以浮费驳减，抚公露章且曰本官庸懦性成，河漕驿站百事废弛，此又可付之一笑者矣。

大抵弟之不才，性刚介而质粗疏，汲长孺之戆，益以国武子之尽言，既不合时宜，而又张空拳以求免乎今之世，盖其难哉！盖其难哉！弟向不置辩。仁兄为三十年道义之交，故因问及，备庐始末，不觉其言之长，幸赐详览。不宣。

《己畦文集》卷十三

按：本信言及"仁兄忽枉扁舟过我草堂，脱粟欢然，襆被信宿"事。考此事为康熙二十二年五月事，据此则此信写于是年五月稍后。

朱鹤龄

<h1 align="center">与吴汉槎书</h1>

计尊兄塞北之徙，已二纪于兹矣。关山辽落，鱼雁销沉，每于花飘藻网之辰，月进萝帷之夕，念及尊兄，龙沙极目，蛇虺惊心，未尝不惨然魂摇，复凄然泪堕也。古人如蔡中郎、崔亭伯，以及韩退之、苏子瞻诸公，无不由贬窜穷荒、万死一生中享大名，成大著作，以垂不朽。读尊兄《秋笳集》，此其验矣！自得南还之信，不觉魂舞色飞，且暮希握手流连，翘跂之诚，以日为岁。而岂意自春徂秋，尚留滞京邸耶？手线情深，倚闾盼久。桂树金英，飞天香于洗腆；鲈鱼玉鲙，进甘旨于盘餐，此真人间之大欢极乐也！尊兄能不惓惓于此耶？

弟三十年来，奄忽无成，始而泛滥诗赋，既而黾勉古文。后因老友顾宁人以本原之学相勖，始湛思覃力于注疏诸经解以及先儒理学诸书。今粗有成编，谬为识者推许，而神智销亡，两目昏眵无见，炳烛余光，自知无几，长为尊兄之所怜愍耳！今因小婿，例入成均之便，先寄拙集一部呈览。极知尊兄应酬杂遝，无暇观此，以急欲邀一语之华衮，定百年之品题，故敢冒昧以请。倘南还之策，尚稽时月，惟冀乙夜余闲，直言评骘。昔曹子桓云，文之佳恶，吾自知之，后世谁能定吾文者耶？陈伯玉则念前不见古人，后不见来者，至于怆然泪下。鄙人之文，若得尊兄论定，庶

可免于不见来者之憾也已。弟雕镌之书，计有三四种，小婿行囊不能多载请正，其未刻者，经学居多，俟尊兄到家时，当布席茅舍，悉出以就权衡，作白牛溪数月讲论也。

《愚庵小集》卷十一

按：此书写于康熙二十一年秋或稍后。

孙 旸

寄吴汉槎书

我两人音问之阔，未有如此二三年者，然弟自乙卯入都以后，丙辰春曾至奉天，即以营葬先父兄事，回家二载，无怪乎鳞鸿之阔绝也。

今年五月，从江南归，见家中留年兄手札二纸，始知昔年所寄八金，竟未得达。盖因弟丙辰春出关不及一月，而所托之人又殷实可信，不谓此番出关，此公已作故人，所寄之物，遂不可复问。兹因小儿乡试来京，赔偿八金，面交令侄转寄，望年兄鉴其委曲是荷。

近来年兄景况想安好如昨，年嫂暨年侄俱纳福履。弟自丙辰回南，营葬先父兄，二年奔驰，几获千金，尽已费讫。去冬在贵邑，住年兄旧居者两月，与令弟令侄辈，盘桓最久。今春因见荐奉之旨，星驰至京，而在京官荐举之例已停。及出关，辱少京兆姜定庵开荐，而部中以奉天亦算京官，执守成见，断不肯题，虽当宁尚未忘草莽，其如荐剡之不得上达何哉！

昨见年兄《长白诗赋》，真天才也。近年荐举博学宏词，有二百余人，总无年兄之敌。若果进呈，内召决矣，雀跃之至。钱年兄暨各位年伯近况何如？怀念之极，拟作札遍候，因令侄（促字）〔信寄〕甚迫，遂不获作启，草此数行，亦甚简率，幸鉴原之，不一。中秋后二日，弟旸顿首，上汉老年兄大人。

《汉槎友札》之十并见《秋笳馀韵》卷上

> 按：此书《秋笳馀韵》本，上有补注云："丙辰二月，将银寄与陈安宁，以为万无一失。乃至八月中，年兄处有人来索银，复从陈处将银取回，而索回书者竟不至。八月中复送至陈安宁处，谁意此人于九月病故，而前银竟不可问矣。"又，此书行文"所寄八金"旁有批注："王涓老。"

> 又按：此书内云"今春因见荐奉之旨，星驰至京"。考清廷此次诏举博学宏词，在康熙十七年正月，故此书必写于是年，具体时间为是年中秋后二日。

陆元辅

与汉槎书

闻年道兄自塞外还燕，竟疑梦寐，爰赋句奉赠。相见有日，龙沙雪窖，当细数离惊，一开笑口也。草草，未具，汉老年道兄。弟元辅顿首。

《昭代名人尺牍》

> 按：此书写于康熙二十年十一二月之交。

陈堪永

与吴汉槎书（一）

东郊执手，出涕潸然，眷言思之，回肠欲绝。顷接惠音，益增凄惋，一身多病，万里长征，惟我汉槎，何堪此跋涉耶！

忆昔患难缔交，情逾骨肉，蕙兰托契，金石铭心，尚拟虎阜桂轮，武林画舫，遂风雨之思，寻湖山之胜。岂期凤城一别，余也前驱；龙塞长流，君马后至。边笳羌笛，听来总是伤心；白草黄沙，独处无非泪眼。犹幸揽辔晴原，引觞良夜，悲歌慷慨，少慰寂寥。乃复攀渭水之长条，唱《阳关》之几叠。把臂无多，忽焉分袂，嗟乎伤哉！何余两人相遇之艰也？李陵有言：人之相知，贵相知心。余与汉槎有同然耶！别后卜居稍定，时复抱疴，惟与嵩来斗室相依，清霄玄对，间或松龛莲座，贝叶蒲团，于烦恼中求清凉境，差可消遣双丸。然有怀良友，靡日忘之，每当苦雨凄迷，断鸿嘹呖之际，回思秋风金署，明月荒垣，绛腊催诗，锦笺命赋，真如再世事矣。倘异日越水吴峰，尚容啸傲，则连镳聚首，企余俟之已矣。

汉槎！惟祈自玉，忧能伤人，珍摄为嘱。逐客羁人，苦无佳思，长吟短咏，适足助愁，附呈数章，未审何若也？

汉槎素重词坛，今穷愁中亦能不废笔墨否？鳞鸿如便，更祈示我瑶篇。千里虽遥，一心如对，讽览之余，当不啻被以芳兰，饫之甘露耳。

别谕无烦谆嘱，诸同人统祈道意。临风呜咽，神与书驰。弟堪再拜汉槎盟兄手足。中秋后十日。

嵩来均此奉候，诸同人前，统希致声。

《秋笳馀韵》卷上

按：此书"凤城一别，余也前驱；龙塞长流，君马后至"、"把臂无多，忽焉分袂"语，点明本书写于顺治十六年四月二人自沈阳分手之后。又言"顷接惠书"，表明此书系二人分手后首次之通信。考吴兆骞于同年七月十一日至宁古塔，而此书落款为中秋后十日，故知此书写于顺治十六年中秋后十日。

与汉槎书（二）

　　弟堪永再拜汉槎盟兄足下：玄阴素节，两接音徽，回想故人，各在天末（下阙五字）骨凄然，复诵瑶章，远怀羁旅，相思千里，乃如是耶？思吾汉槎，负梁苑之鸿林，抱长沙之深痛，入宫生妒，投杼见疑，卞璧蒙冤，隋珠见点。虽玉关落日，莫可照其深愁；金塞悲风，未足吹其积思矣。至如弟者，事异幼安，乃同避地；人非梅福，亦复逃名。衰草愁云，目断黄龙之外；寒烟积雪，心摇玄菟之间。每当边笳暮动，寒鼓宵传之时，一望荒凉，寸心凄折，即相与如汉槎者，犹不能分题良夜，晤对晴窗，聚朋友之欢，托生平之契，兴言及此，复何言哉？然而达士略情，哲人知命，当蒙难屡艰之日，正潜修养晦之时。用是勉志玄功，栖心静室，半灯碧火，一卷《黄庭》，以伯伦愤世之思，作灵运生天之业。时或香篆浮空，降紫鸾于清昼；神光绕室，闻玉磬于中宵。即悟仙踪，殊非风影，乃知生事，复镜夙因。惟汉槎长深遗世之思，更具异人之质，正宜假兹慧业，厉我清修。若乃忠拟屈平，而材难遇主；文如迁史，而生不逢时，斯固才子途穷，文人运厄，不难呼神而伸诉，问天以自明者，又何必效其悲愁，增其郁结乎？汉槎知我实深，故敢举以相告，他人闻之，则必聋耳听声，聩聪辨（下阙）。

《秋笳馀韵》卷上

　　按：吴兆骞另有《忆旧书情寄陈子长一百韵》诗，诗中于"琼瑶思友切，笙鹤礼真虔"句自注云："子长贻予札云，欲弃谢凡俗，栖心仙道。"而子长此札内亦云"勉志玄功，栖心静室，半灯碧火，一卷《黄庭》……时或香篆浮空，降紫鸾于清昼；神光绕室，闻玉磬于中宵"云云，诗意与札意相同，可见诗中所谓之札即指此札而言。既然如此，则兆骞此诗系接到子长此札之后而写。也就是说，此诗与此札之写作时间紧相衔接。考兆骞此诗之安排，前为《庚子至日书怀》、《赋得春风和方邵村》诗，后为《辛丑七夕》诗，则必写于辛丑（顺治十八年）春至七夕之间。而诗中"羁栖仍万里，离别欲三年"句，益加证明此诗写于顺治十八年。既然如此，则子长此札亦必写于顺治十七八年之交，姑系于十八年初。

陈维崧

与吴汉槎书（一）

弟才思诞逸，姿制曼落，又常卧疾同于赵岐，闲居甚于潘岳，用是颓放，靡所撰制，缅遭芳徽，深相钦叹。夫风骚递降，厥有渊源，雅颂以还，非无堂奥。吴歈越艳，匪拟古不为功；汉乐唐谣，唯谐声乃为妙。今有苦寒大谬明远之篇，游仙尽失景纯之步。李陵河上之作未极缠绵，崔颢房中之诗实乖轻薄。虽工情盼，不嗣风人；纵骋宫商，奚关才子。仆怀此恨，积有岁年，何图今日，遂见作者。嗟乎汉槎！上下数千年，屈宋以来，徐庾而后，虽鸿文丽制，不绝于时，而亮节惊才，罕闻于世。仆既幽懑惑溺，浮沉芜秽，久歇性灵，长辞篇翰，而一二海内名贤，黄门兰摧，舍人玉折，方检讨吹箫而乞食，吴祭酒挟瑟以佯狂，纵有音容，几于星散，其他姓氏，靡不蓬飘。吁其悲矣，心伤悴矣！然而德邻不孤，伊人尚在，魏交让发藻于海隅，侯武功蜚声于江表，华亭年少大有才情，西陵诸子都饶风格。方今戎马蹀躞，人物散失，每一遇贤，何尝不叹。况我足下素爱王充之论，极怜庾信之哀。仆所以愿同深诣，共扶绝业者矣。冬间别后，准拟即过松陵，而到处淹留，旋归桑梓，斗鸡之社，日相牵挽，会猎之约，未遂心

期，总俟春间，定成良晤。临文寄意，不尽愿言。

见《湖海楼俪体文集》卷二

按：此书未署时间，但内言及"侯武功蜚声于江表"，考侯武
功卒于顺治十年，故可证为顺治十年前所写。

与吴汉槎书（二）

（上阙）为长幅，以叙旧游，而每一搦管，五中欲裂，坐此
哀惊，无由作讯。嗟乎知己，幸谅此心耳！

昨年今夏，俱读书健庵斋中，健庵欲为镂《秋笳》大集，弟
亦曾与校雠。不意五十之年，头发尽白，复同诸贤豪长者来入长
安也。行年老大，万事俱灰，唯待明岁试毕，即返故园，一水一
山，以图终老，□兄知我定非诳言也。

圣天子崇文爱士，千载一时，长兄《长白》一赋，亦曾经
□□矣。乃不缘此时得赐澣洗，后复何望哉？兴言及此，又不禁
肺肠之欲裂也。

在吴门时，日与弘人握手。在都门□，又日与闻夏联袂。凄
然北望，唯以我季子为怀。家叔卫玉，异域相依，极承覆庇。兹
因匆遽，并不及寄家叔数行，晤时幸即以此札示之。

又，弟近偶尔为诗馀，遂成三千余首。又与容若成子有《词
选》一书，盖继华峰而从事者。吾兄有暇，幸作填词寄我。旧刻
未携至京，新作又不能缮录，嗣有便鸿，当作长歌相寄，并填一
词奉忆耳。又，乐府□题，弟辈在京俱有和章，欲刻一集。原词
奉览，乞每题各和一首，觅便寄我。时正冬至，手冻不暇细叙情
事。总之，弟在京师宋司寇先生宅，长兄有信，千祈寄慰，倘有
便羽，再图修候也。诸不一。冬至前一夕，小弟维崧顿首。

《秋笳馀韵》卷上

按：此书自谓"不意五十之年，头发尽白，复同诸贤豪长者

来入长安……唯待明岁试毕，即返故园"云云，系指康熙十七年清廷开博学宏词科，维崧被荐赴阙事。可见此书写于康熙十七年冬至前一日（即十一月初七日）。

与吴汉槎书（三）

自违我友，旷在各天，每遇北风，何尝不叹？今春读长兄《长白山》一赋，英奇瑰丽，前无古人，辄与展成、莒文、既庭诸君共相击节。方谓河水可清，乌头易白，不谓蛾眉召妒，猿臂难封，仲升无入塞之期，都尉断还乡之信，仰天太息，对酒悲歌，诚不自知其百感之横集也。然而圣主怜才，群公好士，或者刀环之约，尚未逢辰，当归之寄，直须计日，鸡竿不远，鹤返非赊，天哀志气之人，帝梦青鬑之客，则我两人，河梁苏李，讵遂无相见之期乎？寄语故人，幸毋悒悒也。弟以茁才，获邀异数，既抱刘蒉之耻，复深饥□之嗟，踽踽金台，百无一是，长兄尚以此举为鄙人庆乎？恐玉堂金马，都非昔游也。比年在健老斋头，曾为兄校订《秋笳集》，厥氏之事，健翁既毅然任之，不日东海入都，弟便促其竣事，篇首弟当作骈语一序，以叙平生耳。又，弟近有《赋选》及《四六体文选》。长兄新作，千祈汇以寄我。昔年一词相寄，今录寄卫玉家叔函中，长兄幸一和寄。既庭刻下南归，不及作字一词寄意。又，《乌丝词》旧刻一本呈政，此十年前事也。新词甚多，唯不能写寄，如何？如何？后有便鸿，统容再展。贱名草肃。

《秋笳馀韵》附录十一章（徐达源辑）

按：此书原未署名，但由于言及"卫玉家叔"、"《乌丝词》旧刻一本呈政"，则必为《乌丝词》词稿作者陈维崧所写无疑。又，此书未署时间。但由于言及"弟以茁才，获邀异数（指康熙十八年经博学宏词科廷试被授为检讨之

事)"，可见必写于十八年。又因陈氏有《秋日贡鹰使者入关，接吾友汉槎书，兼乞药物。广平夫子既以枸杞、地黄二种缄寄，余则附寄〈乌丝词〉稿一部，仍系四绝句，兼呈卫玉叔》诗，故知此书写于该年秋。

张拱乾

致汉槎书

与君分手，不过公车之别耳，乃有迁谪之行，谗人之相中，一至于此，此天地之所不容，神人之所共愤。不独一邑之痛，而实天下之所痛也。虽然，自古才人，如吾兄者岂少哉？刺刺者灰飞烟灭，负谤者名重金石，此不足为知己患也。绝塞山川风土之奇，人物珍怪之异，古今来英雄豪杰出没战斗，鬼神施设之迹，非兄不能赋。而冰天雪窖，悲惨凛冽，非吾兄之奇姿强干，不足以试其武也。况一时多文章巨公，得兄相聚，抒其怀抱，以树千古未经见之奇，以传于无穷耳！□以同人为兄悲，弟辈几人，独破涕而笑，李白夜郎，子瞻海外，于今何如哉？然弟辈穷愁万状，远我良友，不能奇文共赏，疑义相析，为造物扼我，可叹也！

时时候见老伯、老伯母，都善饭无恙，倚门倚闾，朝夕无欢。而弘人、闻夏诸昆，相对唏嘘，知兄孝友，至性萦怀，痌瘝万里之隔，不能缩地，尤足悲矣。勉矣！吾兄努力自爱，共图不朽，舌尚存也！弟辈时诵兄佳句，以当握手谈笑，不啻如少陵之怀青莲："文章憎命达，魑魅喜人过。"临风叹息，不尽依恋。

汉兄大人如手。庚子春仲弟拱乾顿首奏记。

《秋笳馀韵》附录十一章（徐达源辑）

按：此书之写作时间据作者自署在庚子，即顺治十七年春仲。

127

珂　鸣

致汉槎书

自戊戌春言别，临歧挥涕，宛在目前，今忽忽二十秋矣。同人患难，升沉各异，聚散悬殊，远塞迢遥，诸兄弟咸系寤思，而老弟多手足之情，每一念及，辄为心碎。以天之生吾汉槎也，赋之以才，而穷之于命，虽古人著书立言皆以幽，然哀困发其雄奇，恣其粤渺，而不必如汉槎之奇且甚也。天可问乎？不可问乎？廿年来，与长兄晤仅一二，而二兄则家乡京国，时相握手相对，而怀吾弟者血泪凭风，得到君前否？今虽漫叨仕籍，而朴厚迂谨，非时所宜，辛丑为递粮诖误，代人受过，乃不自陈，□而为同局万人请命，愚诚所□，皮尽筋枯，受人嘲诮，潦倒及今。中遭先君子之丧，株守林间数载。今复以姓氏混入长安，年已顺耳，迂性益增，时局更相柄凿，幸二兄与大侄并在都门，朝夕过从。忽得前所寄顾梁汾一札，娓娓道二十年间事，余读之，哀而且喜，哀汉槎之塞迹犹羁，喜汉槎之江管犹灿。天子加意崇文，或者才不终泯，别有良缘，愧余力之不能振吾弟也。更得姚琢老年兄信，慰甚。琢老之公郎能文而多才，馆于都下，受余教益，可闻知琢老，见余犹有古人风也。梁汾札是余家报中传去，不负远托也。闻有便人出塞，草草附此言，心无能将，意秋冬交，当勉力寄一缣相赠耳。向与二兄叙家人谊甚真，故僭以雁行居长，必不咎我也。楮短□长，征鸿声断。汉老三弟知我。愚兄珂鸣顿首寄。

《秋笳馀韵》附录十一章（徐达源辑）

按：此书未署时间。考内云："自戊戌春言别……今忽忽二十
　　秋矣。"自顺治十五年戊戌顺推二十年，为康熙十七年。
　　又，内言及："忽得前所寄顾梁汾一札，娓娓道二十年间
　　事。"按吴兆骞《寄顾舍人书》写于十七年二月十一日。

而顾贞观收到吴书在当年夏（见后所录顾贞观《致汉槎书（四）》）。书内又云："意秋冬交，当勉力寄一缣相赠耳。"可见本书当写于该年夏秋之交。

又按：作者珂鸣真实姓名未详，俟考。

姜希辙

致汉槎书

老年翁文章声望，久著寰宇，乃落落朔方，几及廿载。犹忆向荷尊公老先生素札往还，凝神左右，已非朝夕。昨令兄弘人入幕越郡，重九何昆峄郡伯登高话别，始与握晤。闻新诗俱邮致徐原老，渴欲奉教，而舟过吴门，迅速度辽，遂不复得惬素愿。及至沈阳，与以简、德子诸君购索弘章，究不可得。时王昊庐年翁札寄候祉，附以纸笔，觅鸿邮达，至今未得回信，未知曾达典签否？昊老犹以前寄赤崖者未得邮到，心为耿耿。日晤赤崖，亦以一时无便鸿，遂致南国有滞凤，客心切不宁。似此非甘于浮沉者比也。向闻张绣虎亦有遗文，未识案头曾有存本否？并乞与老年兄久近诗文，统赐抄读。祷切望切！昨余淡心暨家学在寄来吴（兰）〔园〕次、汪茗文近咏艺圃诗，并拙刻呈正，幸于便鸿时通尺素为望。昊老回札，并乞示寄何如？外附潞绸一端、（相）〔当作松〕萝一封致候。余不多及。弟名另具。

《汉槎友札》之九并见《秋笳馀韵》卷上

按：此书原未署名，但由于言及"家学在（即姜学在，名实节）"，故作者必姓姜。又由于言及"迅速度辽"、"及至沈阳"，而在吴兆骞交游中曾至沈阳姜姓之人，只有姜希辙，故此书必系姜希辙所写。又姜希辙之任奉天府尹，系康熙十六年奉诏就家起视事，其赴沈阳在该年重九之

129

后，至沈阳当在十七年春，故此书亦当写于十七年春。

顾贞观

致汉槎书（一）

夜郎南流，陇西北屈，奇才奇厄，千古而然。少陵落月之思，属国河梁之什，犹有人焉，为之仰天摧心，泪尽继血，庶几不朽。我汉槎一去，如蔡琰飘零，中郎遽没，谁取穹庐《十八拍》，倚而和之？但世无相救如孟德其人者。即努力加餐，凉风天末之词，皆虚语耳。谁非友朋，而患难不相顾，戚属不相保，弟何面目以怜才惜别等语，诳汉槎于数千里外耶！

追忆曩时，相识在甲午之春，相别在丁酉之秋，知交中未有契阔如此者。然两人既空余子，一日便可千秋。向知有数年之别，即剡溪片叶，朝而松陵，夕而梁溪，数晨夕之素心，尚虞未尽倾倒，乃妄意为欢未央，坐失天伦乐事。嗟乎！东园楼上，诸公云集，誓书实出君手，珠槃玉敦，吾两人遂执牛耳。弟方发序齿之论，而汉槎躞足附耳，必引弟为第一人。尔时意气，方谓文章风雅，夙昔金沙、云间之盛，再见于吾南，两人狎主齐盟矣。嗣后虹友斋头之集，娄水西关之宴，金陵锁院之追随，宛然如昨，知汉槎尚一一记忆也。

弟穷愁日甚，所幸者两亲垂白强饭，稚子八龄，能读四子《尚书》，又能时时听人说吴江四伯，辄问与弟是何等交与，可寄语汉槎为一破涕也。家兄数奇，愤懑，遂损一目。弟为奏销所累，青衫已非故物。去年走山左，今年走长安。右之镌秩南归，公肃还朝未久，秦留仙以讹误为林下人矣。相知落落，欲作六馆诸生，而亥冬为湖寇所劫，囊中一空。今卖扬雄之赋，不值十金，援纳无资，浪游非计，正在莫可如何。近诗颇可观，偶蒙一二先达见

赏，亦谁当荐陆机者？汉槎而在，何至作此态耶？

十月中，询知嫂夫人在部，愧旅次萧然，不能赆送，负汉槎于数千里外，真不复可语于朋友之谊。登车洒泣，至秋曹相送者，唯弟一人而已。世王、方年叔，周旋患难，弟见之益深颜甲。令妹杨夫人，尚留邸次，弟以语龚芝老，芝老手札示弟，谓有縰缟中义烈之风。至云弟妇，深为心折，亦轩冕中最不易得者。

西上之鱼，南归之雁，两地杳然。倘有便，乞将新诗近况，一一详示，以慰积怀。他语总悉之家报及方年叔字中。弟明年去永平，问津童子试，如得当，即入北闱，淹留尚久，倘有机缘可乘，为汉槎作生还之计，固是古今一幸事，但不敢必耳。拙吟录十章附正。嫂夫人以何日到？迩来何以度日，相与何人，体中好否？一有便，即悉以相慰。至嘱！临纸气结，不能长语。汉槎长兄大人。弟顾华峰顿首。壬寅十月。

《秋笳馀韵》卷上

按：壬寅为康熙元年，则此书写于康熙元年十月。

又按：顾氏于康熙元年十月写有此书，吴兆骞于本年冬收悉。二年春曾写一复书，又过十年（即康熙十二年），兆骞给顾氏写有一书，即收录在《归来草堂尺牍》中之《与顾华峰书》。

致汉槎书（二）

塞外未必有词谱，望我汉槎□□之暇，按调为之，便中寄我，万里唱酬，真词场佳话也。并一更定公郎文艺，示我三数篇。此字到时，即将复札付于来人，自不遗失，且能速达。以后欲得零星物件，即寄字与弟，有便可托□□来也。前两词，乞先和就，于复札内封发，引领，引领，它稿当自为留传。

《秋笳馀韵》卷上

按：此札《昭代名人尺牍》所收，与此互有异同，录此存疑：

塞外有词谱，望我汉槎穷愁之暇，按调为之，便中寄我，万里唱酬，真词场佳话也。前两词乞先和就。引领，引领。汉槎长兄大人。弟贞观顿首。

又按：此书，《秋笳馀韵》置于顾氏《金缕曲》词二阕之后，可见系附于此二词之后的短简，故写作时间为康熙十五年十二月。

再按：吴兆骞收到此札与《金缕曲》词二阕，系在康熙十六年三月。

致汉槎书（三）

客腊寸缄，属苗焦溟奉寄，不知到否？十五年仅一空函，昔所许以相资者，至今画饼，惭愧无地。弟近况之恶不可言。顷从杨姊处捧读吾兄前后平安信，感慰交深，同于面话，天从人愿，几年中料得欢然相见也。壬子岁，弟为长兄求配二令爱，为李姨所阻，甚怅然。幸而不就，豚犬今极不肖，言之痛心。次儿六龄，稍有知识，亦不知易养否？乙卯又得一儿，并与小令爱年近，异时兄归，肯以其一为婿否？但庶出，恐不堪，然其母陈氏，闽中旧家，遭难流离者，颇贞静，杨姊曾识之。便中寄一字以订百年。望！望！弟向苦薄宦，癸丑春，承□□□□以四世通家，排挤归田，良深感激。年来有词二百余阕，竟失其稿，即以涂抹本附览，自谓出少陵、美成之上，乞传示远方，俾知有顾梁汾，即兄不朽之惠矣。顷得一知己，同选今人词，俟尊稿觅得，一总相寄。新作诗赋写来，以便流传。奇窘中无纤毫接济，汗颜之极。尊嫂以下，俱安和。三令爱既极聪慧，且勿议字，来岁春间，再字相商也。弟问□□□，云弟将来尚有得意之日。老母寿甚高，此吾兄所乐闻者，一时仓卒，未及为兄求示，是弟友谊之薄，再有便，

当问之。心绪恍惚，凭笺哽咽，不能长语。丁巳四月望日，弟顾
贞观顿首。

　　杨姊适旧居，因赍奏人行促，止求令甥一札附上。

　　有新知己词一册，附去，亦望传寄。又寄去竹纸两刀。

《秋笳馀韵》附录十一章（徐达源辑）

　　按：此书写作时间，据作者自署为丁巳，即康熙十六年四月
　　　　十五日。

　　又按：吴兆骞收到此札系在康熙十七年二月初二日（见吴兆
　　　　骞之《寄顾舍人书》），然后于二月十一日写有复书
　　　　（即《戊午二月十一日寄顾舍人书》），可以参阅。

致汉槎书（四）

　　夏间拜读二月十一日手书，欣感交集，各天万里，如接面谈。
归省之期，想未即果耶？望眼穿矣，弟有□言，嘱当途转致大帅，
俟好音飞报也。七月中，令妹、亲母平安。（三）〔前信作两〕纸
想寄到，即系德胜为弟转发者。原老处，《秋笳集》尚未付梓。弟
侨寓吴门，若草堂之资略具，即近老母于梁溪，托杨亲家万里之
庇。次儿七龄，以待合浦重圆者。然诺在耳，何快如之！兹家表
姊丈唐式含，无妄远来，幸得吾兄为地主，百凡垂拂，以骨肉待
之，高厚不啻弟亲受。祝切！祝切！种种式兄能为弟代悉。贱眷
恰是昭老一家。拙词乞为流传□□等处，弟藉以不朽。所须诸物，
俟弟北行，托马思老奉寄。刍秣维艰，策蹇无日，旅况之恶不可
言，言之徒益吾兄悒怅耳。弟于辛亥拂衣，癸丑被计时，已在田
间。□□之下，□适成鄙志。望与昭老诸君赋一长调赠我，但寄
三令侄，写明送杨令甥处，自当必达。去人不便多携，不及庄简。
所切嘱者，唐舍亲休戚相关，知能曲体。朔鸿再缕，不尽依驰。
弟贞观顿首上汉槎尊长兄大人前。时戊午八月廿日辰刻。又宅报

一缄。

《秋笳馀韵》附录十一章（徐达源辑）

按：此书写作时间，据作者自署，系戊午，即康熙十七年八
月二十日。系接获兆骞二月二十一日《寄顾舍人书》后
之复书。

致汉槎书（五）

欲言万千，握管辄不复成字，区区此中，知吾兄能鉴我也。
容兄自丙辰以来，即身任为吾兄作归计，姜京兆、戴侍中，皆其
所托。从此望气者意中亦遂有汉槎，但未必真实相为耳。□□人
告，义无所□，朝来不知何故迟迟？然弟与容兄当力促之，可以
无□。部中一切，弟自周全，曾推尊造，亦云不特南旋，清华可
望。书到速草一赋寄容兄，致知己之感，小序中并及贱名，即日
成之，寄马思远处，望切！望切！弟近日奇穷，儿女俱携以北来，
依人乞食，丈夫飘荡，今如此，可叹也！贱眷问嫂夫人、亲母起
居。附到汉玉环一枚，制作奇古，以取汉还之谶。唐舍亲处，若
有家信，并烦转致，以期必达。至感！

廿六日弟再顿首

《秋笳馀韵》附录十一章（徐达源辑）

按：顾氏前书（康熙十七年八月二十日书）首次言及其表姊
丈唐式含远戍宁古塔，而此书又请兆骞"转致"唐式含
之家信，可见此书必写于上书之后，当在十八年。

致汉槎书（六）

弟九月抵燕，接吾兄手书，即日达之当事，前后情节略见
容兄札中，今附去。知己之感，令人洒泪。此岂汉人中所可得

者？已专属玉峰，必求□当。弟藉此以践半百重逢之诺，快哉！快哉！《侧帽词》即〔疑脱乞字〕为流传，得如《弹指》方妙。晤期约在来年春暮，种种所需，似不必寄上也。令妹手书附到。弟信不复来长安矣。弟今举家寓德胜门，大小平安。再报未悉。弟名心肃。

《秋笳馀韵》附录十一章（徐达源辑）

　　按：此书既言及《弹指词》已流传东国，则写作时间当在康熙十九年，尤以十九年九月至十二月为可能。又，此书未署名，但由于言及容若，知为容若知交。又因言及《弹指词》及"弟藉此以践半百重逢之诺"事（顾氏曾有此诺），则此书必为顾贞观所写。

致汉槎书（七）

　　满拟秋冬之际，得握手黄金台畔，倾倒二十年阔悰。而不孝罪重孽深，顿罹大故，骨摧心裂，仓卒南奔，吾兄抵燕之日闻此，定为挥涕也。

　　晤期非杪冬即早春，一日生还，幸而践约。此举相公乔梓，实大费苦心，而健老长兄，真切相为，尤不减于骨肉。容兄每与电兄相对击节，吾兄归当备悉之。容兄急欲晤对，一到祈即入城，前世宿缘，定知倾盖如旧也。

　　已于荒寓扫榻待兄，挈敲针画纸之人，拥炉欢聚，料不复望并州作故乡耳。舟次草草，未竟万一，谅之！谅之！不孝贞观稽颡，汉老吾兄亲翁大人。

《汉槎友札》之八并见《秋笳馀韵》卷上

　　按：康熙二十年秋初，顾贞观以奔母丧南归，此书即为此次南奔舟次所写。

顾有孝

与吴汉槎书

与仁兄言别，已累载矣。关河辽阔，通问惟艰，追念昔游，曷胜凄惘。然患难之来，当以心制境，不当以境役心，处处体认，则顺境（返）〔疑为反〕不若逆境之受益矣。夫子不云乎："陈、蔡之间，丘之幸也。"孟夫子《舜发畎亩》一章，实发明此语。弟读史书至勾践之栖会稽，重耳之过曹、卫，辄掀髯而笑：两君老谋，壮事皆从此而发。因知庸庸者多厚福，非天之私其人，正不屑以患难鞭策之也。假两君遭遇升平，沉溺势力，虽与鲁哀、卫灵同其碌碌，亦未可知。今之勋业烂然，声名盖代若此，拜会稽、曹卫之助匪细矣。汉槎足下，勉之！勉之！

荀卿氏有言："怨人者穷，怨天者无志。"愿仁兄详味其言，则目下漂流绝塞，家室流离，亦作会稽、曹卫观可耳。由此而竖起脊梁，潜心理道，以上承天意，则今日之忌兄祸兄者，非兄之益友耶？曷恨哉？汉槎勉之！远大在前，努力自爱，万里贻书，不作一世俗相慰语，不敢以世俗之人待吾汉槎故也。他日策塞归来，非复吴下阿蒙，弟为汉槎庆，即为世道庆矣，毋孤吾望也。弟顾有孝顿首，汉槎仁兄足下。

《汉槎友札》之七

按：此书未署时间，疑为康熙初年所写。

徐乾学

致汉槎书（一）

鱼雁杳隔，遂复十年，塞上故人，刻刻在念，两承手翰，（忠觊)〔当为忠谨〕殷勤，伸纸发函，有如把袂。吾兄丁年辽海，皂帽飘零，同学弟兄，参辰乖异，每一念及，搔首踟蹰。所幸伯鸾举案有人，苏卿胤子无恙，穷边绝戍，躬耕读书，搁管捻须，殊足快意。苏长公在岭南，尝语人云："譬如原是惠州秀才，累举不第。"此真达人之论，不必萦忆乡县，增此牢骚耳。

弟赴公车之前，曾过松陵，老伯母及贤昆仲，并复佳安，可无远念。昨岁弘兄累次信至，以去夏水灾特甚，深切忧煎，今少得恩蠲，灾民谅渐有生色矣。

弟落魄无似，辛丑下第之后，即以逋粮诖误，甲辰未赴春官，幸得剖明。更于丙午之春，罹先君子大故，支离踣困，殆不可言。谬忝殊科，甚非所望，头发渐白，甫又西抹东涂，思之真可粲笑。公肃浮沉历载，今已拜大司成之命。贱兄弟同僦一舍，业迎老母在此，只留彦和在家。长安米贵，居大不易，索债剥啄之声，未尝绝也。稔悉塞北迢遥（下阙数字）雁翁纲纪行，弟适抱病，未及肃书，而依恋之私，未可名状。比来吾兄道体安吉，老嫂令郎俱安，唯有驰仰。闻春间关东米贵，未审如何支持？便羽幸示慰之。家乡今岁颇丰稔，老伯母以下并佳，弘兄在豫章未回，令侄名树臣者，昨因舍弟条奏成均乏才，令各学贡诸生一人，令侄适膺此选，即日至都门，今尚未到也。

雁翁直谏远徙，举朝皆为太息，环召当自有日，与吾兄晨夕共对，谈诗论史，亦塞北一快事也。去冬匆遽，不及作书，希为致意。秋飙初厉，惟珍重自爱，不尽勤拳。闰七月二十五日，弟乾学顿首顿首。

　　　　　　　　《汉槎友札》之二并《秋笳馀韵》卷上

按：此书谓"（公肃）今已拜大司成之命"、"雁翁直谏远徙，
　　举朝皆为太息"云云。考公肃（徐元文）拜大司成之命
　　与陈志纪以上书获罪被遣戍，均为康熙十年事，因此本
　　书必写于康熙十一年或其后。又由于此书落款署明写于

闰七月，而康熙十一年恰闰七月，这样此书写作具体时间必在康熙十一年闰七月二十五日。

致汉槎书（二）

故人绝塞，梦想为劳，倾从大冯得见手书，具审安善，甚慰驰仰。弟乾学前岁癸丑左官回家，今改还原职，客冬赴补，循次已转宫僚。而家仲校士两浙，近始回京，家三弟由内阁调掌院学士。贱弟兄寓舍皆在宣武门西，谅吾兄未悉近况，转寄此奉报。雁群先生深念之，希为致意。前者之事，亦刻刻与家弟留意，为之绕床累夕也。客冬，深望浩荡，属言路直陈，而终多扞格，唯有长叹。适大冯云有便音，冗中草此数字，附四金伴柬。见字可付一报书，并以平生诗文邮寄，弟当序而梓之。三年前曾及此，耿耿不忘，幸无遗弃。临纸唯有驰结。四月廿二日弟乾学顿首。

《秋笳徐韵》附录十一章（徐达源辑）

按：此书内云"弟乾学前岁癸丑左官回家，今改还原职，客冬赴补，循次已转宫僚"。考徐乾学改还原职在康熙十四年，既然十四年冬入京任职，而此书又写于其后，故此书之写作时间在康熙十五年四月二十二日。至于此书寄达兆骞手中，则在同年六月二日。原因详兆骞《奉徐健庵书》（《秋笳集》卷八）。

致汉槎书（三）

弟辈衔恤南还，邈焉书问，不奉佳讯，遂已四年。昨冬与舍弟先后入京，具审吾兄动履安稳，慰藉无量。闻兄病殉邸舍，弘兄今年五月亦复下世，人琴之惨，何可胜言，吾兄雍渠情切，不知如何伤痛也。

　　吾兄才华旷世，绝塞羁愁，何日刀环实刻刻在念。向年黄门之牍，再三留心，终于不果。《长白》献赋，恰有机缘，贱兄弟在垩室之中，又未得一效绵力。日来屡向执政言之，似甚承悯念，若尊驾能亲到都门，事可济矣。城工之费，甚是繁重，若止于一二千，贱兄弟与二三知己尚可措画耳。

　　《秋笳集》刻成送览，弟初付梓，悉照来本，不敢轻改。后令兄弘老极言不可，因删去几首，以未刻者补入，前后略有错简，幸长兄再一订正，仍可补刻更定。小序一篇未刻，容另奉寄。

　　老伯母眠食安善，弟去秋出门时，曾往拜别。宪令今年在舍为小婿塾师，宅报中谅已具悉。所需药物，即容觅寄。此时适在郊外萧寺，不能办也。二舍弟今年八月到京，已补原职编修，其宦情甚淡，来春即欲移疾矣。小春尚暄，未知塞北何如？千万珍重，不尽勤拳。十月十七日，弟乾学顿首顿首，汉槎四兄大人足下。

　　（三舍弟随驾至芦沟桥迎王师凯旋，未得作札，尚容另寄）〔此据《秋笳馀韵》补〕。

《汉槎友札》之一并见《秋笳馀韵》卷上

　　按：本书谓"弘兄今年五月亦复下世"，"二舍弟（徐元文）今年八月到京，已补原职编修"云云，考吴兆宽下世与徐元文已补原职编修，均为康熙十九年事，因此，此书必写于十九年十月十七日。

徐元文

寄汉槎书（一）

　　知己睽携，晦明遥隔，极望边关，只劳感叹，犹幸尺素时通，殷勤念忆，阔绪离怀，历历在纸，捧览周环，仿佛一亲良觌耳。

金鸡之赦，老伯举家放还，知陟岵陟屺，甚慰远情。独是老嫂初返家园，旋当远从客戍，虽双飞天末，无复形影参乖，然朔塞迢遥，治严非易，恐老兄念此，不能不转索心曲耳。来都之日，倘可相周，（尚）〔殆作当〕殚力是视，老伯所留旧衣一簏，亦将并入老嫂行装矣。

宅报寄往，前投示甫、学诸函，初春接得，弟与甫兄各报数行，随付来邮，不知何以至今未达。甫兄及家伯兄，俱铩羽南下，右老贫况不减于弟。弟所尤苦者，疾患日侵，每以药物代餐食，尘土劳劳，兴会销减，无一足仰慰怀恋也。

历颁诸札，都有报书，恐致浮沉，先付微稿，未审一一皆到否？弟久复本姓，见来缄尚题陆姓，并附以闻，临书驰念之至。四月十八日徐元文顿首汉老四兄前。

《汉槎友札》之三并见《秋笳馀韵》卷上

按：此书有"老伯举家放还……独是老嫂初返家园，旋当远从客戍"诸语，按此事为顺治十八年春之事（详拙著《吴兆骞年谱》顺治十八年谱注），据此可知此书写于顺治十八年四月十八日。

寄汉槎书（二）

弟自乙巳南归，即遭先人大故，儽瘁草土者三年。阕服之后，迁延半岁，始得脂车北首。随以典秦闱事，猝遽西行，昨春始还毂下，入秋大病，累月始愈。计自乙巳来，忽忽多故，曾不得有尺素寸笺寄言相忆，每感营度。长安桂玉为忧，且修途难赴，将奉不多，想知己谅之也。吾兄寓书京国，较此间遣□为易，幸频示数行。闻郎君绝慧，可喜可喜！上下想悉佳，不尽怀切。汉槎四兄前。正月晦日弟元文顿首。

《秋笳馀韵》附录十一章（徐达源辑）

按：此书谓"以典秦闱事，猝遽西行，昨春始还毂下，入秋大病，累月始愈"。考徐元文典陕西乡试，在康熙八年秋，返回京师在九年春（即其自谓之"昨春"）。既然九年秋后又大病累月，可见此信必写于十年正月三十日。

寄汉槎书（三）

顷得手书，极慰相忆，时欲寓尺笺相问，雁足迢迢，难于远托，坐是阔略，深用为歉。

吾兄拔俗逸才，飘浮绝塞，同方之士，共为怆恍，何况密友？向闻穷愁中颇多著作，协宫比徵，声华益遒；既又闻参证无生，妙耽禅说；既又接纳生徒，以讲授为事。兄之才无所不可，天能困其遇，而终不能抑其才。同时岂少迁客，泯焉而已，以是知英蕤之可贵。望兄用此慰心，居易行素，努力崇德，顺躬卫和，善加爱慎，遭履穷厄，固不足道也。

塞外早寒，霜禾秋槁，瓶甔无储，深关悬忆。敬与广平少宰各寄十金，不知犹及佐卒岁之谋否？广平未暇遗书，专属道念。涓老还毂间，吾两人当共语之，或有以报也。闻令郎聪慧，生自边徼，必雄俊可喜，近更添丁否？上下想悉佳安，便中冀再示。付来宅报，随属之便，邮寄速达。

家大兄昨主北闱试，无端左降，遂尔南还，未来（儋）〔疑作候〕补。家二兄昨春廷对亦第三人，今读书史馆，与弟共邸而居。弟承乏草草，晨趋晚沐，备极劳辛，以故往往负病。缘来教询及家二兄昨年春试，知思兄弟动静，极关眷念，故并以奉闻。家二兄并菽荊，均属道意。不尽愿言，但有驰结。十二月三日弟元文顿首，寄呈汉槎年道兄前。

《汉槎友札》之四并见《秋笳馀韵》卷上

按：此书谓"家二兄昨春廷对亦第三人"云云。考其二兄徐秉义系康熙十二年春举进士第三。此事既为"昨春"（昨年春季）事，则此书必写于十三年，即十三年十二月三日。

徐 釚

致汉槎书（一）

奉别以来，忽逾廿载，回首少年，真如隔世，榆关紫塞，古人犹动望乡之感，而况先生处层冰雪窖之地乎？侧闻投荒以来，意气道上，撰著甚多，太傅长沙，坡公海外，不是过也。近读《长白山》一赋，□渊云再见，当宁嗟叹，赐环有日，前席之召，拭目可俟。釚以固陋荒落，屡困棘闱，南北饥驱，漂零万状，破琴击筑，已久不索长安之米。近奉征书，与其年、展成诸先生同应诏诣阙。然自顾□才，尤惭启事也。兹因大冯便羽，肃此附候道履外，德维兄家一函，幸为转致。衔芦有雁，望惠好音。临池不胜翘切。同学弟徐釚顿首汉槎先生文几。戊午冬至日灯下，长安珠市口寄。

> 蓟门云黑飞霜雪，苦忆征人倒玉鞍。
> 归雁似随沙际没，穹庐时向碛中看。
> 投荒漫拟崔亭伯，浮海何如管幼安。
> 无那故交摇落尽，思君不置泪阑干。

是诗十年前作也，向未奉寄，并书请正外，附拙刻《菊庄词》一部求教，祈并示德兄。又。

《秋笳馀韵》附录十一章（徐达源辑）

按：此书据徐氏自署，写于康熙十七年戊午冬至日（十一月

初八日），书后所附之诗为十年前（约康熙七年）旧作。

致汉槎书（二）

中秋后五日，接我汉兄七月初三手翰，开缄色喜，如瑶花自天而降，始信绝塞音书，不必假上林雁足，亦能相通，而且有如是之速，二十载相思，一朝顿豁，欣慰如何可言？顷接弘业师字，知足下高茶健饭。虹亭旧宅，一切平安，无须挂念。大冯令侄已于五月间南归矣。弟以爨桐柯笛，飘泊江湖，连试南北锁闱，卷俱呈堂，复遭摈落，将谓国博青衫，于焉终老。不意征书诏阙，谬蒙简拔，于五月二十日授检讨之职，叨陪禁近，出入彤庭，自惭固陋书生，一旦遭逢至此，益增惶悚。更念才如足下，不与皓齿入宫，摈弃黄沙白草之间，贾洛阳、李供逢千载如同一辙也。青冢蛾眉，为之落泪。但足下诗赋日遒，意气日上，乌头马角，赐环有期，唯善自珍，至为祷！广平夫子札已面致，陈髯与苕老，今为同年同官，日相见也。拙卷俟刻成时，再为觅便奉寄。纂修之举，钦点立斋为监修，叶訒庵夫子与张素存老先生为总裁官。今立翁与健翁方在家起身，尚未即到，大约开局在冬末春初也。七月廿八日，京师地震异常，圣明侧席，敕内外百官修省。弟辈以玉堂冰吟，索米长安，愁苦百端。兼之数年以来，域中井里萧然，而故乡尤为荒落，渊明松菊，真有不堪重问者。即发莼鲈之感，亦怜无地埋忧耳。北雁南飞，幸时以德音惠我，即有宅报，亦可代为邮致也。

临风不胜翘结。汉槎内兄先生。八月廿五口弟钺顿首。

《秋笳馀韵》附录十一章（徐达源辑）

按：此书自谓"五月二十日授检讨之职"、"七月廿八日，京师地震异常"，均为康熙十八年之事，故此书写于是年八月二十五日。

致汉槎内兄（三）

自去冬得奉手书，又将一载。塞外草枯，燕山云冻，念我故人，时深梦寐。

昨年得闻单骑入关之信，弟为之惊喜破涕，适与同人相告，以为我汉兄二十年暌隔，今且得一朝把晤，何异再世相逢，岂期紫气杳然。今接来教，云以他故而止，怅恨无似。德老得共比邻，羁人迁客，此唱彼酬，穷边绝域，互听乡音，知亦可破岑寂也。《菊庄词》芜陋浅率，播传东国，得毋笑我中土久无"（晚）〔应作晓〕风残月"之句耶？弟御试诗赋，以自惭弇鄙，未付剞劂，无可请正。今附到旧刻三本，远方或可流传，藉吾兄一为延誉可也。

玉峰（建）〔疑作健〕、立两宗叔，朝夕共谈，甚念吾兄，来札面致，为之色喜称叹。尊著《秋笳集》，去岁即在南边刻完，其次序一照寄来原本，因内中略有避讳者，删去数首，故前后互异。宗叔处今止存一本，先附上，余容续致。宗叔附有信并药物见贻，统希一一照入。

闻老二令兄旅榇，都是玉峰与广平三公为之经纪归里，当令侄来京时，则枢已先发矣。麦舟之谊，无让古人，此段高云，真可感也。〔而更足伤心者〕，吾兄大令兄、弟业师弘人先生，以贫老无聊，亦于今夏奄然长逝，真堪凄断，想吾兄闻之，又增一番抱痛也。江乡故旧，强半凋残，惟茂伦与九临二老尚无恙，然亦穷途日暮，无可自娱，念及于此，不觉黯然。

塞外音书，每有浮沉，此后如遇南鸿，不妨频频见寄。苕文高简，虽忝附同谱之末，亦未敢时望颜色。唯其年得朝夕握手，弟与之唱和甚多，惜匆匆未能录正。其老亦念切吾兄，来人行急，一时未索其手札，俟便再致可耳。奉复未一。十月十三日弟釚顿

首汉老内兄大人。

《汉槎友札》之六并见《秋笳馀韵》卷下

按：此书未署时间，然内言及"今夏（吴弘人）奄然长逝"。考弘人之卒在康熙十九年（详拙著《吴兆骞年谱》康熙十九年谱注），故此书必写于是年十月十三日。

潘 耒

与表兄汉槎书

弟自燀发时，即知老表兄为惊代逸才。嗣遭贝锦，亭伯投荒之岁，尚僧虔蜡凤之年，未获一识颜面。自隔榆关，音尘断绝，正恐弟知有表兄，表兄不知有弟也。

弟世居莺脰湖平望，先子（洎）〔泊〕弟，皆延陵之自出，先祖母乃太仆公孙女，家母则公之曾孙女也。先兄力田，罹湖州文字之案，绝弦广陵。弟抱痛沉冤，栖遁林野，忽被鹤书，遂□华省，沾茵落溷，总不自由。缘两侄在船厂十年，魂梦每在白山、黑水之间。

大表兄时相晤，健翁昆季尤厚善，以此具知表兄旅况。兹新例宏开，西还可待，阃咨到后，弟与电兄，雀跃起舞。当路颇多相为，但嫌来数太少，势须倍之，尚未识便能请否也？已将吴、钱二姓家属，别具一呈，令小僮同徐仆充递，尚移刑部查案，往复之间，正费时月。然大体得当，皂帽西来，正复不远。尔时握手叙心，真所谓相对如梦寐矣。

钱德老、周长老俱乞道意。长老有令侄在此，为录史监生，拟为长老递呈，便中可寄家报与之。小诗奉怀并旧刻二种呈教。便风西来，跽候好音，凭颖依切。表弟名单具左慎。

《汉槎友札》之五并见《秋笳馀韵》卷上

按：此书未署真实姓名，但考"先兄力田，罹湖州文字之案"
　　语，知必为潘力田之弟潘耒无疑。

又按：潘耒尚有《寄怀吴汉槎表兄》诗，与此书写作时间同。
　　考该诗安排在其《遂初堂集》梦游草上卷终，而此卷
　　写作时间为"起戊午（康熙十七年）夏尽庚申（十九
　　年）冬"，可见此诗必写于十九年冬。据此，此书亦写
　　于是时。

附　录

陆　坼

寄丁药园

足下以成风之技，琢玉之功，遽罹奇祸，挥袂北辕，太白长
流夜郎，仲翔远窜海隅。仆等义虽挚友，情若弟昆，竟不获北梁
送楚，西堤别龚，俯仰天涯，泪如雨落。欣幸汉槎、德惟、绣虎
辈哀啸为群，牢愁有伴，桑落之间，又其幸也。至龙城雪窖，牧
马悲鸣，万惟寄愁天上，保爱玉体，以为赐环大用之地。昔安国
免徒，起纡青紫，张敞亡命，坐致朱轩，所谓"长沙不久留才子，
贾谊何须吊屈平"也。生入玉门，鸣珂故里，正复不远，仆酾酒
西陵，以俟好音耳！

　　　　　　　　　　　　　　　　　《写心二集》庆慰类

按：此书谓丁澎（药园）"遽罹奇祸……（仆等）竟不获北梁
　　送楚"云云，据此此书写于丁氏流放不久，即顺治十六
　　七年。

146

龚鼎孳

与方与三书 (节录)

足下既返玉门，〔而〕汉槎（尚）〔犹〕淹留沙碛。读其篇章凄（然）〔丽〕，哀动心魄，子山之赋《江南》，孝穆之序玉（台）〔堂〕，殆无以（过）〔逾〕。才人薄命，有识同悲，中郎所以寄赏于焦桐，昌黎所以兴嗟于穷鸟也。

《秋笳馀韵》卷上

按：此书为龚鼎孳写寄刚从宁古塔随父方拱乾赦归之方与三（即育盛），并由顾贞观抄寄吴兆骞之信。原载周亮工《赖古堂尺牍新钞》卷九《与方与三书》。惟顾氏引文与原文稍有出入，〔 　 〕号内者系原书语，（ 　 ）系顾氏引用语。

又按：此书写于康熙元年。

陈维崧

（一）与方与三、敦四书 (节录)

忽念松陵季子，比来奚似？体中何如？不觉为之悢悢……

《陈迦陵文集》卷四

（二）上宋蓼天总宪书 (节录)

每思畴昔，读书尊府，时谓极一时文章声气之盛。曾几何时，而畴三、研德、甫草诸君，先后化为异物，汉槎又越在关外……

147

崧老矣，年逾五十，便成老翁。

《陈迦陵文集》卷四

（三）孙赤崖《沈西草堂诗》序 (节录)

茫茫蒿里，他乡送襄老之尸（谓刘逸民诸子）；瑟瑟河梁，绝域把少卿之袂（谓吴子汉槎）……

《陈迦陵文集》卷五

纳兰性德

致张纯修简 (节录)

兹于廿八日，又扈东封之驾，锦帆南下，尚未知到天涯何处？如何言归期耶？汉兄病甚笃，未知尚得一见否？言之涕下……

《词人纳兰容若手简》

下编　韵文部分

（一）十年社集诸什（1649—1657）

顾湄一首

次韵答吴汉槎《见寄》

分手沙堤一棹轻，别来长是隔年情。
柳塘香暖花争发，药圃烟深草乱生。
春水渔桡飞宿鹜，夕阳僧寺语流莺。
锦囊驴背东风里，为说耽诗癖已成。

《太仓十子诗选·水乡集》

吴旦一首

吴弘人读书西郊别墅次韵

忽徙书城就野皋，杜门转为问奇劳。

双龙共我名还早①，三虎推君气最高②。

满陌莺花徒引泪，中原旌旆尚如毛。

只今谁选枚邹笔？珍重才华问剑韬。

《吴江诗略》上册

按：此诗写作时间不详，据诗意所咏当为社集时事，姑系于
此。

沈荃一首

早春舟次垂虹桥，望周氏园亭赋别
钱武子、滋大、冯天垂、吴弘人、汉槎诸子

小筑垂虹畔，春流绕涧溪。

紫藤一树发，翠竹万竿齐。

斜日松陵道，晴云笠泽西。

江城挥手别，对酒转凄迷。

《一研斋诗集》卷五

按：此诗写于顺治十二年春。

魏耕三首

吴门七夕，云间金是瀛、冯瑞振、彭师度、
刘徽之招同山阴朱士稚、松陵吴汉槎宴集

晶晶双塔散高云，袅袅长杨逼暮曛。

---

① 原注：予与弘人自少同学。

② 原注：闻夏、汉槎，并称难弟。

异域留宾还倒屣，狂歌踏足为离群。
当筵坐待黄姑转，卷幔遥怜乌鹊纷。
愁是衣裳侵玉露，江城捣练日相闻。

《雪翁诗集》卷十

按：本诗殆写于顺治十二年七夕。

奉别计东、赵沄、汪琬、汪永恺、吴兆宽、兆宫、兆骞还苕

刘向校书天禄阁，马卿作赋上林边。
自惭衰晚非公事，坐看风流是谪仙。
苕霅信来香稻熟，洞庭霜落蟹螯鲜。
扁舟解缆鸣珂里，今夕忘归舞袖筵。

《雪翁诗集》卷十

望太湖柳色赠吴四兆骞

度雨回风晓上台，太湖柳色望中来。
枝枝金缕愁难定，树树霜花皎欲开。
明月楼头曾寄远，关山笛里总徘徊。
最怜才子听莺去，几度鸣鞭薄暮回。

《雪翁诗集》卷十

毕映辰一首

社集涵春堂，呈张九临、吴海序、赵若千、山子、陈长发、吴弘人、闻夏、汉槎、叶学山、吴邺衣

华堂胜集启琼筵，名彦盈门望若仙。

151

品藻应刘今更睹，风流王谢世争传。

影摇银烛兼星动，光灿珠盘映月圆。

缟纻一时敦旧好，人文江左自翩翩。

《吴江诗略》下册

叶舒颖 二题二首

七夕，张金圃、赵山子、吴天麟、天申、苤如、弘人、闻夏、汉槎、袁古处、尧民、丁绣夫、家星期叔，宴集瑞芬堂分韵

闲庭雨过湿疏桐，习习凉生近夜风。

矫首正逢罗绮节，同心恰是蕙兰丛。

文传乞巧人何在？座可开樽酒不空。

还问汉宫当日事，九衢灯焰为谁红？

《叶学山先生诗稿》卷一

按：此诗写于顺治十三年七月七日。

七夕后一日，诸同人又集吴天麟、天申、苤如涵春堂分韵

绿沼红桥好芰荷，主人爱客客频过。

浮瓜清兴于今少，看竹新凉向晚多。

雄辩四筵挥玉麈，离情一夕怅银河。

云霄有路天难问，倚醉苍茫发浩歌。

《叶学山先生诗稿》卷一

按：此诗写于顺治十三年七月初八。

（二）入狱出塞诸什（1658—1659）

赵沄一首

兖州遇朱中五，因记初春同宋既庭、陆青印、吴汉槎叔侄集中五园亭，今承问及，怆然有赠

荒原日暮解征鞍，共赏亭台兴未阑。
宋玉才华今放逐，陆机词赋漫登坛。
双埋独惜丰城剑，三刖何愁赵璧残。
鲁国朱家真大侠，殷勤还复问南冠。

《吴江诗粹》卷十九

计东一首

秋兴十二首其三

大伾山脉到龙城，同郡琅玡早著名①。
畴昔敦槃欣赠答，只今羁旅爱逢迎。
兰茗翡翠清新在，北海鲸鱼兴会生。
最是倩娘题壁句，吴郎绝塞不胜情②。

《改亭集》卷五

---

　① 原注：长垣王幼舆。
　② 原注：涿州旅壁有金陵女子王倩娘绝句，吾友吴汉槎笔也。题诗百余首，山东、三辅间多有和之。幼舆有次韵诸作，未详其人，予有书致之。

吴兆宽一首

忆弟时闻下部

当世才名推小谢，飞扬跌宕竟无俦。
竞看健笔题鹦鹉，谁惜流言争鹝鸠？
吏议淹留燕市月，功名蔍落灞亭秋。
怜才莫解当时网，极目长安迥自愁。

《吴江诗略》上册

按：此诗写于顺治十五年。

王摅三题四首

怀吴汉槎在狱中二首

寂寂圜扉景易斜，衔冤知尔恨无涯。
共欣白雪才难和，不道青蝇谮已加。
千里羁魂惊夜鼠，数行哀泪洒晨鸦。
可怜马援南征日，岂有明珠载一车。

凄风狱犴惨啼鸠，欲诉无因涕泗流。
海内正怜予失侣，天涯岂料汝为囚？
当空贯索魂应断，入夜铃声梦亦愁。
谁筑黄金延国士？昭王台殿已荒丘。

《太仓十子诗选·步檐集》

154

按：此二首诗，王摅收入其《芦中集》时，诗题已分为二，而且其诗字句亦有出入，兹附录于下。

和吴汉槎就讯刑部口占韵

才高岂是凤池鸩，何事衔冤涕泗流？
海内正怜余失侣，天涯谁料汝为囚？
尊逢狱吏应知惧，经授圜扉不解愁。
太息无人延国士，昭王台废已荒丘。

《芦中集》卷二

又按：此二诗写于顺治十五年。

闻汉槎谪戍宁古塔

欲叩君门万里赊，惊闻远谪度龙沙。
文章只道金难铄，谣诼翻成玉有瑕。
减死蔡邕方出塞，哀时庾信未还家。
可怜交橐归来日，岂有明珠载一车。

《芦中集》卷二

顾贞观一首

寄吴汉槎 时在秋曹，有诗寄余

尺书自远道，叙意无暄寒。
上言千载期，中有平生欢。
今君履朔雪，令我愁南冠。
入宫掩蛾眉，当门刈丛兰。
生不伤罗网，安知惜羽翰？

皦皦穷秋日，悠悠清川澜。

挥涕一水间，延瞩层云端。

精诚两相鉴，鉴之摧肺肝。

《秋笳馀韵》卷上并见《徵纬堂诗》、

《顾梁汾先生诗词集·楚颂亭诗》卷上

按：此诗写于顺治十五年夏。

徐乾学一首

怀汉槎在狱

吴郎才笔胜诸昆，多难方知狱吏尊。

谁为解骖存国士？可怜一饭困王孙。

蝉吟织室秋声静，剑没丰城夜气昏。

闻道龙沙方议遣，圣朝解网有新恩。

《憺园集》卷二

按：此诗写于顺治十五年秋。

陈三岛一首

夜宿吴江道中怀吴汉槎

鸡鸣残月晓钟微，怅望燕城戍不归。

春酒葡萄愁绝塞，乱云羌笛湿征衣。

十年故苑交游隔，万里营州客梦稀。

零落江南才子尽，孤城绿草自芳菲。

《皇清诗选》卷十九

按：此诗殆写于顺治十五年吴兆骞被羁押燕京刑部狱中或十

六年秋初至宁古塔时。

陈之遴一首

冬日书怀同汉槎作

长空横断雁，故国杳双鱼。
谁道颠连久？今方患难初。
名污轻性命，身废怨诗书。
他日重携手，应连万死馀。

《浮云集》卷五

按：此诗写于顺治十五年冬狱中。

彭师度一首

怀吴汉槎

文园倦客此盘桓，金刹行吟暮未阑。
按剑只愁明月尽，怀人空对碧云看。
吴江渺渺归舟远，易水萧萧击筑寒。
忆罢钟仪思楚奏，可怜君子亦南冠。

《彭省庐先生诗集》卷五

按：此诗殆写于吴兆骞入狱之时。

吴伟业一首

悲歌赠吴季子

人生千里与万里，黯然消魂别而已。

君独何为至于此？

山非山兮水非水，生非生兮死非死。

十三学经并学史，生在江南长纨绮。

词赋翩翩众莫比，白璧青蝇见排抵。

一朝束缚去，上书难自理。

绝塞千山断行李。

送吏泪不止，流人复何倚？

彼尚愁不归，我行定已矣。

八月龙沙雪花起，橐驼垂腰马没耳。

白骨皑皑经战垒，黑河无船渡者几？

前忧猛虎后苍兕，土穴偷生若蝼蚁。

大鱼如山不见尾，张鬐为风沫为雨。

日月倒行入海底，白昼相逢半人鬼。

噫嘻乎悲哉，生男聪明慎勿喜，

仓颉夜哭良有以，受患只从读书始。

君不见，吴季子？

《吴梅村诗集》卷七

按：此诗写于顺治十六年。

唐世徵一首

慰吴汉槎

短剑辞家日，长杨拟赋时。

终然收铁网，不用赂蛾眉。

布褐沾香雾，车书会玉墀。

一笺天外坠，五色染君诗①。

《楚诗纪》卷八

徐乾学四首

怀友人远戍

一

诏许宽恩徙朔方，那堪国士锁银铛。
虎须校尉鞭车侧，绣髻将军踞道旁。
马向千山关月白，雁飞万里塞云黄。
龙兴事业侔丰沛，吊古应悲旧战场。

二

边城日日听鸣笳，极目辰韩道路赊。
三袭貉裘犹未暖，一生雪窖便为家。
晨看军府飞金镝，暮向溪山引犊车。
千载管宁传皂帽，难从辽海问生涯。

三

已甘罪谴戍荒蹊，又发家人习鼓鼙。
孟博暂能随老母，子卿犹得见生妻。
鹡鸰原上闻猿啸，鸡鹿山前听马嘶。

---

　　① 《楚诗纪》编者原按："吴江人，名兆骞，以事流塞外，有《秋笳集》。此其送出塞时作也。"

梦里依稀归故国，千重关隘眼终迷。

四

十载西园载笔从，于今惨戚苦无惊。

遂令文士虚江左，忍见诸公徙上庸？

患难谁能存李燮？交游无计比何颙。

可怜逐客无消息，盼绝金鸡下九重。

《憺园文集》卷二

按：此四首七律，徐乾学未言友人姓氏，然靳荣藩《吴诗集览》卷七上《悲歌赠吴季子》之附录及《国朝诗别裁集》卷九均认为此友人即系吴兆骞。此说是否属实，录此存疑。

祁班孙一首

遥送吴汉槎

相传才子谪龙沙，北阙关门飞落花。

丝竹满堂谁惜别？南云呜咽度悲筇。

去日相思不知返，落日天涯忽以远。

苦忆临歧江海遥，转惜论交岁时晚。

当时曾折柳条青，吴江水满风泠泠。

春深回马曲塘里，夜残秉烛草玄亭。

归去山阴道上行，卷帘白月湖波横。

愁看织女渐西度，一雁孤飞玄菟城。

《祁彪佳集》附录《紫芝轩逸稿》

按：此诗写于顺治十六年。

毕映辰 一首

遥送吴汉槎谪戍塞外

三月燕京柳遍黄，遥怜才子亦投荒。

龙沙晓度肠应断，辽海春深路正长。

白草连天迷故国，悲笳永夜动他乡。

李陵台畔频回首，伫望金鸡下建章。

《吴江诗略》下册

按：此诗写于顺治十六年。

叶舒颖 三题三首

见吴汉槎狱中《送张绣虎南行》诗，次韵寄怀

苦忆延陵吴季子，新诗吟罢奈愁何？

羁栖北寺添华发，高会南皮逐逝波。

自古文章憎命达，如君坎壈患才多。

涛声树色江乡在，几日重来携手过？

《叶学山先生诗稿》卷一

按：此诗写于顺治十六年。

馆舍杂咏

其 五

永夜黄花酒，怀人涕泪看。

三年羁北寺，万里对南冠。

铁岭飞霜早，金笳叫月寒。

新词传塞下，萧瑟莫轻弹①。

《叶学山先生诗稿》卷一

按：此诗写于顺治十六年。

见吴汉槎《将谪辽左别吴中故人诗》有感

燕山杨柳殢春寒，折向河梁道路难。

留得袖中三岁字，黄云白草怕重看②。

《叶学山先生诗稿》卷一

按：此诗写于顺治十六年。

董以宁三首

遥送吴汉槎戍宁固塔

一

客从朔方来，气咽不能辞。

---

① 原注：见吴汉槎狱中诗。

② 原注：汉槎向代豫章女子诗，有"明朝更向边州去，白草黄云马上看"句。

问客至再三，言君无返期。
妒人工谗言，不令听者思。
但憎鱼目伪，秦珠翻见疑。
但言桑濮淫，共姜亦见嗤。
本无白玉玷，蒙此锦与箕。
君今在桎梏，仰天谁见知。
徒令一心人，悲伤难自持。

二

远戍在何所？乃在古辽阳。
离家一万里，回首非故乡。
知君万里心，痛迫摧中肠。
红颜泣故帷，白发愁高堂。
兄弟两三人，中道不成行。
况在亲与故，安能共颉颃。
我有樽中酒，欲饮还莫将。
泣望朔云飞，泪下何浪浪。
相期梦寐间，倘与倾一觞。

三

袖中有短篇，是君旧所吟。
所吟非别曲，乃是边塞音。
自言无好怀，愁如锻羽禽。
朝成明妃叹，暮悲蔡琰琴。
兹言逾岁月，故人犹在心。
何期一出关，愁绝真难禁。
白日淡无晖，风光惨欲阴。

纵当归故乡，坐见鬈发侵。

死生况未保，莫惜商与参。

《正谊堂诗集》卷四

（三）塞外流离诸计（1659—1681）

方孝标一首

出塞送春归

是日立夏，大人从车上以此命题，余及二弟邵村、吴子汉槎、钱子德惟同赋。

出塞送春归，天心无是非。

柳同官舍绿，马逐战场肥。

草木深兵气，关山壮客衣。

芳菲随地满，何异故园扉？

《钝斋诗选》卷七

按：此诗写于顺治十六年立夏日（闰三月十五日）。

方拱乾一首

出塞送春归

出塞送春归，心伤故国非。

花应迷海气，雪尚恋征衣。

时序有还复，天心何忤违？

攀条对杨柳，不独惜芳菲。

《何陋居集》己亥稿

按：此诗写作之日同上诗。

方孝标一首

登中后所城楼，和吴汉槎韵

迢递层楼倚大峰，凭高愁思益忡忡。
海因客至明千里，山恐人归绕万重。
汉将几家还鼎食？榆关一日已云封。
兴衰转许山僧习，残砾荒榛指旧踪。

《钝斋诗选》卷十三

按：此诗写于顺治十六年闰三月。

孙旸一首

送吴汉槎之宁古 葬苾如之次日，汉槎即行

昨朝会葬黑山头，又听骊歌动戍楼。
塞外不堪还出塞，愁中无乃更生愁。
单车问渡松花远，毳帐临风木叶秋。
歧路送君无可赠，存亡双泪一时流①。

《孙蔗庵先生诗选》沈西草

按：此诗写于顺治十六年四月。

---

① 原注：木叶山在开原北，松花江在会宁府。

释函可一首

送宁古塔诸公

已到边庭苦不禁，崎岖重复度荒岑。

不因客梦今逾远，谁识君恩此独深。

匝地总应承露遍，长途终自怯风侵。

天心无外春将到，自有金鸡出上林。

《千山诗集》卷十二

按：此诗写于顺治十六年四月下旬，系送包括吴兆骞在内之
方拱乾等人自沈阳赴宁古塔之作。

苗君稷一首

送别宁古塔诸子

远谪难为别，诸君更可哀。

馀生犹圣泽，弃掷是良才。

故国重云蔽，长途宿雨催。

传书吾辈在，行矣莫徘徊。

《焦冥集》卷上

按：此诗写作时间同上诗。

方拱乾六题八首

宁古塔杂诗百首录一首。

同罹吴子病①，今日起柴车。
骨瘦难成句，心伤转读书。
年衰资小友，秋好足从予。
晴屋霜原里，高吟伴索居。

《何陋居集》己亥稿

按：此诗作于顺治十六年七八月之交。

吴汉槎见过

怪尔人扶似老翁，老翁对尔亦忡忡。
病余筋骨应非旧，难后诗篇不御穷。
布幕书签甘眼白，斋厨茗碗爱炉红。
论文敢愧荆扉陋，异域须教饮啄同。

怜尔文心还至性，常时含泪说衰亲。
而翁先后同门友②，当日师生隔代人。
多难根绳增宛结，半途行李审艰辛。
瀼西一席今虚左，来往风流二老频。

《何陋居集》己亥稿

---

① 原注：汉槎。
② 原注：吴兹受庚辰出先师李蒲州门。

按：此二诗作于顺治十六年八月。

儿亨雪中遣小童持《史记》
向吴汉槎易《汉书》

柴门开冻径，雪里送书童。
乱世斯何物？清晨溷乃公。
校雠当日义，斟酌几人同？
共笑雕虫技，穷荒益觉穷。

《何陋居集》己亥稿

按：此诗作于顺治十六年八九月之交。

同汉槎谈黄山胜分赋

旧游何地不堪怜，况复名山廿载前？
别久还疑峰在眼，话深转觉口难传。
孤筇自分淹殊域，一石真宜寄百年。
指画雨风生对面，今宵身宿白云巅。

此生宁有再游时？对尔深谈如见之。
但是江南山已好，况经身历胜难追。
梦回绝塞孤云远，口代枯藤万壑卑。
半臂九华曾否在？荒唐宗少使人疑。

《何陋居集》己亥稿

按：此二诗写于顺治十六年十月与十一月之交。

汉槎以《黄山》诗来，惮夜遄归

足裹层冰至，心惊戍鼓归。

玄言坐未稳，佳句雪同飞。

晚色压树重，山情入几微。

卜晴看健步，莫怪和音稀。

《何陋居集》己亥稿

按：此诗作于顺治十六年十月与十一月之交。

汉槎索墨赠之

无劳赠墨妙，尔自胜渊云。

花笔推年少，松滋拥冠军。

天教华异地，字必贲清芬。

莫洒思乡泪，玄阴积未分。

《何陋居集》己亥稿

按：此诗作于顺治十六年十、十一月之交。

方孝标 二题三首

答吴汉槎借读《通鉴纲目》

可与言今古，荒边只有君。

赋诗能渐朴，观史不徒文。

我已中年后，心难强记分。

幸将成败理，抉要与同闻。

胡天汉日月，宋代鲁春秋。

彤管当年笔，牙签昔日楼。

行厨原自富，腹笥更相谋。

茅屋清灯意，宁徒慰旅愁？

《钝斋诗选》卷七

按：此二诗写于顺治十六年九十月之交。

依韵答汉槎《见问》

悔不深山带女萝，十年冰署漫婆娑。

此来明主恩犹厚，得傍衰亲幸已多。

吴客自怜公子病，渔人谁知大夫歌？

绿蓑归遂沧浪志，莫更劳劳说玉珂。

《钝斋诗选》卷十三

按：此诗写于顺治十六年十月。

方拱乾一首

寿吴汉槎

吴郎明岁才三十，名著多年废两年。

诗老还惊人似玉，祸深谁问笔如椽？

读书日月归才富，历险冰霜炼骨坚。

莫恨倚闾心缱绻，春风行帐即堂前。

《何陋居集》己亥稿

按：此诗作于顺治十六年十一月初九日至十七日之间。

方孝标一首

为汉槎生日

三十登科放逐随，多才坎壈似君奇。

汉宫未入眉先妒，秦法初严翅已垂。

缝线亲怀辽鹤梦，捣衣人寄塞鸿诗。

万端悲转欢颜慰，宣室宁无召贾时？

《钝斋诗选》卷十三

按：此诗写作时间同上。诗中"三十"乃系举成数而言，是
　　年兆骞实为二十九岁。

方拱乾一首

与汉槎及儿辈论诗

衰躯客到恕不拜，为听新诗特下床。

一字半句微扬扢，寸心千古真文章。

雪窗日落坐易久，冰径路近行无妨。

共笑贫病成百懒，苦吟何事偏皇皇？

《何陋居集》己亥稿

按：此诗作于顺治十六年十一月。

陈之遴 二题四首

寄怀吴子汉槎

其 一

已度重关更出边，江东才子独颠连。
流年转眼人三十，故国伤心路八千。
拔帐怒风深夜里，没阶飞雪季秋前。
金鸡莫道无消息，只在天心一转圜。

其 二

藜藿充盘裋褐完，殊方风俗渐相安。
新诗率意成篇易，旧疾多端饵药难。
仅有东林堪憩息，翻思北寺共盘桓。
黄花不异乡关色，那得持杯共尔看？

《浮云集》卷八

按：此诗写于顺治十六年季秋。

己亥冬月奉答汉槎

乌龙江外海东陲，白月黄沙夜夜悲。
自是汉家长远戍，相传唐将有丰碑。
千群鸣镝凌风出，四野哀笳带雪吹。
犹有惊人诗句在，醉濡柔翰一扬眉。

异日平津阁已空，如云宾客散秋风。

三冬积雪长辽塞，万里层霄自汉宫。

家破最伤缃帙尽，使稀犹喜素书通。

天涯苦忆吴公子，凤翮摧残昨岁同。

《秋笳馀韵》卷上

按：此二诗陈之遴《浮云集》卷八，仅收前一首，诗题作

《答吴汉槎》，而后一首失收。

又按：此二诗作于顺治十六年冬。

顾贞观二首

金陵归后，有怀汉槎，赋得唐解元寅、杨状元慎各一首

其　一

自抱连城看刖痕，如君怨恨许谁论？

一朝翰墨推狂士，两字风流重解元。

遣画沧州浑漫兴，倦吟花月未招魂。

芒鞋持钵吾同调，身是吴趋旧弟昆。

其　二

瘴海蛮烟放逐身，闺中锦字怨难伸。

圣朝远弃真才子，绝域生埋老谏臣。

千载涉江空有恨，九天排闼竟无神。

玉皇香案知相待，悔作人间第一人。

《秋笳馀韵》卷上

173

按：此二诗作于顺治十五年七夕至十八年春之间，姑系于十
六年。又，其一另见顾氏《微纬堂诗》。

魏耕一首

越州邸舍酬吴四兆骞塞垣见寄之作

茂苑才人戍塞北，四明狂客多惋惜。
忆昨论文待月来，吴江淡淡菼花白。
江流万里去家轻，缥缈何处玄菟城？
捣衣无复深闺听，吹管长闻猎骑声。
南楼独坐披新作，我已知君悔入洛。
书札空教海雁传，秋风应怅华亭鹤。
迁居远隔越州春，浣纱石上思杀君。
几度双星望牛斗？天汉微茫一片云。

《雪翁诗集》卷六

按：此诗殆作于顺治十七年春。

方拱乾四题四首

谷雨后大雪，兼忆吴汉槎

春雪不积地，连山高尺余。
阳回疑再冻，山田半已锄。
不知遐方土，寒燠性何如？
短墙才立版，堵峙泥复淤。
既虑早种谷，又恐迟种蔬。

人情奔原隰，闽道少行车。

履迹静柴门，飞鸟不肯逾。

吴子日数过，三日隔城隅。

《何陋居集》庚子稿

按：此诗作于顺治十七年三月。

过儿标屋偶作诗，书其几上，招汉槎来观

别院儿居时过讯，晴窗坐久雨冥冥。

栖鸡树隐篱根绿，牧马山归枕上青。

棐几墨酣留句老，蓍筒香静识经灵。

隔墙求仲招寻惯，踏湿应来户莫扃。

《何陋居集》庚子稿

按：此诗作于顺治十七年四五月之交。

游东京先一日柬汉槎

久有东京约，非关浪出游。

知君能吊古，此地是神州。

穷迹思先哲，孤怀赖胜俦。

踏泥须借马，山色雨堪留。

《何陋居集》庚子稿

按：此诗作于顺治十七年五月初。

九月十三夜月明，儿辈就许、姚诸子酤饮吹箫赋诗，诘朝向老夫称说，亦为勃然 用汉槎原秋字韵。

月朗深怜霜夜秋，少年襆被强遨游。

洞箫声变难吹市，吾土心非肯上楼？

未必佯狂全是酒，也知歌笑甚于愁。

三更魂转茅檐静，白发丹经坐未休。

《何陋居集》庚子稿

按：此诗作于顺治十七年九月十三日。

周亮工 二首

兹受吴公至，公以令子汉槎累，将徙塞外

衰年更遣度幽遐，泪眼平增雾里花。

万里夕阳人抱病，一行断雁老无家。

鹑衣密补关门雪，鸠杖牢扶塞外沙。

报尔奇寒吴季子，穷边词赋艳如霞。

吴家桂树郁芳丛，荒憬因留作寓公。

舐犊谁能容尔老？屠龙枉自教儿工。

残书浊酒西曹雪，襆被黄沙绝塞风。

莫忆松陵烟月好，管宁白帽旧辽东。

《赖古堂集》卷十

按：本诗写于顺治十七年。

吴伟业二首

送友人出塞 吴兹受，松陵人。

（一）

鱼海萧条万里霜，西风一哭断人肠。

劝君休望令支塞，木叶山头是故乡。

（二）

此去流人路几千，长虹亭外草连天。

不知黑水西风雪，可有江南问渡船？

《吴梅村诗集》卷十八

王泽弘一首

赠吴兹受先生

君忧东去我怀归，塞漠乡园意总违。

谁念老人离少子？独怜孤客忆双闱。

心随白发扶鸠杖，梦怯黄沙响铁衣。

握手莫言成永别，他年此地定相依。

《鹤岭山人诗集》卷一

按：此诗作于顺治十七年冬。

叶舒颖一首

岁暮怀远诗_{吴汉槎在辽左}

其　三

菰城雨雪连床日，扬子波涛把酒余。

回首故人今万里，霜风猎猎正愁予。

《叶学山先生诗稿》卷一

按：此诗作于顺治十七年岁暮。

王昊一首

喜遇吴弘人、闻夏兄弟

残阳草店拂征尘，下马相见意倍亲。

旧友幸逢多难日，归途况值故乡人。

风吹辽海三年梦，花发吴江二月春。

悲喜几番难话尽，前程杯酒且连句。

《硕园诗稿》卷十九

按：此诗作于顺治十八年二月，系王昊南归初出京师遇到吴
　　氏父子时所作。此诗之次为《阻风桃源县和弘人韵》诗，
　　足以证明王昊与弘人一家，系同路南归。

吴兆宣 一首

南还途中怀四兄汉槎

江南蓟北马头云，行近乡关暮色分。
鸣雁天边增怅望，鹡鸰原上重离群。
春风驿路黄沙暗，杨柳津亭玉笛闻。
偏恨龙堆恩未遍，生还此日倍思君。

《吴江诗略》下册

按：此诗作于顺治十八年春。

叶舒颖 二首

喜吴弘人、闻夏出狱，侍燕勒先生南还，兼忆吴汉槎塞外

（一）

圜扉忽散紫塞春，兄弟还乡奉老亲。
已是破家三岁后，依然连袂五湖滨。
旧时巢燕知寻主，到日庭花转媚人。
意气剧怜无恙在，玉釭同倒莫辞频。

（二）

昨岁冲霜雁足过，曾传边信下长河。
文章到处知君好，风景如斯奈尔何？

179

寒尽几声鸣腊鼓，愁来一盏问新椿。

连枝落叶分今昔，坐倚庭柯发浩歌。

《叶学山先生诗稿》卷一

按：此二诗作于顺治十八年春。

朱鹤龄一首

喜吴弘人、闻夏归里，兼怀汉槎

春生冻解负冰鱼，喜尔南旋慰索居。

天与雪霜才渐老，世宽罗网日初舒。

梅坡旧径邀莺友，竹院新阴理蠹书。

亭伯那堪犹北滞？朔风回首更愁予。

《愚庵小集》卷五

按：此诗作于顺治十八年春。

陈锐一首

喜弘人、闻夏归自燕都，
兼忆汉槎辽左

刀环不复泣南冠，樽酒重携话旧欢。

箧里新词余折柳，□中留机劝加餐。

亲朋聚散交情见，兄弟艰危共济难。

春草池堂应入梦，知君白日对云看。

《吴江诗略》下册

按：此诗作于顺治十八年春。

陈锷一首

喜弘人、闻夏归自燕都，
兼忆汉槎辽左

急难鸰原蓟北征，刀环重话别离情。
春风燕市催珠勒，明月吴关醉凤笙。
剑浦双龙逾气象，貂冠七叶看峥嵘。
夜郎屈指金鸡到，季重归鞭好计程。

《国朝松陵诗征》卷七

按：此诗作于顺治十八年春。

顾贞观二首

喜吴弘人兄弟放还，有怀汉槎二首

数有还乡梦，真成乡里还。
何年吴季子，生入玉门关？
向阙悲欢并，全家去住艰。
伤心遂飘泊，绝域损朱颜。

遂有南归日，终伤北望情。
一身仍万里，令弟即吾兄。
所适无亲故，何由问死生？
自来携好手，不禁泪纵横。

《徵纬堂诗》，又见《顾梁汾先生诗词集》卷上按：此诗作于顺治十八年春。

赵沄一首

喜弘人、闻夏南还，并忆汉槎

绮里由来有二难，无端相对作南冠。

轮台诏下龙髯迥，华表归来鹤语寒。

月夜一樽歌棣萼，春风双骑渡桑乾。

何年恩到穷荒外，还向藜床问幼安？

《国朝松陵诗征》卷二

按：此诗并见《吴江赵氏诗存》卷八。时间同上。

陆瑶一首

喜弘人、闻夏北归

旗亭柳飔数归程，马首云山次第迎。

最有春风消别恨，可无樽酒话离情。

乌衣巷在名仍藉，彩笔词新赋已成。

顾我行藏徒四壁，故人相对气纵横。

《吴江诗略》卷五

彭师度二首

送吴弘人归吴江，并怀汉槎

其　一

患难亲朋远，飘零岁月新。
吾为弹铗客，君遇割毡人。
别路思青眼，归心寄白蘋。
鲈鱼无可恋，踯躅故乡身。

其　二

已自怜远别，相逢便各天。
那堪来傥舍，独说整归鞭。
骏骨谁为市？鸿书但可传。
莼鲈原上泪，春草望年年。

《彭省庐先生诗集》卷三

按：此二诗写作时间不详，殆为吴氏父子自京师启程南下时
写，故附于此。

顾贞观一首

山左蒙阴山中七歌

其六

松陵季子世无两，徙籍穷边属亭长。

禹鼎不铸海外州，天生才人御魍魉。

我行霜露犹苦寒，冰雪摧残不忍想。

泪满李陵衣上血，生当归来死永诀。

《梁溪诗钞》卷二十

按：此诗作于顺治十八年。又，此诗另见《徽纬堂诗》，唯
"忍"作"可"。

方拱乾 十二题二十五首

问汉槎病

一

倾城争问病，病小见情深。

故国全家信，天涯独子心。

凭谁堪七发？好我莫孤吟。

淅沥檐前雨，如闻枕上音。

二

酬人新句好，倚马一何狂。

著作今年少，才情病里长。

良朋胜妻子，大药恃篇章。

又是三朝别，应怜屐齿强。

三

端阳明日是，蒲酒漫相劳。

尔勿徒吟越，吾将欲反骚。

灵均空汶汶，司命自嚣嚣。

努力期加饭，长谣首重搔。

《何陋居集》辛丑稿

按：此诗写于顺治十八年五月初四日。

移居雨后月将圆

五月十四日夜，汉槎偕儿辈请限韵分赋。

边月曾经几度圆？清光此夕倍堪怜。

一枝乌鹊羽栖后，积雨蟾蜍影到先。

龛火静分祇树照，山花移带广寒妍。

羊求襆被原留榻，披对钩帘转不眠。

《何陋居集》辛丑稿

按：此诗写于顺治十八年五月。

再出郭看花

只道边花尚耐看，重游人说已开残①。

岂关老眼芳菲贵，应为愁霖容易阑。

瓣谢红还萦蒂上，丛深绿正缀枝端。

留连转胜初荣日，此地闲寻即大欢。

《何陋居集》辛丑稿

按：此诗写于顺治十七年六月。

---

① 原注：道逢坦公、调御、汉槎。

闻汉槎小恙昼卧招之_{时闻其室人复来。}

乡信偏能搅客思，六千里路梦回时。
病多岂是惊风雨？情苦应知甘别离。
放梵暗明孤佛火，借书断续古人诗。
白头转作加餐语，曳屐还来过短篱。

《何陋居集》辛丑稿

按：此诗写于顺治十八年夏秋之际。

中元步虚词

坦公、德惟、汉槎、琢之及儿亨，结坛诵《三官经》五百卷，日以利冥。

一

绛节丹书散沉寥，步虚声彻五云霄。
遥知沧海龙衔处，精卫填成白玉桥。

二

幽遐路不隔天阍，阊阖开时无覆盆。
玉版颁来银字榜，头行先写汨罗魂。

三

皓月天坛鹤羽鲜，王乔玄驭自青田。
琪华香里金风度，恰是新秋第一圆①。

---

① 原注：适以是日立秋。

四

赤金菡萏玉麒麟，沉瀣长敷四季春。

莫怪灵章多秘教，上真今日是文人。

五

遐荒亘古不闻经，金字琅玕照火青。

玉女收来谱牒异，玄都新摄幕南庭。

六

莫问沙场事若何，荒城枯骨逐颓波。

烦冤此辈犹明白，不及无端刀笔多。

七

函关消息问菩提，清磬声回地轴移。

东度西来无二义，月明江海共琉璃。

八

地下同文有重轻，人间湛露共生成。

但教臣罪容三宥，万古天王都圣明。

《何陋居集》辛丑稿

按：此八首诗作于顺治十八年七月十五日。

汉槎从调御之沙岭值雨怀之

带雨郊游好，将毋湿马蹄？

人家山近远，流水度东西。

记得晴天出，行当落日低。

淋漓怜叩户，灯火晚应迷。

终年不出户，出与雨相期。

吊古情方剧，冲泥甘所之。

丘墟明湿磴，菱藕涨秋陂。

自愧衰筇懒，霏霏重我思。

《何陋居集》辛丑稿

按：此诗作于顺治十八年闰七月。

再怀汉槎

东京似解游人意，特向秋霖乞晓晴。

渡入断桥应忆板，车经深轨尚疑城。

莲花古佛台痕破，苔藓前王殿脚明。

好付奚囊尽收拾，莫令异代笑张衡①。

《何陋居集》辛丑稿

按：此诗写于顺治十八年闰七月。

汉槎示予《金刚经》，乃予乙酉春手录，寄林子可任不克，壬辰复检识，畀儿章持诵者，慨而作此

有客朝梵余，示我贝叶字。

---

① 原注：汉槎曾云，游归当作赋。

心知是予书，苍茫迷记忆。
前后笔势殊，年岁分遒媚。
前书乙酉春，嘉兴般若寺。
书为林温州，同难许相寄。
时才历沧桑，痛矢入山志。
后书壬辰冬，白门重作记。
睽逖已八年，残函尘废置。
云树不可攀，徒洒书空泪。
刹那又十年，华夷三历地。
万卷尽飘零，莲花端在笥。
衰晴劳摩娑，心伤魂欲坠。
如出他人手，如忆他人事。
甲申虽哇凶，偷生犹偶遂。
林子虽别离，关山犹同类。
只今天何方，踪迹胡然至？
生平好临池，工拙等儿戏。
流传夫何心，仗兹无上义。
疲腕对琉璃，笔墨抒微勚。
百感归一空，羲画融荣瘁。
经历岁月畸，佛眼应无二。

《何陋居集》辛丑稿

按：此诗写于顺治十八年闰七月。

留别汉槎

一

穷荒应疾离，恋子转迟迟。

欲语绪非一，先驱意若痴。
填膺伤往事，触口爱新诗。
恃有天心在，前期正可期。

二

同来不同返，处处动人悲。
此去回车地，前年并辔时。
冰河冲雪渡，土屋压烟炊。
鸡唱灯明候，知君共我思。

三

无力能将伯，唯应语若翁。
伤心返哺鸟，待命上林鸿。
代计忘言痛，亲尝识路穷。
瞻云毋太苦，洗耳听春风。

四

眠餐虽细事，怜尔只身难。
鸿案几时到？鸡窗彻夜寒。
拾薪冰爪脆，数米铁衣单。
犹记霜天曙，喧呼苜蓿盘。

《甦庵集》辛丑稿

按：此诗写于顺治十八年十月下旬。

阿稽林子忆及汉槎、德惟

190

吴子抱头车折足，钱郎赤脚雨倾盆。

相携扩泪燎衣处，雪里应留旧烧痕。

《甦庵集》辛丑稿

按：此诗写于顺治十八年十一月。

将至沈阳 八首之四

每从诗句忆吴郎①，披引苔岑得季方②。
人道风流近裘马，我言法雨接舟航③。
难同不共黄沙月，年少空生皂帽霜。
到日授书应泪落，计程知尔亦傍徨。

《甦庵集》辛丑稿

按：此诗写于顺治十八年十二月。

遇吴江诸年家妻子

羁人犹未返，妻子竟何来？
行李破家办，音书隔岁裁。
天心高易格，人事迕难猜。
耿耿别时语，归舟惭独开。

《甦庵集》壬寅稿

按：此诗所言吴江诸年家妻子，包括兆骞妻葛采真在内。又，
此诗写于康熙元年三四月之交。

---

① 原注：汉槎。
② 原注：陈子长。
③ 原注：二子皆奉佛。

陈维崧 四题四首

赠山阴吕黍字兼怀钱去病

寿王已夭鹤客死，杜陵腰下无一钱。

汉槎彩笔偏流戍，奕喜红颜竟配边。

江东一半酒徒尽，而我与君非少年……

《湖海楼全集》卷四

暮春杂感四首 其三

汉武宣房盛作歌，一时才调擅云和。

凤城地压黄金省，鸳掖基萦白玉河。

狗监谁知言士少，乐羊那恤谤书多。

春来苦忆吴朝请，目断君门奈远何①？

《湖海楼全集》卷九

读史杂感 其三

吴质翩翩白麈郎，若为投窜到穷荒。

关当碧海青山界，人在玄貂紫罽旁。

拷掠三年间减死，飘零一夕只思乡。

流官枉把长城筑，多恐崩城为杞梁。

《湖海楼诗集》卷一

---

① 原注：怀汉槎也。

五哀诗 吴兆骞

娄东吴梅村，斯世之纪纲。

常与宾客言，江左三凤凰。

阳羡有陈生，云间有彭郎。

松陵吴兆骞，才若云锦翔。

三人并马行，蹀躞紫绒缰。

三人同入门，漏卮填酒浆。

三人飒挥豪，秦汉兼齐梁。

坐中千万人，皆言三人强。

兆骞最年少，绮丽诚难忘。

十龄跳虎子，随父浮沅湘。

荆鄂多旌旗，人民大杀伤。

朝登巫山庙，暮宿巴陵旁。

归来十三四，格斗日相当。

一遭京阙焚，再见江东亡。

衣冠尽奔走，白骨多于霜。

吴下诸孤儿，健者侯与杨①。

骞也杨葭莩，侯也骞雁行。

一为偕隐言，大义声琅琅。

卑湿云江南，人命奚能长？

前年悼侯檠，挽车上北邙。

今年哭杨焯，四顾增茫茫。

岁月能几何？时事愁仓皇。

---

① 原注：侯檠字武功，广成先生孙。杨焯字俊三，维斗先生子。

岂有倾城姿，盛年甘空床？

含情辞故国，强笑学新妆。

月出长城西，明明照女墙。

中有白雁飞，每夜思家乡。

流苏七香车，利屣五文章。

本以助君欢，如何反分张？

可怜红颜人，没齿在龙荒。

同时诸女儿，盛作琵琶行。

琵琶何所言？一半悲王嫱。

蛾眉逢薄怒，远嫁只彷徨。

《湖海楼全集》卷三，参见《秋笳馀韵》附录

顾贞观四首

壬寅燕郊却寄四首时七月中，尚未闻老伯之变

一

好梦吹忽破，觉来秋风生。

相思鉴微月，流影若生平。

掬泪不盈把，当欢反纵横。

苍蝇尔犹在，白璧何明明。

二

瑶草如可赠，报君寒暑心。

区区誓不没，耿耿谁为深？

讵惜容鬓改，所伤肌骨侵。

194

寄言慎明发，予亦谢登临。

三

三岁见吾友，朔风吹雁寒。
明时独远别，永夜以长叹。
节物暂相假，衣裳行苦单。
高堂幸强饭，恐尔不能餐。

四

天高或可问，其下乃冥冥。
梦与秋水白，魂来枫林青。
选材娱魍魉，绝域實娉婷。
双翮因风健，何年徙北溟？

《秋笳馀韵》卷上

按：此四诗作于康熙元年七月。

陈之遴 四首

寄怀吴子汉槎

其 一

季子暌违久，幽栖历岁年。
谁赓丛桂咏？忽废蓼莪篇。
堕指繁霜里，椎心冷月前。
最怜双袂血，因梦洒吴天。

195

其　二

夫征犹绝徼，妇叹复长途。

稍慰三年隔，难胜百感俱。

天长家更远，草白泪同枯。

太息终军妙，于今悔弃襦。

其　三

蒙难身何辱？求伸道未穷。

彦方来塞外，安国起徒中。

帐冻连绵雪，书稀断续鸿。

遐陬异天气，珍重御春风。

其　四

老病知胡底？心期属后贤。

敢云千古在？犹望片言传。

学道余今我，逃名失壮年。

故山如可到，待子白云边。

《浮云集》卷六

按：此四诗作于康熙元年冬。

陈容永二题三首

松陵行为吴汉槎赠言

松陵寒华落秋水，月明静照苏台里。

华月依然故国情，天涯愁切吴公子。

自伤文采擅词场，曾向延陵显姓行。
绝代风流惊宋子，殢人容貌陋潘郎。
冰毫五色仙都梦，蕙庭珠树巢雏凤。
慈母怜才解护持，丈夫爱少偏珍重。
翻风翡翠每双飞，宿水鸳鸯亦并栖。
一自鹤书蒙辟命，分襟从此痛金闺。
闺中思妇啼鹃血，云龛皈礼空王切。
贝多罗树写真经，优钵昙华坠香雪。
棘寺凄凉祇梦回，两心如结未曾开。
乌龙有恨辞家去，金马无端献赋来。
槛车督趣征株及，一门转徙离乡邑。
风雨神龙逝鼎湖，樊笼困鸟置维絷。
已见青衣道赤文，蛾眉蚕室罢从军。
春城雨露新来广，辛苦教同结发人。
头白家翁但垂涕，佳儿佳妇今俱背。
就逮间关伴者谁？小姑巾帼怀豪气。
扁舟相送抵京华，抱哭津亭稚女嗟。
犹解牵衣呼阿母，有缘重复见家家。
北堂昔恨摧萱草，伤心棣萼唯兄嫂。
报道灵椿亦就衰，南枝一恸乡园杳。
松花江上逐飞蓬，木叶山前数塞鸿。
才出玉关肠已断，不知还在玉关东。
穷边相见相持泣，罗衫更较青衫湿。
偕老何辞妾远行？封侯敢怨郎轻觅？
却望吴云泪欲枯，极天冰雪雁归无？
还将紫塞平安况，锦字裁成报小姑。

《秋笳馀韵》卷上

按：此诗作于康熙元年。又，"小姑"句旁批："即杨夫人，见梁汾札。"

汉槎嫂夫人例赴戍所，因以小诗附怀良友汉槎

别逾三载念匆匆，水自西流客自东。
鸦鹊关头歌断续，凤凰城畔马玲珑。
能开丹穴生应入，却羡银州道尚穷。
今日鹣鹣长比翼，紫台青海对春风。

混同江水共肠回，重画愁眉向镜台。
已恨劳人歌草草，更伤游子赋哀哀。
朱颜暗逐青春换，雪顶都缘绿鬓摧。
独上高冈东望处，满天霜雾雁还来。

《秋笳馀韵》卷上

按：此诗当与上诗《松陵行》同时写。

顾贞观二首

声声令 寄吴汉槎宁古塔

铁衣初卸，孤月新弯。旧书生，绝域红颜。钟情多病，那奈直恁摧残？只透烟霜两鬓顽。　甚日生还？酒泉郡，玉门关，燕颔小妹上书难。穷庐举案泪偷弹，筑刀环，强说儿身是木兰。

《瑶华集》卷二十一

按：顾贞观《弹指词》上卷，此词亦曾著录，然上阕两者差

异甚大，殆《瑶华集》著录者为初稿，而《弹指词》著录者则系改定稿。兹将《弹指词》著录者，附录于下。

声声令

松陵吴汉槎夫人出关，令妹昭质，以孤媏远送。芝麓龚公盛称为"缟綦义烈"。因赋此词，并寄汉槎。

香笺晚叠，翠黛朝弯。燕霜那，忽点云鬟。伯劳飞燕，禁骨肉恁摧残，盼九天为妾赐环。　　甚日生还？酒泉郡，玉门关，燕颔小妹上书难。麻衣似雪泪湔湔，背人弹，本意儿身作木兰①。

又按：此词填于康熙元年冬。

唐世徵 一首

吴江师母遣使至志感②

缄书漫灭带霜痕，伤感吴江旧日恩。
珠履少时邀上座，雪头边吏愧空存。
无缘策向西州哭，有梦来寻白马奔。
遥忆瓦棺垂敝障，不堪风雨送黄昏③

《沅湘耆旧集》卷五十一

按：《沅湘耆旧集》编者原注："按兹受为魏子（指唐世徵）壬午座主。"又，此诗当写于康熙元年冬或次年初。

---

① 原注：时尊府君蒙恩免戍，竟以忧卒。
② 原注：吴兹受夫人。
③ 原注：吴公以子兆骞累，死边关云。

陈之遴 二首

寄吴子汉槎

其 一

翩翩公子滞遐荒，日夕山窗事缥缃。
经笥偶然倾万卷，史才犹自晦三长。
依松月共秋情澹，挟叶风侵晓梦凉。
险阻备尝身更重，莫将鸡骨久支床。

其 二

二千远道数行书，每发缄题恨有余。
日月给人俄老大，性情经难转迂疏。
频仍俭岁虚藏笿，迫促公旬敝役车。
风物旧京萧瑟甚，乌龙江外更何如？

《浮云集》卷八

按：此二诗写于康熙二年秋。

祁班孙 一首

复还兀喇，留别松陵吴生，
感怀夙昔，率成三十五韵

寂寥子云阁，当日赋长杨。
独羡射雕技，难分彩笔光。
少年良意气，壮岁各烟霜。

感激丝催鬓，踟躇泪满裳。
盛衰谁可料，离合讵能量？
忆送河梁别，先攀御苑香。
才华真武库，星斗动文昌。
马踏梨花雪，衣娇柳叶黄。
陆机初入洛，季札未还乡。
岂但耽风雅？兼闻典鹔鹴。
穷途悲窜逐，终古一凄凉。
池上虚鸣凤，天边渡白狼。
周书传肃慎，汉地绝辽阳。
大道知无偶，微躯谅不访。
烽尘多颒洞，蓬梗会飘扬。
去自怜同调，来犹幸异方。
路令游子怯，饭为故人强。
扫径除篱落，倾囊具酒浆。
青宵欣把臂，达旦笑联床。
偃仰聊苏息，驰驱又断肠。
兹行沉弱水，何夕话吴阊？
冠冕争蝉翼，词章劣雁行。
三秋曾倒屣，二仲愧登堂。
兄弟皆名世，诗篇尽擅场。
题笺开画馆，移席命红妆。
宛转垂珠箔，留连窥洞房。
泛舟还曲岸，并辔复回塘。
碧水携盈袖，鲜蕖载满航。
倘非剧孟侠，那许次公狂。
歌舞空南国，伶仃吊楚湘。

思君应侧召，嗟予更投荒。

藉草愁牵袂，临流泣举觞。

征笳吹野碛，前旆促危冈。

木脱乌巢覆，山深兔穴藏。

明朝白云路，惨绝此相望。

《祁彪佳集》附《紫芝轩逸稿》

按：此诗作于康熙四年十月之前。

陈维崧一首

方邵村侍御以像索题，为作长句以赠 节录

一朝蜚语竟失势，长歌出塞心忉忉。

医无间北雪破碎，贺兰山脚风萧骚。

生还一夜头半白，僦居且傍芜城壕。

凉秋七月浪花白，烟江舴艋吾能操。

水楼相见一叹息，飞湍迸泻声嘈嘈。

为余挑烛话吴质①，幽泉密箐猿哀号。

语侯且饮勿话旧，世间万事如秋毫。

此时貌侯者谁氏？那不颊上添三毛。

《湖海楼诗集》卷二

按：此诗作于康熙四年秋。

① 原注：汉槎。

周纶一首

怀吴汉槎

汝承严遣去辽东，万里萧条泣路穷。
投分弟兄形影外，故乡景物梦魂中。
红颜共老龙沙月，白首同披毳幕风。
不学虞卿空怨别，几回极目叹飘蓬。

《皇清诗选》卷二十三

吴文柔一首

谒金门 寄汉槎兄塞外

情恻恻，谁遣雁行南北？惨淡云迷关塞黑，那知春草色。
细雨花飞绣陌，又是去年寒食。啼断子规无气力，欲归归未得。

《今词初集》卷下

吴兆宽四题五首

忆 弟

闻说新恩塞上还，许将粟帛效输边。
怜余奔走空存骨，累尔飘零不计年。
人去天山疑路断，鸿归碣石望书传。
春光到处阳和遍，肯信穷荒雨露偏？

《爱吾庐诗稿》

203

按：此诗必作于康熙六年前，盖六年已停止"认工赎罪"例。

喜晤张祖望有赠

廿年交游逐飘蓬，两地参商离恨同。
白发相逢多难日，青山作客壮怀空。
殷勤且尽清樽兴，苍莽遥怜绝塞风①。
尚有故人高义在，萧然天地一冥鸿。

《爱吾庐诗稿》

中秋宋御之虎丘舟次宴集，和吴梅村先生上巳诗原韵

其二

曾投缟带历经秋，为问林间嵇阮俦。
座上几看耆旧在，樽前半属少年游。
穷沙劳我池塘梦②，宿草怜君棣萼愁③。
最是京华宵旰日，侍臣独系庙堂忧④。

《爱吾庐诗稿》

---

① 原注：谓汉槎。
② 原注：谓汉槎。
③ 原注：谓畴三。
④ 原注：谓蓼天。

舟中怀人口占

其十六

公瑾诗名孰比肩？当年季子并翩然。

旧交苦忆辽阳信，戍客飘零独可怜①。

《爱吾庐诗稿》

其二十四

飘零天地不堪论，无那牵情骨肉恩。

张俭几人藏复壁②，崔骃何计返吴门③？

《爱吾庐诗稿》

邹显吉一首

松陵道中忆吴汉槎

才岂真为累？于今累已真。

风尘余尚在，山水此无人。

只忆清樽夕，同挥玉麈尘。

寂寥骚雅笔，一读一沾巾。

《梁溪诗钞》卷二十二

---

① 原注：云间周子鹰垂，与季弟汉槎交好，讯问甚切。

② 原注：谓佩远、大阮。

③ 原注：谓余弟汉槎。

卢元昌一首

登吴六益藻野阁次韵

凭栏极望思苍茫，南北关山雁几行。

万里故人偏海角，十年兄弟一匡床。

欲谋土室真成狷，便哭穷途未是狂。

爱尔灌园能乐志，楼前长种百株桑。

《国朝诗别裁》卷八

按：沈德潜于本诗之注云："'故人海角'应指汉槎远戍。"
又按：此诗写作时间不详，姑系于此。

林子卿一首

赠吴汉槎

高会逢君金叵罗，诗成三复转嵯峨。

黄河曲里星辰动，太华峰头日月过。

枚叟功名悲晼晚，左思词赋愧蹉跎。

凤池才子多年少，迟暮怜君奈若何？

《国朝松陵诗征》卷七

吴旦一首

吴汉槎旧遗五古一帙，阅之感怀

人去天涯万里踪，当时唱和墨痕浓。

凌云才气推司马，入洛声名惜士龙。

但听沙场皆筚篥，那知纸上有夫容？

尔翁愁惨重泉色，犹有还家梦里逢。

《吴江诗粹》卷二十

许虬一首

寄吴弘人、闻夏，并怀汉槎

别来心事竟如何？身世终难付薜萝。

厦栋经霜杞梓老，物华照日凤麟多。

国恩家难吹箫乞，白发青灯击剑歌。

弱羽脊令飞不返，萧萧辽海起风波。

《万山楼诗集》卷十五

按：此诗写于康熙三年。

陈见钺一首

水调歌头 寄吴汉槎

一夜萧关冷，襟被怯西风。无数笳悲笛怨，隐隐入帘栊。搅碎乡心千里，唤起离愁万种，都到月明中。多少凄清味，禁受有谁同？　歌金缕，翻白苎，酒初秋。银釭黯淡，画楼频倚望成空。痛煞车轮马足，看尽百劳飞燕，生就各西东。不待阳关唱，双泪已蒙蒙。

《百名家词钞·藕花词》

方孝标一首

过吴江县有怀吴汉槎

乘舟过吴江，风迅不得上。
怀我同难人，故里忧心怆。
吴子后我生，文藻堪崇奖。
论交白云司，枑械述向往。
投荒同柳车，艰险难具象。
豺虎伺崇巘，死生身在掌。
感子琅珰躯，时扶我亲杖。
冰窟魍魉丛，稗食鱼皮褙。
吹塥涕泗潜，洁飧欢颜强。
带经唯子俱，吞声勉俯仰。
我归子祖行，恸绝攀车鞅。
寄语问尊亲，滴土泪成响。
我誓报子义，图子归乡党。
及我入长安，万事非想像。
南还访子门，尊严已黄壤。
尊慈茕茕居，饥寒无盼飨。
令弟方龆龄，令兄各异向。
虞卿家且无，卜式义安仿？
王程况加严，负子徒怀曩。
但思天靡谌，有才岂终枉。
子才如邹枚，强记尤泱溙。
一目十行下，终身铭奇赏。
土铿说盈廷，举端诵无爽。

口答手挥毫，色夺珊瑚网。

真为制科荣，何人同文榜。

天将毓奇才，异数终成享。

君子道其常，凭舷青天朗。

《钝斋诗选》卷三

按：此诗作于康熙初年。

陈维崧一首

春日杂感其四_{怀吴汉槎}

与尔当年共隐沦，若为怊怅误风尘。

一樽惯下中年泪，万事徒伤去国春。

白草琵琶乡思切，浑河烽火客愁新。

李陵台畔应思我，寒雁南归是故人。

《湖海楼诗集》卷二

按：此诗作于康熙六年。

徐釚一首

寄吴汉槎

蓟门云黑飞霜雪，苦忆征人倒玉鞍。

归雁似随沙际没，穹庐时向碛中看。

投荒漫拟崔亭伯，浮海何如管幼安？

无那故交摇落尽，思君不置泪阑干。

《秋笳馀韵》附录

按：此诗诗题系编者所加。又，此诗写于康熙七年。

吴玉川一首

湖上逢方楼冈学士，兼讯汉槎侄

才名自古供沦落，不独吾家季子贤。
憔悴却怜痴叔在，看云有泪落花前。

《吴江诗粹》卷二十

按："供"，传抄有误，当作"共"字。

王摅一首

忆吴汉槎

绝域龙沙外，孤身雪窖中。
故乡无路到，严谴几人同①？
放逐真何罪？羁离且固穷。
休嗟万里阔，来往仗诗筒。

《芦中集》卷三

按：此诗之写作在康熙十年前后，最晚为十二年。

---

① 原注：与同遣戍者，时已相继南还。

秦松龄 一首

和吴弘人见赠之作

频年踪迹混樵渔，旧友还过慰索居。

白首更逢多难后，青山重忆定交初。

诗篇寂寞茅斋雨，怀袖苍凉绝塞书①。

樽酒共君秋夜醉，满庭清露湿芙蕖。

《江苏诗征》卷二十三

张贲 一首

苦雨同吴汉槎

异域关河邈，淫霖越五旬。

阴风连北海，巨浸隔西邻。

旅病愁长夜，朝饥畏及晨。

百忧无倚赖，肠转逐车轮。

《白云集》卷十四

按：此诗作于康熙十年。

---

① 原注：弘人出示令弟汉槎塞上书。

陈维崧一首

岁暮客居自述，仿渭南体柬知我数公

此生自断只由天，僦屋睢阳也偶然。
闷喜墙头赊秫过，慵贪床脚拨书眠。
定辜旧隐梅花约，判结他乡柏酒缘。
总苦差强穷塞主，阴山雪窖十多年①。

《湖海楼诗集》卷五

按：此诗作于康熙十年岁暮。

张贲一首

九日陈太史雁群在宁古塔招同德惟、汉槎诸子游泼雪泉登高，有诗见寄，奉答

重阳绝漠兴难违，千里遥同胜事稀。
岭护白云留几席，泉飞泼雪溅珠玑。
寻花无地栽黄菊，送酒何人是白衣？
尔我茱萸愁遍插，明年此会几人归？

《白云集》卷十五

按：此诗作于康熙十三年九月。

---

① 原注：谓陆子玄、吴汉槎诸子。

陈维崧一首

贺新郎

弓冶弟万里省亲，三年旋里。于其归也，悲喜交集，词以赠之，并怀卫玉叔暨汉槎吴子，用赠苏昆生原韵。

休把平原绣，绣则绣吾家难弟，古今稀有。万里寻亲逾鸭绿，险甚黄牛白狗。一路上夔蚿作友。辛苦瘦儿携弱肉，向海天尽处孤踪透。三年内，无干袖。　　平沙列幕悲风吼，猎火照，依稀认是，云中生口。马上回身争拥抱，此刻傍人白首。辨不出，穷边节候。犹记离乡年尚少，牧羝羊，北海双双叟。长夜哭，阴山后。

《迦陵词全集》卷二十六

按：此词作于康熙十三年底。

顾贞观二首

金缕曲

寄吴汉槎宁古塔，以词代书。丙辰冬，寓京师千佛寺，冰雪中作。

季子平安否？便归来，平生万事，那堪回首？行路悠悠谁慰藉？母老家贫子幼。记不起从前杯酒。魑魅择人应见惯，总输他覆雨翻云手。冰与雪，周旋久。　　泪痕莫滴牛衣透，数天涯，依然骨肉，几家能够？比似红颜多命薄，更不如，今还有。只绝塞苦寒难受。廿载包胥承一诺，盼乌头马角终相救。置此札，兄怀袖。

又

我亦飘零久。十年来深恩负尽，死生师友。宿昔齐名非忝窃，只看杜陵穷瘦。曾不减夜郎僝僽。薄命长辞知己别，问人生到此凄凉否？千万恨，为兄剖。　　兄生辛未吾丁丑，共些时冰霜摧折，早衰蒲柳。词赋从今须少作，留取心魂相守。但愿得河清人寿。归日急翻行戍稿，把空名料理传身后。言不尽，观顿首。

　　二词容若见之，为泣下数行，曰："河梁生别之诗，山阳死友之传，得此而三。此事三千六百日中，弟当以身任之，不俟兄再嘱也。"余曰："人寿几何？请以五载为期！"恩之太傅，亦蒙见许，而汉槎果以辛酉入关矣。附书志感，兼志痛云。

《弹指词》卷下

按：此二词作于康熙十五年冬。

又按：此词系据《四部备要》本《弹指词》录出，但个别字
　　　句与《秋笳馀韵》本、《今词初集》本、顾贞观书扇文
　　　（孙逊《千古高义词坛双璧》一文，载《荣室斋》2009
　　　年第2期，以下简称《书扇》本）所著录者稍异，兹
　　　作如下校勘：

　　　平生：《书扇》本作"生平"。

　　　择人：《书扇》本与《秋笳馀韵》本、《今词初集》
　　　本均作"搏人"。

　　　死生师友：《秋笳馀韵》本于其后多出"合肥龚公
　　　有知己之感，故于其殁后称师，生友谓淮安阁场次"
　　　数语。

　　　穷瘦：《书扇》本作"销瘦"。

曾：《书扇》本、《秋笳馀韵》本作"真"。

为兄剖：《秋笳馀韵》本作"待兄剖"。

急翻：《秋笳馀韵》本作"亟翻"。

行成稿：《秋笳馀韵》本于其后多出"杨用修有行成稿"之句。

纳兰性德一首

金缕曲 简梁汾，时方为吴汉槎作归计

洒尽无端泪，莫因他，琼楼寂寞，误来人世。信道痴儿多厚福，谁遣偏生明慧？就更着，浮名相累。仕宦何妨如断梗，只那将，声影供群吠。天欲问，且休矣。　　情深我自拚憔悴，转丁宁，香怜易燕，玉怜轻碎。羡煞软红尘里客，一味醉生梦死。歌与哭，任猜何意。绝塞生还吴季子，算眼前此外皆闲事。知我者，梁汾耳！

《纳兰词》卷四

姜希辙一首

寄汉槎年兄

远客携书至，松花江上来。

传君长白赋，已奏柏梁台。

身世名牵累，文章死不灰。

何年宣室召，重见贾生才？

《秋笳馀韵》卷上

按：诗题系编者所拟。又，此诗作于康熙十七年。

徐元文一首

立秋后一日棹过郊园访确庵和尚，
家松之适来，分韵得秋字五首

其 四

竹风莫莫景悠悠，高树清蝉啸未休。

林罅岩光孤塔迥，篱边墙影片帆秋。

雁门师结东林胜，鹿塞人传朔漠愁。

一卷共吟还共叹，鹤书曾不到营州①。

《含经堂集》卷五

按：此诗作于康熙十八年秋。

顾贞观一首

寄汉槎

万里谁能忆？三都只自伤。

声名箕子国，词赋夜郎王。

泪尽临关月，心摧拂镜霜。

李家兄妹好，倘复惜班扬。

《国朝松陵诗征》卷一

---

① 原注：适读吴汉槎《秋笳集》，故云。

按：该诗本事，据徐釚《续本事诗》卷十二："汉槎之徙塞外
也，书来言朝鲜使臣李节度云龙，以兵事至宁古，属制
《高丽王京赋》，遂草数千言以应。其国颇以汉槎诗文为
重。又自云："仿佛班扬.'其狂态如故。无锡顾贞观梁
汾寄汉槎诗云云。"

又按：此诗作于康熙十八年或十九年初。

朱鹤龄一首

答赠吴慎思七十韵　节录

汉槎万夫秉，瑰丽才突兀。
高笑睨人寰，尔曹瓮中蠛。
忽罹缯缴惊，边沙坐囚绁。

《愚庵小集》卷二

徐釚一首

述感四十韵，呈吴弘人师　节录

漫拟伤瓠落，犹堪数雁行。
谁知成贝锦，空使献长杨①。

《吴江诗略》下册

---

①　原注：汉槎被谣诼，遂遭严谴。

宋实颖二首

临江仙二阕

其 一

忆昔公车同赴，别来南北飘蓬。千山万水路重重。上林征雁杳，辽海帛书通。　风景月明如画，延陵文酒相从。武丘箫管照垂虹。思量成昔梦，梦破五更钟。

其 二

谁似东吴季子？居然宋玉风流。天遥地远一登楼。夜凉银汉永，灯老塞鸿愁。　趁此夕阳西下，萧萧白发蒙头。入关夜整黑貂裘。河梁还握手，歌哭也千秋。

《秋笳馀韵》卷下

按：此词填于康熙十八年八月二十二日。

陈维崧四首

秋日贡鹰使者入关，接吾友汉槎书，兼乞药物。广平夫子既以枸杞、地黄二种缄寄，余则附寄《乌丝词》稿一部，仍系四绝句，兼呈卫玉叔

其 一

青海奇鹰雪不如，贡来都下北风初。

自怜亦似离乡客，特为流人寄纸书。

其　二

缄题药裹出寰颜，湮透红签泪点斑。
更仗当归作庾语，金鸡竿下盼君还。

其　三

寄去乌丝十幅多，到时飞雪满篷婆。
边墙讵少如花女，好谱新词马上歌。

其　四

殷勤并语长流叔，雪窖频年况铁衣。
月底琵琶千帐起，听他弹罢定思归。

《湖海楼诗集》卷六

按：以上四诗作于康熙十八年深秋。

潘耒一首

寄怀吴汉槎表兄

吾怜冯敬通，时清遭抵斥。
吾哀虞仲翔，才大翻沦谪。
当年既兰摧，身后名何益？
咄嗟延陵生，千载同此厄。
系本尚书孙，门阀高东吴。
七岁参玄文，十岁赋京都。
竟体被芳兰，摇笔千骊珠。

凌颜而轵谢，此才今则无。
白璧点苍蝇，俄然陷文网。
扁舟上急泷，一落失千丈。
如何瑚琏姿，翻遣御魍魉？
斗分失精英，山川为凄怆。
黑江天东头，君去东复东。
烛龙光不到，雪片无春冬。
乡关八千里，鸟路不可通。
餐冰而掘鼠，托命于沙虫。
子卿十九年，君今廿四载。
亲朋半凋亡，同生几人在？
心同枯树灰，泪向霜风洒。
一读秋笳诗，何人不悲慨？
我本牢愁人，转蓬念株根。
人琴有余痛，枕席多泪痕。
目断柳城北，心悬狼河滨。
练裙与皂帽，一往同酸辛。
天心有回环，万事多龙蠖。
夜郎岂长流？连州终湔濯。
荡荡天门开，春阳熙广漠。
早晚金鸡鸣，伫望南飞鹤。

　　　　　　　　　　　　《遂初堂集》梦游草上

　按：《秋笳馀韵》亦载此诗，但字句有不同。此诗作于康熙十
　　九年冬。

钱威一首

送吴汉槎同年南还

北阙恩波下，东荒才子旋。
伏辕甄骥足，掘狱起龙渊。
当代论词伯，如君少比肩。
艺林独步久，学海擅场专。
前辈皆回席，时流但执鞭。
余生幸同闬，尔室不逾阡。
里重尚书第，家通孝子泉。
风流洵不世，潇洒独思元。
屡过求羊径，频登李郭船。
虹桥朝泛雨，虎阜夕浮烟。
属思关飞动，忘机乐静便。
何曾求腐鼠，本自慕高蝉。
漫被时名误，寻为世网牵。
秋风肃羽翮，云路竞腾骞。
剑气占临斗，金台筑向燕。
维时同犄角，相见各联翩。
名盛常招忌，膏明故取煎。
从来号魑魅，偏自妒婵娟。
伏莽戈铤出，鸣枭暮夜翾。
冤深天莫叩，法重辱难湔。
仓卒爰书就，凄惶铩羽联。
乞留图万一，出塞竟三千。

吴苑家何在？阴关路更邅。
白山高漠漠，黑水去溅溅。
积雪埋孤戍，飘蓬寄一椽。
天高原局促，地旷甚拘挛。
问俗诗书贱，躬耕膂力愆。
那分仁祖粟？谁饷谢公绵？
慷慨心犹壮，行吟兴益坚。
有时侧乌帽，竟日把芸编。
寝食迷昏昼，衣裳或倒颠。
张华书独富，杜预癖难悛。
寂寞依环堵，声名走八埏。
封山颂草上，购字国门悬。
吐握逢元辅，岩廊尽大贤。
望隆交易洽，诺重道难全。
百计归苏武，同辞荐马迁。
雀环飞日下，凤札到天边。
事比长沙召，名从卜式捐。
邹阳书昔上，司马赋今传。
先帝曾深惜①，今皇遂赐还。
人离龙塞外，迹谢雁山前。
无恙君房笔，消磨子敬毡。
归与真再世，行矣羡登仙。
矫首云霄近，回车驿路邅。
逢迎尽簪绂，慰候接郊鄽。
诗律群公问，容颜故旧怜。

① 原注：自注：戊戌汉槎西曹即试诗，是年七月曾呈御览。

南辕有今日，西笑忆当年。

季子风霜返，高堂日月延。

潘舆仍旦暮，莱彩正翩跹。

朋好何人在？荒塍若个佃。

梅花还照户，杨柳尚依壖。

手泽遗书蠹，连枝宿草芊。

半生成弃掷，万事见桑田。

竹墅重携酒，莲泾复叩舷。

含沙人死未，吐面理宜然。

衅沐非虚宠，鹓鸿定注铨。

宁知百草塞，还到紫微天。

摇落存孤客，凄其对别筵。

艰难同泛梗，缱绻互怜蚿。

去住初难料，穷通莫问缘。

望空书咄咄，折柳泪涟涟。

填海伤精卫，鸣春泣杜鹃。

天涯伤老大，吴下旧蒙颛。

牵率投枯塞，苍茫探寸筊。

未堪杨意荐，久乏邓通钱。

煅灶温堪倚，文园体更孱。

望尘难附尾，奋翼叹非鸢。

白发吾衰矣，青云子勉旃。

殷勤相判袂，浩浩任坤乾。

《国朝松陵诗征》卷二

按：此诗作于康熙二十年九月。

叶燮一首

挽吴弘人、闻夏二首

其二

漠北嗟予季①，生还幸此身②。

艰难疏故里，冷暖仰时人。

旧好寻余子，惊魂送老亲。

夜台还共慰，膝下尽荀陈。

《己畦诗集》残余

按：此诗作于康熙十九年与二十年之交。

（四）喜还伤逝诸什（1681—1684）

徐乾学一首

喜吴汉槎南还

惊看生入玉门关，卅载交情涕泗间。

不信遮陬生马角，谁知彩笔动龙颜？

君恩已许闲身老，亲梦方思尽室还。

五两风轻南下好，桃花春涨正潺湲。

《叶学山先生诗稿》卷五

---

① 原注：汉槎。

② 原注：昔年两兄俱不及关而回。

按：此诗作于康熙二十年十一月。又，此诗徐乾学《憺园集》
失收。

附　录

吴兆骞一首

奉酬徐健庵见赠之作次原韵

金灯帘幕款清关，把臂翻疑梦寐间。
一去塞垣空别泪，重来京洛是衰颜。
脱骖深愧胥靡赎，裂帛谁怜属国还。
酒半却嗟行戍日，鸦青江畔度潺湲。

《秋笳集》卷七

冯溥二题二首

喜汉槎至都赋赠

汉槎孝廉，一代才人，以小误移塞外，盖二十有三年矣。诸
友人怜之，助其修工，得还故里。至都谒予，丰神未改，著述尤
多，询其高堂，尚健饭无恙也，喜而赋此。

廿年飘泊大荒余，回首乡关泪满裾。
啮雪犹烦人问字，栖身无计妇愁庐。
思君原惜因才误，友谊重怜入粟除。
万里归来音未改，高堂白发正萧疏。

《秋笳馀韵》卷下

按：此诗作于康熙二十一年正月初十日前后。又，此诗《佳山堂二集》卷五亦收，惟颈联作"怜才早识君恩重，入粟谁言友道纤"，与此小异。

用徐健庵韵，再赠汉槎

三千里外望岩关，泪洒冰天返照间。
瀚海文章尊幕府，会宁子弟识师颜。
共怜左校犹无恙，群喜中郎得放还。
知尔题诗辽水上，笳声风雨带潺湲。

《秋笳馀韵》卷下

按：此诗并见《佳山堂二集》卷五，时间同上。

徐元文二首

吴汉槎自塞外还，次家大兄韵二首

医闾山外柳为关，迁客归从雪窖间。
珍重每藏怀袖字，摩挲犹记别离颜。
雁行秋断魂先黯，萱草春滋梦早还。
念尔生来半荒塞，可能无泪各潺湲。

帝城回首望边关，历历羁踪抵掌间。
犹喜授经骞马帐，徒传献赋动龙颜。
年逾汉使穹庐卧，身傲仙人华表还。

塞外江山偏有恨，更无春禊对潺湲①。

《含经堂集》卷七

按：此二诗写于康熙二十年冬吴兆骞初还之际。

纳兰性德一首

喜吴汉槎归自关外，次座主徐先生韵

才人今喜入榆关，回首秋笳冰雪间。
玄菟漫闻多白雁，黄尘空自老朱颜。
星沉渤海无人见，枫落吴江有梦还。
不信归来真半百，虎头每语泪潺湲。

《通志堂集》卷四

徐宾一首

喜吴汉槎入关，即席步韵

翠华东幸下天关，献赋遥来辽海间。
白雪文章雄兔苑，红笺词藻动龙颜。
惊传彩笔凌云起，尚滞星槎贯月还。
此日衔恩并感遇，那能双目不潺湲？

《国朝松江诗钞》卷十六

按：此诗作于康熙二十年十一月。

---

① 原注：汉槎言，岁于江边修禊。

潘耒二首

汉槎表兄归自塞外，次韵志喜二首

秋笳哀韵满江关，白草黄榆梦想间。
敢料穷荒生马角，唯凭才笔动龙颜。
一行丹诏排云出，万里明驼踏雪还。
秉烛今宵裁破涕，欢余仍有泪潺湲。

樽前款款话乡关，橘社枫林指掌间。
雀桁荒凉余白发，牛衣辛苦损红颜。
葭灰有意催春转，寒雁多情伴客还。
多少天涯沦落者，看君归马泪潺湲。

《遂初堂集》卷四梦游草

王士禛一首

和徐健庵宫赞喜吴汉槎入关之作

丁零绝塞鬓毛斑，雪窖招魂再入关。
万古穷荒生马角，几人乐府唱刀镮？
天边魑魅愁迁客，江上莼鲈话故山。
太息梅村今宿草，不留老眼待君还①。

《带经堂集》卷三十六渔洋续诗卷十四

---

① 原注：吴梅村先生昔有送汉槎出塞长句，见集中。

陈维崧 一首

喜汉槎入关，和健庵先生原韵

当时彩笔撼江关，数子声名天地间。

讵料文章遭贝锦，偏教冰雪炼朱颜。

廿年苦语三更尽，万里流人一夕还。

不信蛾眉真见赎，感恩我亦泪潺湲①。

《湖海楼诗集》卷八

吴树臣 四首

家汉槎叔归自塞外，和健庵夫子原韵四章

其 一

忽闻车骑入严关，惊喜相逢京洛间。

童稚浑忘当日面，山川已老梦中颜。

蓼莪自痛难重见，棣萼俱残幸早还。

多少伤心添别恨，销魂那禁各潺湲？

其 二

廿年迁谪隔乡关，放浪形骸天地间。

万里云峰供眺望，一编骚赋破愁颜。

北梁携手偏难别，匹马冲寒喜独还。

---

① 原注：颂一时代赎诸先生也。

相对团圞成剧饮，不须呜咽更潺湲。

其 三

昔时遭难去吴关，祖德忧劳属望间。
思子那堪成血泪，倚闾犹及奉慈颜。
每追好友无多在，话到衰门不易还。
黯黯离愁翻失喜，梦回笠泽忙潺湲。

其 四

才名早岁满江关，知己相思引领间。
宫赞披襟怜旧雨，平津开阁照离颜。
文章贻误当年恨，友道偏殷今日还。
自是恩深同滇渤，百川倒注响潺湲。

《涉江草》卷二

万斯同一首

吴汉槎自宁古塔放还

男儿雅志在边关，绝域犹如几席间。
不作天涯万里客，安知塞外百花颜。
乌龙江畔容歌啸，玄菟城边得往还。
自昔壮游如尔少，相看何必泪潺湲。

《万园藏稿·杨安城先生七十寿序》，
转引自柯愈春《杨宾集》第 468 页

尤侗二首

吴汉槎自塞外归，喜赠二首

二十三年梦见稀，管宁无恙复来归。

馀生尚喜形容在，故国翻疑城郭非。

燕市和歌宜纵酒，山阳闻笛定沾衣①。

西风紫塞重回首，不断龙沙哀雁飞。

天上金鸡初解严，流人万里望江南。

妻孥并载如驰传，亲友相逢为脱骖。

野史雅堪收寄象，秋笳还足谱伊甘②。

采莼剩有扁舟在，唱入垂虹百尺潭。

《西堂诗集》于京集卷四

徐釚一首

喜汉槎入关，和健庵叔韵

相思夜夜梦榆关，翻怪相逢京洛间。

雁碛久羁添别恨，乌头未白惨离颜。

廿年词赋穷边老，万里冰霜匹马还。

犹幸脱骖人有在，与君握手泪潺湲。

《南州草堂集》卷八

---

① 原注：感念弘人、闻夏。

② 原注：秋笳，汉槎诗名。

钱中谐一首

呈汉槎，次徐健庵先生原韵

东来楛矢渺重关，忽漫逢君九陌间。
忆别浑疑隔岁梦，惊看莫辨故人颜。
离鸿似得云中合，失马真犹塞上还。
握手未堪多问讯，吴山依旧水潺潺。

《秋笳馀韵》卷下

陆元辅四首

辛酉冬喜汉槎自塞外还燕，次徐健庵先生韵奉赠

一

爽鸠吟就赴鸦关，廿载羁栖辽海间。
骨肉死生分黑水，冰霜凛冽老红颜。
龙沙忽报黄金赎，燕市重逢皓首还。
秉烛相看疑梦寐，离惊细数涕潺潺。

二

当年结客满吴关，把酒论文山水间。
鹤涧千人开笑口，鸳湖三月醉酡颜。
赤霄乍奋璎罾缴，紫塞遥迁断往还。

赖有高朋敦古义，垂虹依旧听潺湲。

三

天涯望断玉门关，何意逢君双阙间？
雪窖恶闻寒彻骨，燕山喜见秀孱颜。
羊肠历尽才逾老，马角生来客竟还。
应有彩毫千气象，底须骚句赋潺湲。

四

才名少小动江关，老人声施涉貊间。
著就太玄传鹿国，赋成长白喜龙颜。
牛衣涕泣偕妻往，鸟语绵蛮带子还。
曾序雪泉修禊事，流觞谁与弄潺湲？

《秋笳馀韵》卷下

按：此四诗写于康熙二十年冬，盖次年春作者即离京师南归。

宋涵四首

辛酉仲冬喜汉槎先生归，敬步徐健庵先生原韵

其　一

相思万里隔间关，何意来逢京阙间？
入梦频惊天外客，临风难认故人颜。
重听帝里钟声度，再望阊门练影还。
下马牵衣争话旧，翻因喜极泪潺湲。

其 二

□□憔悴出燕关，黑月惊魂豹虎间。

绝□□离乡井梦，家人但见旧时颜。

余生口佩三缄戒①，百炼丹成九转还。

往事茫茫何处说？悲风易水听潺湲。

其 三

回思忧患总相关，先世濒危一发间②。

薄命艰难淹故里，羁臣辞赋动天颜。

凭将雁足传书去，换得鸡皮带雪还。

昨夜御河冰淅沥，恍疑瀚海响潺湲。

其 四

归来耐可掩花关，暂息劳生车马间。

村落寻邻迁故辙，征衣认线惨慈颜。

经残壁垒乌鸦集，喜对乾坤玉烛还。

□□东吴情不隔，潞河单舸下潺湲。

《秋笳馀韵》卷下

按：此四首七律作于康熙二十年十一月。

---

① 原注：当日以言语致祸。

② 原注：先中允叔父主北闱，以失察左迁，予时正在邸舍。

戚珥二首

喜汉槎先生还都，次健庵先生原韵

栖栖迁客去辽关，蓐食谈经毳帐间。
白岭遥传名士赋，黄金空减壮夫颜。
辽西沙碛孤鸿远，冀北莺花匹马还。
亲旧惊看疑梦寐，泪痕双袖已潺湲。

芦沟桥下水潺湲，万里累臣此日还。
冰雪更坚千古骨，妻孥难问旧时颜。
故人手引高天上，才子名留大漠间。
十载神交思把臂，典衣何惜醉燕关①？

《笑门诗集》卷十八

按：此二诗当写于康熙二十一年正月。

张翼八首

辛酉子月望后，喜汉槎年长兄入关，
和东海夫子原韵八首

其 一

居庸直北柳条关，念尔羁栖雪窖间。

---

① 原注：倒押原韵。

廿载雄心消白草，一时薄命等红颜。
先皇严谴终恩召，今上怜才果放还。
太液恩波知正阔，不须相向泪潺湲。

其　二

白榆千里汉时关，身窜新罗百济间。
绝域授经谙译字，玉关生入未衰颜。
居人把袂呼长别，迁客惊心贺独还。
鸭绿江潮犹记否？松花别派响潺湲。

其　三

嶴闾山下几重关？二纪春秋漂泊间。
诗寄朝鲜惊彩笔，赋成长白动龙颜。
绨袍有赠皆良友，马角如生更早还。
身隶胥靡应入梦，九重莲漏正潺湲。

其　四

穷荒无地结萝关，诗卷长留弓矢间。
乌号流离枝上泪，花怜憔悴镜中颜。
有时盛暑披裘出，何处分鲜射虎还？
最是苦寒多墐户，北窗雨雪听潺湲。

其　五

射熊老手产榆关，天下精兵在此间。

晓上桦船擒水虎①，暮归毳帐抱朱颜。

管宁避地何曾到？徐福求仙遂不还。

似尔去来亦仅事，那禁亲串泪潺湲？

其 六

犹龙相望隔函关，今在京华咫尺间。

数卷异书雄少作，几茎白发尚童颜？

可知痛定应思痛，为语还迟胜未还。

此夕华堂闹丝竹，檀槽酒滴溜潺湲。

其 七

更无虎豹昼当关，文采今盈天地间。

殿陛争传才子句，风霜不改旧时颜。

凄凉穷鸟飞三匝，变化神丹在九还。

计日到家先拜母，吴江春水碧潺湲。

其 八

庭闱万里暗相关，歌哭追随梦寐间。

客□快心唯返国，人生乐事只承颜。

移家唯有齐眉在，抱子今能奉雉还。

重向垂虹桥下过，几年不听此潺湲。

《秋笳馀韵》卷下

按：此八首诗作于康熙二十年十一月。

---

① 原注：水有猛兽，名他思哈，壮者乘桦皮船独往擒之，与妻子别，
归则置酒言乐。

王鸿绪 六首

喜汉槎先生南还，次座主徐先生韵

汉槎先生名噪海内，诖误迁塞外极北地二十三年，长安卿大夫怜而欲归之者久矣。今年冬，二三知己，醵金代输工作，蒙恩宥，重返都下，余座主口占一诗志喜。余私心响往，已非一日。汉槎之得还乡，余之见汉槎，皆生人幸事也。率和七律六首，惟斧润之。

其 一

芒鞋生入蓟门关，宫阙浑疑梦寐间。
一去龙沙同永戍，廿年雪窖易颓颜。
身因知己骈争赎，帝为骚人诏许还。
从此扁舟供啸傲，莫釐峰下钓潺湲。

其 二

萧条迁客返吴关，归老余生里闬间。
重见江山犹隔世，别时童卯已衰颜。
久从绝塞占乌白，却□仙家化鹤还。
应有五湖渔父约，烟蓑挈榼听潺湲。

其 三

闻君塞北结柴关，销尽生涯得丧间。
庑臼赁时劳共孟，箪瓢挂处乐寻颜。
饭牛歌罢空今古，射虎人间竞往还。

独有思亲无限泪，几回南雁几潺湲？

其　四

当年禁使出输关，丽赋南腾霄汉间。
推毂不须烦狗监，凌云竞说动龙颜。
侍中表奏客卿返，属国家零贳子还。
苦忆悲歌吴祭酒，重来生死涕潺湲。

其　五

相过燕市款荆关，南朔山川抵掌间。
塞外雪峰如白首，吴中花岫似朱颜。
几年衰飒闻箝动，何意长空任鸟还？
翻忆迁人成故旧，临歧苏李泪潺湲。

其　六

春回腊尽鸟关关，放浪吴山越水间。
穹帐追思嗟独客，板舆重御慰慈颜。
牵衣昔悔文章误，啮指今逢雪峤还。
好友竹林招痛饮，糟床新注响潺湲。

《秋笳馀韵》卷下，又见《横云山人集》卷十三

按：此六诗作于康熙二十年十一月。

毛奇龄一首

喜吴兆骞入塞，和徐健庵春坊韵

少为迁客出重关，垂老相逢京索间。

三篚自能销壮骨，五城何处吊完颜。

高文窜后悲零落，圣世恩多许放还。

谁道混同江水上，南流到海尚潺湲？

《西河集》卷一百八十一七言律诗八

按：此诗写于康熙二十年十一月。

又按：以上徐乾学《喜汉槎南还》及诸人次徐韵诗，除已注明时间者外，其余均写于康熙二十年十一月中旬至二十一年初。

徐釚一首

题画赠汉槎

松花江接海云迷，不尽苍林万仞低。

迁客喜归谈绝塞，凭君为画小乌稽①。

《南州草堂集》卷八

按：此诗作于康熙二十年底或次年初。

宋荦一首

吴汉槎归自塞外，邀同王阮亭祭酒、毛会侯大令、钱介维小集，作歌以赠，用东坡《海市》诗韵

塞外长白横长空，吴君廿载冰霜中。

---

① 原注：宁古塔有大乌稽、小乌稽，即黑松林也。

岂意玉关得生入？云霄重望蓬莱宫。

哀笳听罢鬓毛改，纵横老笔偏能工。

鱼皮之衣捕貂鼠，曾披榛莽寻黄龙。

计倪寓书感生别①，题诗惨绝梅村翁。

归来两公已宿草，唯君怀抱犹豪雄。

时平好献大礼赋，少陵遇合宁终穷？

相逢一笑快今日，俯仰况复当春融。

谈诗命酒皆老辈，何惜频倒玻璃钟？

楛矢石砮夸创见，君之所得亦已丰。

夜阑醉眼望天汉，恍惚鸭绿磨青铜。

世间万事一海市，且看梅萼开春风。

《西陂类稿》卷六续都官草

按：此诗作于康熙二十一年春。

张尚瑷三题九首

喜吴汉槎先生归自塞垣，和健翁韵四首

一

垂髫便读吴均赋，悬拟其人魏晋间。

逮事难兄依辟咡，方知才子老賨颜。

大鸟稽外随羝卧，长白峰头少雁还。

何必回乡始惘怅，胡笳千古一潺湲。

---

① 原注：谓甫草。

二

金鸡初下响关关，远近欢传井陌间。

故旧高情能赎郭，后生多幸得晞颜。

左司文笔工谁替？几令才华借肯还。

愿礼先生斋阁下，归舟日夜听潺湲。

三

果然船马历重关，万里人归咫尺间。

闾舍竟传通左语①，知交相诧换朱颜。

今来所遇皆非故，昔去同行有几还？

不识向时阡与陌，每吟文选霣潺湲②。

四

殷勤执埽候松关，卧榻休论上下间。

踪迹旧谙诗里句，仪形好证梦中颜。

囊携苜蓿犹堪种，庭荄荆株却不还。

想忆人琴信多感，不禁华屋涕潺湲。

再叠前韵四首

一

封侯常羡玉门关，泥杀蓬蒿屋数间。

---

① 原注：一作"童稚尚疑逢远客"。

② 原注：每行街陌，辄疑异旧，由习见塞垣寥廓之故。因吟子建诗"游子久不归，不识陌与阡"，相对叹息。

早悟一经穿砚眼，恨无三箭勒山颜。
身镮燕翰宁空返？图阁苏卿直得还。
公欲言愁我言喜，乘桴便拟渡潺湲。

二

天门虎豹守当关，久绝声闻到世间。
何幸流官生马角，已传佳句动龙颜。
蕉园得丧原难定，桑海荣枯倘好还。
为报尘冠尽弹却，牛衣强忍涕潺湲。

三

弃襦早岁入幽关，名姓曾高顾及间。
假使扶摇翔彩翼，不逢谣诼谮红颜。
何妨位达才偏减，谁料诗穷运不还。
儋耳飘零夜郎窜，失声齐下泪潺湲。

四

一时东阁启贤关，醴酒殷勤庇万间。
底事沉埋过盛齿，却令知顾待衰颜。
花经炉雨须终发，日过悲泉始大还。
好老不堪仍好武，生涯多恐逐潺湲。

以上八诗见《菼江集》

汉槎携宁古台石砮见示作歌

石砮精芒精铁锻，其长径尺广逾半。
塞北归人手携致，云此良材出滇瀚。

长白山前初肇邦，帐下拔都尽骁悍。
俯身捷下冈万仞，瞋目横持枪半段。
合围一呼千骑集，火出鼻端风裂骭。
以手按虎虎耳帖，老猿惊号狂兕窜。
独有人熊作人立，獠獠当路笑齿粲。
弯弓注矢不敢发，发矢被抟随手断。
择人而噬不空拳，微缴弱弓自贻患。
雄哉石砮能毙之，弓挽六钧荆柘榦。
隐身倏似短墙伏，饮羽猛如层甲贯。
以此威名詟诸部，蒲海天山无敢叛。
我持此砮三叹息，土花绣涩金英灿。
苔痕久阅绿沉枪，花影聊陈青玉案。
华阳职贡肃慎宾，令德服远通汗漫。
徒知集隼辩陈廷，岂谓射熊题汉馆？
宝剑必归猛士手，可手谁如慕容翰？
兴朝受命非偶然，丰沛生材实天赞。
名诵花卿堪愈疟，威棱张泽犹流汗。
长箭昭陵世守存，天策虬髯想贞观。

《国朝松陵诗征》卷八

王摅一首

喜吴汉槎南还，次徐健庵宫赞韵

怜君彩笔动江关，廿载穷荒窜逐间。
未易别离重会面，且从患难强开颜。
金鸡幸荷皇仁返，铁岭愁经战地还。

童稚情亲谁似我？不禁悲喜泪潺湲。

《芦中集》卷四

按：此诗于康熙二十一年，写于太仓。

张锡怿一首

喜吴汉槎南还，次徐健庵韵

思君频望玉门关，少壮漂零万死间。
同去几人多白骨，生归一辈半苍颜。
江乡枫冷家何在？塞碛云迷雁独还。
听说流人最肠断，黑河无渡水潺湲。

《晚晴簃诗汇》卷二十七

吴祖修一首

家汉槎先生自成所南还，
次徐宫赞原韵

毡车几乘返江关，京洛浮云黯淡间。
好句竟投多苦调，故人相见各衰颜。
倚闾老母惊犹在，属国生儿许并还。
今日更阑宜秉烛，不禁喜极泪潺湲。

《柳塘诗集》卷六

王掞一首

和徐健庵喜吴汉槎南还次韵

早闻词赋动江关，严遣无端瀚海间。
乡井别来成昔梦，风沙历尽失韶颜。
廿年已分孤踪老，八口俄惊万里还。
重向垂虹桥畔过，绿波应作泪潺湲。

《一揽集》卷二

孙旸二首

和徐健庵赠吴汉槎入关二首

共承严遣出榆关，岂意相逢京洛间？
笑语半存乡国韵，相看不是别时颜。
廿年忆尔青衫湿，此日先余皂帽还。
话到伤心重回首，烛花双照泪潺湲。

榆关东去更重关，两地相思眺望间。
袖里长怀三岁字，梦中一见故人颜。
彤庭献赋悲同调，紫塞携家喜共还。
归计春明同结伴，吴江烟水正潺湲。

《孙蔗庵先生诗选》归来草

叶舒颖一首

喜吴汉槎南还，次徐健庵太史韵

腊残时候去吴关，雪窖冰天黯淡间。

厚禄故人能举手，穷边迁客可开颜。

左徒兰芷空忧怨，供奉词章未放还。

独尔君恩邀格外，故应感激泪潺湲。

《叶学山先生诗稿》卷五

按：此诗作于康熙二十一年春，盖叶舒颖其时未在京师，稍后方闻之故也。

赵沆二首

吴汉槎南还，次徐健庵先生韵

一朝归骑薄燕关，蹀躞看从绝塞间。

朔雪未凋迁客鬓，黄沙终换少时颜。

五陵裘马原相共，南国贤书并复还。

莫谓穷荒恩不到，波连太液水潺湲。

春风消息破愁关，屈指归期三月间。

塞雁来时频极目，江梅开日正舒颜。

北堂白发慈亲老，南国青春才子还。

总见德门天意在，风光依旧水潺湲。

《吴江赵氏诗存》卷九

按：此诗作于康熙二十一年春，盖兆骞归时赵沆在吴江。

陆即山 (句)

和徐健庵尚书喜汉槎入关原韵

输金幸值金鸡唱，涅玉依然白璧还。

转引自陆蓥《问花楼诗话》卷三

顾忠 (句)

喜汉槎入关

金兰倘使无良友，关塞终当老健儿。

转引自袁枚《随园诗话》卷三

顾景星一首

松陵吴汉槎兆骞，江南才子，予未识其人读其文，近闻自关外赎还志喜

吴子投荒万里行，亲朋一哭已孤征。
山依绝塞黄云尽，水绕高骊汉月明。
赎得蛾眉存似殁，收将骏骨死犹生。
悲君头白归来日，岂异河梁旧子卿？

《白茅堂集》卷二十四

叶舒颖六题七首

追忆吴弘人闻夏再次徐韵

高吟当日掩花关，兄弟才名伯仲间。
谣诼蛾眉能刺骨，摧颓雁羽遂凋颜。
长贫似是无家别，垂老翻从绝塞还。
应有人琴双泪在，临流弹落共潺湲。

《叶学山先生诗稿》卷五

兼忆吴芯如先姑夫再次前韵

与君瓜葛倍相关，生死交情梦寐间。
那得衰亲搔白发，先悲病妇殒红颜。
学仙空羡丁威化，久客谁迁温序还。
长望轻尘萦片骨，一杯难得泪潺湲。

《叶学山先生诗稿》卷五

张绣虎被遣与吴汉槎相依，今其殁已八年并用前韵悼之

言愁平子隔乡关，久断哀吟玉案间。
湘水层波堪吊屈，寒山片石尚凌颜。
才人可叹都无命，天道相看本好还。
同逐雁臣君不返，沾巾北望更潺湲。

《叶学山先生诗稿》卷五

吴汉槎以张绣虎家信见寄有感，
再用徐韵二首

其 一

正牵愁绪向边关，远接封书隔岁间。

多难可怜新白首，余生应悔旧红颜。

故乡亲串同零落，绝域尘埃断往还。

吊影不禁清泪滴，因风谁与寄潺湲？

其 二

衰年姊弟剧相关，况诉酸辛儿女间。

幸免饥寒攒病骨，那堪冰雪压愁颜。

幻身已自经千折，大药何曾炼九还。

好奉金仙清净理，思乡刷尽泪潺湲。

《叶学山先生诗稿》卷五

按：此诗作于康熙二十一年一月末。

闻钱德惟南还再次徐韵

残春鸟语尚关关，似报新恩下草间。

仙桂两株难比杜，灵光七岁早如颜。

喜看德曜齐眉在，好使元方载乘还。

溪畔烟波长缥缈，时时放艇弄潺湲。

《叶学山先生诗稿》卷五

庄季坚归里最早近以忧致疾而殒并次韵悼之

季坚与余同出故庐江司李雷紫岩夫子门下。

同时客恨唱阳关，君已南辕万里间。

忧易伤人不永盛，贫当乐处可寻颜。

辒车阮籍嗟长逝，卮酒彭宣记独还。

怀旧并零知己泪，庐江水远也潺湲。

《叶学山先生诗稿》卷五

汪文柏一首

赠吴汉槎

积雪崚嶒塞外山，天教才子历间关。

身羁万里孤臣泪，赋就三都两鬓斑①。

北阙有人怜死别，南冠无恙又生还。

时清长待潘舆好，只恐征书不放闲。

《柯庭馀习》卷六

叶燮一首

吴慊庵招同诸子集传清堂感旧，限红字

时序关心枫叶红，烟横雨断度征鸿。

---

① 原注：有《长白山赋》，词极遒丽。

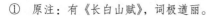

逢场眼底难追少，回首肩随幸唤翁①。

梦转辽西真入塞②，赋夸江左遍遗宫。

君怀旧有湘江泪③，久付檐花一笑中。

《吴江诗粹》卷二十

姜宸英一首

与吴汉槎夜坐

嗟君失路绝飞腾，华发归来怨不胜。

放诞谁当怜阮籍？孝廉人尚识张凭。

秋深落木前朝寺，夜半空堂古佛灯。

惆怅升沉十年事，一炉香烬定中僧。

《姜先生全集·湛园诗稿》卷一

按：此诗作于康熙二十一年深秋。

蒋景祁四首

吴汉槎孝廉自徙塞外二十五年矣，既许赎归，更蒙恩复南还拜母，人有赠言，率成四首

其　一

惊闻彩笔许生还，又拜新恩自日边。

---

① 原注：伤吴弘人、闻夏、赵山子、计甫草早逝。

② 原注：吴汉槎南归，闻到都门。

③ 原注：慊庵昔宦湘中。

入塞乍收迁客泪，过江重访孝廉船。
桑乾风雪催车骑，茂苑莺花积岁年。
幸有彩衣归试舞，倚闾青鬓已苍然。

其 二

贤书旧日使车催，变作秋笳动地哀。
去国每摛王粲赋，题诗多在李陵台。
大文绝域能传写，终古人才未劫灰。
侧席上林应有待，侍臣□□荐邹枚。

其 三

自从归梦隔幽并，听说乡园涕泪惊。
异地故人思灌孟，一时高谊动公卿。
冲霄剑气干将合，永夜星文贯索平。
把□青门好相送，暗伤前事不胜情。

其 四

寒林落木送遥程，驻马官□返斾旌。
去路晓风□后雁，到家春雨待听莺。
建安公宴归吴质，杵臼贫交感顾荣。
二十五年归未得，莫教容易闾阖城。

《秋笳馀韵》附录

按：此诗作于康熙二十一年十一月。

李振裕二题二首

送吴汉槎归吴江

此去江南花正开，惊传华表鹤归来。

廿年噩梦孤身在，隔岁霜鸿绝塞回。

树棘恰当名士厄，系牛偏触邑人灾。

莫言归卧家山稳，东阁于今正爱才。

《白石山房稿》

再送汉槎用徐健庵原韵

廿载吴江有梦还，经时涕泪达间关。

衣裳尚染冰霜色，文字能开憔悴颜。

人去再经江北树，天教看遍海西山。

浣花剩有遗庐在，蠹简残书好自删。

《白石山房稿》

按：上二诗作于康熙二十一年十一月十四日至二十三日之间。

顾汧二题二首

寿梁汾家孟五十和慕庐韵

其二

少年潇洒羡宗之，老大今赓祝嘏辞。

却荐不传鹦鹉赋①，检囊自赏鹧鸪诗。

空山古调谁相和？绝域生还有故知②。

半百居然成旧逸，浮名且付手中厄。

《凤池园诗集》卷四

---

① 原注：力辞荐举博学宏词。
② 原注：赎归吴汉槎。

送吴汉槎南旋

杯酒旗亭感慨多，百年容鬓各蹉跎。
黄金白璧归何有？红烛青灯且放歌。
燕市风高人击筑，虹桥木落水停波。
上林词赋推老手，待向金门听玉珂。

《凤池园诗集》卷四

杨宾一首

吴汉槎先生自宁古塔归，述两大人起居，书感

吴王宫北日欲斜，车马纷纷人喧哗。
争道京师明相国，万里赎还吴汉槎。
汉槎先生姓氏熟，老父穷荒如骨肉。
今朝有力独能归，萄葡问讯吞声哭。
先生拭泪唤我名，执手为我数生平。
汝父初居土城外，论心夜夜入三更。
有酒呼我醉，有茶呼我烹。
家人妇子日相见，米盐琐琐同经营。
杏山吕氏教其子，汝父移家从兹始。
一在城东一在西，白草黄沙二三里。
患难知交能几人？一日不见泪沾巾。
自此卜筑土城内，三年比屋情更真。
汝母毿毿头尽白，汝父须鬓尚如戟。
常吟诗句慰亲朋，每拆家音动魂魄。

255

昨送江边无一言，相对相看双眼赤。

我闻此语心骨摧，奔走廿年终何益？

白日惨惨江水寒，风烟冥冥云汉碧。

侯门谁服脱骖人？屈辱终身我不惜。

《力耕堂诗稿》卷二

按：此诗写于康熙二十二年春。

王摅一首

汉槎归自塞外见访

殊方乍喜蔡邕回，小径从教蒋诩开。

羁戍廿年穷海别，风尘万里故人来。

追思往事惊颜面，呜咽交情尽酒杯。

不道松花江畔客，乡园归及见残梅。

《芦中集》卷四

按：此诗作于康熙二十二年二月。

王掞一首

虹友兄斋同吴汉槎夜话

海内争传季子名，相逢执手喜还惊。

廿年塞外空□梦，一夕灯前似隔生。

铁岭风沙销战骨，金河箛鼓驻雄兵。

知君倦听边庭雁，行见鸣珂绕凤城。

《一揽集》卷二

按：此诗亦见《江苏诗征》卷四十八，唯□作"归"字，"知
　　君"一联作"知君具有凌云气，得藉陈汤返汉京"，与此
　　稍异。

又按：此诗写作时间殆与上诗同日。

王摅一首

同顾梁汾舍人饮汉槎寓，赋赠十韵

> 童稚追随日，情亲若弟昆。
> 廿年艰会面，两地默伤魂。
> 理学先贤旧，词华后辈尊。
> 含香趋汉苑，作赋重梁园。
> 醉尉从遭叱，平津自感恩。
> 耕云春谷泠，钓月暮江浑。
> 老惜遗经在，贫嗟傲骨存。
> 故人归绝域，之子共清樽。
> 意气看弥合，文章喜更论。
> 穷途荷提挈，同客信陵门。

《芦中集》卷四

按：此诗作于康熙二十二年三月下旬。又，"泠"，当作冷。

叶舒颖六首

周中立招同张九临、顾茂伦、吴汉槎集留耕堂，得六绝句　汉槎初从塞外归。

一

> 一回狂喜一伤神，把手高斋见故人。

二十六年有底事？海天万里不逢春。

二

乘车戴笠心期古，临水登山意气闲。
樽酒重持疑是梦，相看那不鬓毛斑？

三

三月龙沙雪压肩，破寒愁煞酪如泉。
故乡味称长斋客，难得同参玉版禅①。

四

锄兰闻说忌当门，空谷幽香转自温。
却看尚书高冢外，桐棺浅土有陈根②。

五

回首长干涕泪馀，一椎误中祖龙车。
归来便向村庄老，只欠随君读异书。

六

寒梅古柏对高姿，破尽牢愁是此时。
明发冲霜江上去，推篷南望独相思③。

《叶学山先生诗稿》卷六

按：此六绝句作于康熙二十二年春。

---

① 原注：汉槎长斋。
② 原注：有所感也。
③ 原注：将之广陵。

吴汉槎北归赋赠，次昌黎《忆昨行》韵

山空木槁寒拥灰，远传故人绝塞回。
恍惚二十七年别，旧游零落邹与枚。
事异管宁讶苏武，闾里浩叹君号哀。
北堂慈母幸无恙，皓首重酌儿金罍。
我欲握手急劳苦，重湖浪隔连山摧。
遥闻满城管弦发，玉瓶蛮榼驰风雷。
宅南昔友墓木拱，子弟斑白囊孺孩。
城郭人民半疑信，我为君感挥灌灌。
昔君龙荒判袂日，陆行蹶辔川倾桅。
短衣不暖皮肉皱，沙惊碛乱崖崩隤。
生入玉门即昼锦，金鸡丹凤天双来。
殊恩异数起徒伍，古来将相何嫌猜？
爱君者曰是天道，彼谮久化沉渊能。
人生生死并离合，升沉荣辱阖与开。
今君历尽钢百炼，从此学道何有哉？
终天之恨雁行感，此日酬尽无余灾。
击钟烹鼎绯紫耀，箕眼直视嘘黄埃。
余年奉母寿千百，登堂吾岁祝耇鲐。
谀辞日进不足听，北山堪买筑且栽。
君才过人擅绝慧，瞽言无当中宵推。

《已畦诗集》卷二

按：此诗写于康熙二十二年春夏之交。

九来用和汉槎北归韵相寄，次韵奉答

一

菜畦断处柳横关，敢谓云卿伯仲间。

入世悔多应挂口①，中宵悟发亦开颜。

调心约略依三观，过眼消除付八还。

读尔如花千叠韵，观池一夜冻潺湲。

二

籥籥遥睇九天关，君在卢王前后间②。

狗监怜才偏接迹，龙门作客孰强颜？

渠空水到从教住，岫出云轻喜复还。

何事也传春草句，池塘入梦响潺湲。

三

交情句里见相关③，韵出高山流水间。

魑魅淹人消绿鬓，琵琶恋主返红颜。

含辛遗事囊中在，动魄奇文海外还。

跪捧一卮堂北暖，尽融窖雪入潺湲。

---

① 原注：九来诗有"药石竟忘人苦口"之句。

② 原注：九来曾应荐举。

③ 原注：九来和赠汉槎诗廿四首。

四

故人广厦薄天关，独庇生成一万间①。
始信交游凭皓首，好将穷达悟朱颜。
簪花天远看同上，采药山深竟不还。
一笑三生平等法，烁金销骨付潺湲。

《己畦诗集》卷二

按：此四诗写于上诗之后。

查慎行一首

过吴汉槎禾城寓楼

快事相看一笑真，忽传域外有归人。
劫灰已扫文星灿，党禁初宽士气伸。
佳客偶逢如有约②，盛名长恐见无因。
廿年冰雪思乡梦，才向田园过一春③。

《敬业堂诗集》卷四

按：此诗作于康熙二十二年四月。

---

① 原注：谓徐健庵。
② 原注：时陈寄斋、俞大文俱在座。
③ 原注：汉槎将携家入燕。

汉槎携令子南荣枉顾草堂，兼以入都言别留信宿，赋长歌，以送其行

湖天飓飚摧山骨，仲夏森如秋气沉。

鸥惊雀起冲萝烟，故人兰桨来言别。

故人绝塞归故乡，行辞故乡登明光。

前途尽是鸬鸶侣，为念穷交到草堂。

酒空灯暗云岩夜，说尽龙荒山鬼诧。

千秋知己几蛾眉？泪珠一握酬无价。

羡君有子健如虎，问君堂北谁与釜？

昔人片语立通侯，拾紫何须长袖舞？

黯然回首廿载前，共君襆被秋堂眠。

君家二难① 及计赵②，文章性命誓两全。

飘风疾驱沉秋烟，重泉绝漠旋踵间。

秦楼东南日再出，照君重拂珊瑚鞭。

夷险哭歌难指数，绣岭曲唱开元前。

我行宵冥订鹿豕，夜阑恍似三生缘。

山空寂历响缥缈，东峰月吐穿林好。

信宿深留终古心，江南蓟北同芳草。

送君门外溪前去，飞蓬积断缘溪路。

若到明春望鹿门，山穷水断云迷处。

《己畦诗集》卷三

按：此诗写于康熙二十二年五月。

---

① 原注：弘人、闻夏。
② 原注：甫草、山子。

王士禛二首

顾茂伦、吴汉槎撰绝句诗，国朝止三家，乃以拙作参牧翁、钝庵之间，因戏寄二首，并示钝老

少日词场偶啖名，重教刻画太痴生。
他年传唱蛮中去，几许弓衣织得成？

老去心情百不宜，楞伽堆案已嫌迟。
谁能更与尧峰叟，赌取黄河远上词？

《带经堂集》卷三十八渔洋续诗十六

按：此二诗作于康熙二十二年秋。

杨宾一首

送吴汉槎先生入都

故国才看万里回，征帆又带夕阳开。
旌旗处处迎津吏，花柳依依拂钓台。
石父岂因知己屈？中郎半为感恩来。
南楼东阁寻常事，珍重千秋汉史才。

《力耕堂诗稿》卷二

按：此诗写于康熙二十三年初。

张尚瑗一首

汉槎先生入都，附寄近诗，呈健庵先生，兼柬成容若侍中

昔岁辞公冀北野，凉吹一叶梧桐下。
今日思公吴市门，冥冥细雨麦风温。
怀中三岁字不灭，一一皆书公赠言。
别后感公诵公语，常时负笈从公处。
裁剪冰霜掇月露，才堪俪偶公所许。
公为诗歌运元气，铿戛黄钟考大吕。
雷门布鼓恒自嗤，小巫索索神气沮。
归来蔓落无所求，肆将诗律穷冥搜。
杜陵俎豆掩千古，风神王孟兼钱刘。
长庆咸通轶才绝，西昆松陵艳思稠。
拾遗麟甲翰林骨，韩公磅礴气食牛。
别有浣花最奇丽，长笛飘飘赵倚楼。
宋元明代多继起，名公大率皆如此。
雕镂遇物写形状，冥冥移情托山水。
驱经役传置眼前，叱咄奔茫走百氏。
对之恍然魂识惊，疏瀹精神擢毛髓。
浸霪沾溉眠食俱，颇觉波澜生笔底。
况复穷居思愤盈，侧身今古百忧并。
清霜木叶催寒被，夜雨檐花对短檠。
以手搘颐指画腹，忧从中来不可哭。
循廊惨淡独成吟，扫墨淋漓尝满幅。

诗成四顾无可语，雁叫猿吟自回复。

延州名高天下闻，毡裘万里归塞云。

酒阑屈指京华事，公子西园最好文。

飘摇中路怜飞雹，偃蹇山阿起桂芬。

我闻其人意倾倒，转复愁公隔天杪。

米贵宁忘谒华阳？门敲正欲商京兆。

一编萧瑟付诗筒，千里殷勤与北鸿。

为言刮目空相待，愁煞东吴旧阿蒙。

《莼江集》

周纶四首

五古四章，奉赠汉槎兄

一

伊昔少年时，与君新相知。

四海皆兄弟，会运犹连枝。

景光各自爱，努力青冥期。

黄鹄一远举，安能长卑栖？

扶摇子方奋，中道宁见疑？

胡意层霄翼，摧入浊水泥？

转蓬失本根，飞飞邈无依。

执手万里别，洒涕纷路歧。

二

路歧竟何如？委身无人墟。

亲朋梦魂外，豺狼蹲交衢。
冰霜裂朱颜，老弱走槛车。
闭户山鬼啸，出门旷无徒。
亦有后来者，倡和侪樵苏。
形影强相将，奄忽韶华徂。
去垂三十载，泪尽血为枯。
庆云终见荫，春暄及冻肤。

三

荆璞始遭刖，由来贵一剖。
叹羡凌云赋，同时良岂偶？
编入貔貅屯，心甘牛马走。
已知长荷戈，埋没谈天口。
巍巍槐棘尊，吐哺将恐后。
远承伯乐顾，抽擢辨瑕垢。
信是主人恩，荐贤急援手。

四

杪秋凉飙急，吴会疑朔方。
故旧半凋谢，年少置雁行。
腹笥对黄口，何论入异乡？
别我驾言迈，去去天津旁。
城阙高嵯峨，别盖□云长。
上公正下士，公子才相当。
摘藻骋艺林，洁身争兰芳。
仰视龙门峻，涸鳞干霄翔。

《秋笳馀韵》卷下

姜宸英 一首

席上读《敦好堂诗》感怀有赠　节录

我初见子双丸髻，朗朗书声澈窗下。
试吟五字已惊人，常令吴郎笑口哆①。

《姜先生全集》苇间诗集卷四

叶舒颖 二首

吴汉槎于十月十八日客死京邸，诗以哭之，即用徐学士旧韵

吴关重出客燕关，飞鹏偏闻集坐间。
往事竟难回白简，盛名却易损朱颜。
倚闾乍慰三年望，扶榇犹疑万里还。
从此垂虹亭下水，长将呜咽比潺湲。

侵晨几度报当关？共话离情向夕间。
老树坐来仍绿萼②，下泉埋去未苍颜。
怕看书寄双鱼在，忍听车从广柳还。
死别转思生别处，寒流春水两潺湲③。

《叶学山先生诗稿》卷六

---

① 原注：谓塾师汉槎。
② 原注：坐梅轩一树依然。
③ 原注：前为丁酉季冬，后为甲子仲春。

按：此二诗作于康熙二十三年。

徐元文二首

哭吴汉槎二首

辽关生入才三载，燕市羁栖剩一身。
何意牙弦绝流水，那堪玉树委荒尘。
才逢按剑时偏妒，思发鸣笳句有神①。
君去曾谁替人在？伤心大雅竟漂沦。

羹藿衣鹑淡物缘，一生真意亦谁传？
经将忧患心余壮，语向交游兴最偏。
早岁文章明晓日，故人涕泪滴春泉。
萱枝已老庭兰弱，两地哀情绝可怜。

《含经堂集》卷九

叶燮三首

闻吴汉槎卒于京邸哭之

一

八千里外闻君信，垂老心惊良友沦。
辽海秋风原上草，销沉天宝旧才人。

---

① 原注：汉槎有《秋笳集》。

二

绝域归来鬓已苍，又随北雁去茫茫①。
书生旧有明妃恨，月夜魂归总断肠。

三

白首高堂晨与昏，倚间望断赋招魂。
流传冷煞枫江句，难与巫阳仔细论。

《己畦诗集》卷四

徐釚一首

哭吴汉槎

塞垣生入方悲汝，谁料仍归广柳车？
半世已怜为逐客，两年只当未还家。
梦残吴苑花如雾，惊断关门雪似沙。
弦绝广陵无觅处，只余清泪滴秋笳②。

《南州草堂集》卷十一

按：此诗作于康熙二十四年。

---

① 原注：汉槎自塞外归止半岁即北行。
② 原注：汉槎刻塞外诸诗，名《秋笳集》。

潘耒一篇

伤逝赋

吴子汉槎，少有异才，举于乡，中蜚语，谪戍北荒。中朝公卿多怜之者，居二十余年，更数赦，得赎还。母子弟兄相聚，欢若更生。无何，遽得病，病一岁竟死。吴子与余，中表兄弟，相善也。吴子尤数称余赋，谓不落齐梁风格。今已矣，悲恸之余，为作赋一篇，置诸灵床，亦孙楚驴鸣之意云尔。

悲夫！皇天之至仁兮，煦万汇而丰容。
羌独厄此文士兮，萃荼苦于厥躬。
数有伸而皆屈兮，途无通而不穷。
毕人谋以拯救兮，神伺背而不从。
伊人林之闷淳兮，君独有此姱质。
蕴藻思之葩华兮，振奇采而横逸。
编珠贝之璀璨兮，又缀之以明珰。
袭云锦其犹未丽兮，抽天孙之七襄。
世靡才而不索兮，宜振衣而高步。
何斯人之蔚炳兮，反颠陪而失路？
嗟失路其亦何伤兮，又被之以谤声。
糅玉石而一概兮，非剖心之可明。
谓椒无馨兮，谓兰不芳。
龙渊不利兮，罄鉴无光。
南威美而先行兮，谣诼罪之以衒嫁。
骅骝蹑景而驰兮，谓诡衔而泛驾。

天门高其无垠兮，震雷电之冯冯。

指龙荒而长流兮，涉寒门之凌兢。

白草浩浩兮，黄云昼昏。

增冰积雪兮，无夏无春。

虎豹嗥以东西兮，魑魅啸而相存。

块独处此绝域兮，闵溘死而无闻。

岁复岁其寝久兮，忽天回而地转。

及皇仁之沾覆兮，驰明驼而遄返。

脱羊肠之险艰兮，就庄馗之坦坦。

木向晚而欲华兮，冰始泮而将暖。

夫何痼疾之骤婴兮，遂沉滞而幽忧。

鬼伯相促一何急兮，大命曾不得以少留。

谓人之善忌兮，何天其亦汝轧也？

谓时之不逢兮，何算其亦汝夺也？

谓天之不慈兮，何初困而卒脱之？

谓造物者之垂怜兮，何既萌而又伐之？

乃知才士之处世兮，与愁苦乎相胶。

鸟彩翠而蒙缴兮，木芬香而见烧。

仲翔窜没兮，颖士客死。

文考短折兮，终童稚齿。

君既生还而考终兮，逾五十非夭。

年较古人其已多兮，又何恨乎重泉？

乱曰：

大钧搏物，初无情兮。

菀枯寿夭，随物所丁兮。

傅翼去角，理固然兮。

多华早落，谁执其愆兮。

至人浑浑，无淄磷兮。

含章守素，与道合真兮。

《遂初堂集》文集卷一

纳兰性德一篇

祭吴汉槎文

呜呼！我与子昔，爰居爰处。

谁料倏忽，死生异路？

自我别子，子病虽遽。

款款话言，历历衷素。

初谓奄旬，尚可聚首。

俄然物化，杨生左肘。

青溪落月，台城衰柳。

哀讣惊闻，未知是否？

畴昔之夜，元冕垂缨。

呼我永别，号痛就醒。

非子也耶？仿佛精灵。

我归不闻，子笑语声。

子信死矣，传言是矣。

帷堂而哭，寡妻弱子。

七十之母，远在故里。

返輀何日？倚闾何俟？

嗟嗟！苍天何厚？

其才而啬，其遇亦孔。

艰哉，弱龄克赋，左马右枚。
未题雁塔，先泣龙堆。
中郎朔方，亭伯辽海。
萧萧寒吹，荒荒破垒。
子穷过此，二十四载。
凌云欲奏，狗监安在？
自我昔年，邂逅梁溪。
子有死友，非此而谁？
金缕一章，声与泣随。
我誓返子，实由此词。

皇恩荡荡，磅礴无垠。
皂帽归来，呜咽沾巾。
我喜得子，如骖之靳。
花间草堂，月夕霜辰。
未几思母，翩然南棹。
凭舻发咏，临流垂钓。
舟还巨壑，鹤归华表。
朋旧全非，容颜乍老。
中得子讯，卧疴累月。
数寄尺书，趣子遄发。
授馆甫尔，遂苦下泄。
两月之间，便成永诀。
自古才人，易夭而贫。
黄金突兀，白玉嶙峋。
以彼一日，易我千春。
知子不愿，卓哉斯文。

子志未竟，子劳已息。

有子与女，块然苫席。

言念交期，慰尔营魄。

灵兮鉴之，无嗟远客。

尚飨！

《通志堂集》卷十四

秦松龄一首

纳兰容若挽诗

容易秋笳绝塞回，千金不惜为怜才。

可怜季子前年死，墓上今谁挂剑来？

《通志堂集》卷二十附录

按：此诗原无诗题，此题系编者所拟。此诗作于康熙二十五年。

吴兆宜一篇

纳兰容若哀词 (节录)

呜呼哀哉！宜兄兆骞，少与梁汾友善。公耽志友朋，娱情竹素，以梁汾言，怜骞才而拯之。王孙甲第，穷鸟入怀；公子华池，涸鱼出水。于是徒中安国，死灰复燃；绝域班超，皓首生入。廿年沙漠，雪窖而冰天；三载宾延，锦衣而鼎食。侵晨弄墨，笔彩潜飞；夜半弹棋，灯花碎落。解骖赎石父之罪，而岂徒哉；设醴尊穆生之贤，良有以也。呜呼！生平素昧，激发初由一言；意气相孚，风期永堪千古。父生而母鞠，惟公得成之焉；马角而乌头，非公孰急之焉？既而苏韶入梦，温序思归。牖北只鸡，怅回车之三步；日南送雁，载燋麦之一舟，夫皆我公之赐也欤……敬述哀辞，聊当痛哭云尔。

《通志堂集》十九附录

孙旸一首

乙丑除夕二首　其二

三年不复款朱扉，此夕衔杯共落晖。
世事懒从当路问，重来但觉故人稀①。
霜天马滑开何道，寒夜鸡迟坐拥衣。
却忆年时香阁里，烛花频剪雪霏微。

《孙蔗庵先生诗选》归来草

按：此诗写于康熙二十四年除夕，兼悼吴兆骞之去世。

彭师度三首

忆凤② 三绝

其　一

彩羽曾从阿阁栖，高搴谁肯恋山鸡？

---

① 原注：余癸亥四月出都，同年饯别者二十余人。今崔玉阶、刘宣人、朱瑶岑、袭敬亭、周稷畲皆罢官，杨尔茂、姚濮阳、吴汉槎相继去世。
② 原注：为悼其年、汉槎二子。

一时夜雨梧桐落，别去千年两泪啼。

其　二

可怜憔悴不逢时，长白山高羽翮无。
才得归来栖上苑，罡风吹散惜空枝。

其　三

两凤当年艳彩生，不堪鸥鹭托高名。
岂知丹穴雏空后，截竹犹堪作凤声。

《彭省庐先生文集》卷九

按：此三绝句写于陈其年、吴汉槎二人卒后，殆为康熙二十
四五年事。

又按："无"字不协韵，疑为"歆"或"垂"之误。

（五）其他诸什

吴时森一首

梅里沈中翰宅内"春草池塘"扁额尚存

西郊犹闭隐侯居，岁岁池塘春草舒。
怀旧有人歌棣鄂①，涉江无客采芙蕖。
冠裳寂灭兵戈后，梧竹参差烟霭余。
曾说兰成追宋玉，每吟楚些一踌躇②。

《震泽县志》卷三十四

① 原注：中翰与弟君服并有才名。
② 原注：家汉槎叔同计孝廉甫草曾读书于所居之东楼。

按：沈中翰即沈自炳，其传详《震泽县志》。

周金然 四题四首

太白酒楼

何处登临客，风流二老存。
悬知当日会，消得几何尊？
凫绎参酬酢，洸汶互吐吞。
奇怀如可挹，搔首扣天门。

南 池

一泓名胜在，得共浣花传。
环市千丝柳，纷敷十丈莲。
墙头帆影宿，碑底堞阴联。
坚助临风槛，烦襟为豁然。

浣笔泉

萧林带寒碧，濠濮兴堪乘。
一散毫端彩，千秋澈底澄。
蛟龙应出没，风雨或崩腾。
欲泻如渑酒，狂歌愧代兴。

古槐篇为玉堂主人赋，呈汉翁年道长粲教

蓬山郁郁木天署，虚星之精结根处。

曲干盘空爪作龙，密叶垂青日为兔。

雨过凉分南苑秋，云归阴接西山暮。

俨若端士整衣冠，独抱幽芳信修娉。

或如矫首摩苍穹，四顾中区莽回互。

列植休夸博士舍，婆娑宁入仲文赋。

亭亭长对玉堂仙，归实黄中谁比数？

高柯未许雀争栖，古色自为人爱护。

君不见，承华殿前连理枝，

尚书省内音声树，总向天家亲雨露。

谁识储林有深意？养成繁荫此森布。

秋实春华不记年，但见玉堂芸阁交烟雾。

以上四诗均见《秋笳馀韵》卷上

按：此四诗系周金然赋呈吴兆骞就正者，写于康熙二十一年秋。

姜宸英一首

送电发买棹南还

君今南去莫凄然，正好莺花二月天。

举网得鱼肥可鲙，开笼放鸟洁堪怜。

制科妙句留宸赏，乐府新词过海传①。

从此一瓢蓑笠侣，何须更说道山仙。

《南州草堂续集》附《青门集》

按：此诗题系编者所拟。

---

① 原注：汉槎云："高丽人皆传诵《菊庄词》。"

吴兆宽一首

余弟汉槎，自塞外贻书徐健庵，以所著《秋笳集》奉寄，今健庵亟谋剞劂，不负故交万里之托，余为怆然感泣，赋此志谢

嗟尔磊落倜傥之奇才，矫首南国云烟开。

青春翻飞摧羽翰，玉树葳蕤委草莱。

可怜九死身名在，风流文采使人哀。

自昔一去辽城北，生入玉门无消息。

华萼离居廿载余，云海茫茫隔颜色。

我欲从之渡桑乾，冰雪嵯峨关塞黑。

忆尔魂梦频往来，容华憔悴恐不识。

长风秋尽雁鸿飞，帛书系足向南归。

吹堕庭前开尺素，含情缄怨泪沾衣。

一札殷勤贻旧雨①，感恩道故此中寓。

郑重新诗数十篇，展卷如向沙边语。

历遍山川名状难，开凿鸿蒙渐如故。

雪窖冰天未足奇，山经水注那曾数。

车书万里度遐陬，独限流人滞一枝。

山鬼窈窕阴崖窟，鱼龙啸舞青海湄。

屈原泽畔行吟苦，阮籍途穷只自悲。

黄沙白草供词赋，并入君亲朋友思。

---

① 原注：谓健庵。

地非苍梧麓，斑竹啼痕泪可掬。

身非蜀道行，月峡哀猿若为听。

壮岁沉沦头渐白，空将诗卷传荒碛。

不遇知音识者稀，虚名千载谁相惜。

世路悠悠几岁寒，交态浮云感今昔。

东海先生金石心，凤池结念无衣客。

追忆平生涕泗流，抚恤患难心手画。

对此往复思缠绵，浩歌把酒欲问天。

青莲放逸夜郎日，学士文章海外年。

奇文异响公天下，勿教苍颉泣无传。

吁嗟才士遇与不遇安足论，立言要使垂久远。

莫叹虞翻骨相屯，得一知己可不恨。

《爱吾庐诗稿》并见《秋笳集》

按：考《秋笳集》之刻竣，在康熙十八年秋，故此诗之作当在十七年。

朱鹤龄 一首

吴弘人示余汉槎《秋笳集》，感而有作

古业衰制科，纷呶尤六义。

茅靡万历时，矫枉启祯季。

瞽学趋空杇，识者深嗟喟。

竟陵焰稍熸，王李波复溃。

二轨分中途，作力徒赑屃。

时余谢诸生，服古心如醉。

谓此何足争？当溯三经纬。

先探骚雅源，徐整建安辔。
六朝与三唐，锤炉总一致。
谁能奏咸韶？可使阙悬肆。
谁能盈困仓？止拾遗秉穗。
自怜起孤生，踯躅音无嗣。
延陵有季子，俊才拔流辈。
晤语廓心胸，相勖张吾帜。
奈何急科名？此路多轩轾。
自矜才地高，缴弋安所避？
一跌遂蹉跎，迢递遭荒置。
彼土蛇虺都，人迹罕能厕？
虽营板屋居，诡状堪愕眙。
荏苒二十年，音容想憔悴。
鱼雁断飞沉，莫遗相思字。
忽见制作新，卓砾诸美备。
排奡摧橛株，春容贯组璲。
长白赋尤奇，班扬堪鼓吹。
更闻走笔就，使余心神悸。
由来放逐途，多是才为祟。
严霜玉汝成，瑕垢无终弃。
蔡邕髡朔方，未久弛吏议。
李白窜夜郎，中道蒙恩贳。
如何间世英，长使御魑魅？
方今网罗开，轻材咸得试。
轮囷独见遗，构厦安能遂？
悁悁劳我思，旦晚金鸡至。

按：此诗写于康熙十八年或十九年初。

王士禛一首

题吴汉槎《秋笳集》

松花江远波冥冥，长白山高秋叶零。
绝域音书凭雁帛，十年冰雪老龙庭。
邺中上客思吴质，郡北流人托管宁。
闻道金门纷笔札，剧怜汗简为谁青？

《带经堂集》卷三十五渔洋续诗卷十三庚申稿

按：此诗写于康熙十九年。

吴祖修二首

书《秋笳集》后，呈家弘人先生二首

一

忆昔群贤集衍源，连枝意气最轩轩。
陆机文采难家弟，张协诗篇掩哲昆。
一自髡钳遭汉法，顿令宾客叹雍门。
朔方徙后才逾健，读罢凄然感在原。

二

眼前数子孰君如？往往怀铅上直庐。
伧父三都堪辍简，阳秋一代几成书。

未知马角生何日？更少鱼肠慰倚闾。

京邸故人常问讯，扬雄文似待吹嘘。

《柳塘诗集》卷五

按：此诗作于康熙十九年上半年。

屈大均九首

读吴汉槎《秋笳集》有作

一

吴江词赋客，谪戍自丁年。

泪渍松花月，愁深粟末烟。

东随射鱼部，北尽落雕天。

弟子多蒙古，人称教习贤。

二

黄鹄歌声苦，何殊汉细君？

蛾眉抛白草，凤翮堕青云。

肉酪调斋饭，毛毡制战裙。

雪花如掌大，持打皂雕群。

三

戍边同妇子，耕得橐驼深。

白碱含霜冻，黄沙卷日阴。

柳间烹野马，椵下掘人参。

于軒多沾赐，牛羊一片心。

四

南望是辽东，穹庐接混同。
雕翎铺屋白，马乳点茶红。
夜夜哀筘里，年年大帐中。
诗篇传种落，尽道汉儿工。

五

忽因长白赋，生得入渝关。
都尉频挥涕，丁零亦惨颜。
未曾埋雪窖，不必示刀环。
三百胡笳弄，都归怨曲间。

六

乌龙嗟久戍，白鹤忽来归。
马湩阏氏酒，鱼皮鞑子衣。
髡钳同蔡伯，涕泪似明妃。
不尽边秋曲，声同筘吹飞。

七

未共黄榆老，容颜似夕晖。
虽同翁主嫁，亦逐子卿归。
卷叶抛胡管，裁花著汉衣。
喜无青草冢，寂寞在金微。

八

才子多无命，如君亦有时。

千金生骏马，百琲重文姬。
筚篥羌人曲，琵琶汉代辞。
何如君乐府，三复不胜悲？

九

庾鲍才华在，初唐汝更新。
梅花金管女，木叶铁衣人。
一别鲈香水，重看凤阙春。
故园知己得，勿复怨沉沦。

《翁山诗外》卷七

揆叙一首

读《秋笳集》有感，即效吴夫子体

开卷飒飒悲风生，仿佛纸上闻笳声。
杨朱自向歧路哭，王粲岂免思家情？
弱龄文章超流辈，洛下传闻纸增贵。
佳誉曾标三凤凰，就中季札尤称最。
从来才命两相妨，失水搏风岂有常？
未许扁舟归鹤市，翻教尽室窜龙荒。
骨肉流离滞边徼，混同江冷霜飞早。
亭伯空衔去国悲，初明漫上通天表。
啮雪吞毡二十春，饱经险阻历艰辛。
莺花尚忆江南月，节序徒伤漠北人。
时时握管摅情愫，万恨千愁此中露。
生还虽赋草堂词，旅梦犹惊瓯脱路。

285

我昔从游骑竹年，遗编展玩泪潸然。

休言塞外心颜苦，剩有人间著作传。

《益戒堂诗集》卷八，又见《熙朝雅颂集》卷六

韩菼一首

题杨安城先生出塞图

山川草木与禽鱼，三才柔翰号泣余。

松漠秋笳遥唱和，枕中书是柳边书。

《有怀堂诗稿》卷五

薛龙光一首

书吴汉槎《秋笳集》后

赴洛才名动至尊，漫因谣诼泣钳髡。

长流不分司金齿，垂老方怜入玉门。

穷海风沙孤戍恨，中朝雨露故人恩。

牢愁一卷千秋事，哀怨应从楚客论。

《江苏诗征》卷一百五十六

按：此诗《国朝松陵诗征》卷四十三亦收，唯"司"字作"同"，殆得其实。

吴蕙一首

归来草堂有感

自注：时兄弟俱亡，惟存寡嫂孤侄。

寂寞空庭冷，凄凉旧迹存。

乾坤埋傲骨，风雨吊游魂。

翠色滋阶草，苔痕封树根。

秋风肃户牖，独立向谁论？

《国朝松陵诗征》卷二十

按：吴蕙为兆骞孙女，"归来草堂"系汪退谷为兆骞归乡时读书之室所命之名，详年谱有关记载。

蔡环黻一首

偶　成

远戍乌龙吴汉槎，诗篇凄婉似悲笳。

由来傲物招时忌，莫以江东独秀夸。

《清诗纪事》乾隆朝卷

吴省钦一首

题吴汉槎《秋笳集》

江左翩飞一凤凰，朝随计吏夕圜墙。

金鸡论减冰天戍，白草看飞暑月霜。

彩笔上干空照耀，玉关晚入转苍凉。

秋笳一曲千金直，何必文姬始断肠。

《白华前稿》卷二十五

蒋敦复一首

贺新凉

读纳兰容若《侧帽词》，感容若与顾梁汾救吴汉槎入关事。

万里悲笳起。最伤心，河梁一别，故人天外。易水长歌歌当哭，两字平安季子。竟生入，玉门关矣。旷世风流然诺重，有五陵，侠少能轻利。君倘在，执鞭弭。　　高才自古逢多忌。叹人间，蛾眉谣诼，供他群吠。马上文姬悲远嫁，门户凋零若此。算尚有，曹瞒知己。朋友生死恩骨肉，论交情，岂独称文字？酹酒问，竟谁是？

《芬陀利室词·绿箫词》

张世炜一首

题《秋笳集》

万里□□加绝域，天外人非鬼过年。

生还已见乌头白，旅榇京华梦未圆。

《秋笳馀韵》附录

张若采二题二首

题国初诸老寄汉槎塞外书

一寸心肝一寸心，玉关迁客泪痕深。
小楼日暮人孤倚，打碎心肝沉玉砧。

《秋笳馀韵》附录

吴汉槎在塞外二十年，国初诸名公以尺牍寄者数十函，徐山民达源得之收藏家，装成二巨册，珍若球琲，暇时示客，遍索题跋，记之以诗

海样愁天月样襟，塞笳戍雪托知音。
故人无恙长相望，令我论交一往深。
小有劫灰仙是福，大奇梦境客微吟。
寥寥纸笔兼词稿①，痴绝群公寄远心。

《梅屋诗钞》卷三

郭麐一首

金缕曲

山民出示国初诸公寄吴汉槎塞外尺牍，辄题其后。

几幅丛残纸，是当年，冰天雪窖，眼穿而至。万里风沙宁古

---

① 原注：书中各致水笔、竹纸、词稿，无虚岁也。

塔，那有塞鸿接翅？更缄寄《乌丝》、《弹指》①。一代奇才千秋恨，换故人和墨三升泪。生还遂，偶然耳。　　诸公衮衮京华里，只斯人，投荒绝缴，非生非死。徐邈顾荣皆旧识②，难得相门才子③。叹不仅怜材而已。感慨何须生同世？看人间尚宝瑶华字。只此道，几曾弃？

《灵芬馆集·浮眉楼词》卷二

张金镛二首

书顾梁汾寄吴汉槎塞外词后

梦远榆关道，魂来枫树林。
功名才子祸，生死故人心。
绝域寒威早，穷交感慨深。
曼声传饮水，肠断各沉吟。

古义怀中字，新腔笛里愁。
艰难承一诺，辛苦报千秋。
剑外凋青鬓，樽边叹白头。
绝怜吴祭酒，宿草早山丘。

《晚晴簃诗汇》卷一百四十四

---

① 原注：二集名。
② 原注：立斋、梁汾。
③ 原注：容若。

刘志鹏二首

己未夏日为山民仁兄题国初诸老寄汉槎塞外书册

其　一

何须死别见交情？百转愁肠托管城。

小劫仙难辞远谪，大罗天亦重才名。

还乡忍待乌头变，好梦偏迟马角生。

万里龙沙数行墨，几人心共雁长征？

其　二

分照离怀仗素娥，迢迢终夜望天河。

千言赋雪愁心壮，甘载穿庐死念多。

旧雨力绵空自愧，文人命薄□遭磨。

玉关生入真佳话，莫听哀笳唤奈何？

《秋笳馀韵》附录

按：此二诗作于嘉庆九年。

彭兆荪一首

题国初诸老寄汉槎塞外书册，即请山民兄正之

凄凉雪窖投荒客，恻怆云鸿寄远音。

九死故人天一角，诸公高义日当心。

即看翠墨痕犹湿，尚似黄沙梦要寻。

老辈怜才有如此，瑶华流感遍苔岑。

《小谟觞馆诗集》卷七，又见《秋笳馀韵》附录

钱坛一首

庚申仲冬为山民先生题国初
诸老寄汉槎塞外书册

曾传季子平安句，又见群公寄远音。

海水枯桑词客泪，加餐相忆故人心。

天寒塞雁惊残梦，秋老边笳助苦吟。

片羽吉光珍重甚，后贤前哲总情深。

《秋笳馀韵》附录

按：此诗作于嘉庆十年。又，此诗另载于《檗溪诗草》卷一，
唯诗题作《题徐山民待诏藏国初诸老寄吴汉槎尺牍册》，
作者作钱锋。词句与上亦大同小异："群公"作"诸公"、
"海水枯桑"作"痕迹未消"、"加餐相忆"作"死生不
易"、"天寒"作"霜寒"。

陈赫二题二首

寄呈震泽教授袁实堂穀芳

吾乡百年来，潘① 吴② 实高蹈。

中原树旗鼓，拔戟舞大纛。

---

① 原注：耒。
② 原注：兆骞。

迩来文格降，众作等蝉噪……

《小琼海诗》一集

按：此诗写于乾隆五十二年。

题国初诸老寄吴汉槎塞外书册

玉关万里鬼为邻，故人剪纸同招魂。

心头呕出一斗血，声声不如归去啼杜鹃。

江南梅花一枝寄，冰天雪窖香生春。

若兰织字忘苦辛，女嫛何曾罶申申。

上言天子怜才人，李陵应悔孤汉恩。

家中琐碎及米薪，要使绝塞忘却饥囚身。

因之庾信赋枯树，掷笔响震长白山①。

曹□上书乞身代，柳枝忽地夺骑还。

千金一掷蔡女赎，此功争推曹阿瞒。

呈嗟乎生则随李广，死傍要离坟。

平生奇祸天非悭，区区投窜安足云。

古来不少青冢骨，琵琶作语伤沉沦。

一朝重作汉家人，千秋争说肝胆亲。

□册一再读，诸子扶人伦。

世间友谊徒纷纷，

惟有当年系书孤雁满耳呼离群。

《小琼海诗》二集

按：此诗写于嘉庆七年。又，《秋笳馀韵》所著录之本
诗，字句与此颇有异同，从略。

---

① 原注：当时《长白山赋》盛传都下。

徐达源一首

题旧藏国朝诸老寄汉槎塞外书册

居延城外霜月黑，远嫁明妃归不得。
牛郎□女泪珠红，呜咽胡笳十八拍。
一留绝塞一中原，汉相多情赎倾国。
况教青草□□袍，冢上甘心斗颜色。
临江庾信擅才名，少小□华蛱蝶惊。
坡老早成文字狱，张侯岂为女牛星。
投荒身合甘魑魅，未死心应感圣明。
膻风帐底牛羊牧，杀气营中刁斗鸣。
可怜旧日章台柳，泣问黄衫今在否？
凄凉韩翃□新词，不信终归沙咤手。
云中万里飞帛书，故国廿年伤老友。
酪浆权可敌莼羹，雪窖丁宁当山牖。
□绝迁居白鹤时，恬然海外和陶诗。
争传鸦绿江头去，长白山高字字奇。
书中慰藉无不有，老母安安稚子痴。
玉门关敢望生入？曹大家应代乞辞。
黄沙白草尘昏面，寒雁声稀目欲断。
正是江南花落时，白日当天三月□。
大臣尚义为□心，天子临轩每扼腕。
金鸡赦下大刀环，面似胡奴语犹汉。
还乡什袭故人书，药寄当归愿竟如。
行行语似尧□鹤，头白欢生黑色乌。

百余年事墨□汁，就中谁最衫痕湿？
健庵兄弟顾① 与陈②，旧史虹亭日掩泣。
我亦得书抵万金，论交生死别情深。
夫妻结发苏卿句，千古河梁五字心。

《秋笳馀韵》附录

按：本诗写于嘉庆十一年正月。又，"少小□华"，当作"少小声华"。

张廷济二题二首

题《秋笳馀韵》

一□冰天破泪痕，何期未死得重论。
秦庭立哭贫交谊，吴郎生还圣主恩。
荐迟陆机难赎命，梦回李白即招魂。
保才缄口君知否？容易诗人返玉门。

《秋笳馀韵》附录

按：此诗写于嘉庆十三年五月。

承翁广平君抄寄《喜吴汉槎入关》还字韵诗

徐健庵尚书《喜吴汉槎入关》还字韵诗，《憺园集》不载，余辑《秋笳馀韵》两卷，承翁广平君抄寄。

君恩如海许南旋，听子笳音二十年。

---

① 原注：梁汾。
② 原注：其年。

难得尚书原唱句，封题寄自孝廉船。

《秋笳馀韵》附录，并见张廷济《桂馨堂集·顺安诗草》卷三（原诗题作《翁小海雒松陵四先生画像之四吴汉槎兆骞》）

按：此诗作于道光七年。

顾沅一首

吴汉槎像赞

其人简傲，细行不拘。

秋笳一编，名在寰区。

《吴郡名贤图传赞》卷十七

郑瑛一首

满江红·题吴汉槎故人塞外尺牍

几幅蛮笺，认细字，半经磨灭。蚀不尽模糊一片，塞沙边雪。心事远凭苍雁足，悲歌痛饮黄獐血。想平安手札，故乡来，灯花结。　供涕泪，班侯笔。同卧起，苏卿节。叹今人，管鲍寄书轻绝。题壁倩娘魂梦断，归吴季子关门入。展风前，仿佛听秋笳，声呜咽。

《海红华馆诗钞》卷一，又见《笠泽词征》卷十四

汪芑一首

读吴汉槎先生《秋笳集》

灵均谣诼怨修娥，荷校投荒涕泪多。
廿载又鸡还紫塞，三秋铁马渡黄河。
弓刀猎骑幽燕气，风雪阴山敕勒歌。
一曲哀笳自呜咽，玉关生入总恩波。

《茶磨山人诗集》卷三

胡昌愈一首

咏吴汉槎

书生何事谴天涯，一列伤怀到汉槎。
海内流传遗集在，谁将绝响嗣秋笳①？

张光藻一首

胡汝臣以诗稿见示，为题绝句
四首（其四）

一卷秋笳著作娴，汉槎名字播人间。
归途载得诗千首，也抵封侯入玉关。

《北戍草》

---

① 原注：康熙间吴汉槎孝廉兆骞谪戍宁古塔，著有《秋笳集》。

蔡銮扬一首

书吴汉槎诗集

悲筎夜起古边州，庾信文章老更愁。
兵籍左闾秦远戍，刑书少府汉长流。
义从勋伐中台路，党锢声名旧史收。
今日玉门关外路，几多迁客拜军谋。

《证响斋诗集》卷六

李绮青一首

忆旧游

宁安府为宁古塔故都，即顺治间吴汉槎谪戍地。庚戌余守是郡，乃于厅事西偏构亭，颜曰忆槎，并集飞卿、义山句为联，曰："词客有灵应识我，人生何处不离群？"

记紫驼东去，黄鹤西归，几度沧桑？一卷秋筎集，有天风珮影，吹坠苍茫。十年谪居，离思锦字满奚囊。想春雪弓衣，边山传遍，名重词场。　扬觯欲遥酹，恨楚魄难招，碧汉相望。待讯松陵客，问秋风何处，更有鲈乡？手攀旧时杨柳，憔悴饮冰堂。正一抹斜晖，遥厅雁落江路长①。

《听风听水词》

① 原注："饮冰堂"是余厅事额。

林昌彝一首

咏吴汉槎

一曲秋笳变徵声，红颜白发可怜生。
苍凉驿壁题诗去，肠断黄沙万里行①。

《海天琴思录》卷八

潘飞声一首

题沈孝耕礼部《塞上雪痕集》，并寄
邱仲迟驾部，时驾部客宁古塔

君向忆槎亭下过，才人往事泪千行。
凭将饭颗边尘感，吹作秋笳塞上霜②。

《说剑堂诗集》卷一

沈宗畸二题二首

自　题

秋笳写尽逐臣悲，风调康乾彼一时。

---

① 原注：汉槎《西曹杂诗》自序云："望慈帏于天际，白发双悲；忆少妇于楼头，红颜独倚。"徐虹亭云："汉槎惊才绝艳，数奇沦落。万里投荒，驱车北上时，尝托名金陵女子王倩娘，题诗驿壁，以写哀怨。"

② 原注：文士至吉林省自吴汉槎始。今宁古塔有忆槎亭，记吴游迹也。所著《秋笳集》已刊行。

后二百年生有我，雪花如掌夜抄诗。

《清诗纪事》光宣朝卷

题《吉林纪事诗》

秋笳诗句柳边文，何似吾宗迥轶尘。
为拾明玗投绝徼，方看摇笔动风云。
良知贯彻能通俗，道统危微系属君。
价重鸡林他日事，一官尘土负多闻。

《吉林纪事诗》卷首

沈兆禔二题二首

杂 俎

莫谓鸡林少竹枝，才人塞上补新词。
雪痕嗣响秋笳集，珍重归装数卷诗。

《吉林纪事诗》

物 产

鸡腿蘑菇味最佳，塔城篱下寄生涯。
可怜一卷秋笳集，写出才人远戍情。

《吉林纪事诗》

沈曾植四首

题吴汉槎放还投赠诗册

《寐叟题跋》:"宣统辛亥闰月,逊斋借观题。"

剪纸招魂入汉关,吴郎傲骨竟生还。
月泉汐社俱泡影,剩乞西昆丽句看。

包胥一诺泪滂沱,至竟尧天雨露多。
千载几人生马角?平原丝绣复如何?

冰蔬绝爱戚黄中,桂树连蜷嗣八公。
诗品列朝谁论定?不须苦说竟陵风。

蠹柬流传拾羽陵,新篁秘楷点秋蝇。
白头喜得遗闻记,双桂堂中话献征。

《沈曾植集校注》海日楼诗注卷四

何煜一首

郊行口占

又见龙沙边草生,春愁写不到边城。
风高雨过临潢府,日暖天长骠骑营。
蔡女青笳吹泪落,汉槎红粉动归情。
榛荒未辟边甿苦,谁督屯田塞上耕?

《澄庵诗稿》

陈去病一首

松陵诗派行（节录）

秋风一夕悲笳鸣，边城七月黄尘生。

才高何为苦行役？鸃鸃羁鹤多哀声①。

健庵尚书重气谊，独以著作② 呈明廷。

遂令汉槎得丘首，翻怜志学徒遐征。

《清诗纪事》光宣朝卷并见《浩歌堂诗钞》卷一东江集

罗继祖一首

吉大文革后"三老"，我忝其一，今于老先逝，晓翁遂岿然如鲁殿灵光矣，和吴汉槎

依依落月屋梁斜，寄迹天东海一涯。

鹤老知惊尧日雪，时清恍听蜀城笳。

佳人远嫁销烽燧，士子何因困碛沙？

青史茫茫谁复省？强舒倦眼雾生花。

《两启轩韵语》

---

① 原注：吴汉槎出塞，著《秋笳集》，有《羁鹤赋》。

② 原注：《长白山赋》。

夏承焘一首

顾贞观

销魂季子玉关情，冰雪论交万里程。

何必楼台羡金碧，至情言语即天声。

《瞿髯论词绝句》

薛永年一首

西江月

　　游镜泊湖，途经宁安，传即吴兆骞流放地也。念顾贞观赎命高谊与流人报国贡献，赋此抒感，调寄《西江月》，录呈流人学家兴盛先生诗人两正。辛卯方壶楼主人薛永年。

　　季子当年流徙，白山黑水寒风。梁汾金缕慰哀鸿，赎命高谊情重。　　塔影遗踪何在？北潭镜泊飞虹。火山千祀化青葱，百代流人堪颂。

　　按：薛永年系中央美术学院教授，我国著名书法家、书画鉴
　　定家。

张本义一首

次鲠庵和吴汉槎韵恭题《白云追思集》

孤烟塞上夕阳斜，绮丽霞光耀海涯。

鲁殿灵光称泰斗，定庵心绪在清笳。

察贤士子见青眼，世伪诗书点赤砂。

千载白云寒食雨，悲歌一曲广陵花。

《白云追思集》

按：张本义系大连书法家协会主席、原大连图书馆馆长，我国著名书法家。

附　录

（一）吴晋锡《半生自纪》

半生自纪卷上

松陵吴晋锡燕勒著

族孙吴燕兰芗久编

人死而葬则有志有铭，借名公以传之，而行实则出自厥嗣手，未有自为之者。盖以此为身后事，人以死为讳。昔有高人，或自为年谱，或自为文以祭，而世之自为之者，概乎未有见。余曰不然，生平之所历，生平之所为，必自为之纪而心事始出，生死皆天，何必讳死而不自为之？况余半生来，生而死，死而生，几濒死而不死之，死而致生之，天也。天之待余厚矣，天之待余奇矣。又何必讳死而不自为之？因自为之记。

曰余为谁？吴子兹受也，晋锡余名，燕勒余号也。苏之吴江，余所生里也。余父讳士龙，号念訒公。余母周宜人，性恺直而慈祥，每事让人，以隐德胜，中年艰子，祷于大士，持白衣咒三年，又虔祷于玄帝及三茅真君。戊戌春，梦神灵以子授。己亥季冬十二日，余诞也。余生而多神灵仙缘，稚年多病，余父母焚香告天，祈以身代。有以子祈身代父母者，未有以父母祈身代子者，亲恩诚罔极也。余好读史，好观古人成败得失，以我意为升降。幼时与余叔日生、余友吴子茂申、赵子彦琢同学，读至古人忠贞节烈处，忽而笑，忽而啼，志之所期，亦性之所近也。余父时步书斋，见余丹黄古史，以忠孝为志，喜谓余曰："为奇男子，当如是矣。"余事父母，每饭必侍，每寝必侍。成婚后，相依如孺子，有至性焉。赴学试、郡试，辄高等，微负时名。余父母日冀余博一第，以慰高堂，不幸相继早世，不及见余成名，不孝子所以抱终天痛也。结发沈氏，有令德，又不幸早夭，与余同贫贱，不及待余登第，重负糟糠，亦云悲矣。余失怙恃，有侮余者，余则以动心忍性乃所以成就，余不敢校，亦不敢怨。

余年十六即生子，生子早而多，见家计零落，丁丑冬，将父母所遗产悉以析诸子，宽、宫自理之，继娶杜生宜，副室李氏生骞、宸，其母自理之，不复自留余地。人咄咄怪之曰："析产是暮年事，年方壮而为此，将安所自给？"余则以燕雀安知鸿鹄志，不之顾也。

石湖山房壁间，（偏）〔遍〕书死字，不成名无以存，盖以自励云。石湖为吴中名胜地，长松拂天，风动松鸣，松声书声相和，有仙家风气。

天既啬以世缘，偏与以仙缘。一日见案间笔头无端自动，余心异之，以乩传之，则玉云天尊、韦南康师、玉云正仙、王少伯师兄现身设法也。师曰："与子有夙缘，吾故来此，非世间托名纯阳、紫姑游戏诗词之比。"因教以为文之道，一以先秦为宗。沉透精坚，孤峭澹折，此其论文旨也。余师事之。有小玉磬，文完击磬，玉云师暨少伯师兄随降理文事，于是余之文一变。与玉云师游，知余为谢叠山后身。后一年，于山房得叠山砚，篆有"宣和谢叠山藏"六字，盖徽宗时砚，叠山所手篆者。古文斑剥，奇矣。余广有仙缘，先是，王文成师、唐子畏师、王右丞师、韩忠武师，各以夙缘降，所师事者不一家。曰仁、青萍、秋云、鹤史、飘云、游霞、子负诸世兄，亦各以夙缘降，所兄事者不下数十家。皆紫府仙尊，传道论德，于乩上受诸师之教，不敢忘，刻有《几岭清声》、《紫谷素言》二集，而仙缘之深且久，未有若玉云师、少伯师兄者，授余《玉枢上灵经》，平日与余言，皆经世宜民之道。事玉云师者数年，师曰："吾辈奉三茅真君命教子，玉汝以成，子今可出而用天下矣。"赠以谶："遇龙方出润，逢虎便归林。在西声振日，破北走崩云。君家忠节昭前代，又见文章绝圣朝。莫道书生无远到，功成图画五云商。"又赠以谶："燕山一片石，四海谁人勒？后先寻铁盟，道力真道力。"余之号燕勒者以此。

己卯，举于乡，出倪伯屏师之门。师名长纡，丙子解元，登丁丑榜，来李吾苏，有神明之颂，政事文章，为天下第一。得游名师门，幸矣。吾师又出马素修先生之门，师友渊源，为海内正人，幸矣。两大座师则张晦公维机、杨用宾公观光也。入闱之夕，坐号编位字二十号，入号适假寐，又有一友持位字二十号卷至，并坐号舍，将请命监临定夺，天甫曙，号壁则大书"吴先生己卯科"六字，他友见之，惊曰："天也！"遂持卷去，此一异也。首墨凡四易稿，至酉刻始成。余六艺则走笔直书，漏下五鼓卷就矣。

场事后，买舟归，负舟值三金，苦不能偿，余女文柔迎于门，见余女臂镯典而偿之，余甚嘉余女之孝。在余则已寒彻梅花也。倪师怜余贫，赠公车费。

庚辰闰正，在家度岁。朔二日，辞吾师行。渡江，梦关帝赠以"尔虎尔彪，尔寿尔藏"之谶。过淮，梦东狱赠以"追兵去莫追，十万穷师血"之谶。过兖州。梦大士摩顶受记，戒以"不可贪财好色"，授终身四偈。及觉，首句则全记，第二句止记四字："法律黄龙早脱身，莲花峰上……"余则忘之。或则记，或则忘，岂有天意存其间耶？行至璃琉河，闻嫉余者馈仪司以金，以磨勘坐余卷，已设堂，同侪愤叹，余浩浩落落，恬不为意。赖大宗伯林季绅、少宗伯王觉斯两先生奇余卷，决余联第，嫉余者之计不得行。庚辰首艺亦几易稿，傍晚始成。其六艺之顷刻而就，亦如乡闱。时闱中文以首篇为主，在层层剥去肤意，为题开生面，未有才光既勇此后不如破竹者。沉透精坚，玉云师之所以教也。二场坐号编日字二十号，方构表，忽有铁釜无风飞入号檐内，回翔久之，仍飞去。场中有鬼神，信哉！此会闱中之一异也。主庚辰试者，薛宾廷师国观、蔡文端师国用也。榜发，出李印渚师之门，师名照贤，名太史也。乡、会出名师门，幸之幸矣！

往例，门人见房师，投谒三日乃见。揭晓次日，杨维斗不第回南，以故人才失意，因留送之。过午至李师门，吾师急欲见门人，不拘三日例，先整衣以待，同年齐候于门久矣。同门讶余迟至，余告吾师以故，吾师以是重余之敦故交，因于同门中待余独厚，以是益叹吾师之谊足千古也。

三月十一日，先烈皇帝传旨，十三日，试步箭，十四日，试马箭。余于石湖山房时，喜习射，步中一，马中三，在诸同年中则云仅矣。十五日，先帝临轩策题，御驾还宫。俄而传旨，试桌各悬丈许。少刻，上乘小舆至庭中绕而行，观诸生对策，谕以用心做文字。草茅下贱，得觐天子之光，奇遭也。二十二日，传胪列三甲十四。是日赴恩荣宴，撤归祀先人，荣君赐也。同乡公宴，各推一先达送新进士归第。送余归第者，徐虞求先生也。释褐诸同门集东岳庙，候谢吾师。余应选李官，陈澹玄讳纯德，永州人也，笑谓余曰："永李方缺，门兄盍李吾永乎？"张清武、蔡靖公、洪聚子，皆闽人也，应之曰："八闽多名郡，永州小郡，非甲科缺，吾辈将借之李吾闽，岂以永易闽乎？"澹玄亦笑曰："永州果小，非吾门兄所栖，吾言戏耳。"观政都察院，分得山东道。道长设公座，仍到任画押。时值接本，内官留余饭，文华殿之辉丽，得身入焉。五月五日，粽宴，就职者始与。先帝先一日传旨，新进士皆与上御殿，余随班嵩呼，三舞蹈。朝罢，上御五凤楼。诸臣拜，三叩头，东西列楼下，赐坐赐宴，君臣尽一日之欢，听雅乐，观御仗，不忘我先人撤御馔享之制，有恩荣宴、粽宴两酒卮以志遇也。五月十八，忽遭疾，李师时至榻前视余，师弟如父子矣。余以疾不得赴六月大选。七月初，请假于吏部而归。吾师与余约，将以杭李待余。余以病初愈，不从陆从水，张秋阻于坝，地主则同年陆六息也。六息日邀饮，主人谊甚高。余思候开坝而归。以（十月）〔?〕赴八月选而归，亦以十月复上长安，进正阳门请签于关帝，得"善为善应永无差"之句。余见吾师，陈澹玄时为西城巡视在座。澹玄笑曰："李选，头选已尽，次选正永州一缺。前者戏言，竟尔成谶，天也！"二十五日制签，果得永。吾师戏余为无双司李云。九月辞行，吾师适患中风，师弟执手相对泣。师曰："吾病恐不久，子他日行取入都，吾恐不及见，奈何？"言讫，余鸣咽几失声，吾师以银爵一，篆余字虎文一，绒二，为余赠行，余心痛甚，复为吾师留一日而别。

余十月抵家。余家去永州五千里，以两先人未葬为忧，又苦贫无以葬。倪师曰："葬亲而出，此孝子之所为，吾当为子完之。"遂赠余资，以辛巳正月十六日葬于凤凰山祖母黄宜人之墓左。黄宜人年十六，刲股疗先大夫疾，血涌扑地，见黄衣人掖之起，语之曰："尔后必昌。"余父至孝，晚年尚思母堕泪。凤山峰峦特秀，形家言有两奇穴，祖母为凤尾穴，余父母为凤翼穴，母子魂魄相依，成父志也。或云是年太岁压祭，主葬三月长子灾，请已之。余曰："但得吾亲入葬而安，长子果灾，余愿当之。"题主者倪师，祠土者同年叶敬甫父母。余又请吾师作墓志铭。忆余父易篑时谓余曰："汝若成进士，志铭出尔主司，吾死可不恨。"今得如余父言，天也。学使张尉堂先生以余父有德于乡，檄入〔乡〕贤祠。二月朔，余送余父祀乡贤，冠盖云集，称一时之盛云。

二之日，赴任永州，诸子送至芜湖。玉云师亦降乩言别，拳拳以洁己爱民为训，仙缘从此中阻，不若诸生时有神仙道德之乐矣。

三月过楚省，见抚军朱鹤峰公一鹤、直指汪西源公承诒。两公深器余。同年沈旭轮、丁斗生邀余登黄鹤楼，与汉阳大别山之晴川楼相望，洋洋江汉大观。余从陆，蒲圻一带，长松郁郁葱葱然，人谓岳武穆征杨么时所植也。过岳州，登岳阳楼，有纯阳石仙桃砌于楼之左室，生动如画，异哉！过长沙，吴县旧令杨连漪左迁于长沙，余诸生时旧知，复遘之此地，人生可作傀傀观也。四月十六日，履永州任。

是时方际升平，余则以防患未然，无过团练一法，仿古寓兵于农遗意，父子兄弟之兵四合，不可离一。至永州，则以团练为第一义，教之队伍之法，一人前，左右翼之，此即三才阵也。分为二五，此即五行阵、梅花阵也。左右各四，合之得八，此即四维阵、八卦阵也。虚其中央，可进可退，可退可进，是为中宫，此即九宫阵也。前可为首，后亦可为首，左右亦皆可为首，击首应尾，击尾应首，首尾相络，此即一字长蛇阵也。练百人准此，练千人万人准此，永之团练以成，余之教也。

余性极刚果，又极慈祥，豪强则剪之，小民则爱之护之唯恐伤。祁阳假官胡宗第，京选邸报无宗第名，自称新令来祁，文凭又不合，立辨其伪，执而讯之，伏厥辜。此开手诘奸处也。有豪家占人田，哓哓自言成交有据，田中人有三，分三起召而问之，问以成交时抑整酒抑折银，三人之言各不符。折之曰："安有果成交而语言各殊者乎？"豪家俯首不敢争。凡两造将至公庭，必揣摩上之人如何问如何对。余偏于冷处得之，以是片言可折。余悯愚民畏见官府，有言不得达，每断狱必霁颜以听。永多滞狱，有马肉马骨狼藉于地，见者拾之以归，竟以盗王府马论死者。有于道旁拾得红裤，竟坐以临蓝贼党坐死者。有为船埠头客自死于盗，诬及船埠论死者。为剖冤而出之。刑官不受词，所理者上台事，随到随审，随审随书谳词，以了公案。诸如此类，不胜记。余性不喜留稿，不甚记忆，约略记其一二而已。总之，虚则生明，出吾意之所测，情事不相远也。

凡日用所需，俱发平价，从不忍与百姓校锱铢。尝语人曰：

"天下有饥死百姓，无饥死官，何苦用官价。"永州之官类发官价，有行户承应，令革去行户市价，与齐民等，民称便焉。又尝语诸役曰："若辈应如苦行头陀，借官衙为修行地，虽苦清贫，日后可免祸。若贪一日之快，身填牢户，悔无及矣。"永隶王学以造访害永民，余毙之杖下。进永之士子，与之阐扬先秦风旨，一以玉云师教余为文之道教诸士，建玉云观于永山之阳，暇日登临，为诸士子论文处，永文一变。永俗淳朴衣布，近则有衣帛者，然平民衣之者罕矣。通行以钱，即输课亦银七钱三，此其俗使然。

大西门外有黄叶古渡，驾船为梁。湘江水清绝，莹澈至底，游鱼可指而数也，舟行如画图。过河桥则朝阳岩，多昔人题刻，柳子厚（词）〔当作祠〕在（锦钴）〔钴锦〕潭上。（锦钴）〔钴锦〕潭曲曲小湾，古木阴森蔽之，景居胜。袁家（渴）〔?〕之景更胜，四面皆水，中一小山，山形似垒小石而成，若连若断，以是为奇，对永则芝山。芝山如拱如伏。素师，永人也，笔冢在城外，内累累小石壁可坐。永多兰，出自道州，不减建兰，以是名楚畹。亦多茉莉。桂之丹者多于黄，有桂实，是为桂子。芙蓉则木本，高可丈余，非若吾地之依水畔也，塞芙蓉兮水（末）〔?〕以此。

祁阳王素残民，专祁事。余素以署篆为耻，守道澧渊陈公名瑸者，调祁阳，非余不可，强余行。余至祁，以道义痛切规王，凡五阅月，祁王敛手不敢问。广西林抚军差承靖江王交尉过祁，索马户惜马钱，余执而笞之，开犯林抚军、靖江王，弗恤也。

祁有浯溪，元次山所游地也。有石镜，砌石壁间，以浯溪水拂之，光照人影，须眉如见，拂以他水则不睹也。颜鲁公大书刻石壁。有颜元祠。山顶有丹灶，为仙人炼丹处云。祁之白鹤山石色绿，花纹如绣，刳石为琴，声甚清越，与桐声并，可作石几，可作石屏，此亦大理石之匹也。

宋、汪两公，千里贻书于永，约余面筹地方事，以是楚之十五郡，余所亲历，已十有三，其未至者，郧阳、德安两郡耳。至一方留心一方事，问俗采风，民间利弊直以告当事。又请躬为清狱，出冤系者千余人，以是两台并重余爱余。

襄阳城外有羊、杜两公祠，荆州府额"古荆州"三字，相传摹关帝笔。王粲所登之楼，城楼也。凡使客宴会，尝集此地云。荆门州有小山，昔关公驻马山坡，偶卓偃月刀于石，石破，刀与石连，拔之不可出，遂遗之去。今人立关帝庙，大刀则以朱栏护之，刀上有环，观者举手摇之，刀动环鸣，而刀终不可出也。而关帝竹叶书，又在省城外之洪山寺。沅州称殷庶，唐玄宗铸数十铜身散天下，独沅州寺中犹有玄宗立像，右颊则嵌一小锭，亦异矣。

岁壬午，楚将举闱事，直指汪公商聘考于余，倪师尚李吾苏，余以倪师对。倪师分试易一房，余分试易四房，师弟同闱，亦古今奇事。余房皆知名士，门人有七，姚子士升、张子士美、朱子盛浡、张子一敬、黄子沁、谢子天和、李子何炜也。余房多少年，姚子年二十，为古文作手。朱子年十七，李子则年十三，为文并豪迈，人争异之。礼房分考适病，有四百卷未阅，主考送余房，为拔四卷，夏子炜、晏子济、王子钦命、胡子虞璜，然退之礼房，余不认为门人也。本房副卷则欧阳子鼎、万子之奇、唐子世徽、柳子天生。礼房副卷则王子泽（泓）〔后文作弘，为是〕。虽然有初时即定为正定为副者，有本定为正卷改为副者，天实为之，岂尽以文之高下哉。欧阳子、王子、万子，皆天下才也。初九，题纸既散，主考集各房于堂，简时文，防蹈袭。三楚会业中，见欧阳子《义者宜也》文，主考称绝。沔阳州守章于野旷进曰："此子沔阳名士。"主考爱其才，因谓各房曰："今日此子，或用旧作未可知，倘次篇雷同者宁拔之，勿失名士。"十二日，各房未有卷，余房先得欧阳子，高古追先秦，又次篇绝不袭旧稿一字，才人不可测如此。余初不知为欧阳子也，亟呈之主者。主者称绝，传示各房为式，定魁卷十余日矣。二十四日，以孟义犯时忌置不录，争之不可得，以张子士美易之，改副榜第一。拆号时见欧阳子名，主试问监临，言及初九日一段公案，无不叹余之善知文，又叹失此名士也，天也。王子年十七，诗文为三楚第一，乃余观风所拔士，适代阅礼闱得王子卷，有气吞云梦、波撼岳阳之概，殆相遇以神者，将以之魁礼经，又以末经少一结置之。万子卷横绝一世。余素究心天文太一奇门六壬诸书，鲜有同志，万子则学贯天人，其文奇，其人又奇，以得之最迟，正副卷皆定，遂不入彀，皆天也。此三子之遇而不遇，天实为之，不以文也。闱中有贿余三千金，余誓曰："若为此，则子孙书香俱绝。"余性严毅，所行可以告天。

若此时一房朱拙修，余同年友，蜀人也。其姨罗氏适于黄，为黄太史夫人，称蜀中女才子，物故数十年矣，拙修在闱忽梦治酒邀余同拙修，停舟蜀之濯锦桥下，几上列桃花鱼。桃花鱼，蜀之名味也。黄夫人赠余以对："桃花鱼戏桃花水，濯锦桥迎濯锦人。"拙修梦而觉，觉而后复梦黄夫人续赠余以对："桃花两岸烟波紫，珠树千山海气玄。"觉而为余言，且为诸同考官云，咸异之，究不解何意，岂余房首姚子为楚才子，姚与桃音相同也。姚子表中有"桃花"二字。后姚子闻为献（宗）〔忠〕所获，不受献命赴江死，岂黄夫人即姚子前身，出为忠烈，借拙修一梦以神斯事耶？

榜发，余与倪师诸门人讲先后同门之谊，又躬率及门拜太老师，欢聚黄鹄矶头，人无不为庆未有者。是科闱中诸公皆名宿，而长沙司李蔡江门名道宪，与余及倪师为性命交，气谊犹挚。倪师归吴门，江门送之黄州，犹记口吟四句："送君从此去，九月江能寒。我亦还淞水，登楼犹夜看。"江门之笃于友谊，情见乎辞矣。余则送之蕲州，倪师赠余以"三年之上君寒士，六载而前我亦寒。次第寻经皆读易，楚香百七一时看"之句。同舟者越三宿，吴楚分界，余以是别。

　　余还至黄州，黄之宾馆，子瞻雪堂旧址也。赤壁孤峰危立，隔江则武昌，东望武昌，子瞻所以作也。见寒溪一带，山水更幽，为子瞻登眺地，不忍去。余寓寒溪寺，与黄之诸子论文章，王子泽弘出社业，请余鉴定，乐而忘归。时学使高汇旃公世泰，丁丑二甲传胪，书法为一时冠，将岁试永州，闻永守晏季复入觐，檄余归永主郡试。余与晏季复厚，力言之两台，以永州守与永人相习不可离永固请题留，并请檄追永守还永。余不坐府堂，不开府印，以俟季复之至，止试诸童子。余以学使者试士法试之，多得奇卷，自成一家言，蒋子本生、王子复仁、韩子弘、郭子昌明、秦子隐贤皆异才，刻《永阳文起录》，案发刻卷，亦就学使者下车刻卷，与案同送，以是学使者前列士与余案相彷，玉云子之文教亦大振矣。

　　试毕，余同汇旃公及衡李朱訒庵游南岳。岳庙在山下，先斋宿李邺侯书院，侵晨朝岳帝，拜下朱衣，行四拜礼，体甚肃。上三十里乃至峰顶，为祝融峰。时季冬四日，天气晴朗，衡岳云开，峰顶乃禅寺，覆以铁瓦，以峰高恐龙飞殿瓦去也。寺左为岣嵝碑亭，乃神禹篆书。长沙岳麓亦有岣嵝碑，然此则真禹碑也。亭上为日观，余与汇旃公、訒庵公五鼓起视，则大海五色光生，一轮红日浮海上矣。飞来船、仙人桥、水帘洞，皆南岳胜处。南岳之奇奇于山势多曲，一曲一转，对面不见峰，故奇。相传佛祖以岳为胜地，卓锡于此，起祥云覆之，云外为岳帝地，以是岳庙在山下云。衡童少与老相率攀援上峰顶求试。余笑曰："吾辈方为胜游，何不韵乃尔？到县自请于学使者，试尔辈。"高公从余言，试于清凉寺，雪狂笔冻，顷刻试五题，拔彭子祈年第一，奇士也。

　　癸未三月，晏季复奉两台檄，自淮上还，握手喜相逢，究竟府印未尝开，封识宛然，以还季复，人咸谓余交谊终始不渝，有古人风。西源汪公以复命还朝，新直指刘公熙祚檄余察（盘）〔当作监〕长沙。是时，献（宗）〔忠〕连陷荆、襄、承德，楚抚军宋公死王事，荆州夙号富强，为惠藩所封地，坏于陈沅抚之一走，惠藩亦因出奔衡州，所称姚子赴江靖节，正其陷荆时也。长沙风鹤频惊，人畏往，余毅然赴之。先完湘、醴、攸、茶诸邑事。醴陵弹丸地，昔李卫公平定萧铣，度岭桂州，驻兵于醴，红拂夫人卒于军，因葬焉，至今有张夫人墓碑，碑石朽者半，存者半，碑中字隐隐尚可识。墓旁有靖兴寺，石梁石柱，此卫公为夫人祈福所建也。

　至长沙，见江门，江门喜，与余把臂，谈时以为得节制之兵一万，可以恢江北。直指刘公在岳阳，余与江门并辔下岳，途行以策马为戏，两人策马驰，相去不离尺，以越尺许为负。江门《君马玄》之词所以作也，赠余云："君马玄，臣马黄，臣马不及君马良。君马迟，臣马□，臣马踟蹰让君足。歧路去东西，君行慎马蹄。不信观臣马，霜花破蒺藜。莫悲嵩锦长城下，汉上青磷栖殿瓦。骅骝带血独生还，不见将军归。战罢谁为君马抹生刍？鹿门山中草亦枯。古来隐士避兵处，尽资今人作霸图。只是英雄心未死，冢中兵气沉秋水。何劳仰面问苍天，功成不成止如此。君马自长鸣，臣马嘶无声。明河各回首，炯炯照平生。"嗟乎！其音哀以怨。江门之死事，情见于词矣。江门十九登第，李长时年方少，击奸则猛，字民则宽。至归义驿，将渡小河，憩大树下，乡民数辈各以情来诉，牵衣求断，江门以意折之，某理短，某理长，乡民叩谢去。余笑指大树曰："此蔡公棠阴矣。"见刘直指，直指留心楚事，闻余两人言，喜曰："是吾志也。"江门在长沙，募练事，一以委之。余居江门署中，共饮食寝处者半月。二守周石拙，名二南，有心人也，亦时时相对，三人所言，皆悲歌慷慨，忠孝节烈事。江门诗词书法为一时独步，石拙偶指万字栏干求题，江门应声题曰："万字栏干一字无，知君对我捋长须。中原别有关心梦，消得湘江酒半壶。"石拙多髯，以是有长须句。苏门长啸成绝调，江门善啸，风清月朗之夕，啸声清越，使人喜，使人悲。

　　余别江门还永，则五月五日也，楚粮道缺，刘直指以晏季复题补，此出自直指意，余绝不与闻。季复以楚省危地，疑出自余意，恨余独深，不念余费尽苦心，留之复视永事，无端以此衔余。〔余〕冒暑送之衡州力辩，终不得解，冤矣！永之郡佐、零令一时乏员，六月初掌府篆，兼摄零篆。时方亢旱，赤地千里，余心痛之，不坐府堂，不受府词，率绅衿耆老，十步一拜，至玉云观祈天降雨，以生吾民。六月终霖雨三日，槁禾以苏。

　　七月初三日，祁难又作矣。祁王敛怨于（祈）〔祁〕，余去（祈）〔祁〕，怨益敛。祁贼冯异一呼，集（祈）〔祁〕众，破祁城。抵暮闻变，余方视事，不为动。次早，祁王奔永，将居永城，永人亦夙怨王，祁王先遣二校尉至，永人倏聚千余格杀之，号泣余前曰："祁王若进永城，是祸永也"。永众遂闭城门。余见永人汹汹，思王若入城，必罹不测，遣乡约胡学聘缒之城下，并缒所格杀之校尉视之，告以速往粤西，尚可免祸。王遂奔粤，城门始开。冯异因祁饥，散祁王仓米以纠众，编"朝为田舍郎，暮登天子堂。将相本无种，男儿当自强"二十字号，每号千人，得众二万。永、祁相去九十里，衡州又在祁之下，永衡援兵遂绝。幸余早练永团，使家自为卫，人自为守，选团兵之精悍者得三千人。又檄徭官沈希先得徭兵之精悍者二千人。余隐遣人假装乞儿往祁探动静，以取祁王殿上绿瓦为信。还报云，冯异坐祁王府造兵器。余曰："急击勿失。"七月初九日，演武场誓师，军容赫壮，都司唐熔、守备邵邦俊、羊明节、指挥洪声茂、徭官沈希先，皆听调遣。城外立三营。冯异知余将提兵亲剿。

　　十三日，有谋主张拱辰先降，约十八日为首者二十人俱降。武生李正中进曰："来降，请赐坐以礼之，设牛酒以劳之。"余曰："吾抚有八州邑之民，祁民叛，若赐之坐，劳牛酒，其何以处七州邑不叛之民乎？"余以其为祁贼作说客，张敌气，已疑正中矣。永城唯大西门民居甚稠，余传令张拱辰面缚，从大西门入，每家设

械于门。余盛陈兵仗，旌旗蔽日，坐大堂受之。进见，命解缚，赐以花红、银牌。拱辰跪受花红，银牌则不受，曰："若受银牌，恐名之为贼。"余叱之曰："汝非贼而何?"心益疑之，因密令人伺其出时向何人私语，果于司狱司与狱犯陆文声通约矣。余立提陆文声严讯，廉得其实约文声、正中为内应，十八日为首，二十人藏刀入府城，文声、正中在内举火之情，遂斩李正中，并斩陆文声，内应以清。拱辰已行矣，余料其止行二十五里，晚则宿接履桥，密传唐熔带兵至接履桥追斩之。

十五日，余三路发师，一由水，一由陆，一由小路，分薄祁城。余知贼狡计，以永兵既出，料永城虚必袭永，密调团兵，余守城，永无正官，止余一人，奔走者孙、朱、计、廖四经历耳。余出示，凡一堂三厅及零落衙役点名不到者，以军法从事。示虽悬而点期频更，诸役无一人敢出城。永绅如刘振贤侍御、陈封翁年伯、周别驾、欧叶两孝廉，宗室东海、映薇，皆与余厚，亦在城，是以无一出者。此余平日之孚信有以感之也。

余所发之兵至祁，冯异等果用狡计，止留空营在祁，竟从小路分袭永。二十一日黎明，忽传祁贼火烧王公岭，将犯永城。余笑曰："吾固知之。"遂提剑上城。永有七门，余传令止留大西门汲水，余六门皆以石塞之。凡运石一挑，给一票赴库领赏。须臾六门尽塞，官民俱集于城。唐熔引兵从间道来，余城上望熔之旗帜去祁贼仅三四里许，余亲下城，点熔兵进大西门，城门仍闭。余所积军器甚多，（销）〔硝〕磺铳炮甚多。飞石击人，永人长技。先是，（事）〔此处疑有脱误〕时余出示：凡一人进城，各携石子一置城下。门军运城上，是以所积小石甚多。余一上城，永人战气百倍。余拜曰："与民守之，正在此时。"无不愿为余效死力。祁贼四集，余见城外民居，恐为贼巢，清野可坚壁，射火箭火之。祁贼见火势方燔，不敢近。余料其乘夜攻城，命城内之居民鸣锣击柝，以防奸细。城上守垛之民之兵，好义之家递传餐，至有肩挑贸易于城上者。永城半在平阳，半在山，余坐镇远楼，城之最高处也。贼进退状，一览而得。攻东、北两门独急。贼攻东，余策马至东。贼攻北，余策马至北。伺其一犯城，或飞箭，或飞炮，或飞石，当者立毙。唐熔饶胆气。熔上城将举炮，贼飞箭中其喉之左。熔畏军令不敢动，炮发中贼毙，拔箭见余，箭已入肤盈寸，血染领缘，余壮之，开库赐五十金。永人益奋。贼又射火箭上城，太平城楼角火起。先是，余出示：每家各令积水，每城门各贮水数十担。余恐乱人心，立传令使民运水扑火，使民上楼拆角，仓卒中，人仍给票候赏。城楼幸无恙。每夕城上火〔枝〕〔此为衍字〕光烛天，一城呐喊，七城皆应。围城三日，祁贼宵奔，乘锐命唐熔提兵破城出追。至接履桥，斩首千计，贼奔白水，奔河埠桥，余用计先获冯异之父母，质之军中，以兵捣之，冯异降，余党亦降。时八月丁祭，献祁俘于文庙，此快事也。凡降者给免死牌，以安反侧心。祁王在粤西，闻捷音，复行牌至祁，声言剿尽余党，降者惊，相谓曰："吴公免我死，祁王不免我死。"八月十三日，降者复叛，余复发兵剿抚并用，斩黄抱真等，又费半月之功，得以底定。

八月三十日，祭谢关帝，召城外被毁之居民，开永库，每家量给三金，民咸德余。方欲构新址，而张献〔脱忠字〕陷长、陷衡之报至矣。九月初四日，刘直指单骑来永矣。刘直指初以团练事委江门，得劲兵五千，长沙有岳麓书院，为朱晦翁先生讲学处，江门日集兵书院外，教之战阵法。献贼破淞阴，江门亲督兵，扼守劳塘河。王抚军聚奎不谙兵事，与直指意相左，闻献至，撤江门兵，同游击尹先民守城。劳塘河守隘兵既撤，献忠乘之，长驱攻长沙，尹先民开城降，江门为献忠所获，欲官之，江门骂曰："我为大明进士，岂受汝伪职？"抗志不屈一膝，磔于长沙之演武场，骂不绝口死。湘阴令杨开署醴陵事，湘阴丞赖万耀，亦以忠死。王抚军同溃将孔全斌、黄朝宣、张先璧等扬帆奔湘潭，焚劫既尽，复奔衡州。焚劫又几尽，以是桂藩同惠藩登舟避劫。直指之所以先抚军来永者，以余守永之功可恃也。

直指为余言王抚军误国事，言讫哭之恸。余曰："永当战胜之余，方张之气可无恐。"且请以巡方体行安人心。余于刘绅侍御家借豸绣赠直指，乃于文庙行香堂事如常时。村落中擒有未尽祁孽，转解直指定夺。永民之居城者亦如常时。余密进言曰："溃兵无伤，排山岭为衡永之交界，山势峻，已传各团遇溃兵即斩之矣，金帛听团民自取。"直指善余言。居无何，王抚军行檄，擅杀兵者斩。溃将溃兵已抵祁，而永事不可为矣。冯异既降，留之在左右，恐因乱生变，不得已斩之。余又密言于直指曰："全斌等在祁，必借索饷为名来永，不若携饷五千往祁散之，永城尚可保。"直指更善余言。十四日午刻，直指自携饷往。十五早，余方完行香事，忽报直指回院，亟见之，则云王抚军已至祁，以抚标何与按事，不令听命给饷。尤可异者，祁贼已平，止有邹跰子二百余贼逃匿文明铺，孔全斌等招之，为永向导，堂堂抚军，与贼为缘。直指顿足，知永城之祸在旦夕也。永民号泣别余曰："本欲生死相守，衡城妇女，溃兵污之；衡城金帛，溃兵劫之。不得不请命而行，留一生路。"余亦号泣与别。先之士民，继之乡绅、宗室，永城遂空。

十六日，桂、惠两藩至矣。先时，献忠初陷省时，余即具启桂藩，条议时事，不下数千言。答令谕云："迩献逆披猖，鄂渚鼎沸，闻屠戮之惨，有不忍言者。上帝好生，今乃降杀，使无辜之赤子横罹锋镝，血流（摽柱）〔漂杵〕，天道有不可问者。岂伯道无儿，张汤有后，夷齐馁饥，盗跖考终，此本藩不得不置憾于冥冥也。而衡人好乱喜事，轻慓悍顽，无亲上死长之义，恒怀开门揖盗之心，贼在千里之外，遂豕奔鼠窜，骎骎然有土崩瓦解之势。本藩如不系之舟，不识将来飘泊何所，时势至此，人情溪壑，良可三叹。今早夜筹措，先以守长沙为第一著。长沙安则衡、永与之俱安，衡永无恙，天下事尚可为。故驰（输）〔疑为谕〕抚按，留兵增饷，为极力捍御之计，徐徐为恢复之图，业不惜万金捐助。今又准抚院道之请，修助战舰百艘，以捍长沙飞渡之师。复调广赣两处援兵，为星沙后劲。孤痛封疆沦没，圣上焦劳，能不爱踵顶发肤以报明时？该厅名家汗血，南国奇英，而仁风清问，翔洽于湖南，不特贯索惟明，肺石无冤而已也。且寸心爱国，一念怀忠，而于本潘独有深契，不啻椒兰。至于先事之谋，未雨之防，莫不咸中肯綮。庖丁之技，□□之手，未有若此之奇快痛敏捷者也。固人心一著，更为救时良策。但愧本藩生长深宫，匿于晏安，素无膏泽于民，恐见犬顾兔，掘井救渴，无济目前。虽曰不能不敢不勉，而怀仁辅义，匡我不逮，共济时艰，以报天子，不能不置望于该厅耳。"

衡州既失，桂殿下复贻余令谕曰："祁寇跳梁，永阳固守，且多斩馘，实贵厅之功。但功高树谤，名重招尤，从古而然。至若斩寇功次，抚绥成劳，业已谕闻王抚院。但恐去国之人，不足为重，迄因寇势孔棘，民心离散，兵甲不备，暂为迁避之计，以存数十万生灵。虽得罪宗社，亦所甘心。但楚之中分藩者八，俱不能奉宗庙，岂人谋不臧，或天意所使。敝舟将次贵治，百凡仰藉护持。"读两令谕，桂殿下知余独深。

及朝见舟中，两殿下指永之城垣谓余曰："永城危而得安，先生真社稷臣。"余启两殿下本欲馈米相饷，以永民已散，无米可市，各输仓谷三百担，令衙役舂米以进。十七日，王抚军至永。抚军之军牢，遍锁衙役及捕官索尝例。初时衙役尝随至此，并诸役之星散者多矣。十八日，孔全斌等追溃兵至永。余复朝见舟中，见马上累累皆妇女。两殿下泣谓余曰："安知非余王宫眷乎？"言讫，悲不自胜。是时，溃将孔全斌等果破永劫永库去，两殿下弃辎重奔粤。究竟献忠在衡州，并未至永，溃兵前导，献骑乘之，刘直指为献所获，至宁乡不屈死，途次刺血书壁间，至今传刘御史笔。王抚军伺献退，从间道至省，为新抚云从何公腾蛟、新按黄仲霖澍合疏纠参，此当日失永之公案也。

余痛极愤极，以一人剿抚二万，功已成而人败之。主上圣明，不如赴死阙廷，得尽一言死。余突围出，请死北上。甲申元旦，舟过吴江，诸子及幼孙桓臣方出迎，扬帆飞渡，过家不敢入，遥拜先父母曰："不孝子请死，（司）〔?〕败，义不敢入门。"诸子至苏始得见，劝余曰："何自苦乃尔，即不爱身，独不爱子乎？"余不之顾。倪师尚李吴苏，以贺年出谒上台。余曰："吾家可不入，吾师不可不辞。"停舟金阊俟之。灯夕前二日，倪师归，知余请死，劝之曰："楚之两台甚怜才，章于野失沔阳，傅禧徽失武昌，俱复用，何自苦乃尔？"余曰："为请死而出，若违初愿，是自欺也。"遂辞倪师行。余长子宽、次子宫同乘小舟，追至无锡，号哭止行。余北上，兆宫送至镇江，命之归。渡黄河，余口吟荆卿"风萧萧兮易水寒"之句。永州经历朱昌勋，以幺麽小吏亦同赴阙请死，义士也。

行至青州，而楚抚何公追余之檄适遇邸中矣。何公贻余札甚恳挚，具言守永苦心，为余题明。亨予唐公，旧吴江令也，赴南仪部任，亦相遇于邸，遂同亨予南还。且信且疑，尚未知何公之果用余也。行资已乏，寓南中之西天寺。三月朔，命宽归。宽请曰："大人何不暂归？"余笑曰："元旦过吴江尚不入里门，今乃纡道归耶？"十二日□□□□□，为余典衣，措二百金，命幼子骞来送余，一时父子之情，不能割，勉留十日。父子相聚，或泣或歌，总是伤心处。谓二子曰："余结发生宽与宫，年差长可怜已无母。骞、宜、宸各有母，可怜年又稚。余心如醉，然知有国，不知有家。犹幸结发已葬竹坞吉壤，完余心上事。汝辈其自为之。"三月二十四日，解维入楚。骞幼，先命之归。余与骞言别，骞抱一大树而啼，余忍呜咽，舟竟开矣。宽送至芜湖，余曰："汝多病，无为儿女泣。"余亦忍痛，目视宽登陆挂帆行。嗟乎！人谁无父子情？为国忘家，余心泣鬼神矣。江上冯大王庙神最灵，祷梦于神，梦赠"大任之中有大焉"之句，异哉！

四月二十四，至黄州。楚按黄公巡方至，余以青衣见，黄公悉余守永苦心，咨嗟良久，为请易冠带，乐余共事，称一时知己。王子泽弘喜余至，留余，至其家。黄城自献忠残破后，一望皆茅舍，王子为余言，献（宗）〔忠〕拆黄城，督令黄之女子代拆，指甲尽落，血横流，拆完仍魇之。黄之子袊大半去右手。痛哉！斯祸未之见也。二十六日，见抚军何公。何公开诚布公，有古大臣风度，相见恨晚。谓余曰："召忽死之之字力轻，管仲不死不字力重，大丈夫当留此有用之身，为朝廷成大事。请死虽烈，何拘拘乃尔？"何公不忍使余赴永。傅禧徵名上瑞，为武刑〔阙十余字〕所比赃赎，皮骨尽，无以□。余竟请之两台，各减四五千金，两台益重余。五月二日，抚军往汉口会黄直指，司道往，余亦往。时抚军在直指舟中，司道与府厅尚未见，讹传闯至，狂奔尘起，司道乱流争渡。方伯吴公之仁年已老，督粮王公乔栋体又素肥，皆溺水，隶人掖之起。余屹立不动。及讹言息，乃五里外赌博致争构斗尘起，非闯也。两公益器余。

初十日，得先帝之变，弘光皇上登极诏至，左宁南还自承天，驻兵汉阳，意多不可测，未读诏。抚军往汉阳，以剑自随谓余曰："社稷之安危在此，若不开读，吾与直指约，此身付三尺剑耳！"左营正纪卢鼎与余善。正纪左营官名也。鼎有谋计，宁南每事咨之。余见正纪曰："外来所传，我不忍听。君素以道义规宁南，此事君与闻乎？"正纪曰："无伤，我往谏。"遂渡江见宁南，力陈利害，宁南遂会两台议开读事。时省城皆左营，抚军留余守，命余夜巡。自献贼残破，遍地蒿莱，余单骑进城。黎明，抚军还，喜谓余曰："幸读诏，宁南今日归省矣。"抚军见余夜巡不惧益奇余。越一日，直指往南都朝贺，余送至五显庙。直指自以为宁南之意尝不测，按与抚调护之力为多，功在楚省，入朝陈之，新天子将

322

待以不次，此其舍按事而往南意也。抚军拜疏，题余辰沅道，傅禧徵长沙道，章于野监军道，移文直指舟中会稿。谓余曰："身虽为抚，每事制于宁南，吾为三子题道，湖南北各练兵一万，缓急乃可恃。辰沅有镇篁兵，吾特以属子。上新莅政，吾疏朝上夕下，募练事急，子辈勿候命，可速往。"抚军知余贫，赠之四十金兼以豸绣赠余。濒行，复谓余曰："沿途皆左兵，舟行非鼓吹不可，吾撤以授子。"可称国士遇矣。

六月十一日，辞抚军行。十五日登祭风台，孔明借东风处也，立有武侯像，至今祀焉。此山则名赤壁，为曹孟德古战场，若黄之赤壁，非赤壁也，赤鼻也，子瞻借以点缀耳。洞庭君婿柳毅，郴之宜章人也，神最灵。洞庭越四五百里许，以竟日达，不经宿，无风不可行。余至岳，为文祭之，泊青草湖。舟将开，风忽起，行至中，风愈疾。神鸦蔽空求食，茹腥者投之腥，茹素者投之素，投之以手，接之以口，不失一，异哉！富池江上亦有神鸦，相传江神甘宁掌之，而富池之鸦不若洞庭神鸦众也。余昔时，柳侯曾降乩，授以"震泽底定"四篆字，铁板朱书，投风涛中立定。岂相遇之缘，在此乎？

七月朔，过长沙，为文祭江门，念当日相聚，哭失声。江门以死事赠太仆寺卿，堵牧游公胤锡为长沙太守，就醴陵坡建祠，名曰理灵祠，音相同，故名也。祠后祀屈大夫、贾太傅、李潭洲。祠旁有贾太傅井云。万子之奇流寓长沙，余即携以俱，及过湘潭，有拥残兵数千居者，即破永溃将张先璧也。余解凤嫌，为道故旧，彼亦欢无间。余因问孔全斌，问王朝宣，则云孔全斌已死，王朝宣居燕子窝矣。余恐其为湘潭害，劝之依山为营。彼云："吾意亦将去此。"是时张与王俱副将，所据之势未盛也。过衡州，适旧守道陈亶洲公以监军常德死王事，家人扶丧泊江头，余哭之。因檄衡永诸属曰："陈守道忠死，例有赙赠，可以生死二视乎？"余因遣人护丧归闽。经历朱昌勋卒于衡，余曰："义士也。"厚其子而归其丧。

初七日，至永州。时同门陈澹玄名纯德督学顺天，甲申三月十九日之变，先期以手书寄别父母，慷慨就缢，家人葬于燕，谥恭节，以凶问归。余至其家哭之。故旧流连，咸为余感涕。余曰："本欲留此，有辰沅之行，奈何？"十二日，过东安白牙市，白牙之民甚好义，闻余至，甚欢，鼓乐导迎，为余悬彩设供具，立有遗爱祠。子衿列坐，父老执壶行酒。余笑曰："闻有赴士大夫之宴者，未有赴百姓之宴者，可谓仅事。"天方曙，振笔题余请死心事，挥洒数千言，白牙之纸为之尽。留三日，白牙之民送余三十里，谁谓民心不如古也？贵阳、德清专政，三人题道，独余之命不下。嗟乎！辰沅水深而土厚，四省要区也。麻阳、镇筸之兵，奋臂一呼，可集数万，此诚用武之地，全楚胜局在是矣。余之不得沅道，天实为之，谓之何哉？辰州龙兴寺，有阳明书院，余与王文成师有夙缘，题数言见志。

十月后任永州，永人执香迎余甚欢。曹将军名之建，先是刘直指中军也。直指命之募兵三千，募既成，直指以忠死，兵无所属，曹将军以兵驻道州，无饷之兵，民不堪给，道州之民苦之。余以为衡州不可无重镇，曹兵驻道州则民病，若移镇衡州则民得所卫，具详抚宪，请镇衡州，兼为请饷。余往见曹将军，行四十里为澹岩，名洞也，中有石床石几，相传仙人所居，列炬以进，不能竟。晚宿麻滩。明早曹将军列队迎余三十里。余告之，甚德余。道州为有瘅地，有象王祠，州人祷雨于象辄应。舜陵在九疑，余与诸士子言兄弟生死不相离，此舜亲爱之心也。是夕，曹将军邀余游月岩。月岩为周茂叔先生读《易》处，四周皆峭壁，中虚可见天。月当空，初从外视内，为上弦月；入其中视，为既望月；及从内视外，又为下弦月，故名月岩。先生爱莲，茂叔祠中有莲池云。余行，曹将军即日移镇，道民之困以苏。余又与之约，兵所过，无扰民，曹将军（领）〔当作领〕之，自道至永，自永至衡，不动民间一草一木，此曹将军之纪律严，亦余有以使之也。

何抚军以长沅之命未下，复题余衡永郴桂团练监军道，终以无赖不得道，不止不得道，更为嫉余者略蔡德清政府，将以失永为题坐余。赖徐虞求先生为冢宰争之不得行，止加余衡永郴桂团练监军，以俟考选，司李而加是衔，则余独矣。十一月，抚军檄余署守道事，固辞。十二月秋冶严公起恒来自浙，甚重余之不视道事也。黄直指与马士英争于朝，触权相之怒，坐以赃，行楚抚勘问，余往见之，直指泊舟黄之巴河，与余言朝事，甚愤愤。抚军不避权奸，抗疏争之，直指有才人，一旦摧抑之至此，余已料其有不可知事矣。

半生自纪卷下

松陵吴晋锡燕勒著
族孙吴燕兰艿久编

乙酉元旦，余在省与抚军度岁，过灯夕辞归。二月，巡道王禹烈公鼎镇攫宝卿行，守道严公赴衡署巡事。永贼魏可教、银大华等聚众数千，据进贤乡以叛。太守张似翼嗜酒为事，不之问。余以计擒之，剿者三，抚者七，永以是宁。进贤乡亦立有遗爱祠以此。左兵横行于祁，莫可谁何，余获最横者十有七人斩之，祁人快焉。黄朝宣驻兵燕子窝、衡山、攸县交界之所，日以渔猎小民为事，一投其部，怨家之产立尽。朝宣令□司何祝、易参将等远来永招兵。余曰："是祸永也。"执而格杀之。四月初，猝传李闯攻湖南，人心震慑。严公贻余书，邀余商守御策。余偶抱疾，一闻变，疾立瘳，永人留。余笑曰："为尔永扼门户，衡安则永安，尔何惧之有？"余遂行。严公闻余至，奇余胆。是时，衡民争匿，衡城寂寂若深山矣。余曰："守衡又不如守衡山。"余与曹将军并辔下衡山。

先是，余过衡山，知县刘明祖自以假官，畏见。余借试事居武场，仅以谒投。先一日，丁祭，明祖以羊代鹿，余已怪之。令人往试场召之见。及见则少年，其年二十一也。自称贵州庚午举人，诘之曰："果若此，岂有以六岁登科者乎？"再诘以榜首何人，对曰刘递。余曰："刘递乃江右解元，非贵州也。"听其音则又是武进，遂执而讯之。供称有桂府宗长史，因以罪褫，流落南都，适甲申之变，官民奔窜，文凭失旅邸中，宗长史取有三纸，一为长沙宋同知，一为宝庆宋通判，一为衡山知县刘明祖。宗长史改宋为宗，本身则长沙同知，以其子为宝庆通判，以奚儿袭刘明祖名，为衡山知县。有所得，三人共之。宗长史与奚儿，皆已到任两月。其子则尚在衡山署中，将制冠带行假知县，故奚儿以是年独少也。余随押至县，点库银已征收千余金，封识交捕官，并擒假通判同假知县送署巡，严公具详长沙道，擒假同知于长沙厅署。衡山人咸以余为神，见余至相庆曰："神君来此，吾属无患矣。"余与曹将军规度险要，樟木市可设关，爰立九关，以障衡郡，严公与曹将军及余所区画也。余在衡山，永役自省回，则左宁南东下、何抚军赴涛之报至矣。越二日，万子之奇为长沙广文，贻书来，则抚军□〔抵〕长沙之报至矣。

初，黄直指自触士英深忌，郁郁久，泊巴河，适传假太子至南，直指阴乘小舆夜见宁南，谓拔营往南中，可图大事。宁南夙有此志，以两台调和之故未发，一闻直指言，从之，欲劫抚军以行。以抚军素爱民，非尽杀省中之民不可。宁南传令，无少长戮之。楚民以抚军仁爱，争匿都院中，抚军坐于门，向内坐，听百姓入。余役以投文至，抚军命之随。宁南见百姓以都院为藏身地，复传令从院后破垣入，举火焚之，匿者悉死于火。抚军即解印付家人，令速出城无为所得。宁南胁抚军行，余役乃奔。宁南欲与抚军同舟，抚军曰："另与小舟为便。"宁南遣四副将守之，置抚军舟于后。黎明，各船俱发，抚军舟次汉阳门，跳入万丈江涛中，守者惧诛，赴江死。抚军顺流二十里，至竹牌门，遇一渔舟，救之起，则关帝祠前也。未几，家人持印来，亦会于此。是晚宿民家，乘肩舆，从江右宁州小路，转入浏阳，抵长沙，与傅禧徵会。以是永役有赴江之报，万子又有抵长沙之报也。

抚军之题傅禧徵于长沙者，为其募练而题也。任已及期，兵未一练，及闻省变，黄朝宣负隅燕子窝，招之至长沙，所谓养虎自贻害矣。余则以为宁南之弃省不足为抚军吊，适为抚军贺。宁南在时，权不自由，兵不得自制。今湖南北之饷皆在掌握中，湖南北之兵皆在掌握中。此时镇势方衰，抚军从万丈波涛中救出，方目之为神人，应破尽前局面，大为整顿，总计饷数，配合兵数，以各府之饷练各省之兵，督抚任大帅，司道任副将，府州县任参、游，以文官理武事，则令出惟行，生杀予夺，抚军以一人操之。惟楚有材可为大将者若而人，可为偏裨者若而人，自鉴若别眉〔此句疑有脱误〕，悬殊格以待有功，如高皇帝虚先锋一位，以俟先得采石矶者，则真英雄自出。湖南北一带应设水陆连珠营，十里一炮台，一方有警，号炮所发，千里百里皆应，巩若盘石矣。能练之兵，孰劳孰怯，孰整孰散，孰众熟寡，孰弱孰强，抚军不时单骑按行部落，即以此程殿最，（縻）〔靡〕饷者正军法。居守之兵若干，征调之兵若干，一纸书集师数万，如是者三年，可告成功。武、岳虽为吾楚所必争，然先复江右，则湖南北之藩篱益固。偏师下之，唾手可复，此万全策也。

以五月朔，扁舟下长沙，见何公，一悲一喜，力以此议陈于前。抚军甚善余言，以为治安策不是过。然多有以异见之言进者，亦独何哉？五月望，堵公为学使试永，余辞归。

隆武皇上登极福京，尊弘光为圣安皇帝，抚军总督七省，赐尚方。何公贻书驰报余云："新上南阳故人，鱼水之合，吾辈皆有缘也。"余陈香案于庭，拜贺新天子。复往长沙，贺总督。弘光时，杨鹗为总督。鹗武陵人也。楚人为楚官，无所见长，唯以攫饷为事，提饷之檄四出，楚人患之。至是，权归何公，饷为鹗所攫者则不可问矣。督师举堵学使为楚抚，督师镇长沙，新抚镇常德。湖南北所以各分守御也。

初，闯为北兵所追，昼夜兼行，淫雨浃月，马蹄皆腐，饥不得食，金珠掷满地，襄阳渡河。孙军师，短四尺，偕牛金星隐去。闯以宁南在省，有惧意，及闻左拔营，虚无人，遂据省，扬兵操场，图东下。是日阴霾四塞，暴雨烈风，旗枪尽折，闯心疑，不敢复东下。何公在长沙兵未集，可一鼓得也，决策攻湖南。是时，闯兵尚有四十八部，闯法各队居前，闯持刀居殿，视后顾者斩。以是四十八部先发，闯以二十骑殿。至蒲圻之九宫山，有玄帝庙，闯呵二十骑使止，单骑驰上，欲索茶饮，一入庙则昏昏堕地矣，岂先帝之灵殛之乎？团兵不知为闯，或以刀，或以□，或以锟，顷刻毙也焉。若知为闯，则人将避之，安能成此快事，以纾九庙之痛也。二十骑候久不见，入庙视之，闯肉已成泥，疾追四十八部，相与谋曰："李主已死，吾侪安适？何公以江涛救出之身，忠义可依，不如往归。"

督师在长沙，传四十八部攻湖南甚急，未知闯之毙而来归也。黄朝宣以闯攻湖南急，夜归燕子窝，长沙道请往避。督师曰："死于闯，死于左，一也。吾何避？"周石拙时为长沙太守，请以二百兵迎战。伤哉！石拙一交战，中流矢死。石拙素与江门厚，后之人怜而祀之，称周蔡二公祠云。督师方以义命自命，而四十八部之哨马入长沙城矣，告督师云："李主已死，愿投明公，太守不知吾意，故射之。明公过劳塘河，众皆归命。"督师慷慨行，四十八部下马罗拜，鼓吹迎入城。督师张宴，为首者以乌纱帽、红锦袍赐之，许以题镇，四十八部欢益甚。长沙为受降城，势时之难，视汾阳倍；威名之盛，视汾阳亦倍也。余贻书督师："此辈久在行间，动则奋，静则玩。及其锋而用之，分路进击，可以大有功。"督师善余言。长沙道以饷绌难之，独郝摇旗、王进才留麾下，袁宗第及田、高诸部落夺船而行，长沙之船顿尽。余官永，去督师千里，余退而异见之言入矣。失此一机，惜也。

一只虎为李锦，闯后营也，归湖北堵抚军题请矣，赐名赤心，诒抚军入其军劳之，所以堵公至今依焉。袁宗第亦归湖北，余则散去，不知所之。郝摇旗、王进才，督师俱题镇。摇旗赐名永忠，并居长沙。督师封定兴侯，进东阁大学士。督师以歼闯出团民手，侯封辞不受，受阁衔，以阁部行事。所重可叹者，黄朝宣闻闯至，夜归燕子窝，执而试尚方，可以慑人心。即不然，听之窜伏，负隅之势可不逞，长沙道复招之至何也？张先璧久居山谷，长沙道又招之至何也？舍湖南北自有之饷，不为练湖南北自有之兵。张与黄皆副将，无尺寸功，其罪不加诛而为题镇，功罪不明，且议饷以与之，是长沙豢二虎也。大抵禧徵同意，从此开镇者十有三，湖南北之饷尽归各镇，玉带横腰之意侈，跃马挥戈之志衰，督师之尚方穷于无所施矣。十三镇者谁？刘承胤、张先璧、黄朝宣、董英、李赤心、郝永忠、王进才、马进忠、马呈秀、王允成、曹之建、卢鼎、袁宗第也。卢鼎，即左营所称正纪也。进忠号大马，呈秀号小马，与王允成皆隶左部。董英，辽人，初为广东都司，督师中军也。承胤，南人也，以女字岷王，故拥兵武冈。袁宗第归湖北，以是与李、郝、王并题云。承胤军中呼为铁棍，亦犹先璧呼为黑神，之建呼为扛子，皆诨号也。

余为团练监军，日以募练为事，因思昔日所练之守永者团兵也，团兵用之以守，一旦有事，不能使去其乡，应征调，遂立五营，练千兵。祁阳有大营驿，武穆屯兵处也，有武穆庙，唐荆川先生为省亲过此，手题武穆祠，至今在焉。余立营房其地，登石榴仙。石榴仙为祁高峰，观诸兵往来驰骤，用申军令。壮哉！

靖江王僭伪号，改广西为西京，伪诒余为兵科给事。余麾使者不受。后靖江王事败论死，斩伪国公杨国威，凡受伪命者皆坐罪。平靖江乱者，广西抚军瞿稼轩公式耜也。

丁酉冬，督师锐志东下，拜出师表，集各镇于长沙，巡方李膺品以监军至。余见诸镇之兵外合中离，外强中虚，料兵行不能成事，急走见督师，止其行，谓且聚兵长沙，尚未至窥吾虚实。无如余言之不见用，何也？嗟乎！督师爱余如子，为余题考选矣。又不忍余去楚，为之题辰守道。适郴有砂变，余辞安就危，辞易就难，请就设郴桂道一席。督师壮余志，又为之改题郴桂兵备道。晏季复误仇余，潛之政府，曾樱忽于题疏中奉有为民之旨。余谓可谢事东归。督师又痛陈余之生平，反复辩论者数千言，两三月中为余题道数次，蒙隆武皇上一则有参议兼金事之旨，再则有副使之旨。至于控驭郴桂之衔，出自御裁，君恩极矣，师恩极矣！然军机决于呼吸，大利大害所关，余屡言之，而屡屡见格于他人，即极相信之师弟不能见诸施行，岂非天哉？岂非天哉？

丙戌正月二日，督师与监军道先下湘阴，期大会于岳州。张先璧独次，且其行诡，辞以买马未就，诸镇亦复观望。赤心从湖北赴岳，以诸镇兵无一至，为北兵截前队而还。威望之损，从兹始也。改檄张先璧恢吉安，出茶陵；黄朝宣恢袁州，出醴陵；曹将军救赣州，出郴之桂阳。独曹将军行，黄与张未尝出茶、醴一步，湖南北之奸宄尽投入张与黄部，如投势者然。招朋引类，一纸札付，黄盖横行，湖南之民坐水火中，余以是终朝浩叹，知楚事之不可为矣。

郴州砂夫围郴城，砂夫以摱砂为业，白扇为号，登山一招，辄集万余。余在永闻郴变，别永民曰："既题郴道，岂得以命未下而迟吾行？"即日就道。余李永时，练有千兵，即携之赴郴，旗帜兵器火器咸备，居然成一家兵，千人一心，胜镇兵之外合中离、外强中虚者万万。余一至郴，围立解，此正月十九日也。

郴州自衡州耒河入，过耒阳，杜少陵醉白酒，溺耒河，因葬焉。白酒于酒为下，衡、永无佳酒，止白酒耳，又名醇酒。供官长，亦以此，少陵非嗜之，因其俗也。少陵墓与庞士元墓相迩。耒河接郴江，有赤钓岩，中虚可藏千人，石上隐隐有大士、善才、龙女像，天龙护之，盖得天然者。

时章于野兼饷道，郴州六州县额饷止三万四千，于野派郴属限饷三万，以正二三月完限期。此事苦且难，余奉督师檄，谊不敢辞，诣郴庠，集士民，先行四拜礼，以相求，谓之曰："今乃上求下之日，非下求上之日。"适余奉为民之旨，余杜门居永兴鲁氏园，日与士子讲书义，不事征求，如期完限，此余四拜所致也。三月初六日，郴桂道命下。十七日，余履郴道任。郴道新设，无俸薪，无公费，余不忍派诸民，并无书吏，余即携永刑旧役为书吏，朝夕薪水，余自给之。

义帝陵近郴城，有义帝庙，庙之左为苏仙橘井，九仙二佛，俱出于郴，无量寿佛，兴宁所生也。城外十里许为苏仙岭，岭上苏仙观。山有石仙桃，破桃，吸桃液可疗疾。炎帝陵在酃县，去郴近，产蓍草。因思神农葬楚，许行楚人，学神农之言者以此。

余在郴一月余，而吉安告陷，赣州告急，龙泉失而郴之桂东危。上犹、崇义失而郴之桂阳危，余犹支危郴者经年。赖余练兵千余，如指臂之相使，两桂屹然。余之心力殚矣。曹将军初出兵守赣，赣急，退入桂阳。余单骑见之曰："此时崇、上新陷，将军骤以轻骑薄之，且晚可复。且有王文成所制交铳在城，可为吾用。"曹将军奋然起，不五日而崇上相继以恢，遂移驻崇义、上犹间。余急走白督师，痛言恢武、岳缓，恢吉救赣急，未有吉赣失而湖南得全者。

此时隆武皇上遣太监杨守明、职方路太平来楚征兵。余请自携千兵迎驾，督师以郝将军行。时郝将军已封南安伯矣。余密言于督师曰："待君子用信，待若辈用疑。不见张与黄，至今未出茶、醴一步乎？"长沙道力保之，遂遣郝将军。督师檄余于郴属措六千三百金，以资饩牵。余方完限饷，因欲使南安早出赣，万督师早解重围，又以哀词动郴民，南安未至郴，而六千三百之饷先完矣。

八月，开闱试于衡州，湖南北士子与焉，取士减往额之半。主闱试者，直指杨公乔然，为余同年，监临则余也。守道严公时为户部钱法侍郎，善持筹，闱中费浩，皆严公所措云。

永忠初为闯部，好战，居长沙久，各镇骄横之气习之久，此行以快所欲，非为迎驾，不幸而余之言中也。五月十七发长沙，至衡州，睥睨不前。周芝田时为学使，相遇衡州，永忠胁之措童生例饷一万。九月二日，抵郴，无出赣意，驻于郴。杨太监、路职方，皇皇使臣，不敢出一语，何有于余？斗大郴城为万余兵牧马场矣。郴民逃匿，永忠大索村落中。诸镇唯黄朝宣剥人皮，永忠效之，剥村民皮，填以草，须眉如生，悬之城上。断人手，亦累累，悬于城上。忍哉！余所携永兵千人，勇冠诸军，永忠见而欲之。余曰："将军若入卫，赠将军。"余费数载心血，一旦归永忠而余无一兵矣。余擢广西方伯，出自特旨。先是，有请临楚东征一疏，痛哭谈时，蒙隆武皇上出余疏，命鸿胪寺官宣示群臣，此小臣奇遇，因有是命。永忠在郴，非余则郴不安，遂不忍舍郴就粤，而不留郴饷与之，郴民终不得安。

九月十七日，见督师于长沙，告以辞粤命，兼与商南安饷事。适闻隆武皇上之变，又闻赣以援绝，赣亡，万督师元吉死王事。即辞赴郴，行至常宁，而郝南安攻桂阳州之报又至。戴署巡道吉人，为饷事至嘉禾，闻桂变奔常宁，谓余曰："南安遣数人往桂阳市布，桂民拒不与□之。南安引兵攻州城，桂民屠矣。君尚往乎？"余曰："非余往，不止失桂阳，永、衡亦不保。"余单骑独行，人皆为余危。余曰："大丈夫死则死耳！"余行〔何里〕〔?〕，先遣牌云："桂城为朝廷城，桂民为朝廷民，郝南安何敢擅攻。想副将辈或为启恤，监军道吴又失调停所致。仰该营千、百总，先将积尸掩埋，候本道面南安定夺。"盖斯事既大使之罪有所归，不至激而生变也。初，永忠自以桂城既破，又得福京凶问，果欲进攻衡、永。见余牌，以余牌立营门，示诸部。余将至，永忠列队躬迎十里。告之以君臣大义，师弟至情。永忠悲悔，缚启衅者至余前斩之。吴监军道亦向余前谢过。余抚流亡，覆积尸，安戢一定，与永忠并辔还郴。永忠始与余交不甚洽，以余舍粤就郴，又为之曲全桂事，以是服余，交遂深。从此兵则永忠治之，民则余治之，不复于村落中大索矣。千兵既归永忠，余复练新兵三百，以作标兵，不及数年素练之兵远甚，徒饰观辕门耳。

余在郴，权不我寄，虽有控驭之名，日以调郝兵为事，日以理郝饷为事，以有用之精神、有用之岁月，无端坐耗于此，可悼也。得暇简《道藏》以自遣。南岳有《道藏》，自献忠破衡，仅存十之四，余喜《三式书金匮玉衡经》、《龙首经》、《灵宝聚玄经》，皆得之《道藏》者。又有《灵□秘篆》，乃道家之要。若《玉棹银河集》则抄本，从张似翼处得之。余著有《几言集》，盖几研穷而成之者。

十一月，永历皇上以监国诏〔以下四十余字漫漶不清〕。十二月初六日，余会同郝南安、杨太监、路职方、郴守郑为霖读诏，父老扶杖观。唐藩遣一伪监察卢姓者来，余叱令去，抗疏请上早正位号，以定人心。疏未至，已从诸臣请，正大位，奉谕旨："吴晋锡备兵楚之郴桂，威惠交孚，朕所素知。疏内读明诏，夺异谋，具见忠胆。所规朕者，益征荩谟。"韩魏公未尝以胆许人，古人云陛下知臣，臣不憾矣。

先是，隆武锐图恢复，日以见孝陵为志。《十三经》、《廿一史》无不博览，曾皇后亦善属文，〔殆脱不字〕图事之未成，此臣负君，非君负臣也。

翰林刘季镰曾为余言，车驾次汀州，北兵先通约于汀守，车驾欲行，太守以夫马未备为辞，故迟迟。有内臣报警，以摇乱人心受杖，杖未毕，而北兵至矣。季鑛时为侍从，事急，袖小帽青衣以进，请上早为计。季鑛奔，君臣遂相失。此当日汀州事也。

当车驾将幸赣时，发帑金，命大学士苏观生往赣修行宫，理战具。观生故广西人，闻汀变，辇金至其家，总督两广丁魁楚奉永历皇上为天子，劝进表观生亦书名。观生虑上英武，恐究及帑事，唐藩至粤，观生居之为奇，擅策立，建绍武伪号。上即位肇庆，观生称兵犯驾，互为胜负，北兵乘虚袭广城。广城故殷富，为天下最，观生即解围归，而省城先破。观生死于乱兵，唐藩亦死此。观生自死之，天之所以假手于北兵诛乱臣贼子，然元气益削矣。

上初封永明王，先桂王第四子，避献忠乱，居肇庆。适桂王薨，因葬焉，世子安仁王早薨，以上与先帝最亲，故立，追尊先桂王为端皇帝，尊隆武为思文皇帝。省破肇危，不可以驻跸，丁魁楚以多私帑不护驾，避于肇之村落间，为北兵所获。为私忘公者，可以戒矣。禁兵三百，卫上从梧州至桂林，以省城为行在。大学士则吴石渠公炳及广西旧抚瞿稼轩公也。进何督师武英殿大学士，加太子太保，少司农严公加阁衔，钱法如故。余性孤介，通籍八年，无一字入长安，郴桂道应有敕书，余亦未领，余性之落落寡援可知矣。上御极，嘉余支此危郴，特降手敕，恭设香案开读。皇帝敕："郴桂道吴晋锡，楚粤门户，锁钥须严，尔监制兵马，分防疆土，著有成劳，朕深嘉赖。特加尔大理寺卿，仍管道事。司兼五教，班列六卿，殿中之直无私，民隐之通有路。当关虎豹，端藉声灵；要地犬牙，亟资拱御。尔受兹特简，益懋朕功。其钦承之。故谕。"余叩头谢恩毕，圣恩如天，感激涕零矣。

粤西南丹多狼兵，狼兵跣足，足底坚于铁，疾走岩穴间，足不为穿。使文武相与，戮力广西，据上游以狼兵为选锋，合十三镇之兵而用之，天下事未始不可为。而武冈刘承胤以三千铁骑迎驾幸武冈，瞿稼轩公留守广西。驾至，居岷王府，改武冈为奉天，挟天子令诸镇，而十三镇之兵又自相攻矣，复何言天下事哉？初，承胤尚知好名，驭兵以律，见张先璧、黄朝宣等之虐用其民，兵势转甚，遂大变其所为，以为不劫天子不足以夸诸镇而鸣得意，从此揽朝权，擅威福，进爵为公。楚按杨公乔然复命，语不合，以手批其颊。朝绅趋其门，有尝粪侍郎、跌脚授监御史之谣矣。龙之沫，常德人，以色事承胤，时为跌脚授监御史。尝粪者周姓，忘其名，承胤病，以此媚之，擢工部侍郎。有志之士于此叹名器之贱也。一日，承胤索饷于上，帅兵清宫，王皇太后，女中尧舜也。曰："国公知老身贫乎？"尽宫中簪珥之资简以与之，不（上）〔当为下〕五百金。上密遣内臣至督师军中，口诏之，进讨君侧之奸。督师又以外事方急，不能兼顾，而天下事愈不可为矣。

郴之宜章与广东之乐昌、韶州接壤，郝永忠驻郴，保富贵之心，夺其击斗之心，不复言战事。丁亥灯前，忽传犯宜章，一日五十报，永忠惧，先发兵眷往常宁，事急拔营奔耳。吴监军道一日来余署中数次，色甚怖，问何所适？余谈笑自若，应之曰："唯有一死。"指案上所阅史书示之，则李苩死长沙事，即奉祀江门祠中之李潭州也。顷之，永忠亦来署中，余曰："余以死守郴矣，兵眷既行，将军勿轻去。"余令郑郴守单骑往宜章，度险阻。未几，警报息，则郝营副将苏应选传者妄也。永忠惭，执应选杖之。余力劝永忠，若出兵宜章、韶乐〔下二十余字漫漶不清〕一步，犹张与黄之不出茶、醴，而永忠竟移驻贵阳州也。其驻桂者何也？以此时兵眷在常宁，一旦有急，将奔道州，恐余之止其行，而先驻桂也。

当是之时，承胤专政于内，诸镇跋扈于外，王进才之兵不守益阳，撤之驻长沙。卫督师左右，守湘阳者，止一章恢抚耳。督师之势孤危已极，湖南之门户，督师尚能以一身捍之哉？因是不能无致议于傅禧徵也。

初，于野以监军道题恢抚，禧徵以长沙道题沅抚，此丙戌春事也。于野则以恢抚守湘阴矣,提兵直下,多所斩获,至新祥深入岳州,虑兵不继而还。督师壮之。沅抚公署一在沅州,一在长沙,具题时禧徵之心变矣,向督师索饷五千。督师谓曰:"共事久矣,尚不知诸镇乎?自子以饷议归镇,督标兵亦苦不给,子何索之骤耶?"禧徵怫然往沅。督师治酒,对之泣,谓曰:"子为别,饮此;子为我留,饮此。"禧徵勉应曰:"愿留。"留半月,驾言往益阳,飘然行矣。督师亦以其不辞而行,复驰三百金赠之,而禧徵不之顾也。嗟乎!禧徵一司李耳,题道以之,题抚以之,一旦弃捐若此。使禧徵并驻长沙,湖南之门户,何独使督师以一身捍之也?故不能无致议于禧徵也。

丁亥三月廿六日,王进才借名乏饷,大掠长沙、湘阴。适三王帅兵攻湖南,湘阴、长沙遂陷。三王者,恭、怀、智三王也。是时浏镇董英守浏阳,以城降。王进才走湖北,督师单骑至衡山,贻余书云:"兵骄饷绌,知天意之已穷;时危义坚,信吾心之有主。"读之流涕。然此从王进才兵变而起,督师若静镇衡山,固结民心,且有恢抚章于野与俱,以不动者待动,衡可以战,可以守。督师复贻书云:"躬调张、黄。"余曰:"大事去矣。昔集十三镇于长沙,兵力非不盛,尚不用命。今用命乎?两人滇人也,无心恋战,一闻调,料其必拔营走。"果如余言,张与黄不应调而走。卢鼎守衡州,张先璧兵至,大掠衡城,鼎走永州,先璧竟挟督师以行。至祁阳,先璧从文明铺小路走辰沅,督师乃得脱,偕于野至永。及至,则鼎之白副将亦以兵大掠永城,鼎走道州。督师同钱法严公驻白牙市,于野驻东安,而衡城虚无人,为三王有矣。永城虚无人,三王遣纪太守守之矣。王允成、马进忠驻湖北,闻变走辰沅,与张先璧合。初,傅禧徵自以长沙危地,沅州安地,三虎走沅,禧徵图安,几何时,至此汲汲矣。三王兵至衡,黄朝宣率其子降,以为长保富贵,三王先命朝宣之兵释兵械,召朝宣入,历数残暴之罪,支解之,以快民心。天之报施不远也。时郝永忠

驻桂阳州，闻衡变，走道州，与卢鼎合。曹之建驻桂阳县，闻衡变走永明。镇兵尚走，安望团兵。

初，耒阳令杨永泰奉余团练令，团练事者有年，昔郝永忠从耒过郴，与耒民为难，杨令率团兵截其后队，所以耒团称劲。自镇兵相率散去，耒阳衡属邑也，三王驻兵衡州，耒团虽坚，亦望风降矣。余孤坐郴州，四面藩篱俱撤，只手岂能障天。四月十五日，余知郴州事不可为，誓以忠死报先帝，预治寿具，慷慨自题"明大理寺卿仍管郴桂道事兹受吴晋锡之枢"十八字，篆之盖上，遂援笔题余生平不下万言余，字字英雄血也。标兵三百，以郴米为郝永忠食尽，斗米四钱，尚无售处，恐标兵饥而死。余无长物，悉出给诸兵，以青丝带自随，将以郴之存亡为余命之生死。廿六日，耒阳孝廉廖应亨在永兴闻余买棺，同耒阳令杨永泰至郴，劝余曰："督师已题公衡永桂抚军，旦晚得旨矣。抚军权重，自有可为事，何拘拘此乎？督师在白牙，盍往共图之？"廿六日，接督师手书云：已得新抚军旨，邀余往白牙。廖孝廉先一日行，余则以五月三日同杨令行。此余去郴始末也。

时耒阳、常宁路皆梗，水陆路绝，取道桂阳州。桂阳州，故砂夫啸聚处也。昔吴监军道随郝永忠屠桂阳，以是砂夫怨之。五月初七，至金村。耒阳杨令先至。其从者以市鸡酒事，与居停角。砂夫登山一呼，以白扇招之，其党立起，围杨令。又误以余为郝营吴监军，谋不利。塘报驰报曰："杨知县被围矣，请勿前行。"余麾之使进曰："砂夫亦吾赤子也。前行无患，一退则示以怯矣，不为所袭乎？"及至，遍山谷皆砂夫，执弩者，执棍者，执农器者，环立马前。余召乡约杨钦谓之曰："此地非杨令所辖，彼不善戢其下，以至启争，吾执其下责之矣。尔辈意何为？"杨钦应曰："非止为杨令也，吴监军道屠我，赖吴郴桂道生我，百姓辈欲向监军道索命。"余笑曰："果若尔言，我非他，即生尔之郴桂道也。"桂阳快手徐玉金，村人也，曾至郴署投文，识余面，宣于众曰：

"今日遇我仁人矣。"砂夫俯伏谢罪，送余行十里乃辞。

虽然在金村则知余为桂郴〔道〕，自修怨监军之说传，而前路皆畏途矣。行三十里，至杨田，两山对峙，砂夫伏以待，鸟铳齐集。余携有硝磺，争取之，遗引火之具于其中，声一震，火势猛烈，为首十七人死于火，众奔，独从余者火不及，天也。日已暮，余因宿此。是晚，砂夫梦神兵护行，黎明告余以梦，俯伏谢罪，亦送余十里乃辞。

杨令复先至鸦笑岭，彼中人曾以事与耒民讼，杨令护耒民，系诸狱，今适与之遇，意愤然，以枪刺其股（朴）〔当作仆〕地。余方至石盘，塘报驰报曰："杨知县中枪矣。"余止石盘，吴氏遣人以余马扶杨令还，飞票召鸦笑岭之乡约熊非。熊至，谕以伤命官者何人，速缚之至。其人至，余叱之曰："伤命官，法当斩。姑念杨令昔时事太已甚而尔勇，可鞭箠，使留之军中立功自赎。"处分方竟，而新田之父老远相迎矣。是晚宿吴氏。石盘之民以纸求余题，石盘之纸为之尽。次早，行四十里，脱砂夫地。砂夫动辄成群，崇祯八年间，命三省之兵不能剿，余经其地而得全，天也。

初九日，抵新田。新田，永之属邑，古延唐地也。国初属宁远，以征赋之难，崇祯年间新立之。其地近徭，徭官沈希先数骑迎余。时淫雨经月，山涧成江，湖水及马腹，不能行，斗米则八钱矣。沈希先请曰："去新田二十里为石溪洞，野人可治供具也。"徭人状貌声音与人同，而新田之徭，视九疑之徭则异。九疑近舜陵，为顶板徭。徭妇头顶一方板，以板系发，发用胶，越一日重沐之，再髻。衣刺绣，能唱徭歌，则娥皇、女英思夫君之词也。凡讼于官，徭民唱徭歌，鼓徭鼓以进。相传高辛氏与吴将军战，令于众曰："取吴将军头，以女妻之。"有一犬名曰槃瓠，取其头造阙下，诸臣以帝女不可嫁。帝女誓坚前盟，遂嫁。是为徭种。若新田之徭，童子能为文，有以徭童应试者。凡遇丧，作浮屠事，架一台，延僧其上。佛事竟，有丧者执杖逐僧，僧怖而奔坠台下，以头触地，观者鼓掌而嘻，以此媚佛。此则徭俗之殊也。余居石溪洞者半月余，徭民以伏弩为长技，射命中，争相谓曰："吴公为抚军，我辈愿为用。"恭王命巡道李懋祖赍书招余，余以书谢之。

先是，三王遣纪太守守永城，副将周金汤有胆力，庚辰武进士，旧永道中军也。以兵二百，黑夜鼓噪而登，纪太守疑大兵至，奔衡州，永失而复得。壮哉！以十三镇之兵未尝旗鼓相向，乃见功于二百人，十三镇之兵愧死矣。余以六月三日赴白牙，道经永州，荆棘半城中，永父老喜余抚永，永地六月早禾登，争持新米以献。余传檄永团，永团俱愿为我用。及行至石期站，督师赍余书，则永抚之命忽中止矣。初，四月廿二日，奉抚军旨，五月朔改票云："据奏，吴晋锡处置郴州三大事，胆识力过人。但楚事裂于增抚，俟抚缺另用，大理寺卿如故。"此盖刘承胤意，非上意也。

六月十五日，见督师于白牙市。嗟乎！此甲申秋白牙之民宴余处也，今室庐为兵栖，无一民矣。督师复欲为余题。余曰："止！止！理卿闲曹也，不与兵事，愿理饷事。"初，督师赴行在，上谕之曰："国家多难，全赖先生。"皇太后召见谕曰："望先生来久矣，其勉以佐今上。"刘承胤嫉督师，将加害焉。时督师已无兵，适御史陈荩募滇兵，征江右，已失其半，其半留驾前，上以赐督师，谕以"先生速行"。统滇兵者赵应选、胡一清也。滇兵至白牙，号一万。此时三王避暑衡州，若帅之直下，因粮于衡，兵法所谓出其不意，可以〔得〕逞。而应选、一清之意，则以为十三镇之兵，豢之数年，未接一刃。他人任逸，我岂任劳？向督师请饷。有以借饷东民之说进者，余曰："东安之民方困，其何以支此，非可以威胁，可以情相感耳。若遣兵坐派，则东民无噍类矣。"余以是有愿为理饷之请也。督师善余言。督师帅滇兵驻白牙，以余与严阁部驻东安，章恢抚驻永州，檄耒阳杨令署永道事。六月廿七日，为督师诞，因迟一日行。时同在座者，司理监庞公天寿、王公坤、阁部严秋冶公、大司空周公光夏、恢抚章于野、户垣周命新、太史刘明遇也。周、刘二君，余旧属吏也。酒酣，督师笑指执壶者曰："白牙门子牙不白。此对语也，诸公为我联之。"白牙市地名也，诸公未有以应。余应声曰："画眉村妇眉懒画。"画眉铺，亦地名也，举座称绝。

廿八日，至东安。余因请札而行，寓唐氏园，婉谕东之士子曰："此饷非督师所忍言也。兵之所聚，不得不尔。又恐遣兵至此，致扰尔民，余以是来。督师便宜行事，以札为尔左券。愿文衔者与文札，愿武衔者与武札。"于是东之士子挥泪听命。七月初七之夕，余与严公露地论兵至夜分。越一日，而余病矣。疟与痢侵，积劳致之。此地无歧黄家，余病日甚，督师时同秋冶公、周户垣至榻前视余。东安之士子感余止兵之坐派，余病虽剧，时至榻前输饷也。郝永忠在道州闻余病，不忘故人之谊，馈米二十斛。可异者，永忠衔杨永泰耒阳凤隙，方视道事，缚至道州，以糟涂其体，暄之烈日之中，仍系诸狱，以是有糟羊之谣，余贻书救之，庶不致绝食，此亦未经见之事矣。一日中措有七千余饷，余病卧，贻书督师，以为当此时而措此饷，心力竭矣，仅偿七月之饷，而八月又至。七月出兵待七月饷，八月出兵待八月饷，是饷有尽时而兵无出期也。乘三王之避暑而疾出师，胜负未可知。秋风一动，我不往，彼必来矣。其如赵应选、胡一清终无出兵意，此皆效十三镇骄横之气而迟其行也。嗟乎！周金汤之余勇可贾，不责以成功，而必恃此滇镇，此计之失也。章于野以七月二日病膈症也，八月初六之夕，督师见一大星坠地，初八日于野卒于永州。伤哉！督师十六日拜疏，请以余代恢抚任。廖孝廉赴行在，痛陈余之买棺待死心事，授廖应亨监军御史。廿三日下恢抚命，而八月廿四日恭、怀二王帅兵破武冈矣。

先是，三王驻兵衡州，怀王督兵先克常德，以绝湖北之援。堵抚军奔一只虎军中。八月暑退，三王分路进兵。智王帅兵同王我函公憬陷永州、道州，郝永忠走广西省城，瞿稼轩拒之，永忠传令攻城，而后入广西，又贻一祸矣。恭、怀二王同佟少司马以督师拥兵白牙，而武冈则未有备，从永兴铺小路袭武冈，刘承胤降。是时驾在武冈，城门锁钥为承胤所收，手诏三至始得，仓卒出狩，而上之宸算自定，谓武冈既破，必进袭督师于白牙，分两路行，或未至，并与之遇。命大学士吴石渠公护太子往城步，上从皇太后幸靖州。太子至城步，果有兵守之，为所获，同吴石渠公送衡州矣，石渠公以死事闻，而上得免，天也。

八月廿七，督师方发兵往衡州。廿八为余母忌辰，余病少瘥，将起衣冠享余母。天方曙，督师突至榻前，疾呼曰："武冈告陷，车驾已不知所之。我以是回辕，君尚卧乎？"秋冶公及周户垣随至，督师恸哭曰："以江涛再生之身，谓可为国家当一面。一旦至此，天也。吾黔人也，且帅兵往黔，伺上驻跸何地再图之。"复谓余曰："以君病躯，其将何往？"余应之曰："事到穷□时，为头陀以自谢。"督师泣曰："是亦一道也。"嗟夫！从此与督师生死别矣。

余同秋冶公、周户垣是晚宿文氏。兵部主事侯协恭从武冈逃出，适与遇，以是得八月廿四武冈告陷甚悉，协恭因口传余恢抚命，而事已至此，犹可为乎？时智王已得永州，尚未至东安也，余语秋冶公曰："去东安城三十里，试再一往，以观动静。"余单骑独行城中，虚无人，取督师所遗掌扇为信。严公壮余。时团民方请余申团令，而智王兵至矣。九月初一日，余往陈生凤仪家，山半有小庵，因止焉。秋冶往范村，周户垣往蚌荡。初四月，余为文哭谢高皇，不敢以草莽失君臣礼，恭设香案，五拜三叩头，引礼者陈生凤仪、邓生廷瓒也。读祝，余哭，二生亦哭。复为文稽首大士前，以大士为本师祝发为头陀矣。蚌荡，楚粤交界地，周户垣贻书招余。余别陈生往。侍御斐文灿，亦余旧属吏也，居之。三人共朝夕，请余讲《易》。因请讲三式云。

初，章于野卒于永，智王兵将至，其中军急扶柩行，至石期，有启旧穴而迁其父者，中军告曰："盍以葬章公？"其子慨然，遂葬焉。墓道不改，松柏依然，是亦忠义之感也。

王我函公署湖南、广西巡抚事，同旧浏阳镇董翠宇公略地至东安，贻书招余。王公与余未有识，而意甚拳拳焉。余以书谢之。余此时入山恐不深，斜岭源山最深，与玉陛源相望。玉陛源乃帝舜南巡朝诸侯处也。有孝帝庙。上斜岭源三十里，为蛮子墺。余别周户垣往栖之。山势陡绝，中特起一冈，平衍可居，数十里无人烟。余采木为屋，编竹为门，引石为火，贸米于蚌荡，往返五六十里，泉流潺潺然，汲清泉自饮。夜半，时闻猿声、虎豹声也。余自以为人迹所不经。

十月朔，而智王之书至矣。其略曰："师下楚南，慕韩有日。天不祚明，将悍兵骄，未见运一谋，发一矢，以是而几金瓯之盛，不穀不之信也。台臺圣儒多智，智若转环，倘移其所为振兴之心，幡然从事，管夷吾、魏玄成之业，亦何愧哉？"

余复启云："恭惟殿下，术秘《阴符》，谋深《鬼谷》。旌麾所至，兵不血刃，古之名将，何以加兹。痛我永历皇上，文武圣神，遭逢多难，乘舆播迁。职以楚国之罪身，放身深岩绝壑中，效古人采薇行泣。忽有新田徭官沈希先敬承王命，以殿下令谕见示。时盖立冬前三日也。嗟乎！殿下亦知职之苦衷乎？职待罪郴州，正月中奉有理卿之命，不即去郴者，以郝南安在郴、桂间，以调停兵民为事，不忍去郴也。衡州告陷，大兵相率散去，职知郴不可支。自四月十六日起，日以青丝带自随，预办后事，预题行实，将以郴亡之日为职绝命之日。天地鬼神可鉴职心。四月廿七，奉有永抚之命，耒阳孝廉廖应亨在永兴闻职买棺，于廿六日急走郴州，力止职之死。谓督师在永，尚可图共事。职遂以五月初三赴永。行至新田，淫雨如注，马不能前，暂栖新田之石溪洞者数日。随往见督师于白牙。朝中有忌职者，永抚之命下而旋止。理卿闲曹也，不与兵事。兼以积劳之后，疟痢交攻，卧病东安者三阅月。迨章于野物故，督师请以职代。八月廿九，有侯兵部从武冈逃出，传言拜恢抚之命，而恢院以决裂殆尽矣。地非吾地，民非吾民，职以一书生岂能只手回天，君恩天高，臣罪地厚，职心如碎，职泪如泉。多病之身，浪迹南山北山，借危石以当枕，借朝云夕露以当药饵。职今只欠一死，事到穷蹙，已为文哭谢高皇，祝发为头陀，以自靖于二祖列宗之灵而已。承殿下睿翰，殊荷隆情，但败亡之子，不获比于人数，何足以□殿下之弓旌？风虎云龙，景从者众，职非不知，第或出或处，或隐或见，原不一辙。如敝房师兵部员外倪百屏、敝同社侍御吴茂申、铨郎赵彦琢，清朝未尝不听其以衲子入山。上有尧舜，下有巢由，正以成清朝之宽大。惟殿下怜而见鉴，使职得遂所志。倘他日邀殿下之灵，职以世外缁流生入里门，归葬先人之侧，题其墓曰'有明头陀之墓'，则死之日犹生之年矣。五月中，李巡道贻书于职，职亦具有复书，婉以相辞，书中之意，亦同此意。总之，职世受明恩，思之悲恻，言之呜咽。女不再醮，臣无二事，素所自期。岂以郴州买棺待死之初心，至今日而顿违孤臣之志？以之对我永历皇上者唯此，以之复殿下者唯此。职久离石溪，天放之民，方随白云为卷舒。承殿下手书远颁，不敢不复，忠不成忠，孝不成孝，负此大痛，生不如死。职之言几于如怨如慕如泣如诉之言矣。方外道人不应列前衔，而职仍列之，并书永历年号者，以吾君一日犹在，而忍背之，义之所不敢出也。兴言及此，痛深于哭矣。睿度渊涵，统惟慈照。"嗟乎！此启皆肝膈语也。

初，智王有事于永州，故有是书。十月初五，智王往武冈，与恭王会。怀王从武冈来驻永州，徭役持余复启往，智王已移军，以此启误投怀王。而怀王之书又至矣。其略曰："台臺气吐虹霓，胸蟠黄石，不穀仰高风久矣。智王平定永州，故以书先之。不穀顷来此安抚永民，以尊礼大良为第一务，何台臺之我遐弃也？台臺吴会名公也，吴峰楚水，能无长怀，慕之深，望之切。惟惠然临之。"余以启复，与智王启大指相类。此十月初八日也。

先是，车驾幸靖州，闻沅抚傅上瑞降于恭王，至沙泥湾，上曰："沅抚既降，若往辰沅，将先入张先璧军中。是去一承胤，又一承胤也。不如往粤。"时随驾者，张别山公同敞也。督师帅滇兵适遇沙泥湾，遂幸柳州。严秋冶公亦从范村与上会。督师复面奏改恢抚，以余为湖南衡永长宝郴桂抚军。上遣金吾吕元和为樵者装，入斜岭源，始知又拜巡抚湖南命，兼悉车驾所在。时则十月十四日，而全州地已为守将王有戒所献。湖南既无寸土，广西路亦阻隔不可行，血奏拜辞，上负圣恩，臣罪当诛矣。

有宁国谢生，隐其名，亦避于斜岭源口。初从周大司空入楚，悯国家之沦亡，拜别衣冠，以衣冠葬，然后祝发，题曰"宁国谢生衣冠之墓"。谓余曰："衣冠者死，谢生头陀，生者非谢生也。"其人亦异云，请余题。余题云："老谢老谢，祝发是谢。衣冠以葬，高皇可谢。头陀以生，父母可谢。我亦头陀，与君同谢。"

十一月初八，怀王复命王我函公及董翠宇各以书招余。十一月廿三，余至东安。时董翠宇公守东安，留余一日道故旧，遣刘中军送余至永，过浮桥，纪太守方放关。永民见余至，仍跪迎。余急止之曰："今日非尔上矣。"廿六日，以缁衣见怀王。怀王降阶迎，称善久之，宴余者半月，将题余广西学道。余辞曰："方外不可居讲席，兼以卧病，东安人尽知之，非至今日言病也。"永司李吕金声，君子也，谓余曰："王诚贤王，盍以假请，必见俞。"时十二月十二，为余诞，怀王复宴余，因请曰："吴峰楚水，能无退思？此殿下令谕中语也。人咸颂之，以为善体人情。愿归省亲墓，殿下许之乎？"佟少司马亦为余请。怀王笑曰："吴巡抚，忠孝人也。"复谓余曰："不毂有子继茂，惜在关东，他日可与君订交也。"以十七日送余行。嗟乎！庚辰成进士，遇龙也。怀王耿姓，逢火也。玉云师赠以"遇龙方出润，逢火便归林。"合之正阳

门"善为善应永无差"之谶，人生数皆前定，信然。永州唐公世旻庙甚灵，余初至永，尚未知怀王意，请一签，得"临风何幸随南上，始见孤忠义已全"之句。神矣！

除夕，次白水度岁，主于王氏，即昔年所出狱中之船埠头也。其家尚供余长生位云。戊子正月二十日，过吉水，拜瞻文信国墓。二十八日，过江西，金声桓起以兵守章江门，舟过此，不挂号，辄放箭。余乘夜扬帆疾渡，逻卒不之觉也。鄱阳湖，古彭蠡也，遥望康郎山，丁普郎等忠烈庙在焉。大孤山在鄱阳，平平一山耳，非若小孤山之屹立大江中，势险而奇也。鞋山形似鞋，形家言锁江右全省之水口，以此湘中贼艘□□□相半。余孤舟行其中，幸无恙。二月十三至湖口，往来路绝，泊江头。二十日，狂风起，巨浪拍天，船底高于岸，几覆，急登岸，夜宿芦苇中。次早走庐山，天雨，衣尽湿。过慧日寺，燎衣，见伊庵上人趺坐禅床，有道高人也。因止之，与伊庵坐小楼，阅《楞严》，而连华峰、圭璧峰、双剑峰俱历焉，白云绕足下，星辰历历在顶，亦异也。庐山为远公道场，以是禅风独盛。山势面大江，枕彭蠡，跨南绕九（三）〔疑作江〕郡，连亘八百里，精舍千有五百，（璃琉）〔琉璃〕光隐隐隆隆于山之阿。同年黄雷岸、叶咸庵亦时相过山中。人曰庐山无六月，峰高故也。五月初一日，谭固山破九江，屠之，城中长幼无一存者。此时浩浩长江，几绝渡。九江镇杨元凯名捷、副将穆荣之名生辉，奉谭固山令，遣旗鼓社文以舟送余至芜湖，而故乡风景非昔矣。

五月廿日抵吴。余拜扫先父母墓。倪师以事至吴门，余见之于郑氏。倪师见余方外服，笑谓余曰："吾以此得祸，此服非所宜，子为之乎？"余奉师命，不复头陀装矣。甲申过吴江，有孙桓臣，今则植臣、楫臣、樾臣，森森绕滕前也。余因南岳简《道藏》，遂笃信道法。而炼师施亮生言三气、五气，与余合，以是定交。感三茅真君之夙缘，为募修穹窿古观，梦真君赐余

345

子。余故多子，庚寅八月，果又生子。时旃檀香满室，名曰兆穹，以志异云。余久析诸子，不自留余地，田无半亩，屋无数椽，亦听之而已。

楚中人传言，余本房诸门人幸无恙，姚子拒献忠伪命，投荆江，遇救而生，余心为慰。又传刘承胤、傅上瑞随三王至武昌并戮之，督师已丑冬□□湘潭大步桥下。同一死也，忠不忠分也。督师面紫色，河目海口，体伟泽，少须髯，音如洪钟，目光如炬，以壬寅生，年五十有八，黎平之五开人也。精神大于身，谈论彻昼夜不倦，备兵淮徐，受□于史相国，与余言，每饭不忘道邻公也。下笔如长□□□□苏长公风，其书法则仿二王。性廉介，家无余财，□□□□□引入卧内，庑下列行锅二，家人执爨事。时初冬，□□□□□，红纸贴枕边，以御风之入首也。余曰：请以□□□曰："我非□欲此，但我以价售一经，衙役恐为铺行累耳。"其薄于自奉如此。闻其生时，有星日马入怀之祥，是为一代伟人。大□□□致命遂志，督师可不愧矣。止为十三镇所误，尽瘁而□。□□，惜哉！忆昔共事之情，并为记之。庚寅冬，瞿稼轩公同□□□公死王事，著有《浩气吟》。辛卯春，署湖南广西抚事王□□□镇吾苏，与余谈前事，唏嘘感叹云。是秋，余门人□□□□□乡荐。壬辰春，门人黄子、李子皆登第矣。嗟乎！□□楚国之罪臣，生而死，死而生，不复闻天下事，读书明道，□□□也。时端阳前二日，偶忆半生所历，援笔记之。

（二）吴兆骞《书信辑考》①

（以写作时间为序）

---

① 编者注：此《辑考》所收书信出自《归来草堂尺牍》者，均以《合众图书馆丛书》本（简称馆本）为底本，并与章钰抄本相校。凡此本与章钰本文字有异者，则将章本文字括注于馆本之后。

原家书第一（顺治十五年三月中下旬）

儿兆骞百拜父母两亲大人膝下：儿不幸，遭此冤祸，拘系刑曹，中心哀惨，唯不能忘我父母养育之恩耳。梦魂无日不在膝前，每念我父母，及合家骨肉，便肠断欲绝也。然儿此事实属风影，于心既无愧怍，亦复何惧。儿身虽在狱，而意气激昂，犹然似昔，凡在长安诸人，无不为儿称冤者。父母万无过伤，致损身子。切嘱！切嘱！儿于三月初九日赴礼部点名，即拘送刑部。儿此时，即口占二诗，厉声哀诵，以伸冤愤。礼部诸公，及满洲启心郎，皆为儿叹息，称为才子。儿若见天有日，重归里门见父母，便属大幸矣。娘子为人甚善淑，儿念之甚切，乞父母善待之。六弟须嘱其读书，不可以儿因功名受祸，便尔灰心也。儿于去岁，得梦大奇，《金刚经》四百部，千乞印施，佛力无边，必能护持。家中虽在至窘，而施经之事，必不可缓。切祷！切祷！临笔不胜哀痛之至。

自礼部被逮，即口占二诗，以志冤愤。索纸笔不得，即厉声哀诵，以当庶女之告天云：

仓黄荷索出春官，扑目风沙淹泪看。自许文章堪报主，那知罗网已摧肝。冤如精卫悲难尽，哀比啼鹃血未干。若道叩心天变色，应教六月见霜寒。

庭树萧萧暮景昏，那堪缧绁赴圜门。衔冤已分关三木，无罪何人叫九阍。肠断难收广武泪，怨深空诉鹄亭魂。应知圣泽如天大，白日还能照覆盆。

《归来草堂尺牍》卷一

按：兆骞赴礼部点名，即拘送刑部事，在顺治十五年三月初九日。此书言及此事，并附有拘送刑部时所写之诗，可见写书时间在此事后不久，当为本月中下旬。

原家书第二 (顺治十五年约四五月)

四儿禀父亲大人膝下：儿不孝，不能贻父母以光宠，而贻父母以忧患，心魂惊碎，几不欲生。但儿虽夹死，必不敢贻害父母及妻子兄弟也。儿凡事承右与甫，骨肉至爱，重为周全，儿真感恩入骨，两兄真千古一人也。季沧老之为儿意气，亦可为当今所少。总之，父亲凡事与右、甫商之，必不有误。右处应补还者，补还，或有可那移者，那移，总以救儿命为主，家计所不必惜也。即所费浩大，亦不可重家而轻命也。父亲在此，凡事必须谨慎，不可轻发一言，轻下一笔，至嘱！至嘱！儿心中无他事，唯念我父母之恩，不能忘耳。娘子为人甚可怜，乞父母照顾之，若已有孕，或生一子，亦不幸之幸，可取名荗生，以见《蓼莪》之义。儿有赋数首，在娘子处，可取来与甫，使传之，后日见儿虽不幸，亦自有才可述也。中心缠结，唯有思亲。儿若得生，便当皈依佛门，作佛弟子矣。留此字，以当见我亲之面。但儿起数求签，皆云无恙，父不必过为悲伤，是又重儿之不孝也。切嘱！切嘱！

《归来草堂尺牍》卷一

按：考佚名《研堂见闻杂记》谓，此案将主考、同考官及举人逮系并讯鞫（此为顺治十五年三月事）后，"天子不复严问，以为可因缘幸脱，或长系狱中矣。至岁杪忽降严纶，两座师骈斩西市，十六分房诸公皆绞死于长安街，举子则……长流宁古塔"。可见此案清廷之审办三月及其前为严，后相对宽松，至岁底又忽改为严。又此书有"儿虽夹死，必不敢贻害父母及妻子兄弟"语，则为三月移拘刑部后不久所写，具体时间当在上书稍后，殆四五月为是。

原家书第三 （顺治十五年秋）

十二日杨虬到京，接父亲字，知两亲及合家骨肉俱安，甚慰远怀。儿即于是日，得闻吉音，邀天地祖宗之荫，不独此身无恙，而犹可还我初复，儿不觉为之狂喜。因思两亲素行善事，儿又归心佛乘，未尝作一亏心事，此番患难，实出意外，今得平安，足征天道犹存也。解网之期，想在月初，尔时，当先令人归，以慰两亲悬望。儿读父亲《告神文》，为之感泣。父之待儿如此，儿不知何以上报亲恩也。初十日附一信，及长篇一首，于抚使者马上带归，不知曾入览否？汇意不减平日，曾托友来看儿，真不愧人伦之宗也。八弟字，儿见之为之陨涕，小时聪慧如此，后日可知，但不似阿兄坎坷便为妙了。父亲要貂帽，俟杨虬归时送到也。

《归来草堂尺牍》卷一

按：据前一信所引《研堂见闻杂记》，清廷处理南闱一案先严后宽，至年底忽又变严，此书言及"可还我初复"。据此，此信当写于相对宽松之时，即顺治十五年四月至十一月之间。又，是年秋，徐乾学有《怀汉槎在狱》诗，内有"圣朝解网有新恩"句，此与信内"解网之期，想在月初"句适相吻合，益证此信必写于是年秋。

原家书第四 （顺治十六年闰三月、四月之交）

二月望边，接父亲字，尔后绝无一信，肝肠尽断。儿已于闰三月初三日起身，道路之费，赖各位年伯，及季沧苇助银三十两，约有一百十余金，做皮袄及各项杂物外，尚存四十金。儿此去，尚可暂住沈阳，或能俟家眷到，同往彼中。近有可喜者，海宁相公第四子名容永者，系甲午科，以坏一目，例应收赎，近以部批，留京候议定夺，不随素翁出关矣。儿承素翁父子厚待，每事照拂，（意）〔竟〕如骨肉。父亲与二兄，竟不可依例不去，若在本处豁免，竟不报上来，此为至妙。倘必不能，必要本处文书上，写明某某以废疾当免等语为妥。若报部文书上不曾开明，事便无用了。此皆素翁之言也。儿生平未尝作恶，今乃遭此冤祸，上累父母，中累兄弟，不孝之罪，真通于天，每一念及，儿不欲生。大妹寡居，儿尝欲照顾他终身，岂知今日身罹冤酷，一至于此，天乎，天乎，真有不可问者也！家眷到京，俱可讨保在外，唯虞山陆夫人收禁，因无人肯保耳。此事儿已重恳右兄，右兄待儿亦异姓骨肉，其恩不可忘也。父亲若得不来，儿死亦瞑目。八弟九岁，亦合十五以下收赎之例，况十岁以内竟免，此亦易为力也。若得邀天之幸，唯儿妇一人去，乞父亲送至京师为妙。

儿在此，俱承苾叔照管，在方年伯处吃饭。前日苾叔寄一信在东阡沈仲犹处，写得甚明白，约有千余言，凡家眷到京，及出关诸务，并所带物件，俱开列清楚，想四月中旬可到，父亲可取视之。儿亦寄一信，及别诸友札与在狱诗一本在他处，想彼定不浮沉也。到京后事，可与桐城商之，儿已作字托季年兄矣。其兄沧老，真肝胆士也。儿有别诸故人七言古诗一首，乞父亲一一为儿抄送既、畴、研、甫、九临、瑞五、茂伦、鹤客、其年、华峰、（天一）〔应作原一〕、公肃兄弟，虹友、绣夫诸兄为妙，使天下人知儿在困顿穷厄之中，犹不废笔墨，庶几江左文人，为儿哀悯。儿一字与两兄，一字与大妹，一字与诸弟，一字与娘子，一字与绣夫。父母须保重身子为主，父已年老，母又多病，遭此大（厄）〔祸〕，皆儿之罪，儿唯有念佛，遥祝父母而已。临笔呜咽，不知所云。

将赴辽左留别吴中诸故人

蓟门三月柳堪折，玉关迁客肝肠绝。结束征车去旧乡，矫首天南恨离别。忆昨胥台事侠游，才名卓荦凌王侯。黄童雅擅无双誉，温峤羞居第二流。相将日向春江曲，吴王墓前草初绿。彩鹢春风客似云，珠帘夜月人如玉。少年行乐恣游盘，夹道飞花覆锦湍。按歌每挟茱萸女，驻马频看芍药栏。筵前进酒题鹦鹉，一日声名动东府。拟从执戟奏甘泉，耻学吾丘能格五。去年谬膺公车征，骏马高台几度登。自许文章飞白凤，岂知谣诼信苍蝇。苍蝇点白由来事，薏苡（偏）〔应〕嗟罹谤议。赋就凌云只自怜，投人明月还相弃。身婴木索赴圜门，白日沉阴自断魂。北燕谩说邹生哭，东海谁明孝妇冤。衔冤犴狴悲何极，慷慨陈辞对岩棘。幽怨空教托楚辞，严威竟已□〔拘〕秦格。忽承恩遣度龙沙，边草茫茫道路赊。名列丹书难指罪，身投青海已无家。消魂桥畔谁相送，一曲胡笳自悲痛。皂帽惭非避世人，青山何处思乡梦。乡心日夜绕江干，江柳江花不复攀。万重关塞行应遍，十载交游见欲难。从此家山等飞藿，满眼黄云（大绝莫）〔横绝漠〕。自伤亭伯远投荒，却悔平原轻赴洛。一（向）〔入〕胡天逐雁臣，东风挥手泪沾巾。只应一片江南月，流照漂零塞北人。

《归来草堂尺牍》卷一

按：此信言及"已于（顺治十六年）闰三月初三日起身"出
　　塞，可见必写于此日之后。又谈到苬叔（吴兰友）一信
　　"想四月中旬可到"，而又未言及苬叔四月病死于沈阳事，
　　据此，此信必写于顺治十六年闰三月与四月之交赴沈阳
　　途中。

原家书第五（顺治十八年二月十九日）

二月十九日，儿兆骞百拜父母两亲大人膝下：昨晚，昂邦巴公，自都中来云，父母及诸骨肉俱已遇赦。儿闻此信，不觉欢喜欲狂，比之联捷三元，亦无此乐，（聊）〔即〕向观音、准提、斗母诸圣像前，叩谢佛恩。今父母已脱然还家，儿虽居穷漠，亦何

所恨，但佛许儿以必归，则我父子必有重聚之日，唯有（慰）〔愈〕加虔祷，以求早得归南，侍奉两亲而已。

去岁十月廿六日，巴公入朝，儿寄一信上父亲，一字寄两兄，一字与甫草、既庭。今巴公回时，何以都无回信？及往问彼，又云：此信已投到孙宅。想遭此大故，仓猝之时，不及寄信耶？儿在此平安，唯有皈依佛座，及诵诗读书，以消岁月。但身无分文，虽目前稍足自给，然半贷之他人，乞父母措五十金寄儿为妙，可寄在孙老先生令弟讳芳号馨如宅内。馨老现官尚膳监，住在齐化门内大街。儿已恳之孙公，渠已写在家信中矣。凡满人寄物件，往来无有不达。前姚年兄家寄五十金来，亦托蓝旗章京带的。父亲可面拜孙馨老，言儿在此，与他令兄汝老相与极好，他令嫂夫人相待亦好，竟不避的，以此托他，必不误也。或有确人到沈阳，父亲作札，与相国或与子长，先与数金，托他转寄亦可。相国与子长待儿之情，可称极厚，每有人到宁古，必写字寄儿，凡有到宁古的人，必殷勤托他照管，此等情谊，何可忘也。

今岁元旦，儿求关圣签，卜父母及儿一年之吉凶，父亲得"藩篱剖破浑无事"；母亲得"劝君止此求田舍"；儿得"直须猿犬换金鸡"。儿尔时便知父母必免，儿亦得邀（救）〔赦〕，赫赫神明，可称不爽，岂有应前两签，而后签不应之理耶？

顷二月初一日，儿寄一信，托新安郑姓者，带进京师，亦寄在公肃处的，不知此信不浮沉否？父母所寄二两余银，已到矣。父亲所致楼、邵及许康侯札，俱一一送到。因带信人不能多携，故楼、邵不得回信，而康老笔札，又皆儿代写，则又可不必矣。楼、邵气谊甚好，儿日日在他家。邵老尝称儿为老弟，儿称彼为尊兄，可以见交谊矣。此土人参多而且贱，竟如吾乡之桃李，儿曾以参半（片）〔斤〕，煎做一大碗饮之，毫无好处，反泻了半日，亦不可晓也。父母在家，须调养身子，以颐养天真，凡事任之天数，日寻快乐，切不可忧愁烦恼，此最无益，徒损身子。试思吾家，戊戌以前，何等规模，一旦祸发，家破人离，如瓦解冰泮，尝作此观，则万事俱空，百愁皆释矣。儿在此穷荒绝域，远离膝下，区区数语，实出肺肠，乞父母留意为妙。儿非故作此达言，以慰亲怀，实见天下之事，确当如是耳。

玉云诸仙所著诗赋，皆极其弘丽，已成一集，而所言之事，竟已奇验，唯劝儿辈念《准提咒》，念观音名号，则万罪冰消，百祥云集。又云：凡人若能每日诵大士号五千声，或三千声，或二千、一千声，口口皆心，心心是佛，则何灾不灭，何福不臻。又言，持诵之时，一串念珠未完，切不可共人语言，若杂一语，便成间断。凡念佛、念咒，俱当如此，若《准提》一咒，则泰山不足并其高，沧海不足喻其大，虽百忤莫消之愆，而应声即灭。又言，父亲为诸生时，曾持三年，故成进士，当时若能久持不辍，则今日之厄皆消矣。儿闻此仙训，如甘露洒心，迷人得路，虔持之心，日益增猛，乞父母同发精心，以求佛天之庇，母亲或单持大士号，或单持《准提咒》可也。切祷！切祷！父母诞日，儿皆诵《法华经》七卷，《拜水忏》一部，以祈消灾延寿。仙师又云：诵《准提咒》，必须对镜灌想梵字，三密相应，则功（课）〔果〕方成，所求皆得。三密者，谓灌想梵字，则心密；结印，则身密；对镜持，则口密。遵此而行，乃称无漏。儿特录一持咒仪规奉览，乞父母留意焉。方邵老好道之笃，可称第一，每日晨昏拜斗母四十九拜，日诵《斗心咒》一万遍，《玉皇经》三卷，未尝有缺，及遇斗期，则依科礼拜，极其虔敬。向日乃一风流笑傲之人，及学道之后，竟变作一朴诚愚实，竟如耕夫野叟。前日邵老夜坐之时，忽恍惚若梦，觉魂从顶门出，见一道人，引至一处，皆白玉为地，黄金为宫，五色云光，可有万朵，又有万盏明灯，照烁宇宙。道人云，此斗府也。邵老口诵心咒，踏云而进，忽觉魂从顶入，遂醒。此皆极奇之事，特向父母言之，以为好道之助。

儿媳幸已不来，得在家中代儿侍奉父母，此极喜事，但怜他少年失所，又无一子，茕茕孤独，竟如寡居，乞父母每事恝他为妙。兹因章京解京之便，勒此上禀。儿昨日巳午之交，儿正在写信，忽闻昂邦将到，即搁笔不书，以候南来消息，及晚间知此喜音，一夕不寐，今日复写此信奉上。昨未完之字，一并封览。

《归来草堂尺牍》卷一

按：此信言及其"父母及诸骨肉俱已遇赦"事，考吴晋锡父子遇赦在顺治十八年正月，则此信写于是年。又，此信注明写于二月十九日，则此信必写于是年二月十九日。

原家书第六（顺治十八年四月十七日）

四月十七日，儿兆骞百拜上父母两亲大人膝下：儿于二月廿一日，见胡明远家信，知合家遇赦，心虽狂喜，然尚未敢信。及四月十三，张坦翁来，接父亲手字，始知父（亲）〔母〕及诸骨肉，悉遇浩荡，已还故乡。捧读之次，喜跃倍常，其雀跃之状，总非笔墨可形，即向佛母、大士、斗母圣前，叩头拜谢，复向坦翁细询父母起居。坦翁云：父亲意气豪放，相得甚欢，读书之外，绝无他事，若不知有患难者。云母亲凡事料理，真女中之英。儿闻此，为之悲喜交集，所寄银及绸，并余小物俱到矣，但鞋稍长寸许，已与人换了。昨十五日，蓝旗章京之子，自京师来，复接母亲所寄在许太太处家信，及十二金，线带二条。今父母骨肉已得归家，儿虽〔在〕塞外，亦所甘心，倘得邀恩，复与父母团聚，乃真天幸也。昨十三日申刻，忽有北京差章京赍诏而来，召程年伯、程年兄父子回去。儿时同往衙门，看宣上谕，虽自己未蒙鸡赦，而同案得还，便是死灰复燃之兆，我家骨肉重圆，当即在迩，不觉喜而欲狂。复接陈太老师及子长寄儿札，云有上传，凡有冤枉者，赴本衙门及通政司告，如不准，赴长安门，并不准者，亦告等语。儿思我遭昌文贼奴陷害，家破人离，四载沉冤，无可申雪，今幸圣主当阳，而奸谋复久败露，此正覆盆得白之日。乞父亲赴刑部，将此沉冤，及昌、发二贼因文社恨儿，遂乘机构毒，一一告明。况昌贼自辩之揭有云：“明知下石之有人，而桃僵李代。”此（真）〔正〕天败其奸，逆贼不讯自招之确证也。儿身居绝域，怜悯儿者，惟父母二人，当此千载一日之秋，万乞速为申理，无使儿久滞遏方，言及于此，血泪双流矣。南场一案，毫无证据，与北场迥然不侔。况儿于桁杨之下，言词激壮，挥泪题诗，此皆载之卷案者。儿司讯诗，于七月廿六日曾呈先帝之览，想长安士大夫自有公论，今当此旷荡之时，万不可失良会。儿案在刑部，须赴部告理，恐非下边督抚所能主持也。程年伯大有机宜者，今到京中，父亲须与之商议，必无差误，儿已拜恳之矣。

宁古寒苦，天下所无。自春初到四月中旬，日夜大风，如雷鸣电激，咫尺皆迷。五月至七月阴雨接连。八月中旬，即下大雪。九月初，河水尽冻，雪才到地，即成坚冰，虽白日照灼，竟不消化，一望千里，皆茫茫白雪，至三月中，雪才解冻，草尚未有萌芽也。然土人云：近年有汉官到后，便日向暖，大异曩时，而南人已凛洌不堪矣。儿幸皮袄多，故尚未经冻坏。方年伯尝云：人说黄泉路，若到了宁古塔，便有十个黄泉也不怕了。又云：他生若得流徙沈阳，便是天堂之福。此皆实实经历之语，非过激也。儿向来写信，不敢十分言此地之苦者，恐伤父母之心耳。

儿每日持《准提咒》，诵《金刚经》、《观音普门品》，将已二千卷，每月诵《法华》一部，求父母消灾延寿，全家早还故里。今一家骨肉俱已邀恩，则儿〔定〕无独沉绝塞之事。前日（之）〔做〕梦，大有还乡之兆。总之，佛力甚大，而儿之奉佛斗，亦极虔敬。即如人日之事，鼎湖之升，儿皆先于梦中知之，此正所谓不可思议也。前日初闻佳耗，而心中惶惶未定，即于是夜梦父母皆在部中奉赦，旁有人呼儿为贵人者，岂将来儿尚有发扬之事乎？当听之苍苍而已。昨二月初四，程家人入京，尔时已知大行之变。

儿寄一信，不知曾到否？父母去岁十一月廿二日及正月初三日两信，儿俱接到矣，其二两四钱亦到，不必挂念。总之，满人寄信甚确。昨秋，姚年兄家寄五十金，托蓝旗章京带来，绝无遗失。总之，以后父母寄儿盘费，第一，托孙二老为上，次则许太太，因许康老云：他家人有不守法者，恐有差误，若经太太之目，则万万无虑矣。儿在此甚窘，赖方、孙诸公照拂，然三年之久，已贷十余金，顷所寄来之物，止可还债，所存已无几。秋间倘不能归，万乞寄二十金及衣服与儿。总之，此地随到一物，皆是至宝，近日正苦鞋破，而家中所寄之鞋，又长而少狭，幸子长寄儿一双履，得以替换矣。人生至此，真为苦极。

尔来仙缘亦好，但不如去年。仙云，父母当出塞，因虔奉金刚大士，故得邀恩已不来矣。此皆元宵左右之言，此间绝无消息之时，而仙语如此，岂不异哉。父母于此，益宜日加精进。前儿所寄信中，力言诵大士名号及诵经咒之功，想已达览矣。母亲亦宜念大士名号。方年伯母每日诵《金刚》二卷，《法华》一卷，大士号四五千，《弥陀经》十卷，弥陀〔佛〕号四五千，真可谓勇猛。仙师云：方夫人虔礼莲台，不独消宿世之愆，已记名于莲花中矣。仙师又云：大士号若能虔持，获福无量。又言：《准提咒》之力，为诸咒之王，须依法诵持，始有功。又言：诵咒时，不可与人语，语则为间断，〔儿〕向字已悉□〔章本无此阙字〕之，恐未寄到，故复述之耳。

儿患难之后，受恩最大者，则季（康）〔当为沧之讹〕老、陈太老师两公，皆素不知之交，忽挥金周给，毫无吝惜，此真稀有之事。若陈师一种怜惜之意，尤令人感泣，至今每有人到宁古，必托其照拂儿，书札时时往来，此恩将何以报耶？今浩荡之恩，想必不远，陈师赐环回京，乞父亲作札重谢。凡中丞拜相国，称老先生，自称晚，虽同年亦然，儿特禀知。至若方年伯、孙老先生皆极其照拂，亦恩人也。儿若承佛力，得与父母骨肉团聚，此真不世之喜矣。儿去岁十一月，寄一家信，并一札致既庭、畴三、甫草，此字竟浮沉不达。今又一札，致既、畴、甫，已在公肃处矣。北京差章京捧诏，召程家，十四日行四千里崎岖之路，可称神速之甚，亦大快事哉。

《归来草堂尺牍》卷一

按：此信言及"北京差章京捧诏，召程家"事。考程家（即程宾梧与程涵父子）遇赦南归在顺治十八年四月十六日至三十日之间（见方拱乾《何陋居集》辛丑稿），而此信写作时间又署为四月十七日，则此信必写于顺治十八年四月十七日。

与计甫草书（应名为与宋既庭书，顺治十八年四月）

三年执别，万里伤离。故国音尘，殊方羁审。飘踪如线，悒悒何言。塞外苦寒，四时冰雪，陶陶孟夏，犹着弊裘，身是南人，何能堪此。每当穹庐夜起，服匿晨持，鸣镝呼风，哀笳带雪，萧条一望，泣下沾衣，嗟乎故人，应为凄咽。

弟自出塞以来，万端都谢，如泥中花蒂，无复芳菲，而怀友之思，未尝弃怀。每忆曩年游好，辄便伤心。邯郸宫人，嫁身厮养，而春花秋月，尚梦深宫，区区鄙怀，庶同此耳。昨岁冬至，巴公入都，曾勒长札，并排律三十韵，奉寄两兄，而此缄竟属浮沉，可为怅惘。龙荒绝远，非人所居，夙昔知交，音问殆绝。谪此三年，止得公肃旧冬一札耳。少陵云："亲朋满天地，兵甲少来书。"讽咏此诗，益增我劳结。弟久沉异域，语言习俗，渐染边风，大雅惜惜，磨灭尽矣。方欲控弦试马，作健儿身手，何堪尚与青云故人，论畴曩之谊，述诗文之乐乎？

高堂白发，幸邀浩荡，得还里门，弟虽滞冰天，亦当不恨。

若得鸡竿再下，早赋刀环，召李白于夜郎，还蔡邕于朔野，葛巾野服，返迹丘园，与我两兄，促坐言哀，衔杯道故，此亦再世之乐也。嗣皇在御，才士毕升，努力良时，勿以故人为念。老伯暨老伯母应俱万福，兹因程年兄归南，勒此布心，相思之深，非笔所悉，遥瞻南斗，涕泗何云。

《秋笳集》卷八

按：此信言及"嗣皇在御（指康熙即位）"与"程年兄（程涵）归南"事。此二事均在顺治十八年，其中程涵归南又在是年四月，故此信写于是时。当与其家书第六为同日所写（四月十七日）。

又按：此信有"老伯暨老伯母应俱万福"语。考计东之父计名卒于顺治三年，既已早卒，又向其问候，殊属矛盾，因此，此信作《与计甫草书》实误。考兆骞于十八年二月十九日之家书谓"去岁十月廿六日，巴公入朝，儿寄……一字与甫草、既庭"，而本信亦谓"昨岁冬至（十一月初一日。按应为十月二十六日，冬至之说殆为约略而言）巴公入都，曾勒长札……奉寄两兄"。据此，可证本书所寄之人为计东与宋实颖（既庭）二人中之一人。但由于计东之可能性上文已排除，这样只有宋实颖一人可以当之。可见此书应名《与宋既庭书》。又，此书内两次言及"昨岁……奉寄两兄"，"与我两兄，促坐言哀"云云，此所谓之两兄，除宋既廷外，另一人当为宋畴三。

与计甫草书 （顺治十八年十一月初）

离别三年，关山万里，冰天凛冽，积雪嵯峨。索处穹庐，轸忧终日，遥思我友，劳仁如何。昨年遭难，吾兄屡顾我若卢之中，衔涕摧心，慰藉倍至。等公孙之奔走，似田叔之周旋，愧荷深情，犹在心骨。广陵佛舍，向与畴老杯酒终宵，班荆笑语，何图此别，遂隔死生，永念曩游，寸肠欲裂。弟形残名辱，为时僇人，垂白衰亲，盛年昆季，吁嗟何罪，相率播迁，既无子幼其豆之辞，而有文渊蕙苢之痛。已同崔骃辽海之窜，而复坐李丰陇上之条，生世不辰，遭此奇酷，身流绝域，名入丹书。虽视息犹存，而已同枯骨，第一念及，忽不欲生。向在故乡，意气豪上，尝叹庾子山、沈初明，以如许才笔，羁旅殊方，虽篇翰如新，而平生萧瑟。每读《哀江南赋》及《通天台表》，未尝不掩卷欲绝。岂知今日，身丁枉滥，百倍斯人，魑魅为邻，豺虎同界，烦冤侘傺，谁可诉语，即复生平故人，亦复弃如粪壤，视同腐鼠矣。不吊昊天，一何至此。

昨岁出塞时，长安诸公，哀其穷乏，饷以百金，稍得整料衣资，支离道路。及届沈京，便已悬磬。赖陈子长解衣推食，事事周全，挥涕赠金，情款绸悉，既将东发，复赠我鞍马，以济崎岖。塞外之路，险甚蚕丛，红锈乌稽，十步九折，若非骥足，已委沟中矣。弟曩年知契，几遍三吴，嵇、阮之交，亦颇不乏。及遭患难，转徙穷途，乃初无一惊款之人，周我涸辙，此古人所以致重于穷交也。放废以来，万缘都废，惟雕虫一道，犹尚缠绵。塞天无事，寂坐荆扉，斧冰炊稗，以充饥渴。所携故篚，尚有残编，每啜糜之暇，辄与龙眠诸君子，商榷图史，酬唱诗歌，街谈巷曲，颇成一集，取扬子云哀屈之文，命曰《质蠡》。入秋以来，复事赋学，妄谓可以规模江鲍，接迹王扬。但负罪之人，为时捐弃，纵调如《白雪》，才似和璧，亦将唾涕视之矣。彼才不逮于中人，名不出于里闬，一旦身跻云霄，从容辇毂，虽复伏猎侍郎，金根校理，得其片言只语，以为韩、欧复生。兄闻此言，得无骇其任诞乎？客绪边愁，百端横集，《停云》之念，无时去怀。但恨玄菟、黄龙，渺在天末，不特把袂衔杯，难寻佳会，即雁书遥讯，慰我离愁，亦眇不可得。十年神契，睽绝如斯，忆旧抚今，怆恨何已。

杜少陵云："亲朋满天地，兵甲少来书。"信非虚语也。怀念之什，颇有数章，欲便录寄，以当良觌。恐此札达时，正兄等春明得意之候，不祥姓名，致骇耳目，故复焚弃。聊托敦四，书排律一首奉正，想兄见之，当相凄恻也，倘承见怀，幸有以相示。昔嵇中散身死洛下，而向子期为之感旧；郑广文远窜台州，而杜拾遗为之录别。兄等雅怀，当不以废弃相遗也。弟有家信一缄，欲托之右兄，恐右兄已奉使出都，复托之公肃，乞甫老为我觅一确邮致去。倘家父已到或将入京，幸留在尊所，万勿浮沉，拜嘱，拜嘱！西望裁书，可胜呜邑，南风劲甚，幸惠音书，不胜企望之至。

《秋笳集》卷八

  按：此信谓"聊托敦四（方膏茂），书排律一首奉正"。考方
   膏茂全家赦归在顺治十八年十一月初，可见此信必写于
   是时。

原家书第七（康熙元年正月十九日）

  正月十九日，儿兆骞百拜父母两亲大人膝下：顷十一月初，方年伯南归，儿寄有家信，想必不浮沉。两亲身子安否？闻欠钱粮事甚重，父亲能脱然否？儿悬念不可言。儿颇平安，无烦两亲远虑，诵佛经、读古书以消岁月。父亲见方氏昆弟，自能悉儿之近况也。腊月间见程涵有字云：父亲将至京师，为儿谋接济之事。儿闻此音，为之酸楚累日。儿媳出关，想不能免，不知家中又作何举动，作何光景，想俱是儿前生罪业，故受此苦报，念头到此，惟皈依三宝一着而已。吾家当破巢之后，人情凉薄，此不待言，父亲当勿介意，恐伤怀抱，试观金沙、丹徒诸公，则吾家又厚邀天幸矣。方年伯临行时，以儿托付许康侯，要他照管。康老于去年十一月二十日，即请儿到他家，与他讲《汉书》，今岁儿竟馆于许氏了。儿元旦为父母请关帝签，俱甚平安，儿心喜极，但求归

家，则不甚佳，奈何！认工之事，费用浩大，此岂贫人所办，若再有恩例，则吾父子即可相见矣。伤哉！伤哉！儿计此信到家，必已孟夏，儿妇此时想已出门已久，不知家中又如何悲恸也。苏州杨骏声来宁古，儿领他见诸公，颇有礼貌。其家信一封，托儿封归，父亲可即差人，送到他家为妙。他若有盘费可带者，乞父亲觅便代他寄来，此真大阴功事也。六、八两弟好否，读书有进否？后有信来，乞父亲将家中事一一示知。宁古旧冬甚暖，为此地百年所无。此地满洲人皆云：这暖，都是蛮子带来的。儿想上天垂悯流人，故特回此阳和，未可知也。方世五年兄在京师，父亲有家信与儿，可寄在他处。宁古往来之人甚多，自可即达，或有便人到沈阳，寄在陈子长处，亦妙。儿自去夏接父亲正月字之后，迄今一年，不得家中消息矣。身居塞外，望父亲片言一语，如获球琅，倘有便邮，不妨多寄，以慰儿悬悬也。

《归来草堂尺牍》卷一

按：此信谓"顷十一月初，方年伯（拱乾）南归"及"康老（许康侯）于去年十一月二十日，即请儿到他家，与他讲《汉书》"。按方氏南归为顺治十八年十一月初事（见方氏《甦庵集》），为许康侯讲《汉书》也为十八年事。而此书写作时间为正月十九日，这样此书必写于康熙元年正月十九日。

原家书第十六 (康熙三年春)

……二月初五午间，娘子到宁古，细述大妹种种情谊，使我感激不已，如我妹者，正所谓女中之英也。前接妹字，知身子违和，心甚悬挂，未知即愈否？昨三月朔日，特卜一课甚吉，想已久愈矣。妹在京中何时起身归家，吾与娘子无日不驰念吾妹也。陈子长今年正月到京，娘子寄信与妹不知可曾到否？我归心甚切，但工程浩大，家又贫乏，何计得归故乡，与妹相见，言之痛心。山西胡世兄处可有所助否？若得些寄来最妙。两甥好否？庄季坚处，时有人往来京师，妹可细写一字与我，以慰悬切为妙。《今诗萃》及《吴江诗略》所选我诗，妹可着沈华将细字写了，照样圈点，寄我一看。万万！

《归来草堂尺牍》卷一

按：此段文字系康熙三年春所写致妹书之错简残书，原因如下：

此书原接于康熙十三年冬家书第十五上母书之后，但细味此段文字文意，系为对妹所言之寄妹书，与上文上母书语气迥然不同，此其一。二月初五葛氏至宁古塔细述其妹情意，本为康熙二年事，迟至十一年后始于信中提起，过于突兀，令人费解，此其二。前段文字谓"儿久不接大妹及六、八两弟信"，此段文字却言"前接妹字，知身子违和"，二者殊为矛盾，此其三。此段文字云："妹在京中何时起身归家？吾与娘子无日不驰念吾妹也。"按其妹伴送葛氏入京，待葛氏于康熙元年十月出塞后，必定不会久留京师，更不会迟至十余年后兆骞仍在信中询其何时起身归家，此其四。又，陈子长于康熙六年卒于沈阳，此文却谓"陈子长今年正月到京"云云，更是天外奇谈。有此五端，足证此文决非写于康熙十三年冬之上母书，而是另一封信之错简残书。依情理而论，应为兆骞于葛氏至宁古塔当年或稍后之寄妹书。考葛氏于康熙二年二月至宁古塔，而此信又谓"陈子长今年正月到京，娘子寄信与妹不知可曾到否"。显然，葛氏托陈子长寄信之正月，决非康熙二年正月，这样，必在康熙三年正月。基于此，此封残信亦当写于康熙三年正月稍后，殆为该年春。

原家书第十二 （康熙三年二月中旬）

去年四月八日，共有两信，寄到方年兄处，不知俱得到母亲前否？儿与媳妇，在宁古幸俱平安，不必挂念。向来宁古乡绅举人，俱照中国一样优免，与尚阳堡流徙者不同。此盖顺治皇帝在日，念宁古寒苦，特开此恩例。不意旧年，因西海外逻车国（又名老枪）国人造反，到乌龙江来抢貂皮，其锋甚锐。将军差人到京讨救，即奉部文，今年元宵后到宁古，凡一应流人，除旗下流徙，及年过六十外，一概当役，要选二百名服水性者，做水军，到乌喇地方演习水战，与老枪打仗。又要立三十二个官庄，屯积粮草。此令一到之日，将军即差管家，请各绅袍，到家中面谕云："我家养你们几年，念你们俱是有前程的，并无差徭累及。不意上面因有边警，俱着你们当差。水营、庄头、壮丁这三件，任凭你们拣择一件，三日后到公衙门回复，此即是我的情了。"儿辈一闻此言，莫不相向落泪。将军亦为凄惶。蒙将军又云："若肯认工，便俱免了。"儿回寓，与各位老成人细商，俱云："这三件都是死数，不若且认工为妙。"因此儿与钱、姚两年兄，只得递呈。儿认太常寺衙门，钱认仓房四十间，姚认文德、武功两牌坊，张、伍两年兄因临时遗失呈子，遂俱不准。此二月初二日事也。

母亲在家中，总不知水军及官庄之苦，儿当细细为母亲言之。逻车国人，皆深眼、高鼻、绿睛、红发，其猛如虎，善放鸟枪，满人甚畏之。若国人作水兵，何异汤浇雪，刀切菜，必死无疑。虽今年新当水兵者，不跟出征，然将来必不免，此水营之必不可入者也。况一选在簿上，即时打发往乌喇去。凡宁古家中所有物件，俱不能带，不过车牛驮载人口及细软东西，又路上雪深五六尺，车行甚难。他们充水手者，以二月十一日起身，儿送至西郊外十里，哭声震天，真不忍闻。至若官庄之苦，则更有难言者。

每一庄共十人，一个做庄头，九个做壮丁。一年四季无一闲日，一到种田之日，即要亲身下田，五更而起，黄昏而歇。每一个人名下，要粮十二石，草三百束，猪一百斤，炭一百斤，官炭三百斤，芦一百束。至若打围，则随行赶虎狼獐鹿。凡家所有，悉作官物。衙门有公费，皆来官庄上取办。儿每见官庄人，皆骨瘦如柴者，况一书生，岂能当这般苦楚。总之，一年到头，不是种田，即是打围、烧石灰、烧炭，并无半刻空闲日子，此官庄之必不可入者也。

旧吏〔科〕陈敬尹，在将军家处馆，教他儿子，然亦选入火器营管炮。至若山阴祁奕喜、李兼汝、杨友声，宜兴陈卫玉，苏州杨骏声，同年伍谋公，皆作水兵往乌喇去矣。唯儿与姚、钱两年兄，因系认工，暂且照旧，等候文书回来定夺，倘若不准，明年必入官庄矣。儿思家中贫乏，工程实难承认，然不认工，必死无疑。顷二月初一、初二两日，儿几番要上吊自尽，被众人劝住，眼泪不知落了多少，无可奈何，只得递呈认了太常寺衙门。这番无人在部里打点，必然驳转。母亲即托〔的〕当人，早到京中，速速料理，救儿归家，或在京中认工，或原是儿在宁古认了，咨送到部。总之，早离宁古一日，即脱一日火坑，若到明年二月，必然入官庄无疑，恐遂入死路，不得与母亲兄弟再相见矣。伤哉！伤哉！总之，今年宁古塔局面，绝非去年可比，竟使人无一刻笑颜。如今望方、庄两家在日，又如天堂矣。儿与姚、钱认工文书，以二月初九日在宁古发行，四十日到京，算来七月可转。乞母亲早救儿与媳妇回家，勿使为他乡冤鬼也。

《归来草堂尺牍》卷一

按：此信言及"逻车国国人造反"、清廷于元宵后命"一应流人"，"一概当役"事。考此事，兆骞自谓在"甲辰（康熙三年）春"（见其《寄顾舍人书》）。又，此信谓自己的"认工文书，以二月初九日在宁古发行"。据此，此信必写于康熙三年二月中旬。

原家书第八 （康熙三年十二月底）

不孝儿兆骞百拜母亲大人膝下：儿今年共有六七次家信寄归，不知俱到母亲前否？又六月、九月两信，俱寄在甫草族人计安甫处，不知不浮沉否？儿今岁，止见大、二两兄，及大妹去秋一字，又见大兄在江宁姚年兄家，四月所寄一字，略知家中近况，闻母亲身子平安，儿心稍慰。宁古往来人甚多，别人家并寄有信息，独吾家无片纸只字，为之浩叹。近十二月十三日，周长卿家信来云：他儿子曾同安石乃郎见过母亲，说母亲平安，儿心甚喜，即如自己得了家书也。儿身在远，不知母亲在家光景如何？身边系何人伏侍，旧日家人存者几人，在何处做房，尝往苏州大妹家去否？每一念及，即为泪零。儿想今年十月朝，父亲灵位曾除否？抑待开年清明耶？儿每逢时节，必西向作享诵经，以荐父亲，时时梦见，宛如在家时。即如昨夜，复梦见父亲，将一卷时文讲与儿听。儿梦中答云："此破家之资，辱身之本，读之何用？"父亲应云："正是。"儿醒来，大哭，想母亲闻之，亦必下泪也。媳妇今年十月十四日丑时幸生一男，因有孕之后，即每日吃人参二三钱，故分娩甚快。子时腹痛，丑时即生。当时在家，倒不能如此之易。抱腰及洗儿者，乃周长卿令政及沈华妻也。产后身子健旺之极，此总是人参之功。儿取小男小名为苏还，取苏武还乡，及早还苏州之意。想母亲在愁苦中，必为欣喜也。儿今年仍在宁古城中居住，因认工免差，恐明年二月间不能免，奈何！奈何！儿盘缠将尽，乞母亲千万设处几十两寄来。如银子不足，绸缎补数亦可以。寄与庄季坚，带到北京，即可到宁古也。至紧！至紧！凡有人进京，〔满洲人带银子极诚实，别家有带四五百金亦不少一分〕，母亲即可写家信，送与庄家，或方家，或〔付〕周长卿儿子，同他家信，一并寄在湖州钱虞仲家为妙。钱家尝有人在京，今年已两次有人到宁古矣。唯盘缠必交付庄家为妥，不要浪付他人也。或者大兄到南京，将盘缠托与姚年伯，此亦甚妙。吴御、沈华〔殆脱妻字〕俱平安。近日沈妻甚勤谨，唯吴御日懒一日耳。

《归来草堂尺牍》卷一

按：此信言及今年十月十四日葛氏在宁古塔生下枨臣（苏还）事。按吴枨臣自言自己生于康熙三年十月十四日（见《宁古塔纪略》），月日与此适相吻合。此外，本信又言及"近十二月十三日，周长卿家信来"云云。据此，此信必写于康熙三年十二月底。

原家书第九 （康熙六年七月二十一日）

七月廿一日，儿兆骞百拜上母亲大人膝下：儿于今年五月中，接大兄旧冬在南京所寄之信，知母亲及合家骨肉俱安，甚慰寸心。儿旧岁，有四五次家信寄归，而大兄札中云，无一封到家，真可恨也。又知母亲为子粒事受累，儿与媳妇痛恨不已。儿不能奉养母亲，反贻忧患，每一思之，血泪满衣也。旧年宁古塔迁城觉罗，去旧城六十里，在一片荒野中，建造城郭屋宇。凡流人〔中〕有前程者，皆在东门外。儿与钱德惟年兄相去百步，其余张、孙、许诸家，俱相近。儿以十月十二日移居新城，以八两买姚琢之年兄所造新屋。琢之共费二十金造成，减价与儿，止取木料原值而已，其情甚厚。旧城一应房屋，悉行拆毁，儿之旧屋，止易八车木柴耳。

今年正月初五日，副都统因大将军卧病，忽发令，遣儿与德老两家，立刻往乌喇地方。此时天寒雪大，又无牛车帐房，赖孙、许两家合力相助，才得动身。其室中什物，尽寄孙家。儿与媳妇以初六平明起身登车，雪深四尺，苦不可言。山草皆为雪掩，牛马无食，只得带豆料而行，一车所载不过三百斤，牛料人粮重有百斤，儿与媳妇、孙子复坐其上，除被褥之外，一物不能多载。行至百里，人牛俱乏，赖湖州钱方叔，复借一牛车，沈华妻与吴御始免步行。头一日，沈妻及吴御，因无车坐，以银一两，雇路旁人车，若过沙林，则千里无人，虽有银，亦无处可雇矣。行至三日，将军命飞骑追回，倘再行两日，到乌稽林，雪深八九尺，人马必皆冻死，将军真再生之恩也。儿辈才回家，将军即差管家慰问路上辛苦。儿与德惟进见，拜谢其恩。此番往返，雇人推车，及路上盘费，又去十余金，真所谓雪上加霜也。苏还孙子，赖孙、许两家各送貂皮小外套一件，得以不冻。吴御手足鼻皆冻至流血，可怜！可怜！

苏还甚聪明，已能读《诗经》四五句矣。原说吴江乡谈，官（说）〔话〕及满洲话也说几句，常叫道：快回去，见亲娘。儿已取苏还名为桭臣，木旁，从诸侄排行，而辰字，则上念父亲庚辰甲科，而彼乃甲辰生也。母亲以为好否？儿与媳妇、孙子、家人俱平安，不必挂念。儿今（年）〔岁〕在孙家处馆，又有云南沐公之子相从，然两家束脩共得十六金，只堪一年柴米之用，其余当差及人情份子各项诸费，一无所出，奈何！奈何！儿盘费久尽，债负极多，千乞母亲设处数十金寄来，以救儿与媳妇之命。儿旧年字中，已屡屡痛切言之，今已穷苦至万分，必不可迟，今年若非束脩，已不能存活矣。儿亦知家中之苦，但儿之债负甚多，今亦无人家肯借矣，不得不向母亲及诸兄弟言之。倘有所寄来，可寄与金陵姚年伯处，他家每年一定有三四次书信往来，宁古塔的鞑子，俱认得他家北京的人，故此甚易耳。大兄字中云，有讼事在金陵，不知是何等讼，儿心甚悬悬。又知八弟已定姻事，甚为之喜，但不知八弟举业如何？二兄近日想亦憔悴。旧年见二兄字云，已见白须发，儿为之凄然久之。昔日我家兄弟，何等气概声名，今俱沦落不偶，儿更万里漂零，言之肝肠寸裂。六弟好否？

尚读书否？不知能进学否？心念不可言。五弟曾进学否？想亦落漠，不知何日相见也。七妹近日如何？体中好否？儿与媳妇甚念之。母亲想常在大妹家，外甥及两女诸侄俱好否？后有信，千乞将家中事细细写来为妙。德惟年嫂，于旧年十二月初八日未时产故，可怜之甚。祁奕喜于（丁）〔乙〕巳十月初六日，自乌喇逃归故乡矣。可与大兄知之。姚琢之年兄亦于旧年迁往乌喇，〔在〕彼处亦甚好。总之，有银子，无地不可居也。以后家中有字，亦寄在姚宅为妙。

《归来草堂尺牍》卷一

按：此信言及"旧年（指去年）宁古塔迁城觉罗"及自己于十月十二日迁居新城事。考宁古塔将军驻所自旧城（今海林）迁至新城（今宁安）为康熙五年事，据此，此信写于康熙六年之七月二十一日。

原家书第十三 （康熙七年三月二十三日）

戊申三月廿三日，儿兆骞百拜上母亲大人膝下：儿久不奉母亲来信，心中日日挂念，不知何故，片纸不到。旧冬见庄季坚来书，知母亲平安，儿心稍慰。但季坚字中，竟不言及有家信，止云有衣服一包，不得寄来等语。今三月十一，许家人自京师到宁古，各家俱寄有家信盘缠，而季坚在京，竟不将衣包寄来，真可笑可怪也。儿自旧年到今，有五六封家信寄上母亲，不知有〔一〕两封到否？儿在塞外，望家中一信，如饥待食，想母亲望儿之切，更甚于此，不知此生，可得重见母亲之面否？儿与媳妇、孙子俱平安，不必挂念。父亲曾卜葬地否？今柩停在家中，几时得归土，遥念及此，肝肠寸断矣。两（日）〔当作兄〕近日光景好否？想家计零替，其意绪亦必颓落。五弟曾进〔庠〕否？六、八两弟近况何如？八弟必已完姻，念之不啻转轮。大妹与甥俱好否？母亲必应常在〔章氏与吴氏抄本此处均有"大妹"二字〕家中。母亲身边尚有何人承值。母亲头发必已斑白。儿不能奉养，思之痛心不已。孙子甚聪明，其耳朵大而且厚，似有好处，日日叫我亲娘，宝宝要归来，与亲娘白相。儿取孙子之名为栻臣，原按着端侄排行木旁，而辰字则以父亲庚辰甲科，此子甲辰生也。此子寅时生，可算其八字寄来为妙。儿盘缠久乏，苦不可言，虽有馆资十六金，如何济得。乞母亲必定设处，寄姚年伯家为妙。若盘费早到一日，则儿与媳妇早受一日之福矣。儿与德（维）〔前文作惟〕于二月廿一日，俱以绅袍例优免，此亦一可喜事也。特写此字，托孙赤崖年兄寄归，但不知此字果能到我母亲之前否耳？

《归来草堂尺牍》卷一

　　按：此信自署戊申三月二十三日，则写于康熙七年三月二十三日。

原家书第十四（康熙九年八月二十九日）

　　八月廿九日，儿兆骞百拜〔上〕母亲〔大人〕膝下：昨廿七晚，接去年十月廿八日八弟所寄之字，知母亲暨合家俱平安，儿与媳妇心中甚慰。但云母亲有头眩之恙，而又不肯服药，儿为此悬念不置。母亲今已年高，不比往日少壮，必须以药饵调理为主，况又有此疾，岂可不服药，乞母亲听儿之言，急请好郎中，定一丸方，或膏子药方，以颐养高年，万万不可执性，恶苦口之药也。来字又云，大兄夏间进京，寄有家信，何竟不到，大兄何故远涉风尘？想援例就北试耶？两兄旧秋无一捷者，诸弟又不闻有入泮之信，何家门沦落一至于此？八弟曾婚否？字中亦未言及，岂尚迟迟耶？儿与媳妇暨孙男俱安好。孙男（亦）〔已〕读书写字，亦聪慧可教，日日要回吴江见亲娘。旧冬十二月廿九巳时又生一女，今已能将双手扶着炕台子立了。其貌颇似次女。今岁春夏间，宁古出痘，凡满汉二三千家无一脱者，以痘毙者不啻千余，德惟年兄之女，亦以痘殇。唯我家一男一女，俱得脱然，竟不出痘，亦奇事也。儿今岁馆资可得二十金，仅足米薪之费，而衣服及油盐等项，尚须经营。今秋又以七月即霜，田禾尽槁，谷价大增，竟至三两一石。我辈贫窭之人，甚难度日，奈何！奈何！改入沈阳为民之事，为部中复坏，云极边重地，不便移改，以此竟成画饼。六弟、八弟，俱宜以色养之道，承欢母亲之前。儿既不幸漂泊天涯，所恃者唯两弟耳。两弟读《父母之年》一章书，便悚然自儆矣。八弟从二兄读书，甚妙，所习何经，若有近作，可寄一二篇相示，亦足知弟之笔气如何？父亲曾卜吉地否？葬期何日？言之涕零。闻华峰欲为其长子聘次孙女，此大妙之事，母亲决当许允，若出家一说，万万不可。凡事须从长计较，若出家非从长之计也。儿今岁已曾两次信归，俱叮嘱此事，想俱未达耶？乞母亲即以儿与媳妇不欲次女出家之意达之李大姨，兼致感激抚养之恩可也。昆山丈人及两舅俱平安否？倪太老师尚在否？俱乞示知为妙。九临及甫草年兄，儿念之甚切，乞两弟一一致意。二兄、五弟近况何似？五弟仍居杨家桥否？二兄考第可得意否？尚能留心诗赋否？儿虽困苦，尚日日读书。今春蒙陈相公夫人，自沈阳以一马载《纪事本末》相赠，纸札精妙，对之如逢旧友，目下儿正批阅此书也。沈华妻平安，甚赖其勤劳，从朝至暮，无一闲暇。彼甚念其女及女婿，何以不相闻问？又讯其媳家姓名，佛郎在彼得所否？后信来须言及之也。姚年伯处所寄十金，已收讫。此前岁腊底到者。今年正月廿一日，接大兄、六弟去岁正月十八、廿一日之信，并此奉闻。

《归来草堂尺牍》卷一

按：此信谓"旧冬（去冬）十二月廿九日巳时又生一女"，而
　　吴桭臣亦谓其三妹生于己酉（康熙八年）十二月二十九
　　日（《宁古塔纪略》）。据此此书必写于康熙九年八月二十

九日。

原家书第十一（康熙十一年四月十九日）

四月十九日，男兆骞百拜母亲大人膝下：旧冬十二月二十日，附一信在陈雁群年兄家报中。顷二月初十日，附一信于钦天监鲍武侯处。此二信，俱托公肃，转寄归家，未知得达否？儿与媳妇、孙男、孙女俱平安，不必挂念。宁古塔因召募鱼皮达子为兵，又值水潦早霜，连年谷价异常，目下竟至五两五钱一石，比二月间，又踊贵矣。羁旅之子，更逢凶岁，殊难度日，如何！如何！

儿自接旧年二月，大妹、六、八弟所寄之字，迄今年余，不见一信，心甚怅惘，不知母亲近况如何？儿自二十七岁离家，今已四十二岁，人生能几，堪此长别，不知此生尚有归家之日，得见母亲之面否？儿意要求母亲，画一小小行乐图寄来。儿若见图，即如在母亲之前一般。父亲真容，亦乞画一小小者，同寄来为妙。千万！千万！周长卿有旧仆徐成，要到宁古塔来，看其主人。长卿已作字付其子以介，催徐成即进京，同正白旗孙宅管家一同出关，约以今岁秋冬间，到宁古。若徐成果行，此最的确之信也。母亲可将家中光景，身子康健，面貌鬓发何等，细细写来，以慰儿及媳妇悬悬之念。大妹、六、八弟，亦须将近况细述，慎无草草。大、二兄、五弟，俱可讨一字见寄也。大妹处不另作字矣。母亲可致语大妹，儿与娘子无日不念也。大女在妹家，乞妹爱养之，兼教以义方，不可出去看台戏，及他嬉戏为主。洒线红绿枕头，可教大女做四副来，绸要厚实，不要太薄，若缎子或潞绸更妙。油绿绵绸，可寄二匹，男要作衣服自着，向年所带来之衣，皆已穿破矣。颜色锁线要四两，零碎颜色绸，亦乞寄些。沉香紫色袜带，可各寄两副，亦自要用也。儿旧日所刻诗稿二种，乞寻出，订好，寄来。若母亲画行乐图寄儿，乞将厚实油纸三层包好，恐雨水湿透也。儿于立夏日，为二兄秋试事，求关帝签，得"事成功倍笑谈"之句。八弟入泮，得"玉兔交时当得意"之句，似大有可望。不知果应否？母亲见儿此字，乞将所用物件，预先料理齐备，恐徐成一时起程，仓猝不及也。甫草、季坚、九临、茂伦，可俱讨一字来。若有新刻时人诗选，可寄一部来，千万！千万！沈华妻平安，可向沈华讨一字。佛郎及他女婿，俱讨字来。六弟共有几侄，所取何名？八弟曾生子否？俱乞示知。

《归来草堂尺牍》卷一

按：此信谓"顷二月初十日，附一信于钦天监鲍武侯处"云云。考鲍武侯之赦归在康熙十一年正月（见张贲《白云集》卷四），据此此信必写于康熙十一年四月十九日。

与顾华峰书（康熙十二年）

自壬寅冬，获承手书。卯春一缄奉报。曾几何时，十年所矣。滞留绝域，相见无从，即暂托音书，亦复匪易，悠悠此心，惋愤何极。伏闻出入金门，追踪枚马，放废之人，遥为慰藉。曩岁，弟妇东来，云华老欲以令子婚我次女。近岁，屡接家邮，知华老笃念故人，期以必践前诺。伏闻此音，衔感入骨。弟以塞外迁人，为时所弃，而吾兄故情深厚，欲缔姻盟，虽巨源字中散之孤，拾遗嫁崔曙之女，揆之高谊，何以相过。但小女抚于玉峰李氏，闻李有相靳之意，弟已屡札致之，又启之家母，期以必谐，以无负我华老盛念耳。弟漂零之况，日以增剧，所携婢仆，奄忽都尽，加以岁比不登，米价八倍，赖合肥及宋、徐诸公，捐金相饷，以度凶岁，否则，久委沟中矣。今外无应门之童，内无执釜之婢，茕然夫妇，形影相吊，欲赁春自活，而时（为）〔章氏与吴氏抄本作无〕伯通，谁能相恤，想华老见此，必为我泫然泣下也。塞外使者，月至京师，倘惠书，乞付舍侄，转（至）〔致〕海陵年伯所，自可即达矣。欲言缕缕，非笔所既。

《归来草堂尺牍》卷二

按：此书未署时间，但可考知。考兆骞康熙十一年四月十九
日家书谓"沈华妻平安"，而此书却谓"所携婢仆，奄忽
都尽（指沈华妻已卒）"，表明此书必写于十一年四月之
后。又，考十三年时，由于将军巴海延兆骞"教其二子，
待师之礼甚隆"，困境顿消，"旅愁为解"，而此书所叙仍
为困难处境，可见又必写于十三年以前。据此定为十二
年为宜。又十二年之说，与书中所谓"自壬寅冬，获承
手书。卯春（即康熙二年春）一缄奉报。曾几何时，十
年所矣"数语完全吻合。盖自康熙二年春顺推十年，恰
为康熙十二年。总之，此书之写作应在本年，尤以年初
为是。

原家书第十五（康熙十三年冬）

顷九月十三日，宜兴陈弓冶回南，曾附一信寄上母亲。又各
札致两兄及大妹、五、六、八弟。又字付二女。计此信，当以明
年春夏间到也。昨初十日午间，见周安石舅祖所寄长卿字，知父
亲已葬宝华，儿心欣慰之甚，不觉又涕泗横集，回肠摧骨，一恸
欲绝。乞母亲及诸兄弟，将坟地风水及葬时仪礼，一一示知，以
慰儿万里外之悬念也。又闻六弟改姓为登州守备，儿为之喜跃，
但不知何以得此？衰落之门有此，亦足破寂，幸细述其本末。六
娘子曾往任所否？曾迎母亲往彼否？崎岖水陆，不若在家之安也。
儿久不接大妹及六、八两弟信，唯旧冬见大冯侄一札，颇详细。
今春见二兄附山子一札，乃知六弟八月入京之事耳。不知大妹及
八弟何以遇便而不寄一札也？怅叹殊极。母亲近日康健否？身边
服侍何人，饮食照昔日否？常服药饵否？儿与媳妇可胜悬念。儿

今秋幸大将军巴公，延〔儿〕教其二子，待师之礼甚隆，馆金三十两，可以给薪……

《归来草堂尺牍》卷一

按：此信言及其父已葬宝华山。考此事为康熙十三年正月二十一日事（《吴氏族谱》卷十一吴晋锡墓志铭），因此此信必写于此年。又考此信谓"顷九月十三日，宜兴陈弓冶回南，曾附一信"，表明不久前曾托陈弓冶捎回一信。据此，此信当写于此年冬，尤其是初冬。

又按：此信上面引文之后还有 240 字一段文字，实为写于康熙三年错简于此之另一封寄妹书（现在我们已将此 240 字摘出，作为另外一信处理）。据此，则此信与此 240 字之信，均各为残缺之书信（详见该信之按语）。

答徐健庵司寇书 （康熙十五年六七月之交）

兆骞顿首顿首，奉书健庵大兄先生足下：六月二日，驿骑至会宁，伏承书问，又以仆衣食之忧，辍俸相饷，为德甚厚。至欲索仆生平撰著，付诸剞劂，无使泯没。嗟乎，此岂仆素望所及哉！仆少时谬不自料，与海内诸贤，驰骛声誉。维时足下兄弟为先登，而仆窃附其后，选集锓行，类蒙采入。今则颠连无告，不祥姓名，为人唾弃，何敢复出其技，以争鸣当世耶？遭难以来，十有八年，曩时亲友，罕以书见及，唯足下兄弟，及蓉溪少宰，惓念旧故，抚慰周恤，于义为已过矣，又何可以穷愁之辞，重累左右？故三年前，足下贻书及之，而仆逡巡未敢应者以此也。今足下终不鄙弃，复见征取，乃识大君子之用心，而仆视之妄自疑度，适为固陋矣。然足下无乃睹仆往日，而不知仆枯槁之余，岂复有葩华哉？古今文章之事，或曰穷而后工，仆谓不然。古人之文自工，非以穷也；彼所谓穷，特假借为辞，如孟襄阳之不遇，杜少陵之播迁已尔。又其甚者，如子厚柳州，子瞻儋耳已尔。至若蔡中郎髡钳朔塞，李供奉长流夜郎，此又古文人困厄之尤者，然以仆视之何如哉！九州之外，而欲引九州之内之人以自比附，愈疏阔矣。同在覆载之中，而邈焉如隔夜泉，未知古人处此，当复云何。以此知文莫工于古人，而穷莫甚于仆。惟其工，故不穷而能言穷；惟其穷，故当工而不能工也。万里冰天，极目惨沮，无舆图记载以发其怀，无花鸟亭榭以寄其兴，直以幽忧惋郁，无可告语，退托笔墨，以自陈写。然迁谪日久，失其天性，虽积有篇什，亦已潦倒溃乱，不知其所云矣。《诗》曰："已焉哉，天实为之，谓之何哉？"夫知其当已而不能自已于吟者，此仆比日之心也。古之论文章者，不以其人之贵贱荣辱，今则不然。昔卢次楩与王、李七子同时，其才固相轩轾，不幸下狱，其所撰《蠛蠓集》，微元美诸公几不著。因叹古今文人，触扞网罗，不遇知己，卒以无传者，可胜道哉！今海内理平，文治日盛，足下兄弟得位行道，天下文章，翕然归于三徐，言论所及，艺林以为宗。今不鄙仆，欲序而梓其所作，使天下知劫灰寒炱，犹有爝光，则仆虽终沦废，岂有恨哉！少作故有刻稿，患难后度已散失，请室诸咏，稍有存者，今所录诗赋若干篇，皆己亥出塞后作。昨岁插哈喇之乱，仓卒中遗亡百余篇，睽离日久，无所取正，恐日就弇陋，不复自知，望加删定，以质当世。幸甚，幸甚！兆骞再拜。

《秋笳集》卷八

按：此信言及"昨岁插哈喇之乱"云云，考插哈喇（察哈尔）部孔果尔额哲汗之侄布尔尼起兵叛清在康熙十四年春，据此，此书必为康熙十五年接到徐乾学六月二日之信后所写，约在七月。

戊午二月十一日寄顾舍人书

（康熙十七年二月十一日）

别我华峰二十余年矣。江皋塞表，超忽万里，每一怀思，凄泣弥日。昨岁三月，得华峰丙辰腊杪所惠札，并见怀二阕。顷初二日，复从驿使得四月望日札，及《弹指集》，绸缪之思，溢于毫素，出入怀袖，如见故人。午未之交，知兄宦游京邑，遥为雀跃。弟时苦徭役，未遑缄寄，至于解组南辕，则天涯游子，邈若梦中。嗟乎！我两人契托正复何等，越禽代马，各在一方，仅从一纸音书，叙廿年离索，人生到此，能不凄凉。

弟朔漠羁踪，兄定未晓，今略书梗概，俾兄知之。弟以己亥夏出榆关，抵沈水之阳。海昌相公欲留弟共居一年，沈帅不许。濒行时，其令子子长，赠我车马衣裘。六月廿一，渡松花江，时暑甚，因浴于江，遂得寒疾，着毡衣，骑马行大雨中，委顿欲绝。抵大乌稽，送吏以弟垂笃，特憩三日，同行者皆谓不起，忽梦准提而愈。七月十一，至戍所。戍主以礼见待，授一椽于红旗中，旧迁客三四公，皆意气激昂，六博围棋，放歌纵酒，颇有友朋之乐。然一身飘寄，囊空半文，赖许总戎康侯、孙给谏汝贤，解衣推食，得免饥寒。癸卯春，弟妇来，携二三婢仆，并小有资斧，因以稍给。甲辰春，幕府以老羌之警，治师东伐，令流人强壮者供役军中，文弱者岁以六金代役，于是石壕村吏，时闻怒呼，无昔日之优游矣。乙巳，以授徒自给。其夏，张坦公先生集秣陵姚琢之，苕中钱虞仲、方叔、丹季兄弟，吾邑钱德维及鄙人，为七子之会，分题角韵，月凡三集，穷愁中亦饶有佳况。其后以戍役分携，此会遂罢。戊申，蒙恩，绅袍特许优复，弟遂得为塞外散人。宁古自辰巳后，商贩大集，南方珍货，十备六七，街肆充溢，车骑照耀，绝非昔年陋劣光景。流人之善贾者，皆贩鬻参貂，累

金千百，或有至数千者。惟吾侪数子，以不善会计，日益潦倒。然弟亦不能弃捐笔墨，与酒削卖浆逐锥刀之利，短褐藜羹，任之而已。庚戌，诸徒皆散，而岁复早霜，米石十金。副帅安公，雅重文士，怜弟之贫，以米相饷，而合肥先生及蓻溪、玉峰，复有见贻，于是黯桑饿人，幸免沟壑。癸丑，大帅之子相从授经，馆餐丰渥，旅愁为解。丙辰春，大帅移镇兀喇，遂失此馆，然执经者亦不乏人，所以仅供薪水耳。

弟年来摇落特甚，双鬓渐星，妇复多病，一男两女，薇藿不充，回念老母，茕然在堂，迢递关河，归省无日，虽欲自慰，只益悲辛。课徒之下，间有吟咏，正如哀雁寒螀，自鸣愁恨，安敢与六代三唐，竞其优劣哉！前岁，原一札来，索鄙制，云欲刊布。弟深感其意，特写致之，可三百余篇。塞外之乱，苍黄中失五古、七绝二种，怅惜殊甚。今当再抄一册，于四五月间寄览。《弹指集》如灵和杨柳，韶倩堪怜，又如卫洗马言愁，令人憔悴。兄笔墨如此，少游、美成，更当何处生活。别兄二十年，对此如重觌风流。弟出塞时，未携词谱，今得此集，便当按调为之，正恐寿陵之步，未易相学耳。弟悲怨之深，虽三峡猿声，陇头流水，不足比我呜咽。穹庐愁坐，极目萧条，夏簟冬缸，泪痕潜拭，安得知我怜我如华峰者，与之促席连床，一倾愤臆乎？

弟患难之交，陈子长最笃，但隔在辽海，不得相见。此君风流文采，不减华峰，意气亦复相类，惜其无命，流落而死，为之痛心。龙眠父子，与弟同谪三年，情好殷挚，谈诗论史，每至夜分，自彼南还，塞垣为之寂寞。钱德维议论雄肆，诗格苍老。山阴杨友声，铁面虬髯，而诗甚清丽。苕中三钱，才笔特妙，不意大者有山阳之痛，而小者复为濮阳之匿。姚琢之诗，如春林翡翠，时炫采色。阳羡陈卫玉，善谐笑，工围棋，亦嫣秀可喜，弟时与之弈。今弟之棋，视丙申五月，在澄江与华峰赌局时，可高六七子许。张坦公先生，河朔英灵，而有江左风味。雁群与弟，情致特深，唱酬亦富，未殁前数日，即属弟在其榻前作行状，人琴之悲，至今犹哽。敝门人，闽中陈昭令，名光启，秀而嗜学，北州少年，此为之冠，与弟居止接近，拥炉啜茗，靡夕不共也。此皆弟塞外文章之友，因兄垂讯，聊复及之。

前者婚约，为李姨所阻，深用怅叹。承复有幼女之约，极荷雅意，果得生还，则我女，兄之子妇也，又何他云。

嗟乎！此札南飞，此身北滞，夜阑秉烛，恐遂无期。惟愿尺素时通，以当把臂，唱酬万里，敢坠斯言。震修兄弟，近况何如，念之殊切。凡我旧好，幸俱致相思。南望云山，可胜凄咽。塞鸿殊便，无忘德音。

《秋笳集》卷八

原家书第十 （康熙十八年冬季之前）

孙公范来，接弟手字，叙次详悉，读之且悲且喜，知弟近况窘乏，甚为悬念，恨我爱莫能助耳。母亲年老，唯赖弟竭力奉养，色难二字，深宜体贴，须婉转承欢，使高年人常有喜欢之意便妙。我既远隔万里，为不孝之儿，八弟早逝，唯弟一人在膝下，正所谓千斤担子一人独挑，岂可不努力乎？大侄能文，大是佳事，血症全愈否？服药不如针灸，吾门人陈昭令，少年亦患此症，势甚危急，以灸膏肓三里穴而愈，今且强壮倍昔矣。我丁巳冬，忽患脑漏月余，服药不痊，乃用艾火灸上星穴七壮，午时灸火，至酉即愈。艾火之功力如此，弟何不率大侄往双林一治，价廉而功倍，岂不胜于向庸医索方哉？我今冬明春倘能告归，便当星夜驰行，与母亲称寿，但不知将军之意如何？我已曾写禀帖恳之。又作字与其两郎，嘱其转恳，若得如愿，便与弟有相见之日矣。儿女辈昨俱卧疾，今已霍愈，余俱平安。闻施法师、高老先生之变，为之凄然者久之。甫草曾葬否？计师母尚无恙否？见甫老令郎，幸为我一致念。一字寄九临、茂伦，可即面致之，并致我相思之殷，须促一回字来，若有近刻，亦带来为妙。二十年旧友，见其一字，即如见面也。弟共有几子，大侄曾完婚否？并示知。内人问候六婶安好。特此不既。

《归来草堂尺牍》卷一

　　按：此为寄六弟兆宸书。此书言及"今冬明春倘能告归"云云。考兆骞于康熙十九年夏有寄徐釚之信，内谓"春初请之幕府，已许入关……乃以他故而止"。可见其寄弟书所谓的"倘能告归"为康熙十八年事，即此信必写于康熙十八年冬季之前。又，本书言及去岁七月施法师（亮生）之卒，亦可证写于十八年。

奉吴耕方书 （康熙十八年）

　　忆己亥春，长兄送我请室，凄其执别，哀甚北梁，为时几何，再逾星纪，依依之思，南望沾衿。冬初，姚兼三年侄来，得奉长兄手书，二十年离索之悲，三千里相思之切，一披尺素，羁绪为开，把玩弥旬，涕与笑会。长兄以枚马之才，遭右文之代，铜龙金马，照耀甚都，属此雁行，能无雀跃。

　　弟昔去家时，年甫二十七，意气豪壮，谓不后人，今潦倒冰天，忽将知命，穹庐土锉，殆成塞翁，回首曩年，宛如隔世，人生至此，凄咽何言。长兄闻之，应亦为我心恻也。弟居在镇城之西，茅茨卑隘，仅堪容膝。昨中秋日，移入雁群年兄所赠之室，檐宇闲敞，殊豁愁衿，但不似贫士所居。弟妇甚耐〔艰〕苦，小儿年已十六，便弓马而不爱纸笔。大女十龄，颇能识字。次女六岁，亦聪慧可喜。每井臼之暇，与二三兄弟，吟啸相对，乡音满室，宛在江南。有门人陈昭令者，文采风流，绝类南士，与弟居止接近，时能赋诗，破我旅恨，此正如蜉蝣、螅蛄，哀吟草间，以自乐其春秋耳。昨夏封山使者谬索诗赋，人非执戟，忽奏甘泉，思之殊足笑人。钱德老、伍谋老、姚琢老三年兄，均属申候。琢兄更致惓切，其嗣君兼三觐亲南归，进谒阶次，长兄问之，便可悉弟近况，及临潢风景也。边鸿殊便，时企德音，劳劳之心，与纸偕去。

《归来草堂尺牍》卷二

按：此书兆骞自谓"忽将知命"，即谓是年为49岁，可见此书写于康熙十八年。证以是年其子"年已十六"，"次女六岁"之说，适相吻合。

寄电发 （一）（康熙十九年四五月）

自去冬奉书以来，忽忽半载，不获展候，负愧良深。春初，请之幕府，已许入关，谓可把晤，罄二十年相思之怀，乃以他故而止。今鬻貂者赴都，复以泥潦纵横，我马瘦甚，遂不获西迈，与吾兄相见，恨恨！凄凄！非可言喻。德老三月间，迁于敝居之左，只隔一篱，灯火互照，吟啸相闻，屣履往来，殊慰寂寞。《菊庄词》已播之平壤，闻甚钦叹。吾兄及茗文、其年御试诗赋，弟延伫者一年，幸举以示我，以慰如饥。家二兄遂尔长逝，身为迁客，虽同产之兄，不得一临其丧，言及于此，肠为寸裂。舍侄来京否？遗稿得归否？并卒之月日，俱乞相示，无嫌琐琐也。一函致玉峰，乞为转达。其老乞致惓切，率奉不一。

《归来草堂尺牍》卷二

按：此书未署时间，但可考知。书内言及索要电发、茗文、其年三人御试诗赋，"延伫者一年"，犹未收到事。考此次御试诗赋为康熙十八年三月事，延伫一年，则已达十九年三月。又，本书谓"自去冬奉书以来，忽忽半载"。考徐釚去年八月二十五日有寄兆骞书，此书送抵兆骞已为冬季（即兆骞本书所谓去冬所奉之书）。自去冬顺推半年，适为本年四五月，而此书又谓"德老三月间，迁于敝居之左"，亦可证此书写于本年三月后，即四五月。

寄电发（二）（康熙二十年三月下旬）

昨廿三日，武姓者至兀喇，得接吾兄二月十一寄弟及德老札，为之惊喜。吾兄与玉峰盛谊如此，吴保安那足复数，翘首金鸡，何日东下，从此余年，皆公等赐也。弟以幕府召，久滞兀喇，故得即奉音书，明日便骑马东去，计程七日可抵宁古，想德兄见此札，亦当喜而泣也。武林徐楚玉兄，省亲塞外，与弟相见甚欢，今送其归，因附此奉闻。楚兄儒雅翩翩，且至性过人，为今日所少，乞兄不惜齿牙，并祈介于君家大阮。弟亦有札奉寄，并乞为弟深致惓切。目下南氛告平，真绝塞望恩之日，纳镪减等，亦吾辈之厚幸也。惟乞图之，欲言再布，不既。

《归来草堂尺牍》卷二

寄电发（五）（康熙二十年四月下旬）

吾兄二月十一及三月廿二两札，俱已邮至。弟读之喜而悲，悲而复喜。吾兄及玉峰公救我之德，何啻更生，凡寻常感恩佩德之语，总不足以形容高厚。庾子山云："物受其生，于天不谢。"弟之今日，正如此耳。尚祈终始提挈，俾得早还，早离一日苦海，即早受一日大德。以吾兄及玉峰昆季，爱我之意，何俟远嘱，然久客望归，不自知其琐琐也。兹因司历闵君之便，草此奉闻，可胜依依。

《归来草堂尺牍》卷二

寄电发（四）（康熙二十年六七月之交）

　　三四月间，两见手札，知电老爱我之深，救我之切，虽在同产亦不能及。弟亦不敢套词致谢。弟近日望归之心，迫于水火，倘此机一失，将来便不可知。老母暮年，而弟亦非茂齿，沉沦绝域，恐遂永隔，以此惶惶，不得不呼天抢地于玉峰兄弟及我电老也。惟乞早赐恩波，俾弟早为中土之人，则恩同二天矣。叩恳！叩恳！郎侍中奉使塞外，召弟相见，甚承悯叹，以四律投之，颇有荐雄之意，并以奉闻。四律附览。

　　郎侍中奉使塞外赋赠

　　黄云驿路净氛埃，落日鸣笳使者来。早拜千牛陪凤辇，新驱驷马出龙堆。旌飞杨柳城阴迥，帐拥芙蓉剑色开。多少冰天迁客泪，待君归奏建章台。

　　柘弓斜月纻弦鸣，珠服如星照玉缨。穿禁久分中贵宠，趋朝争识小侯名。每调生马期门出，独挽轻雕傍辇行。知尔羽林夸健手，肯教驰射数边城。

　　郎公将还京师赋此奉送

　　西风吹雁满关山，愁见萧萧四牡还。横笛清秋萦客恨，衰杨明日为君攀。紫台霜露催征骑，丹阙星河启曙班。极目长安天际远，离心空望五云间。

　　述怀奉呈郎侍中

　　漂零廿载隔中原，老去空怜舌尚存。自分耕锄安玉塞，谁将词赋达金门。牛衣已尽书生泪，鸡赦频思圣主恩。何日春风同燕雀，万年枝上一飞翻。

　　　　　　　　　　　　　　　　《归来草堂尺牍》卷二

寄电发（三）（康熙二十年七月下旬初）

昨六月十八日，西曹查案，凡十三人名至宁古，而弟及德老不预。今复月余，后查者尚未到，岂遂付之不查乎？顷见赤崖札云，工数必须二千。弟蒙诸公力，已有其半，闻之感而喜，喜而复惧，倘工数不足，事必不成，此机一失，便有河清难俟之叹。伏乞吾兄，与玉峰令叔谋所以救弟者，弟今在苦海中，一无所恃，可恃者唯二三故人耳。此时佛亦不能救我，能救我者，亦唯此二三故人耳。惟祈垂悯，叩头！叩头！承潘次老表兄远贻手札，并惠以诗，读之感不可言。次老之才，李供奉流也，何时得一把臂乎？弟日间为俗冗所绊，投隙始草此数札，竟不及仰和来诗，含愧殊甚。乞兄一致此意，当于后邮赋寄耳。如承报章，乞详以示我，不既。

《归来草堂尺牍》卷二

按：上录《寄电发》札四封，均写于康熙二十年。其中（二）与（五）均言及接到徐釚二月十一日来札事，可见此二札写作时间相衔接。又因《寄电发》（五）还言及接到三月二十二日一札，又可见札（二）早于札（五），即札（二）写于三月下旬，札（五）写于四月下旬。至于札（四），由于言及"三四月间两见手札〔按即上面所载寄电发（二）与（五）两书〕"及"郎侍中奉使塞外……以四律投之，颇有荐雄之意"，而此四律又有"西风"、"清秋"诸词，系咏秋景，可见当写于是年秋初六七月之交。札（三）因言及"昨六月十八日，西曹查案"与"今复月余，后查者尚未到"，可见当写于是年七月下旬之初，即上札稍后。

致李棠 （康熙二十一年冬）

十载前即仰企声名，不意弟还乡国，而台臺乃沦迹遐陬，人
事错迕，类多如此。顷岁，欲从胡璞老处，一奉颜色，而迅车言
迈，未遂鄙怀，为怅何如！敝门人至，获承惠书，欣快殊极。惟
望读书学道，以慎玉体，则其旋之吉，未可知也。

《归来草堂尺牍》卷二

按：此信言及自己刚被赦归，而李棠却"沦迹遐陬（指其被
流放宁古塔）"。考李棠之被判处流放为康熙二十一年九
月二十一日（见《康熙起居注》）。据此，此信当写于是
年冬，唯具体时间不详。

致刘道台 （一）（康熙二十一年）

治□荷老祖台雅爱殷隆，有逾骨肉，中心铭佩，非笔可陈。
虽燕云吴树，迢隔三千，而绸结之思，时依榮戟，屡欲裁禀驰候，
以塾务所羁，未遑申臆。兹因舍表侄□□南归之便，特令其叩首
铃下，代伸敬衷。倘蒙老〔祖〕台垂念远人，召杨生而询旅况，
则感荷良深矣。

《归来草堂尺牍》卷二

按：刘道台姓名、行实不详，据此书意，当在江南（可能为
苏州）供职。因信内言及"以塾务（即为揆叙授读事）
所羁，未遑申臆"，据此当写于归省吴江之前，即康熙二
十一年。

原致成侍中容若（殆康熙二十一年）

昨啖佳粺，胃气顿开，于此久习，亦如逢旧识耳。舍甥小儿，亦居此相伴，复携两力，以供奔走。午间尚欲得粺饭，幸敕厨人，以精洁者相饷。并乞命一尊伻来此，以便百凡尊处移取画册及唐人小说，立命检示。

《归来草堂尺牍》卷二

按：此信写作时间不详，考兆骞于容若家中授读，仅有康熙二十一与二十三两年，此信未言及其"多病"之事，殆为二十一年所写。

致宋既庭书（康熙二十二年夏末）

二十年冰雪之人，忽逢毒暑，竟委顿不可耐。百老此刻往阊门，明日想欲解维，杯酒剧谈，恐不能矣。此复既老长兄先生大人。小弟兆骞顿首。

《昭代名人尺牍》卷七

按：此信言及"忽逢毒暑"及"阊门"，可知必写于归省吴江患病之际，即康熙二十二年夏末。

答王虹友（康熙二十二年秋）

日来贱体委顿特甚，竟不能欹坐，兼恶闻人声，深感惠问。尊咏，病中未能毕阅，俟稍痊，当细为僭笔也。

《归来草堂尺牍》卷二

按：康熙二十二年兆骞归省吴江时，与王虹友曾多次唱和，至本年仲夏之后，忽然得疾，延其北归之期。细味此书，必系兆骞此时病中接到王虹友慰问之诗札而作，即写于二十二年秋。

致刘道台（二）（康熙二十二年）

奉违台颜，将复一载，遥瞻棨戟，劳结（弥）〔靡〕殷。寒（惟）〔疑为帷〕声誉，翔播都亭。□今旋闾门，敬叩铃阁。老公祖好贤礼士，艺林所仰，更祈俯推薄分，赐以青睐，则□之感颂明德，岂有既哉。

《归来草堂尺牍》卷二

按：此信言及"奉违台颜，将复一载"与"今旋闾门，敬叩铃阁"云云，表明写于归省吴江之际，即康熙二十二年。

卜令（康熙二十三年夏初）

廿载朔陲，幸还乡国，与吾老表叔，虽谊深中表，而展觐未遑，遥望楚云，只增驰仰。昨岁在禾，与静山表兄相晤，殷勤把袂，情均鹡鸰，时欲一伸尺一，上候起居，而尘鞅所萦，每〔乖鄙愿，徒切怛耳。舍表侄杨某偶有江夏之行，特令其进〕谒台墀，幸推薄分，进而教之。侄以春杪复来都下，馆于旧席，倘有便邮，幸示德音。临楮瞻溯，不尽依依。

《归来草堂尺牍》卷二

按：此信言及"昨岁在禾"事，又言及"侄（指自己）以春杪复来都下，馆于旧席"事。考兆骞在禾系康熙二十二年事，而自吴江北归系在康熙二十三年春，故此信亦写于二十三年夏初。

答陆令书 （康熙二十三年五月之前）

廿年判袂，一夕披襟，宴笑樽罍，殷勤缟纻，良友之情，一何珍重，每怀斯谊，靡日能忘。弟抵都之日，即走一缄奉报，而圉人已行，此札遂未及达。尔后他冗纷纭，兼以多病，缺然申候，惭仄何言。忽奉手书，快如复面，但益增弟心之恧耳。华兄已往故乡，重阳时当复来此，前所托，已面致之。华兄之怀企年翁，有如饥渴，其意极殷殷也。令弟年翁尚未把晤，即当觅便稍候。余衷嗣布，不既。

《归来草堂尺牍》卷二

按：此信谓"抵都之日，即走一缄奉报"，后以"他冗"及"多病"，"缺然申候"，可见当写于康熙二十三年"多病"之际，即是年五月端午节之前。

原致容老（二）（康熙二十三年）

昨委顿竟日，如中酒者。今似小差，然手足肿，欲乞马公一视。偶思吴中艒船熏鲫，特以制法奉览，即以敕厨。先生或暇一过我。

原致容老（四）（康熙二十三年）

披对尊照，喜慰无量。秦少游阅《辋川图》而病愈，想正尔尔。贱体不思饮食，即饮食，亦不易消。土虚则补其母，药中欲用附子，乞命价，询之马公，为荷。

《归来草堂尺牍》卷二

按：此二封信，均言及"委顿"、"手足肿"与"贱体不思饮食"，可见写于康熙二十三年夏秋之际病中，唯不详具体时间。

原致容老（三）（康熙二十三年夏秋）

雨窗欹枕，殊复清幽，唯念伊人，萦回怀抱间耳。老僧击鼓，每一奋槌，即数千百声，令人神思激荡。清梵疏鱼，自足展礼，何必作霹雳耶？乞命一尊怦谕之。

《归来草堂尺牍》卷二

按：此信虽未言及患病事，但由于谈到恶闻老僧击鼓声，并请容若遣仆人止其击鼓，可见此信仍写于患病期间，即康熙二十三年，唯不详具体时间，当在夏秋多雨之时。

原致容老（五）（康熙二十三年七月）

（顷）〔频〕接手函，旷如披觌，但捧咏之余，转深相忆耳。知起居清胜，寸臆为慰。复读新词，凄丽而婉媚，真个中人，个中事。临风展纸，唯叹风流，不识以鄙言为有惬否？贱躯尚未能愈，时时伏枕，伫望归鞍，为我枚《发》。炎景尚烦，伏惟珍重。余言嗣布。

《归来草堂尺牍》卷二

按：康熙二十三年五月十九日纳兰容若扈从康熙出古北口避暑，八月十五日回京。此信言及"贱躯尚未能愈"事，可证写于二十三年。又谓"顷接手函……知起居清胜"，可证必写于容若远离兆骞之日，"炎景尚烦"亦证必写于立秋（本年六月二十七日立秋）稍后，即七月。

原致（客）〔容〕老（一）

（康熙二十三年十月十日或稍后）

日去日远，相思日深。两承惠书，爱我何至。贱躯以立冬日渐愈，手（足）〔疑为之〕肿消，足亦渐减，腹疾愈其八九，脉气平和，可望得生矣。附子饵过一枚，人参加至八钱，今尚大饵。东僧缘金付讫，此真大善事也。弟药饵之需，复蒙垂济。总之，此身公身也，尚敢言谢乎。夫子尊前乞禀候。华兄想月内可到。陆令若无暇赐以颜色，乞传温语谕之足矣。

《归来草堂尺牍》卷二

按：此信言及"肿消"、"腹疾愈其八九"及容若"日去日远，相思日深"，可见写于康熙二十三年容若扈从康熙远行之时。又，此书言及"贱躯以立冬日渐愈"。考二十三年立冬在九月二十九日，而康熙之东封与南巡启程在是年九月二十八日。书内又谓"两承惠书，爱我何至"，系指容若于南行途中曾两次寄书，对兆骞表示慰问。如果每隔三四天一信，则兆骞接获第二信已在八九天之后，即十月八或九日。据此可推知此信当写于是年十月十日或稍后。至十八日，突然病逝，则此信可称是兆骞之绝笔。

致立斋（康熙二十三年）

对我所钦，病躯为愈。枚公之《发》，蔑以加兹。承饷佳豉，深荷厚意。

《归来草堂尺牍》卷二

按：此信言及"病躯为愈"事，而康熙二十三年徐元文（立斋）适在京师任职，因此必写于是年，唯具体时间不详。

王司成 （康熙二十一年或二十三年）

不奉笑言，屡更蕙荚，劳劳之忆，日在尊前。顷率小儿上谒，未及一叩皋比，深用增怅。小儿以朔野蒙童，昧于笔墨，重蒙题拭，感荷何深。舍表侄金上简就试成均，伏乞老先生特加品骘，列之颜行，得伦宗之目，糠秕可愧在前矣。敬此上渎，不尽瞻企。

《归来草堂尺牍》卷二

按：此信言及"小儿（指吴桭臣）以朔野蒙童……重蒙题拭"及"舍表侄金上简就试成均"事，可知为兆骞自塞外归至京师所写，而兆骞居京师仅有康熙二十一与二十三两年，至于此信具体写作时间则已无考。

附　吴晋锡

示兆骞 （顺治十六年秋）

痛哉！汝性至孝，平日所以事我者，异于恒辈。成婚后，依依如孺子之牵衣膝下，未尝有一刻相离。我父子俱好读书，共坐楼头，溽暑祁寒，吟诵不辍。以汝惊代绝才，我历几辛勤，教汝成名，自以为极天伦乐事。方以远大期汝，不意仇人一纸谤书，遂使天下才人，忽罹奇祸，投荒万里，骨肉分离，惨莫惨于此矣。古来孝妇含冤，上天亦有为之感动者。汝之冤酷，审问诸公知而怜之，都中士大夫知而怜之，天下读书人知而怜之，未供招而被祸最烈，冤抑至今未伸。嗟乎青天！何独至汝而天〔亦〕不为〔之〕青耶？

自春徂夏，汝所寄手字，及所寄诗，我已一一见过。见汝字，知陈相国之待汝甚厚，又承相国乔梓解推之谊，同在患难中而何以得此，此又汝之绝处逢生，不幸〔中〕之幸也。此情此谊，何日可忘。汝遇苤叔之变，当此悲楚中，汝又能为之周全葬事，纤悉备至，具见汝之敦厚道也。见汝诗，情致激壮，词调悲凉，反复展阅，一字一泪，三闾大夫之处忧愁而赋《离骚》，其文至今当不过此。《留别诸故人诗》，甫、绣二君已为刊行。其《西曹杂诗》我亦为之备录，将觅友人，图所以付梓，决不使汝诗章泯泯不传也。

所可恨者，我之念汝，无时去怀，虽以举家蒙难，手无分文，无力遣人，以周汝之急。然自春徂夏，我寄〔汝〕手字亦不一而足，岂料止到其一，余竟付诸浮沉，俾汝既不获见我面，并不获见我字，徒令两地情牵，为可伤耳！其他之浮沉不足较。至于孙焕卿，汝以其人可托，且彼去甚早，我寄银二两，布衣、布裤、布被、布袜，亦寄有数件。我与汝母拜而哭求之，以为万无不到之理，谁料为焕卿所乾没，并我手字悉委诸逝波也。知人知面不知心，世（人）〔情〕之叵测，一至于此。至于畴三计偕，我亦寄诸布衣被裤袜等项，又差周文随汝阿丈计偕。我所寄汝者，则有斤许外，其如彼到时，汝已出关，空往空来，致汝不持一文，举目无亲，只影孤形，而行万里之遥，自暖自寒，有何人相恤，白面书生，何尝惯经，为父者，一思及此，不觉肠断欲绝矣！虽然，事已至此，古来大圣贤、大豪杰，往往有濒死而不至于死者，正于万死一生中，打练出学问，存养出德性来。诚以所操，以处忧患者，固自有其道也。我愿汝且于绝地求生，死中求活，持己要谦恭，出言要谨恪。彼中当无好文学者，且屈节以就之。或在人家处馆，权厝一枝之栖，为糊口计，姑使衣食居处有赖，而后可徐图生计也。古不云乎，如飞鸟依人，人自怜之。处此无可如何之境，不得不如是耳。汝体素弱，朔地风霜，焉能堪此，我甚忧之。幸参出彼中，汝可时时服参，以助养元气，元气固，百邪自莫为之侵矣。彼地不知医，倘有失调处，万万不可轻投药。谚云，不服药为中医。斯言可佩也。若有风邪，则参又万万不可轻投矣。汝切须慎之。汝去岁负伤处，我甚放心不下，先高祖尝言，第一要暖，暖则痛不发。但居此寒栗之地，暖气既少，衣又单薄，为之奈何，则又增我愁耳。此非人力所可为，只求佛力护佑。我与汝妇、汝妹，每日诵《金刚经》、《高王观世音经》、《大悲神咒》，以祈救汝苦厄，佛力无边，自当脱汝于患也。《高王观世音经》，乃北齐高欢国经也，救人苦厄，应验甚神，我从李灌溪处得来，甫草亦甚称之，唯汝处未之见。然我处诵自能护汝，况汝常持《金刚经》、《大悲神咒》，足矣。

可恨抚房以我们无使用，于二月中飞檄下县，要提家口，尽下府司，我自分必死。三月初一解府，赖府尊怜我与汝母年老，汝妇多疾，八弟年幼，允亲族递保，止六弟发吴县监候。我与汝母，〔汝妇〕汝八弟，俱保出，住汝妹家。我自遭难，萧然贫身，无衣无食，衣之食之，苟延残喘者，赖汝妹之孝也。汝大女已送至汝妹处为媳，今业已读书。汝次女已送李宾侯家，过继与娘姨抚养。汝两女我俱划田少许，即作他日嫁资，一归杨，一归李，标拨已定，汝可免内顾忧矣。汝母、汝妇、汝妹、汝弟、汝女，俱一一平安，不必挂念。

近闻皇上准工垣之疏，内开一款，凡流徙之家，捐赎助军需，本身减等，而家属之连累者，悉与豁免。现在部复，如果复行，不独家眷免徙，本身既减等，即汝亦可还乡，骨肉重逢有日，此我所吁天而号哭以求者也。总之，千言万语，唯望汝保全身子为上，留得汝身在。古云，大难不死，必有后禄，汝须安心以俟之。绣夫以取科举且生子矣。汝妇、汝妹、汝八弟，各有字寄汝。绣夫在江城，不及索字也。王虹友、顾华峰，俱有求汝次女之意，然既为李所抚养，则听李为政矣。汝不记寒嵩仙师之诗谶乎？"万壑风归啸老龙，一朝雷舞向长空。慎君鳞甲毋遭折，回首林间听暮钟。"汝登贤书，雷舞已验矣。罹兹奇冤，遭折已验矣。而回首林间之句，固知汝之定生入玉门关也。凡事皆前定，汝须安心，以俟之耳。

沈若士使者行，便将字寄汝。我欲恳沈若士，特差使赍送至宁古，并作字恳子长，勿致浮沉，使汝未及见我面，先见我字，未知得达否？徐公肃与汝为性命交，居然状头，欧长卿亦为会魁，两人在天，汝独在渊，天乎？人乎？何天渊之相越若此耶？然我祖父累世积德，从无获罪于天之事，汝又至孝，自能动天，我终望天之有以祐汝，到底有赐环之日也。保身以俟天，是在汝有坚忍之力耳！珍重，珍重！

《归来草堂尺牍》卷一

> 按：此书言及"汝遇芯叔（即吴兰友）之变……为之周全葬事"。考此事发生在顺治十六年四月，可见必写于是时之后。又，此书两次谈到"自春徂夏，我寄手字亦不一而足"，并谓"我所寄汝者……其如彼到时，汝已出关"云云，又可见该书当写于十六年秋。

（三）引用书目

别 集 类

秋笳集　　　　徐乾学康熙十八年刻本　　　　　　吴兆骞
　　　　　　　吴桭臣雍正四年刊本
吴汉槎诗集　　道光十一年刻本　　　　　　　　　吴兆骞
归来草堂尺牍　章氏算鹤量鲸室抄本　　　　　　　吴兆骞
　　　　　　　海丰吴氏石莲庵抄本
　　　　　　　燕大蓝晒图本（1937）
　　　　　　　合众图书馆丛书本

半生自纪　吴氏囊书囊抄本　　　　　　　　　　吴晋锡

爱吾庐诗稿　　　　　　　　　　　　　　　　　吴兆宽

涉江草　　　　　　　　　　　　　　　　　　　吴树臣

吴梅村诗集笺注　　　　　　　　　　　　　　　程穆衡

吴诗集览　　　　　　　　　　　　　　　　　　靳荣藩

何陋居集　　　　　　　　　　　　　　　　　　方拱乾

甦庵集　　　　　　　　　　　　　　　　　　　方拱乾

域外集　　　　　　　　　　　　　　　　　　　张缙彦

浮云集　　　　　　　　　　　　　　　　　　　陈之遴

焦冥集　　　　　　　　　　　　　　　　　　　苗君稷

憺园集　　　　　　　　　　　　　　　　　　　徐乾学

含经堂集　　　　　　　　　　　　　　　　　　徐元文

顾梁汾先生诗词集　　　　　　　　　　　　　　顾贞观

徵纬堂诗　　　　　　　　　　　　　　　　　　顾贞观

弹指词　　　　　　　　　　　　　　　　　　　顾贞观

通志堂集　　　　　　　　　　　　　　　　　纳兰性德

纳兰词　　　　　　　　　　　　　　　　　　纳兰性德

白云集　　　　　　　　　　　　　　　　　　张　贲

改亭集　　　　　　　　　　　　　　　　　　计　东

芦中集　　　　　　　　　　　　　　　　　　王　摅

一揽集　　　　　　　　　　　　　　　　　　王　掞

莼江集　　　　　　　　　　　　　　　　　　张尚瑗

钝斋诗选　　　　　　　　　　　　　　　　　方孝标

雪翁诗集　　　　　　　　　　　　　　　　　魏　耕

硕园诗稿　　　　　　　　　　　　　　　　　王　昊

赖古堂集　　　　　　　　　　　　　　　　　周亮工

愚庵小集　　　　　　　　　　　　　　　　　朱鹤龄

　遂初堂集　　　　　　　　　　　　　　　　　潘　耒

总 集 类

诗　词　话

笔 记 类

史 地 类

其 他 类

东北流人史　　　　　　　　　　　　　　　李兴盛
中国流人史　　　　　　　　　　　　　　　李兴盛

附录之附录

（一）后记

　　吴兆骞是清初著名诗人与江南才子，又是黑龙江，乃至东北一位塞北名人。为了研究这位以边塞诗人著称的历史文化名人，二十年来，我曾多次南北奔走，到数十家图书馆查阅文献。遗憾的是，流人文献与帝王将相等人文献在数量上实在是不成比例。帝王将相、学界泰斗、文坛巨匠、军政要人等文献汗牛充栋，俯拾即是，流人文献却少得可怜，百无一得。而且这有限的文献，虽然不是"假语村言"，却因过于分散（散居各地，散居群书），过于零碎（或零编断简，或片言只语），很少有较长、较完整的记载，致使许多流人事迹（尤其是流放后事迹）都成为了"真事隐"。基于此，每次查阅，尽管用力甚勤，但所获甚微。不过，持之以恒，积以岁月，历尽艰辛，终于有成。至今已翻阅过数百种文献，在这些文献中发现有二百余种文献载有与吴兆骞有关的、长短不等（短者居多，甚至片言只语）的资料二十余万字。

　　平心而论，吴兆骞是大量流人中最为幸运者之一，其有关研究资料竟然达到二十余万字，实在是一般流人望尘莫及的。绝大多数的流人，"永戍不返，葬身异域。不仅其事迹，甚至其姓名，也随着斜阳蔓草，荡为冷雾寒烟，而湮没无传"（拙著《东北流人史》前言），更何况其有关的文献资料呢？当然，某些流人也有可供后人研究的资料传世，但这种人毕竟为数不多，即使有之，也多是分散、零碎的简短记载而已。

为了深化与促进对吴兆骞的研究，为了撰写《边塞诗人吴兆骞》一书，1984 年秋，我将已搜集到的史料，编纂成十万字左右的《吴兆骞资料汇编》与十万字的《吴兆骞年谱》二书。1997 年秋，在有关资料陆续收集与积累的基础上，我又组织有关人员，重新编纂了《吴兆骞资料汇编》一书，使之更为信实可征与丰满完备。

关于这方面的工作，始于乾、嘉之际的学者张廷济。他曾辑有《秋笳馀韵》二卷，上卷系友人寄吴兆骞之诗（附书信），下卷系友人喜吴兆骞入关之作。成书于嘉庆元年（1796）。其后，翁广平、徐达源又多方寻访，辑录了张廷济未见之有关诗文各一卷寄赠，使之愈趋完备。此书所辑录之诗文，有些为清人文集所未收，或虽已收录，但该文集今日颇为罕见，甚至失传。由此可见该书史料价值之高，实可谓吉光片羽，弥足可珍。该书邓之诚先生谓为已佚，但我于 1981 年夏赴北京图书馆查阅图书时，偶然发现，兴奋得心花怒放，欣喜欲狂，一连数日，作了抄写。1983 年秋冬之际，再次赴京，又偕同一位黑龙江大学学生（当时正在中国人民大学进修）去抄录了二三天。1999 年暮春，第三次赴该馆作了补抄与校对。至此，该书已完成了百分之九十五六的抄录工作。继张氏、徐氏、翁氏之后，今人吉林大学麻守中先生也作了有益的尝试。在其校点的《秋笳集》（1993 年 10 月上海古籍出版社版）中有《宁古塔纪略》、《吴兆骞事迹辑存》、《酬赠题咏》等附录，这些资料为吴兆骞之研究提供了方便条件。近年，哈尔滨师范大学已故王孟白教授于八十年代末整理之《吴兆骞集》，也由我编入《黑水丛书》第六辑交由黑龙江人民出版社出版。该集附有《诗词辑佚》、《题跋》等附录，也是与吴兆骞有关的研究文献。

目前我们重新辑成的《吴兆骞资料汇编》，虽然不敢说完备无遗，但基本上可以称得上略尽于是。至少在所辑录史料的数量上，已远远超过前人所辑录者。

最后，限于编者学识谫陋，本书挂漏与失误之处，定然在所难免，希望广大读者不吝赐教，以便再版时修订。

李兴盛

1999．5．20

原载 2000 年版《江南才子塞北名人吴兆骞资料汇编》

（二）再版后记

27 年前，我开始研究东北地方史与历史文化，后来受到我国著名学者谢国桢先生的启迪与鼓励进而研究流人史，在继承、弘扬与深化由谢先生开创的流人史研究的基础上，还构筑了流人史、流人文化，乃至流人学的框架。而这种流人史、流人文化的研究，却是始于对吴兆骞的研究。

吴兆骞是清初"天分特高"、"惊才绝艳"，被诗坛领袖吴伟业将他与陈维崧、彭师度誉为江左三凤凰的著名诗人。史书称其"天才横逸"，"一目十行"，"援纸立就、落纸烟云"，且又"傲岸自负"，"翩翩隽逸"，"谈论风生"，出口成章，是名士气质十足的江南才子。后在丁酉南闱科场案中被人诬陷，含冤流放宁古塔 23 年，"极人世之苦"，泪洒冰天，血沃塞土，成为传播以中原文化为主体的多民族文化综合体之流人文化之塞北名人。吴氏的才华、遭遇、业绩及其与顾贞观等生死不渝的友谊，使我深为感动，情有独钟。于是围绕着吴兆骞，我作了持久、深入的研究。而这种研究奠定了我对东北，乃至中国流人研究的基础。也就是说，我的学术研究，是从吴兆骞这一"个案"开始，发展成对东北流人这一社会群体的宏观研究，从而撰写了《东北流人史》；又在此基础上，进一步发展成对中国流人这一社会群体的宏观研究，从而撰写了《中国流人史》。并将这种研究升华到理论的高度，对流人的方方面面作了理论探讨，从而撰写了《中国流人史与流人文化论集》。由上可见，我的学术生涯与吴兆骞结有不解之缘。

迄今为止，我为吴兆骞编纂了 4 部书稿，即 1986 年出版的《边塞诗人吴兆骞》，2000 年出版的《诗人吴兆骞系列》，包括《江南才子塞北名人吴兆骞传》、《江南才子塞北名人吴兆骞年谱》（附交游考）、《江南才子塞北名人吴兆骞资料汇编》3 册。此外，还曾将吴氏《秋笳集》与《归来草堂尺牍》收入我主编之《黑水丛书》。其中，《诗人吴兆骞系列》三册出版已近五年。五年来，在吴氏史料搜集方面又略有所得，同时又发现史实考证上的个别错误之处，还发现了未曾校对出的错字。拾遗补阙与纠谬之感，无时无刻不萦绕于怀。近来恰值《黑水丛书》第十一辑之编纂正在进行之中，鉴于《江南才子塞北名人吴兆骞年谱》与《江南才子塞北名人吴兆骞资料汇编》符合收录标准，因此将这两种书稿加以修订，易名为《诗人吴兆骞年谱》、《诗人吴兆骞资料汇编》，予以收录。本次之修订，除了改正错字外，还将此二书之插图略作调整，合而为一，置于《诗人吴兆骞年谱》之首。吴氏之行实与引用书目稍作增补。史实之考正上更正了吴氏友人陈之遴七子（实为六子）之说，吴氏致纳兰容若五封书信的时间顺序稍作调整。此外，陷害吴兆骞之人，著名学者邓之诚教授据兆骞自谓的"我遭昌文贼奴陷害"及"昌、发二贼……乘机构毒"之语，断定为章素文与王发二人。我对于章素文一说存有疑义，但究为何人，没有定论。此次再版，将清代翁广平谓为吴超士之说及中国社科院语言研究所杨成凯教授提供的另一重要线索（谓为吴昌文之说）著录于篇，供广大读者参考。总之，此次之修订，目的是使本书益臻完善，有利于黑龙江流人文化及我国清诗的研究。

在我对吴兆骞研究的过程中，自谢国桢先生始，至近年杨成凯先生止，得到过许多人士的支持与帮助。其中有学术界、新闻出版

界、图书馆界与文管界人士，还有普通读者，我在《诗人吴兆骞系列》序言中已择其要者作了鸣谢。尤其是杨成凯先生身为语言学家，又兼擅古典文学之研究，除了对我的研究提供了一些新的线索，又多次来信，给予鼓励，倍加颂扬，还以林夕的笔名在《古籍整理出版情况简报》"学者评书"栏目中发表书评，予以评介，令我感动不已。现在借《诗人吴兆骞年谱》、《诗人吴兆骞资料汇编》再版之机，将已鸣谢之各位先生所写的有关文章（评语、书评等）选录 5 份附录于此二册书后，以供研究拙著《诗人吴兆骞系列》者之参考。

为阐述将此二部书稿收入《黑水丛书》之原因及修订之内容，是为跋。

李兴盛

2005．9．26

原载 2006 年《黑水丛书》第十一辑《诗人吴兆骞资料汇编》

（三）边塞诗人吴兆骞

罗继祖

李兴盛同志执贽谢刚主丈门下，以东北人研究东北史。新著《边塞诗人吴兆骞》成书，以遗予。汉槎缘科场嫌疑远戍宁古塔，充水手以抗罗刹，故人多以"抗俄诗人"或"爱国诗人"称之，兴盛独题以边塞诗人，以《秋笳》一集咏北边风物民俗为集中特色也。

兴盛为此书，走遍南北各地图书馆，汉槎故乡吴江亦有其足迹。得《吴氏族谱》订汉槎世系，又遍查汉槎亲故诗集，一一考证之，故所得逾于前人。书内各章首尾皆引诗句作证，读来弥觉亲切，兴盛于旧体诗亦有素养。

《堇户录》并见《枫窗三录》

（四）高才沦落负屈远戍

——简评《边塞诗人吴兆骞》

钱仲联

　　吴兆骞是清初继承吴伟业传统的杰出诗人。他的一生，风波起伏，故事流传于文苑词坛，富有传奇色彩，动人心弦。但过去还没有人把它整理出来，写成一部专传或年谱。黑龙江人民出版社出版的李兴盛同志《边塞诗人吴兆骞》一书，填补了这个空白。全书参考的书籍、专文等达二百一十余种之多，取精用宏。特别是突出了吴氏歌颂黑龙江流域军民抗击帝俄斗争大量诗篇的成就，从而使人看到吴氏之诗，不但风格上继承了明七子，体制上继承了吴伟业，而且在思想内容上还超过了他们。吴氏在诗学史上的地位，从而可以得到提高。作者以简炼而又富有才华的文笔写评传，不仅考订翔实，纲领清楚，而且诗意盎然，引人入胜。后附年谱，也简要有法，无时人笔墨冗蔓，枝节横生的弊病。这本书对清代文学史研究者来说，是不小的贡献，列于国内副教授著作之林，毫无愧色。

钱先生评语手迹

1986 年 12 月 15 日

（五）流人文化的拓荒研究

——读《诗人吴兆骞系列》

林　夕

　　清朝初年为了加强新政权的统治，除了残酷镇压抗清志士以外，还采取了一系列措施强化思想文化领域的统治，力图清除汉族人民对明代故国的眷恋和对外族统治的抵触情绪，科场案件就是影响极其巨大的摧残汉族学人的举措之一。大批汉族学人陷入科场案，家破人亡，妻离子散，惨绝人寰的遭遇引起社会的极大动荡，也出现了许多可歌可泣的事迹，江南才子吴兆骞一家的遭遇就是典型的事例。

　　吴兆骞是江南吴江一带著名的才子，早年就名闻当世。不幸卷入科场案漩涡之中，被流放到宁古塔。吴兆骞才名卓著，友朋众多，所以这起事件在当时有很大影响。特别是他的好友顾贞观送行时撰写的《金缕曲》二首描述了他的悲惨遭遇，娓娓道来，文情并茂，真挚动人，广为传诵，更增加了吴兆骞落难事件在社会上引起的震动。当时显宦明珠之子著名词人纳兰成德看过这两首词后，为之伤心落泪，认为可以跟河梁生别之诗、山阳死友之传鼎足而三，以十年为期，生还吴兆骞。正是由于这两首词的流传，几百年来无数读者共鸣同情之心，关注吴兆骞的遭遇，悬想当年科场案的始末和罹难文人的不幸，希望了解更多的细节和事件的经过。

　　然而清朝初年社会动荡不安，加以此案干系政事，本来就有所禁忌，官方记载缺略不详，私家涉笔不能不有所顾虑，仅有的文献或因年代久远，逐渐零落，或遭禁毁，难以复见，以致详情早已无从获知。偶有零星记载见诸笔记稗官者，龃龉参错，信史

难求。学者研索清初科场案，最为显赫之作当属孟森先生的《心史丛刊》中有关的考证，对吴兆骞事件叙述最多。著名词家夏承焘先生也曾撰写《顾贞观寄吴汉槎金缕曲词征事》，搜集有关史料，笺释顾贞观的《金缕曲》，考证吴氏遭遇。这是以往对吴兆骞流放事件仅有的较为翔实的论述，略可慰藉读者同情古人的不幸遭遇而渴望获知事实真相的心情。然而由于有关的记载搜集未备，对事件的陈述阙略不具，这些论著仅仅是考证工作开始的标志。这样一个重要的历史事件长期以来许多事实仍在朦胧之中，没有引起足够的注意，没有得到进一步研究，不能不使人感到遗憾。

令人欣慰的是黑龙江社会科学院历史研究所李兴盛先生从20世纪80年代以来，发表一系列重要的著述对吴兆骞事件进行了空前全面而深入的研究，以吴兆骞本人的经历为中心揭示了事件的方方面面，取得了可喜的成就，填补了这个重要研究领域的空白。最近黑龙江人民出版社出版了李兴盛先生主编的三卷本《诗人吴兆骞系列》，分述吴兆骞的传记、年谱和有关资料。这部吴兆骞系列三卷集总结了李兴盛先生对吴兆骞的有关研究成果，不仅阐发了许多重要的史实，纠正了过去的错误结论，而且搜集了许多罕为人知的难得的资料，给进一步研究科场案乃至清初史事提供了珍贵的资料。

《系列》值得称许之处指不胜屈，最大的成功恐怕首先源自作者掌握的资料空前完备。我们知道清初文献历劫仅存，流传到今天大抵深锢秘藏，罕为人知。著名历史学者邓之诚先生曾经专门搜集了大量清初作家文集资料，以诗证史，编纂了名著《清诗纪事初编》，其中吴兆骞是重要的人物。然而，尽管他知道嘉庆年间张廷济曾编辑各家为吴氏所作的诗文成《秋笛馀韵》二卷，却未获见，慨叹"今不传"。事实上，《秋笛馀韵》现珍藏国家图书馆，并非不传。不过知道此书尚存，怀铅素抠衣就阅者已经不多，更进一步，至吴燕兰编纂的《吴氏囊书囊》中查阅更多吴氏家世和友朋资料者恐怕更少有其人，因为此书沉湮不显，知者极少，抄本仅存上海图书馆。此书包含丰富的资料，其中的《汉槎友札》更可与《秋笳馀韵》互证校误，颇有价值。

《系列》的编纂历有年所，厚积薄发，包含的珍本秘籍比比皆是。大约十年前，看到黑龙江教育出版社出版的《方拱乾诗集》，方氏满门也是清初罹难之家，作品罕见，虽有传本，但艰于访求，迄未一见，见到印本自然喜出望外。印本后记中叙述三地学者为出版这部秘籍互通信息，露抄手校，备尝艰辛，不禁大为感动，主持其事者就是李兴盛先生。

《归来草堂尺牍》收集了吴氏寄给亲属和友朋的许多书信，是此前所知记述吴氏经历最富价值的资料，当年顾廷龙先生获见传抄本后，亟为写印辑入《合众图书馆丛书》，学人所见大抵即是此本。然而李兴盛先生却不满足，连续查阅了四种版本，发现章钰先生原抄本文字最胜。为一本书翻阅四种版本，认真的态度和不惮烦难的精神，实在令人折服。吴兆骞声名卓著，交游既广，影响也大，当时和后世各界人士涉笔所及多少都会有所记述，在缺乏直接记载的情况下，即使是竹头木屑，点滴资料，也难免有"一壶千金"之感。只要看看《系列》资料汇编所征引的文献，不难发现其中颇多清初刊刻人间无多的善本，甚至是孤本仅存，如今分散在各地图书馆珍藏，不耗费相当的时间和精力南北奔波劳碌，不要说阅读征引，恐怕连名目也无从得知。如果我们想到从清初以来三百多年，各种文献浩如烟海，不经披阅就不知其中有无可供征引的资料，翻阅一过无功而返的情况更不知几倍于此征引书目。从15年前出版《边塞诗人吴兆骞》，到今天的《诗人吴兆骞系列》三卷集，内容大有扩编丰富，我们不难体会到作者为此付出的大量劳动。李兴盛先生曾经从北国南下京、沪、苏等地，从吴兆骞的故乡吴江，循吴氏足迹，直到流放地宁古塔新旧二城，作了实地调查，花费大本钱做小买卖，在今天的学术界而言，尤其难能而可贵。

正是由于勤于搜求，所见广泛，以往未知的事实，悬而未决的问题，在《系列》中都有所论述，提出许多新的见解，结论信而有征。例如人们都知道吴氏的《秋笳集》为徐乾学所刻，然而刊刻年份未定，邓之诚先生根据吴氏信札推测为康熙十五年，新印《秋笳集》校点本从其说，《系列》根据更直接的资料确定为康熙十八年。更值得注意的是，即使是同时之人，由于各种原因，对吴氏事迹的记载也多有讹误，未必可靠。例如吴兆骞之子吴桭臣撰《宁古塔纪略》记其母顺治十八年至宁古塔，自家人所记年份即差二年。再如盛传吴氏曾有长白献赋得以放还之事，徐釚撰《孝廉汉槎吴君墓志铭》说康熙二十一年遣侍臣致祭长白山，吴氏献赋，天子阅之动容，《吉林通志》亦记此事，《苏州府志》则记为二十二年。事实上此事在康熙十七年，如此始与《归来草堂尺牍》中吴兆骞《奉吴耕方书》所记年月相符。康熙二十一年帝亲自东巡祭祀长白山，吴氏已先一年还京，至亲好友所为墓志铭不可为据竟至如此。各家信札酬唱咏叹之作记事尤难考证，例如吴氏《寄电发》一札说到"潘次老表兄远贻手札并惠以诗"，即使考知此札作于康熙二十年，不查阅《遂初堂集》也难以确知潘氏诗札作于康熙十九年冬。像这些细致的情节，只有多方考索，才能得出明确的结论。《系列》对诸如此类问题都有明确的阐述，大事小事巨细不遗，叙事原原本本，语不凿空，表明作者进行了充分的研究，掌握了大量资料，经过了认真的思考。

《系列》以吴兆骞为中心，对吴氏交游也作了充分考证。作者从吴氏交游200余人中，选出较为重要的50人撰为《吴兆骞交游考》附在年谱后面。像计东、顾有孝、徐乾学弟兄、陈维崧、顾贞观、魏耕、朱士稚、方拱乾父子、陈之遴父子等都是当时的重要人物，然而他们或者因种种原因作品散佚，事迹不显，或者与吴氏的交往缺乏记载，《交游考》为我们提供了很多重要的资料，不仅补充了记载中阙略的一面，而且有助于对清初史事的研究和考证。

《系列》的《资料汇编》卷内容十分丰富，韵散兼具，包括传记资料、序跋题记、著述考略、诗文辑佚、友朋书札、知见论著等。其中有许多文献尘埋多年，例如从《吴氏囊书囊》中抄出的一些资料，经过作者与有关同道合力爬梳整理，第一次公之于世。这些资料附有必要的考证说明，对研究吴兆骞和清朝初年的史事极有裨益。书札和其他作品，凡可考知年月者，都有说明，为各方人士从事研究工作提供了极其可贵的史料。

当然，清初阶段历史情况十分复杂，有关记载短缺不备，各家随笔所记多有出入，给考证工作带来极大的困难。我们赞赏《系列》搜集资料的勤奋翔实，考证工作的认真细密，并不意味着《系列》无美不备，更不意味着对于有关事实的考证已经语无剩义。例如各家信札中都叙述了一些事实，有些还有待考证。即以《归来草堂尺牍》中的书札而论，一一考证清楚就不容易，个别信札的日期也还有进一步推敲的必要。例如《上母亲书》（七）叙述的事件的年月错杂，《系列》考证其为两札合并而成，据其父安葬年份把前半系于康熙十三年冬。信中说"儿今秋幸大将军巴公延教其二子，待师之礼甚隆，馆金三十两，可以给薪"，《年谱》据此把吴氏任教事系于康熙十三年，没有更多的说明。然而据《秋笳集》卷八《寄顾舍人书》有"癸丑大帅之子相从授经，馆餐丰握，旅愁为解"等语，癸丑是康熙十二年，而非十三年，有必要进一步澄清事实。

《系列》所附的《征引书目》只有书名和作者，没有注明版本，严谨的学者可能感到有所不足。因为各书版本情况复杂，不加以说明读者就不知其准确的来历，难以推敲资料的可靠程度。《系列》有些地方可能也还需要斟酌，例如在介绍《秋笳集》的版本时，说邓之诚先生旧藏徐乾学刻不分卷本可能是海内孤本。然

而古籍流传情况实在难言，徐刻本传世虽然极其罕见，却非孤本，俭腹所知即有他本。《系列》又说雍正吴栻臣刻八卷本之后，翻刻诸本有衍厚堂本、知止草堂本、衷白堂本等，其实衍厚堂本就是雍正吴栻臣刻本，而乾隆吴氏衷白堂刻巾箱本版心下有"知止草堂校本"六字，可见二者实为一本。此外，中国古籍浩如烟海，未知未见之书极多，考证工作正未有穷期。例如吴兆骞为仇人陷害罹难，吴氏家书指下石者为"昌发二贼"，"发"当即邓之诚先生所说的"王发"。"昌"恐怕是吴昌文，其人有词见《松陵绝妙词选》。吴兆骞与此二人之恩恩怨怨，详情有待进一步考证。

值得欣喜的是，李兴盛先生并没有局限在吴兆骞的研究之中，而是由点及面作历时研究，上溯远古，历夏商周秦汉，唐宋元明，以迄清末，撰成《中国流人史》，最近又出版了《中国流人史与流人文化论集》，建立起对中国历代流人史的系统研究。这项研究已经超出吴兆骞个人和科场案的范围，不仅开辟了宏阔的研究领域，而且从宏观的角度填补了文化史上的空白，具有重大意义。

《古籍整理出版情况简报》总 372 期

2002 年第 2 期"学者评书"栏

（六）廿载流人史　渊源自汉槎

——李兴盛先生与清初诗人吴兆骞研究

张　兵

吴兆骞（1631—1684），字汉槎，江苏吴江人，清代初年名士气十足的"江南才子"，当时诗坛领袖吴伟业曾将他与陈维崧、彭师度并称为"江左三凤凰"，也是清初继承吴伟业传统的著名诗人。他是著名诗人，同时也是清初江南科场案的受害者。其惊才绝艳的诗才，悲苦流离又极富传奇色彩的不幸人生，均足以引起人们浓厚的兴趣。早在上世纪 20 年代末，孟森、谢国桢等著名学者就开始了对吴兆骞的研究。近年来，这位诗人更引起研究者的高度关注，其中流人史研究专家李兴盛先生以其近百万字的吴兆骞系列研究，成为吴兆骞研究的集大成者。其研究极具特色。本文拟从体大思精：古代作家作品系统研究的典范；文史互证：传统研究方法的成功运用；以点带面：开拓流人史与流人文化研究的新境界等方面谈一点拜读李先生大著后的感想，谨请李先生及方家教正。

一、体大思精：古代作家作品系统研究的典范

李兴盛先生的吴兆骞研究开始于上世纪 80 年代初期。早在 1984 年，他已将收集到的有关史料分门别类，编成《吴兆骞研究资料汇编》，并经排比钩稽，编成《吴兆骞年谱》。1986 年，他研究吴兆骞的第一部专著《边塞诗人吴兆骞》由黑龙江人民出版社出版发行，这也是当时国内出版的第一部关于诗人吴兆骞研究的专著，因此，此书出版不久，著名文史研究专家钱仲联先生和罗继祖先生均写了评语，予以高度评价。钱先生说："全书参考的书籍、专文等达二百一十余种之多，取精用宏。特别是突出了吴氏歌颂黑龙江流域军民抗击帝俄斗争大量诗篇的成就，从而使人看到吴氏之诗，不但风格上继承了明七子，体制上继承了吴伟业，而且在思想内容上还超过了他们。吴氏在诗学史上的地位，从而可以得到提高。作者以简练而又富有才华的文笔写评传，不仅考订翔实，纲领清楚，而且诗意盎然，引人入胜。后附年谱，也简要有法，无时人笔墨冗蔓，枝节横生的弊病。这本书对清代文学史研究者来说，是不小的贡献。"（见李兴盛《江南才子塞北名人吴兆骞传》附录四）罗先生也认为："汉槎缘科场嫌疑远戍宁古

塔，充水手以抗罗刹，故人多以'抗俄诗人'或'爱国诗人'称之，兴盛独题以边塞诗人，以《秋笳》一集咏北边风物民俗为集中特色也。"又说："兴盛为此书，走遍南北各地图书馆，汉槎故乡吴江亦有其足迹。得《吴氏族谱》订汉槎世系，又遍查汉槎亲故诗集，一一考证之，故所得逾于前人。书内各章首尾皆引诗句作证，读来弥觉亲切。"（见李兴盛《江南才子塞北名人吴兆骞传》附录五）此后近20年，李先生继续搜集吴兆骞研究资料，并不断排比汇集，推敲研究，终于在2000年由黑龙江人民出版社一次推出了《诗人吴兆骞系列》三部皇皇巨著。《诗人吴兆骞系列》由《江南才子塞北名人吴兆骞传》、《江南才子塞北名人吴兆骞年谱》、《江南才子塞北名人吴兆骞资料汇编》三本专著组成，既涉及诗人吴兆骞的评传和年谱，又涉及传主的资料汇编。其中"传"以简练而富有才华的文笔备写诗人血泪一生、绝代才华及创作成就，诗意盎然，引人入胜，使诗人形象栩栩如生，跃然纸上；"年谱"则以系年的形式将诗人的生活时代、社会交游、创作情况等考订编排，翔实赅博，信而有征；"资料汇编"又将与诗人有关的研究资料以"散文"和"韵文"两种形式辑录汇编，信实可征，丰满完备。这种"传记"、"年谱"、"资料汇编"三者合一的研究方法，既相互联系、互为补充，使研究对象得到了立体凸现，又为后来的研究者提供了方便。同时，这种对某一作家竭泽而渔、立体全面的研究方法，也为古代作家作品的系统研究提供了典范。

从《边塞诗人吴兆骞》到《诗人吴兆骞系列》的完成，前后二十余年。李兴盛先生曾多次奔走南北，在北京、南京、苏州、吴县、吴江、上海、长春等地图书馆，查阅了大量史料。他还专门从吴兆骞的故乡吴江县，到其流放地宁古塔，沿着诗人当年走过的足迹，进行实地考察，捕捉那些早已逝去的踪影。不难看出，李兴盛先生的诗人吴兆骞系列研究，花费了他大量心血。所谓"老去心犹壮，残编沥血成"（见李兴盛《诗人吴兆骞系列序》），虽含谦虚之意，但仍可谓实录。

二、文史互证：传统研究方法的成功运用

文史互证是一种古老而常新的研究方法，从事中国古代文史研究的学者多运用此方法取得了辉煌的学术成就，陈寅恪先生就是这方面的杰出代表。这种研究方法运用的基础首先是文史打通意识的建立，其次才是实事求是的著述态度，充分地占有资料，并以精严的方法加以整理、分析，决定取舍。李兴盛先生本是专门从事历史研究的学者，又有非常好的文学素养；他的研究对象吴兆骞既是著名诗人，又是关涉到清初许多历史事件的关键人物。这就使得李先生在从事《诗人吴兆骞系列》的研究时，自觉地运用了文史互证这一传统研究方法。一方面，他从吴兆骞及其相关作家的文学作品中选取材料，来证明诗人的生平经历和相关历史事件；另一方面，他又充分利用现有史料，对吴兆骞的作品进行深刻解读。就《吴兆骞年谱》而言，此书是在《吴兆骞资料汇编》的基础上完成的，不仅全面记载了谱主生平，而且对谱主交游情况也有较详细的考证。这些"记载"与"考证"，均将文史交叉互证的方法贯穿始终。

当然，在《吴兆骞传》中，文史互证方法得到了最充分的运用。作者首先对吴兆骞诗歌的文学价值与史料价值有非常到位的认识。他在《诗人吴兆骞系列序》中写道："他（吴兆骞）写了大量苍凉悲壮独具艺术特色，并反映东北边塞自然景观、社会生活以及广大流人生活与心态，尤其是以抗俄斗争为题材的诗篇。这些诗篇具有很大的文学价值与学术价值，对于清代东北文史的研究，清代诗史的研究，乃至流人史、流人文化、流人文学的研究，都有着不可低估的价值。"《吴兆骞传》将吴兆骞一生置于明末清初的社会文化的大背景中，分"家世与少年时代"、"匿迹读书及

其兴亡之感"、"社集十年"、"被诬入狱"、"出塞"、"塞外"、"归后三年"等阶段,对传主生平进行了全方位的考述。另外,书中还专列"吴兆骞其诗与其人"一章,既分析了吴兆骞诗歌的特点与成就,又对他在东北边疆的贡献进行了概述。不论考述生平,还是分析诗歌特点与成就,作者均将"诗"与"史"紧密地联系在一起,使二者互证互用。又如该书第六章"塞外",写吴兆骞与宁古塔流人之情谊,不仅征引了大量史料,而且证之以《秋笳集》、《归来草堂尺牍》、《何陋居集》、《雪翁诗集》、《叶学山先生诗稿》、《吴梅村诗集笺注》、《赖古堂集》、《鹤岭山人诗集》、《彭省庐先生文集》、《硕园诗稿》、《域外集》、《苏庵集》、《钝斋诗选》、《弹指词》、《今词初集》、《陈学士文集》、《白云集》、《力耕堂诗稿》中的大量诗文,使传主在塞外之生活与交游情状历历在目。这种诗史交织的境界,在《吴兆骞传》中比比皆是,此不赘述。

"以诗证史"、"以史笺诗"的诗史互证式研究,不仅继承了乾嘉学派重考据实证的优良传统,而且具有更开阔的文化视野和更深邃的史学意蕴。在这一研究方法下,当时的历史场景与研究对象的文化人格等均得到了充分的展示。

三、以点带面:开拓流人史与流人文化研究的新境界

在完成《诗人吴兆骞系列》之后,李兴盛先生曾赋诗五首,抒发感慨。其中第一首云:"廿载流人史,渊源自汉槎。千秋《金缕曲》,令我颂《秋笳》。"第四首写道:"老去心犹壮,残编沥血成。流人千古事,功过细推评。"不仅道出了流人史研究的艰辛与喜悦,而且揭示了流人史与流人文化研究的起点。他在《诗人吴兆骞系列序》中明确说:"吴兆骞还是我本人研究中国流人史与流人文化的起点。早在 1963 年,我读了顾贞观《弹指词》中以词代

书写给远戍宁古塔的吴兆骞的两首千古绝唱——《金缕曲》词时，对吴之才华、遭遇及其与顾贞观生死不渝的友谊，深为感动。此后又读了孟森、夏承焘先生，尤其是谢国桢先生有关吴兆骞、顾贞观事迹及其《金缕曲》的论述，引起了我对东北流人的兴趣与关注。可见始于 1980 年的我对东北流人，进而中国流人的研究，固然是在谢老启迪、鼓励下起步的，但从某种意义上来讲，仍源于吴兆骞其人其事。也就是说，倘若追根溯源，这种研究的最早的情结应始于对吴兆骞的兴趣与关注。而我后来对东北流人与中国流人这一社会群体的宏观研究，却又始于对吴兆骞这一'个案'的研究。"可见，吴兆骞研究的确是李先生从事流人史与流人文化研究的起点。

所谓"流人"，李兴盛先生给它下的定义是"被流放贬逐之人，即流放者"。也就是由于以惩罚、实边、戍边或掳掠财富为指导思想的统治者认为有罪而被强制迁徙边远之地的一种客籍居民。李先生的"流人"研究始于诗人吴兆骞。以吴兆骞研究为起点，1990 年他出版了《东北流人史》，1995 年出版了《中国流人史》，系统而完整地梳理了中国流人的历史，揭示了中国流人的历史作用，并对流人的概念、流人史的分期等问题从理论上进行了阐述。2000 年，他又出版了《中国流人史与流人文化论集》，更为系统地对流人、流人史、流人文化，乃至流人学这种新学科框架的构筑进行探讨。另外，他还整理、注释并出版了《域外集》、《宁古塔山水记》、《方拱乾诗集》（合作）、《黑龙江历代诗词选》等与流人研究密切相关的诗文作品，既成为李先生流人研究的一个组成部分，又为流人史的进一步研究打下了坚实的资料基础。

全面分析李兴盛先生的流人史与流人文化研究，我们觉得有这样几个突出印象：一是明确提出了创建流人史、流人文化这种新体系、新学科的倡议与设想，并构筑了流人学的新框架。谢国桢先生于 1948 年出版的《清初流人开发东北史》，开创了流人史研究这种新体系、新学科，此后数十年间难有继者。而李兴盛先生于上世纪 80 年代初开始的流人史研究，一方面继承与弘扬了谢老的研究成果，另一方面又补充、完善、丰富与发展了谢老之说。二是李先生还克服了重重困难，对我国历代流人现象进行了全方位、多层次、系统化、理论化的探讨和历史的、辩证的分析。如对流人、流人史、流人文化的界定，中国流人史的特点与分期，流刑的演变，研究流人史的意义，如何看待流人的历史作用与消极影响，以及古代流人的犯罪，撰写流人史专著的体例等，均阐明了自己独到的看法。三是流人史和流人文化的理论探讨与流人研究实践相结合，既统揽全局，又点面兼顾。如果说《方拱乾诗集》等的文献的整理是资料基础，《东北流人史》、《中国流人史》是实践研究，那么，《中国流人史与流人文化论集》则从理论高度解决了一系列与"流人"相关的重要问题。可以说，李兴盛先生以其卓有成效的研究，将中国流人史与流人文化研究带入了一个全新的境界。

曹孟德诗云："老骥伏枥，志在千里；烈士暮年，壮心不已！"李先生也有诗写道："笔耕犹未辍，冷月伴青灯。"我们衷心地祝李先生健康长寿，也祝愿他在流人史研究的道路上不断攀登，取得更加辉煌的成就。

《社科纵横》2002 年第 5 期

并见《流人学的脚步》225—231 页

（七）久远的隔世情缘

——兼为寻觅吴汉槎的后裔而作

汤海山

李兴盛先生的第二次吴江之行，想必是伴随着伤感的。他从哈尔滨迢递而来，抱了火炽的热忱，寻访他所敬仰的流放诗人的后裔，或者旧居遗址。因为吴江是吴汉槎的故乡。但毕竟隔了遥远的时空，在消逝已久的事迹里搜寻那些飘忽的信息，他该也知道希望的渺茫。

他的行程里，并没有访问我的安排。或许是我写《冰雪秋笳——吴兆骞流影》的缘故，别人介绍他找到我，他感到了一份意外的喜悦。可惜我的写作不是从研究出发，无从提供让他兴奋的线索。倒是他告诉我：他已循着徐釚《吴君墓志铭》"葬于尧峰山东薛家湾宝华山之麓"的记载，在吴县市横径镇找到了汉槎的墓地，是现在改名旺山的一片山坡。虽然墓不复存在，但终究寻着了诗人最后的归宿。

我与李兴盛先生是初次会面，不过，他的名字在余秋雨《流放者的土地》里出现过，正是他和他的老师、著名史学家谢国桢，为余秋雨提供了关于吴汉槎（名兆骞，清初著名诗人）等流人的史料，余秋雨便在文末向他表示了感激之情。李兴盛先生的《边塞诗人吴兆骞》，也曾是我写吴汉槎的参考资料之一。因此，我俩一见如故，一位古人的魅力把一南一北两个素昧平生的同志联系起来，对于这位古人的记忆，是我们共同的产业。于我当然更存着一种厚重的感念，因为吴汉槎是我的乡里先贤，兴盛先生对他的研究表彰，也是对吴江乃至苏州、江苏文史的可珍贡献。

兴盛先生的助手李随安副研究员说，李兴盛先生是黑龙江省历史学界唯一享有国家级突出贡献专家荣誉的研究员，他研究中国流人史和吴汉槎已经潜心二十多年，含辛茹苦消耗了人生中三分之一的生命。这使我又增加了对兴盛先生的敬意。研究吴汉槎和流人史，是不可能给他带来功利的，没有历史良知和道德感的学者，断然不会问津流人研究。他的《中国流人史》、《东北流人史》、《边塞诗人吴兆骞》和吴兆骞研究资料，累计数百万字，从研究到出版都没有得到单位研究经费的支持，主要是靠这些书稿自身的价值、质量以及作者逐渐产生的影响才得以完成，而他的生活情状俨然苦行僧，虽年过花甲，从未穿过一件像样的衣衫。哈尔滨市报纸曾以《清贫大腕李兴盛的苦与乐》为题来报道他的事迹。我从他落拓的衣装和干瘦苍老的脸颊上，体味到了那种耐了一生的孤寂与清贫。

于是，我宽慰他：但你为中国的历史研究填补了极具重要价值的空白，创建了流人史与流人文化这种新的史学体系。不了解流人史与流人文化，就无法窥见思想史、文化史中最为悲壮雄丽的沉郁篇章，在国外，列宁、拿破仑曾是流人；在中国，屈原是流人，李白、苏轼是流人，柳宗元、林则徐和宋朝徽、钦二帝也是流人。吴汉槎是历代被流放的文人中，苦难遭遇最深重的一位天才诗人，他在穷荒绝塞开垦了东北辽远地区的文明。从屈原到吴汉槎，是中国知识分子一部典型的凄绝悲怆的命运交响曲，人类的苦难和情感，浓缩在他们的身影里。由这部悲剧，我们看到了最有价值事物的沉沦和毁灭，留下了宝贵的思考。所以，对流人课题研究的意义，当代古典文学研究的大师钱仲联教授为《中国流人史》作的序里，已有了权威的评论。兴盛先生淡淡一笑，脸上轻微掠过一丝苦涩，说："这是我老师谢国桢先生鼓励的结果。"

有这样的学者，我应该替吴汉槎感到幸运。最初触发李兴盛先生关注吴汉槎的机缘，是他读到了顾贞观以词代札写给吴汉槎的《金缕曲》："季子平安否？便归来，平生万事，那堪回首？"确实，仅仅凭文学史上众多为吴汉槎题赠唱酬中的这两篇千古绝唱，一阕吴伟业的《悲歌赠吴季子》，二阕顾贞观的《金缕曲》，吴汉槎便足以不朽。当年，纳兰性德在读过《金缕曲》后感动得声泪俱下，这位康熙帝恩宠的一等贴身侍卫、贵为明珠太傅之子的大词人，向挚友顾贞观承诺："绝塞生还吴季子，算眼前此外皆余事"，在性德看来，连待奉皇帝也不比营救吴汉槎来得重要，而后世的李兴盛先生，则因这首《金缕曲》，半辈子无怨无悔料理汉槎的身后事，竟至达到

"为伊消得人憔悴，衣带渐宽终不悔"的境界。

我告诉李兴盛先生，我是在自己精神生活世界发生危机的沉重时刻，季候也是在冰雪凛冽的日子，走进吴汉槎的《秋笳集》的，当时我经历着生与死的考验。我不能说他的诗文拯救了我，但他的极尽苦难使我得到了平静，使我理解了人生极限的苦厄困顿。因此，我仅凭一册《秋笳集》，就在一周的心伤身伤的疗养期，完成了《冰雪秋笳》初稿。我以为吴汉槎能在宁古塔活了二十三年，是由于他获得了友谊的力量和宗教的安慰。而我的这两样东西，却得自于他。所以，他是让我情有独钟的一位古人。

当然，构成吴汉槎在清代文学赫然地位的，并不是依赖友谊和苦厄。作为中国最后王朝一位伟大的边塞诗人，他以高才沦落、负屈远戍的流放人生与创作，独特地复兴了盛唐之后衰微了的边塞诗。同时，作为第一个写作抗俄反侵略诗歌的杰出爱国诗人，他亲身参加了塞外的抗俄战争，写出了沙俄对我国侵略的最早史诗般的见证记录。他还是古代诗人中第一个描绘原始森林奇异世界、长白高峰万千景象和松花江行云流水的抒情诗人。但吴汉槎的身后是寂寞的，他的文学成就远未得到应有的评价。虽然，二十世纪二十年代末以来，我国任维焜、孟森、谢国桢，日本的有高岩等国内外名家，渐渐开始兴起对他的研究评述，然而，在具体史实的论述上，仍然多有不足。

李兴盛先生多年奔走于北京、南京、上海、苏州、吴江、吴县、长春等地图书馆之间，从明清之际的正史、杂史、方志、笔记和文集中钩沉，不仅解开了吴汉槎的家世之谜，发现珍贵的《秋笳馀韵》及轶诗手札，还查获了他的父兄弟侄和诸多友人的著述，使对汉槎文学地位和历史作用的评价，有了崭新而翔实的证据。李先生甚至从吴汉槎的故乡吴江，经监守过的北京，到流放地宁古塔，顺着十七世纪诗人的足迹，展开实地考察，悉心捕捉那早已杳然的踪影。

其实，吴汉槎在清初以苏州为中心的江南文学社集时期，已做出了流放前的名世业绩。他的父执师友杨维斗、吴伟业、金圣叹、毛奇龄、宋实颖、计东、陈其年、宋德宜、徐元文、徐乾学、汪琬、叶燮、徐釚等数以百计，都是三吴大地上辉煌的星辰。他不仅执慎交社的牛耳，而且以绝世惊艳的才华，被他师从的文学领袖吴伟业，誉为与陈其年、彭师度齐名的"江左三凤凰"，又与计东、顾茂伦、潘耒一起，世称"松陵四君子"。天下才子半流人，江南出文人才子，在这篇痛史里，衬着江南文弱的氛围与塞外的残酷两种背景比照使吴汉槎更显得突出。

清初，苏州的流放文人都知名于当地，并且与吴汉槎的交谊非同一般。顺治十四年的南闱科场案中，和吴汉槎同案本该处绞刑，改判打四十大板，家产籍没入国库，与父母妻儿一起流放宁古塔的，就有三位吴江人，他们是钱威（德维）、吴兰友（苮叔）、庄胤堡（季坚），吴兰友死于去宁古塔的半道沈阳附近。在北闱科场案中流放尚阳堡的，有常熟的孙旸（赤崖）、吴县的刘逸民。孙旸是孙承恩的弟弟，比吴汉槎晚十五年，后为朋友宋德宜相国援例赎归。刘逸民后改姓潘，名隐如、又字子见，死于尚阳堡戍所，死后妻子又被仇人所害，与其他流人一样，遭遇远较吴汉槎、孙旸更加悲惨。太仓吴伟业的女儿吴齐，嫁陈之遴相国之子陈容永（直方），容永虽因废疾（眇一目）按刑律应免于流放，但在一年后也未能幸免。陈之遴的妻子徐灿，在丈夫及诸子先后摧折，才得归还江南。徐灿，字明深，一作明霞，号湘蘋，吴县人，是被誉为"南宋以来闺房之秀一人而已"的著名女词人，陈之遴逝世后，徐灿曾专门雇马车载了陈的珍贵藏书《纪事本末》，从沈阳到宁古塔赠送给吴汉槎。吴汉槎的父执吴县金圣叹（人瑞），因哭庙案身受典刑，家产籍没入官，他的妻子和儿子金释弓，与同案的丁澜、顾伟业、倪用宾等八家，流戍宁古塔，时在吴汉槎到宁古塔的第三年，他们应当会在塞外握手相逢。在北闱科场案中流放

尚阳堡的，还有侍讲学士无锡的诸豫（震坤）。比吴汉槎稍后流放宁古塔的，是吴江的周呆和苏州的杨骏声、朱方初，朱方初是因受庄氏《明史》狱牵连的书贾，而周呆情因不详，但他在宁古塔曾为杨宾的父亲杨越画像，是有确切记载的。至于杨骏声，吴汉槎曾利用自己和宁古塔将军巴海的特别友谊，为他和其他同年同乡的流人改善生活处境发挥了作用。吴汉槎是清初流放文人中最著名的一个，由于他的社会影响，使科场案在朝野举世瞩目。而这应该受到苏州文史研究关注的痛史，现在由苏州文人流放地的学者来完成，而且因此产生了史学上的一门新体系和学派，幸耶？不幸耶？

我曾特地到苏州沧浪亭，于五百尊苏州俊彦群贤馆访谒吴汉槎的遗像，那是一幅砖雕肖像，清丽飘逸，确有惊才绝艳的神韵。雕像所置显得尊要醒目，超过了当时的许多朝廷达贵显臣，下款题为"皇清诗人吴兆骞"，这是其中唯一不是官衔却具有跨时空意义的称号。正巧沧浪亭是吴汉槎最初与文社诗友雅集的地方，便感到这种纪念方式如同天意所为。《冰雪秋笳》连载后，浙江南浔的朋友来电，说南浔保留着吴汉槎手书的碑刻。又听李兴盛先生说，宣统二年时，汉槎流放地宁安府的知府，在署衙内建筑过"忆槎亭"，并撰刻《忆槎亭记述》，称吴汉槎谪居宁古塔，为文人到此之始。兴盛先生近年还曾上书黑龙江省省长，倡议建造吴汉槎纪念碑与纪念馆，可见，在当世和后代人的心目里，吴汉槎没有被轻视和遗忘，尽管他的罪名是顺治皇帝亲定，不可能得到赦免和平反。更可感人的是，兴盛先生虽然无力亲自为吴汉槎树碑，但他在自己的《中国流人史》，给吴汉槎特别地写了一整个章节立传，倾注了浓重的心力和感情。

这一次的世纪末吴江行旅，是兴盛先生的又一个轮回，或许是最后一次了。他给吴汉槎的课题作了总结，一部近七十万字的吴汉槎新传、年谱与资料汇编将在明年出版。这时候，他的心境落寞而惆怅，他还有一个访求吴汉槎后裔的愿望。我的歉意是不能给予他更多的帮助，只好遗憾地让他知道，吴汉槎当年府第所在的尚书巷，地处现在松陵镇红旗电影院，已经不存断瓦残垣，只有诗人流连过的垂虹桥，修复了数孔，聊以瞻望。

为了让兴盛先生感受一下吴汉槎时代江南古镇的韵致，我请他去邻松陵仅六公里的同里，参观尚存的明清建筑。在车上，李随安表示拟写一篇关于我与兴盛先生相晤的记叙，放在兴盛先生新版的书里作后记，还要在同里的宅园拍摄我们的合影。若从吴汉槎那一面来说，我欣赏这种做法，因为兴盛先生和我，可能是最有资格为他发思古之幽情的后辈。

匆匆游览退思园后，兴盛先生忽然从同里文物陈列馆的进士名录上看到吴之纪的名字，立即惊呼道："吴之纪的故居和后人还有吗？"馆中人摇了摇头，兴盛先生便有些沮丧地对我说："吴之纪是吴汉槎诗社中的朋友，当年吴汉槎在他家里曾经诗酒唱和。"我慰安他：总算你到了吴汉槎曾经吟诗作客的地方了。

暮色降临，我邀请两位老少学者在古镇幽弄的酒家小酌，来表示我对他们吴江情结的酬谢。从不沾酒的兴盛先生，破例自己斟了一盅葡萄酒。看他不善饮酒的模样，我劝他浅尝辄止。想起他曾有过的疑问，我肆意发表对于吴汉槎的几个观点，与他商讨：

其一，我确信吴汉槎在顺治皇帝亲临的复试中，是交了白卷的。他是简贵的诗人，意气傲岸，七岁就著新奇大胆的《胆赋》。在他看来，被诬在举人考试中舞弊是侮辱，被迫参加复试更是侮辱，于是，以交白卷表示抗议。这符合他的性格特征，可证的行为很多。

其二，他的诗才和名声，当时举世推崇。倘是一般格局的诗人，那么多功名盖世的朝野显臣名流，如贵为文人盟主的吴伟业和士人领袖的陈之遴、龚鼎孳等辈，怎么可能成为他的良师益友，他们包括康熙年间的诗坛盟主王士祯等，怎么可能自贱地对一个流放者给予倾心的赞评？而那些如纳兰性德、徐元文、徐乾学、宋德宜等皇帝新贵，又如何肯冒着被参奏的巨大政治和生命风险营救他这个科场案的犯人？

其三，吴汉槎放废人生的苦难极艰中所得到的友情，是人类社会里最高贵的友情，围绕他一生的是文学史上独一无二至情至谊的佳话，没有比这更感人肺腑的传世篇章。如果说屈原是空前的，那么吴汉槎就是绝后的，因为在他之后，边塞和流放的概念消失了。那些至诚情谊，于后人也已如同神话一般不可企及了。

其四，至于吴汉槎是否有佛缘，由于我是从精神源头走进他的实像的，与兴盛先生及诸前辈有方向的差落，故未敢贸然兜底。

兴盛先生给予了一些赞言，而且，一边为我旁证补充，一边沉浸在悠远的思绪之中。酒阑筵散，他执意连夜赶回下榻的苏州大学。前日兴盛先生与钱仲联先生访谈，又寻见了吴汉槎的墓地，明天他准备赶赴常州。他说，据光绪修《吴江县续志》载，吴兆骞四、五世孙吴育、吴汝庚晚年流寓常州，那么其子孙当为今天的常州人，必定要去找一找，不虚江南之行。常州古名延陵，在江南文化中心的三吴地域上，春秋时有个贤公子吴季札，人称延陵吴季子，他的史传佳话是"季子挂剑"。吴汉槎的戚友们也称汉槎为吴季子，春秋吴国的吴季子名号，暗合了松陵吴季子汉槎的姓氏和地籍，也喻指汉槎的人品，和吴季札一样重然诺、尊信义。倘如常州真有一支吴汉槎的后裔，那么他们实际上仍在历史上的江南吴地盘桓，江南的温柔绮梦仍在拥抱着他们，又是一段可幸可羡的佳话。但人海茫茫，何况，吴汉槎流放后，他那个曾经显赫华贵的著名家庭便分崩离析，郁郁衰败以至消隐。或许，那些活着的人们，已失去了对祖先的遥远记忆，在返回质朴平静的田园街巷生活里，是"不知有汉，无论魏晋"了。没有追怀华丽家庭破败的惨淡回忆，该是他们的幸事。人们不相信吴门世家会消失，但三百多年过去了，昔日"系本尚书孙，门阀高东吴"的苦难诗人的后裔，而今安在？倾慕吴汉槎的研究者，心里难以消释这个不安的寻问。

不久前，我获悉北京一位吴慧老人的信札，说他是吴氏后人，可是，与吴汉槎不是一支，而是吴汉槎叔祖吴易的嫡传。吴易即著名的太湖抗清英雄吴日生，他是吴汉槎父亲吴晋锡的叔父。吴慧老人以吴家出过一位诗人、一位英雄两祖先而自豪，其实，吴汉槎与吴日生都兼诗人和英雄的身份，但吴慧先生也不清楚吴汉槎一脉的下落。

因此，兴盛先生的热望，也便是我的心愿。我们盼望冰雪秋笳声中的悲凉诗人，有一群兴旺的后代，与我们同时代幸福地生活着，并能使我们有幸邀约把酒话昔，再现吴汉槎曾经有过的玉树临风神采。

李兴盛先生郑重拜托我在吴江、苏州、常州的报刊上，刊登一则寻找古人吴汉槎后裔的启事，这倒是从未发生过的，但我仍不负所托，撰出此文当作寻呼。

（特别）寻人启事

吴兆骞，字汉槎，江苏吴江人，生于1631年（明崇祯四年），1657年清顺治十四年参加江南闱乡试中举，1659年流放宁古塔（今黑龙江海林），1681年（康熙二十年）被朝野友人醵金赎归，于1684年（康熙二十三年）卒于北京。著有诗赋集《秋笳集》名世，见传于《二十四史·清史稿》及当代《辞海》（文学）等，轶事载入清初多种笔记文集。他的始祖原籍河南，后迁徙吴江松陵镇。据《吴氏族谱》，松陵吴氏可考知的祖先从吴兆骞的七世祖开始，是明朝永乐年间（1400年代初）的吴璋（吴兆骞世系表略）。

现有吴兆骞的研究者黑龙江省社会科学院历史研究所李兴盛，公开启事，寻访吴兆骞子孙后裔。敬请当事人及知情者见义而为，

坦诚相告，必当致以谢忱。邮址：哈尔滨市道里区友谊路 501 号，邮编：150018，电话：（0451）4848316、2110426。或与吴江市人事局汤海山联系，邮编：215200，电话：（0512）3483461。

《吴江日报》1999 年 12 月 25 日（略有删减）

又《江南才子塞北名人吴兆骞传》

（八）追寻吴兆骞

李随安

1983 年 11 月 16 日下午，李兴盛先生从吴县木渎镇眺望远处高高的尧峰山，心潮起伏……

从家里出来，已经 30 余天。哈尔滨与江苏省远隔千山万水，兴盛先生对此毫不在意；为了追寻清初著名诗人吴兆骞的踪迹，他独自一人踏上万里征途。多少个城市留下了他的足迹，多少个图书馆被他翻捡过藏书目录。收获是喜人的。随着一则则史料被挖掘出来，吴兆骞的面目越来越清晰。当他的双脚踏上吴江县——吴兆骞家乡——的土地时，他心中分外激动。吴兆骞的家乡人吴中荣友好地接待了这位来自遥远的松花江畔的学者，使他又在吴江县图书馆查获到有价值的史料。

兴盛先生从史料中得知：吴兆骞病逝后归葬于尧峰山。已经到了吴兆骞的家乡，不找到吴兆骞的坟墓，怎能心甘？那么，尧峰山在什么方位呢？询问了不少人，答案出来了：原来，此山不在吴江县，而在与吴江县相邻的吴县。兴盛先生几经转车，终于风尘仆仆地到达可以望见尧峰山的著名古镇木渎。这时已经夕阳西斜。

尧峰山的高大令兴盛先生感到意外。他原先以为此山是一个独立的不太高的山头。实际上，尧峰山有庞大的山体，有高高矮矮好几个峰顶，山上覆盖着密密的树木。独自一人到这座大山上穿越树林、扒开草丛，寻找可能早就坍塌的古坟，十天半月也不会有什么结果，何况还有人身安全问题。另一个关键的因素也不允许他上山找坟：他的出差经费已经所剩无几。

思前想后，兴盛先生做出痛苦而又理智的决定：此次南下追寻吴兆骞到此结束。但是，他在心中对夕阳映照下的尧峰山暗暗地说："将来，我一定还会来的！"

16 年悄悄地过去了……

在这 16 年中，兴盛先生撰写出版了饱含深情的史学传记《边塞诗人吴兆骞》。他拂去厚厚的历史尘埃，把一个真实的饱满的吴兆骞推到广大读者的面前。他对吴兆骞的深情扩展到历代所有的流人身上，这些流人的生平、命运、成就在他的学术著作《东北流人史》、《中国流人史》及几十篇论文中得到生动的表述和评介。《中国流人史》洋洋百余万言，由于其资料宏富、立论独特引起国内外学术界的瞩目，必将在中国学术史上占有它应有的位置。兴盛先生的流人研究从吴兆骞生平事迹这一"个案"开始，发展成对流人群体的宏观研究，并进而创立了"流人学"。兴盛先生的杰出工作获得学术界的好评。他成为国家级突出贡献专家，并享受国务院特殊津贴，跻身于全国一流学者的行列。黑龙江省政府鉴于他的呼吁，拨出专款进行"流寓文化暨旅游文化研究"，并委托他主持这个项目。兴盛先生欣然接受了这一委托。他要借此机会深化对吴兆骞的研究，十余年前那本《边塞诗人吴兆骞》已不能让他满意了，他要根据这些年里新发现的史料、新的认识，将该书扩展成厚厚的《吴兆骞传·年谱暨资料汇编》。但完成这部著作尚要解决一系列疑难问题，其中两个便是：吴兆骞的坟墓今在否？吴兆骞的后裔今在何方？

1999 年 4 月 20 日，兴盛先生又一次来到木渎镇，又一次眺望远处的尧峰山……

当年那个满头黑发的中年学者变成了头发斑白的老年学者。

他第一次到木渎镇是孤身一人。这一次，他的身边多了一个年青的伴侣，此人比他矮些，同他一样瘦削。被兴盛先生选中，以便陪伴他到江南追寻吴兆骞的踪迹，我感到十分荣幸。当我在木渎镇与兴盛先生一起远眺苍翠的尧峰山时，我的心情同他一样激动。多年来，由于兴盛先生的影响，我对吴兆骞这个历史人物也产生了深厚的感情。

兴盛先生对寻找吴兆骞的坟墓有乐观的情绪。一来，经多年进一步探讨，得知吴兆骞葬于尧峰山东薛家湾宝华山之麓。范围缩小了，当然便利了对古墓的寻找。二来，他估计能得到当地政府的帮助。吴兆骞的故里历史悠久，文化发达，名人辈出，文化氛围浓郁；研究其杰出乡贤吴兆骞能不令当地人民和政府感到自豪吗？他们能不给予协助吗？80 年代以来，全国兴起过文化热，各地普遍重视开发文化资源、旅游资源，说不定吴兆骞的坟墓已被当地的文化部门调查、发掘过了。如果真是这样，只要请某位工作人员领路，便可直奔这位著名诗人的坟前，哪里还用得着寻找?!

然而，愿望和现实之间存在着相当大的距离。兴盛先生很快发现"官方路线"行不通，这不但让我俩扫兴，就连热心的苏州大学教授汤振海先生也苦笑着摇头。分别时，汤先生说："这样吧：你们去尧峰山找找看；我呢，去苏州的报社活动活动，同时给我的在常州报社工作的学生去个电话，争取通过报纸寻找一下吴兆骞的后裔。"兴盛先生微笑着点点头。寻找吴兆骞的后裔是他这次南下的目的之一。他业已从史籍中查明：吴兆骞的后裔在道光年间迁往常州了。后来是否返回故里，抑或迁徙他乡，就不得而知了。探明吴兆骞的坟墓，找到吴兆骞的后裔，兴盛先生对此二者怀着同样的热望。

4 月 20 日，我们直奔尧峰山而去。在木渎镇下车后，挺拔的尧峰山出现在我们的视野里。"江左三凤凰"之一的吴兆骞最后把肉体融化在此山之中。兴盛先生的脸上洋溢着欢快之情：16年前，他恋恋不舍地转身离去，今天重又回来了！可是尧峰山这样大，到哪里去找吴兆骞之墓呢？

我们决定找镇上的文管站，因为这样的单位对宝华山的方位、对该山残存古墓的数目和位置肯定了解。文管站在哪里呢？问街上的行人，一问三不知。还是去镇政府吧！知道镇政府的人倒不少，没怎么费劲，就到达了镇政府大门前。收发室的工作人员查看了我们的身份证和介绍信，询问我们有何目的，听说我们要找文管站，摇着头说不知道这个单位。"你们找这个单位干什么？""我们想去宝华山找一个清朝诗人吴兆骞的墓。""清朝诗人……古墓……唔……你们去镇政府里面找找旅游部门吧！他们可能知道。"

抱着"试试看"的心理，我们走进镇政府的办公大楼。收获是意想不到的！吴建华、黄林森，这两个对寻找吴兆骞的坟墓起了重要作用的人物出现了！吴建华于1998年毕业于上海的一所铁道学院，现在木渎镇政府的土地管理部门工作。他就是在尧峰山北麓长大的。他是个清秀的小伙子，理着流行的发式。当了解了我们的目的后，他竟自告奋勇，提出领我们前去山里找墓！那位年长的黄先生原是木渎镇镇长，现为该镇人民代表大会常务副主席，业余钻研摄影和书法。苏州地区的人们说话普遍缺乏力度，他的声音却铿锵有力。那么多人对宝华山一无所知，这位前镇长却把该山的方位讲得清清楚楚，并伏在旅游办公室的桌子上为我们画了幅方位图。

公共汽车朝尧峰山奔驰而去。在尧峰山西麓，我们下了车，雇了一辆机动三轮车，沿着尧峰山南麓，向东驶去。三轮车"嗵嗵嗵"地吼叫着，把我们颠簸得不得安宁。由于情绪高昂，我们不在乎三轮车震耳的轰鸣和一路的颠簸，在车上谈得热火朝天。

我对吴建华道："今天巧遇上你。你是上帝给我们派来的一位天使！"吴建华客气地说："和你们一起去寻找我们家乡这个文学家的坟墓，是我的荣幸。"兴盛先生对这个尧峰山下的年轻人说："没有你领路，即使有黄镇长画的地图，我俩也难找到宝华山。"的确如此。这段路有 10 里左右，弯弯曲曲，岔口不少。路旁居民说的话对我和兴盛先生来说，如同外语一般。幸亏有吴建华这个当地人作向导，一路上边走边问，终于找到了"包瓦腮"（"宝华山"的当地发音）。

宝华山其实是尧峰山的一部分，现属横泾镇尧南村旺山林场。尧峰山的主体是东西走向，其南坡现为公墓，山脚下立着高大的牌坊，上面横刻着四个大字："世外瑶池"。吴建华指着尧峰山主峰说，山顶残存着春秋时期烽火台的遗址。宝华山是从尧峰山主体凸向南方的延伸物。与尧峰山相比，宝华山低矮得多。由于向阳，所以日照充足，林木茂盛，山色秀美。吴兆骞家的祖茔选择此地，肯定是听从了风水先生的指点。是宝华山的秀丽吸引了吴氏家族，于是此山有幸接纳了一位江南才子长眠于此，而这位才子的才华和风采又增添了此山的秀色，赋予了此山丰富的文化底蕴。

据山下的居民说，山麓曾有宝华寺，房舍甚多，前来拜佛烧香的善男信女四季不绝，香火颇旺。可惜到了"文化大革命"中，此寺被毁，和尚逃散，今仅存遗址。我们来到遗址旁，只见草木丛生，难以走近。问居民：山坡上可曾见有古墓？答曰：没有。我们在山坡上找了找，亦毫无发现。吴兆骞并不富有，他的坟墓不可能有多大的规模，墓碑也不可能有多高多宽。这样一座普普通通的坟墓历经 300 多年的风霜雨雪，自然会销蚀为平地了。即使不化为平地，也难以逃脱"文革"风暴的冲击。

没找到吴兆骞的坟墓，我们三人都感到失望，兴盛先生尤其如此。他凝视着这座拥抱了吴兆骞的山峦，久久不发一语，其思绪翻腾不已，从而酝酿出两首七绝：

一

宝华山下草萋萋，流水清溪绕菜畦。

古寺已成残瓦砾，林中飞鸟傍人啼。

二

是处曾埋名士骨，而今荒冢已无之。

此山寻访多时得，草乱花繁有所思。

——《宝华山下寻访吴兆骞墓》

今天的宝华山沐浴在热辣辣的春阳之中。山风徐来，草木发出轻柔的"沙沙"声，十分悦耳。莫非，这是吴兆骞的魂灵在借助草木之声向前来追寻他的我们表示问候？

未来某个时候，不管是为了纪念这位杰出的文学家，还是出于开发人文旅游资源，都应该在宝华山之麓立一石碑，碑的背面刻着介绍吴兆骞生平的文字，碑的正面刻着这样九个大字："诗人吴兆骞葬于此山。"

寻访罢埋葬吴兆骞的宝华山，次日，我们又来到吴兆骞的故乡——吴江。吴江古称松陵，坐落在太湖之滨、大运河之畔，为水陆交通孔道。这里土肥水美，物产丰饶，历代名人辈出，名胜古迹难以计数。吴兆骞就是这块膏腴之地孕育出的大才子。清初的松陵镇比现在的吴江市小得多，那时，垂虹桥位于松陵镇东门外，而今，垂虹桥已成为市区的一部分了。

我们特别想找到古松陵的痕迹，哪怕一星半点也好，以之为依据，想象一下吴兆骞的生活环境，但是我们失望了。展现在我们眼前的，是与其他城市无有二致的楼房、街道、汽车、广告牌；灌满我们耳朵的，是汽车、三轮车的轰鸣声，商店门口的大音箱播放的流行歌曲，以及小商贩的声嘶力竭的吆喝。

唯一让我们感受到一丁点儿松陵古味的地方是垂虹桥。正如游苏州非游虎丘一样，到了吴江市不可不去垂虹桥。对我们来说，凭吊垂虹桥不仅因为该桥是有名的古桥，更重要的是，该桥与吴兆骞有丝丝缕缕的关系。

垂虹桥建于北宋庆历年间，有72孔，远远望去，恰如一弯彩虹落在碧波之上，故名垂虹桥。最妙的是，在桥的中央筑有一亭，名曰垂虹亭，亭上悬着一匾，上书"垂虹胜概"四个大字，垂虹桥因此而更具风姿。历代吟咏垂虹桥的文人墨客数不胜数，其中有苏东坡、陆游、米芾、范成大等。如果把历代文人吟咏垂虹桥的诗词汇集成册的话，那将是厚厚的一本书。北宋姜夔那首脍炙人口的《过垂虹》便是其中之一。当时姜夔坐船从苏州回家乡，船上还有一个名叫小红的歌女，那是苏州的老朋友范成大送给他的"礼物"。行至吴江（松陵）地面时，天上飘起鹅毛大雪，雪花轻轻地触碰着船篷。小红哼着姑苏小曲，姜夔自己吹着箫。忽然，船夫说道："松陵地界已过……"姜夔走出船舱，来到船头，回首望去，只见河上风雪迷茫，垂虹桥隐约可见。姜夔诗兴大发，口占一绝：

自制新词韵最娇，小红低唱我吹箫。
曲中过尽松陵路，回首烟波十四桥。

吴兆骞生长于松陵镇，自小就熟悉垂虹桥畔的旖旎风光，这里是他与小伙伴们嬉戏玩耍的好去处。待他长大，垂虹桥畔成了他与文士们吟风弄月的场所。他去世后，有位诗人写下这样的诗句：

从此垂虹桥下水，长将呜咽比潺湲。

吴兆骞在垂虹桥畔展示过文采风流，也暴露过性格弱点。那是顺治八年，名士汪琬来松陵游览。21岁的吴兆骞血气正旺，他自恃才高，对这位年长他7岁、而且已经名气远播的文士不大恭敬。在陪同汪琬前往垂虹桥的路上，吴兆骞就露出一脸不屑的神情。在风光如画的垂虹桥畔，他突然直视汪琬，借用南朝文学家袁淑对谢庄说的话，放肆地说："江东无我，卿当独秀。"汪琬一时愣在那里，旁边的人都对吴兆骞侧目而视。吴兆骞本人却高抬下巴，仰视长空，毫不在乎。

吴兆骞才华出众，早已造成"不为同里所喜"、"嫉之者众"的局面；他又如此傲岸不群言行放诞，能不树敌众多吗？今天我们不难推测他因此会得罪很多人，当然不排除他也有众多情投意合的莫逆之交。遗憾的是，年少气盛的吴兆骞认识不到自己的狂傲言行多么不当，当友人规劝他时，他竟如此回应道："世上哪有名士不傲慢的？"吴兆骞小时候的塾师曾因其恃才傲物、锋芒毕露说过这样的话："他日必以高名贾祸。"这一预言是很有远见的。对吴兆骞的流放生涯和悲剧命运，后人多从清廷蓄意打击江南知识分子、歹人恶意陷害的角度寻找原因，这无疑是正确的，但如果能结合吴兆骞本人的性格弱点加以分析，那就全面多了。

对吴兆骞的放肆言行，汪琬没有勃然大怒，也没有恶言相向。他忍耐了吴兆骞，宽容了吴兆骞。在自己的文集《说铃》中，汪琬平静地记载了吴兆骞的一些轶事，"桥畔放肆"为其中之一。汪琬不愧为谦谦君子，具有大家风度。汪琬就生长于尧峰山下，晚年在尧峰山结庐隐居，死后亦葬于尧峰山。他与吴兆骞生前为文坛同仁，死后在同一座山中当冥界的邻居。

当我看见垂虹桥时，不禁唏嘘不已。一代名桥如今只残存7孔，灰头土脸地、可怜巴巴地畏缩在小水湾里。在其近旁，伸展着又长又宽的钢筋混凝土大桥，上面汽车、行人往来不息。似乎是为了安慰这座落魄的古桥，吴江人在桥头挤出一小块地方，建了个小花园，内立一碑，上刻"垂虹桥遗址"五字。园内还建了一个小亭，让人联想起当年那个独具风韵的垂虹亭。面对断臂之维纳斯雕像，美学家们说断得好，断得妙，断得符合美学原理，说完整的维纳斯雕像不见得比断臂的维纳斯雕像更有韵味。可是我面对十不存一的垂虹残桥，却无法品味"残之美"，反而悲从中来，堕入巨大的失落感之中。桥兮桥，不复存……

从附近经过的吴江市民们，特别是那些身穿校服的学生们，知道近在咫尺的残桥的悠久历史吗？知道他们的乡贤吴兆骞吗？近些年不少地方开展"乡土教育"，让年轻一代了解生于斯、长于斯的那片土地有过怎样动人的历史，出过哪些了不起的人物，以激发其对家乡之热爱、增强其乡土意识。历史悠久、人杰地灵的吴江在这方面可做的事太多了。仅仅一个吴兆骞、一座垂虹桥就够学生们听上几天了。在未来的某一天，垂虹残桥的旁边也许会出现成群结队的吴江中小学生，兴趣盎然地听老师讲那过去的事情……

兴盛先生从各个角度反复观赏垂虹残桥。他的万千感慨在他的吟哦中流露出一些：

一

垂虹桥畔草如烟，野渡舟横古木边。
而今楼阁连天起，世事沧桑十六年。

二

江东独秀忆前贤，名士翩翩盼顾间。
漫步残桥追往事，流风余韵已成烟。

许久，兴盛先生才从残桥上收回目光。他说，今天的吴江人应该完成两项工程：一是编辑出版一部《垂虹桥历代吟咏集》，二是重建72孔垂虹桥及桥中央的垂虹亭。

毫无疑问，这是一个建设性的建议，这个建议既饱含着兴盛先生对松陵古韵的缅怀之情，也反映出他对吴江大地的深深热爱。

在垂虹桥畔，我们感受到的是惆怅满怀；而在吴江市人事局，我们感受到的是意外的喜悦，因为我们在那里遇到了一个同样对吴兆骞深怀感情的人。此人正值英年，姓汤，名海山，在太湖之滨的莞坪镇长大，一个地地道道的吴江人。早在蛰居乡野之时，他就以文才名扬县内外。1992 年，吴江市人事局破格从农村青年中选拔人才，他为首选。吴江市地方志办公室和吴江市政协文史办公室的有关学者得知兴盛先生二十年来孜孜不倦地研究清代的吴江才子吴兆骞，赞叹不已，然后建议兴盛先生认识一下汤海山。"他也在研究吴兆骞，发表了不少文章。"

在人事局的会议室里，充盈着欢声笑语。一个生长于松花江畔，一个喝太湖之水长大；一个头发斑白，一个年纪轻轻……这两个人似乎不可能晤面的，但是由于吴兆骞这个古人的牵引，两双相距 5000 多里的手握到了一起。他俩虽然是初次见面，却像久别重逢的老朋友一样，大有相见恨晚之叹。

"你是怎么研究起吴兆骞来的？"兴盛先生好奇地问。兴盛先生第一次知道吴兆骞其人，是在读了顾贞观的《金缕曲》之后。"季子平安否？便归来，平生万事，那堪回首？……"这首千古绝唱震撼了他的心灵，从此，他与吴兆骞结下不解之缘。

"说不上研究，"汤海山大口地吸着烟，"我只是感兴趣罢了。有一次，我去北京出差，到琉璃厂逛书店，看见麻守中点校的《秋笳集》，觉得很有意思，就买了回来。后来在工作之余读了读，感到吴兆骞这个家乡人了不起，八岁就写出了《胆赋》那样的绝妙文章！为了更多地了解这个历史人物，我去图书馆借了你的著作《边塞诗人吴兆骞》。从你的书里我知道了许多以前根本不知道的事情，对吴兆骞的了解加深了。我准备把你这本书复印一份呢！"

兴盛先生露出欣慰之色。一个学者，当得悉自己的心血之作影响了别人、产生了好效果，其欣慰可想而知了。

"我可以送给你一本。"他对汤海山说。

"哦！那太好了！"汤海山满心欢喜。"我对吴兆骞的理解的深化是由于一个小小的灾难。当时，我头部受了伤，这个地方（他指了指太阳穴旁边）掉了一块皮。掉块皮我倒不在乎，我怕的是大脑受了损害——那可就完了。当时我忧心忡忡。那些日子不能上班，待在家里养伤，时间充裕得很，我就认真细致地读了那本《秋笳集》和你的《边塞诗人吴兆骞》。越看越觉得吴兆骞的头脑中有一个信念。他能战胜那些常人忍受不了的困难，就是因为他有这样一个信念。如果没有这个信念，他肯定活不下去：要么上吊自杀，要么在流放地郁郁而死。由此，我感到：人，必须有信念。有了信念，就有了精神支柱，不管遇到什么样的困难他都能忍受，最后战胜它。"

兴盛先生赞许地连连点头。

汤海山继续说："有了这些感想，我对自己的小灾难就不那么在意了，精神振作了不少。为了检验一下我的大脑到底受没受伤、到底还能不能正常工作，我试着把上面说的感想写下来。结果证明：我的大脑好好的！写的那些关于吴兆骞的东西后来都陆续发表了。从此，我对吴兆骞可以说是着了迷。今天遇到专门研究吴兆骞的专家，我真是太高兴了！"

显而易见，清初那个吴江才子的坎坷身世启迪了今天这个吴江青年，帮助他越过了生命历程中的一道关隘。汤海山从自己的小不幸理解了吴兆骞的大不幸，从吴兆骞对待大不幸的态度领悟了自己应该如何对待自己的小不幸。他从吴兆骞这个历史人物身上吸取了精神营养。兴盛先生的研究帮助他完成了这一过程。

就汤海山对吴兆骞的理解来说，也许只是个开端。毕竟，汤海山还年轻，而且事业和生活一帆风顺，顺得几乎没有浪花。对吴兆骞的深层次的理解还有待于往后他"年轮"的增加和经历的丰富。在读了他的那些清丽有余的作品之后，我更加相信这一点，并产生了一个怪念头：如果把汤海山流放到冰天雪地的蛮荒之地，让他尝尝眼泪在脸上冻成冰串的滋味，过几年"山非山兮水非水、生非生兮死非死"的苦难生活，那么肯定会促进他的文学创作，并能改变他的创作风格。吴兆骞早期的诗文词藻华美、形式婉丽，而在流放之后便变得苍凉、凝重起来。兴盛先生在其著作中曾透彻地分析了吴兆骞出塞前后创作风格的变化。

兴盛先生与汤海山围绕着吴兆骞有说不完的话。两人就如何深入研究吴兆骞、如何让更多的人了解这个历史人物切磋再三。他们甚至谈到一个美丽的构想：在某个时候，将吴兆骞搬上银幕或荧屏。这是深藏于兴盛先生心底多年的宿愿，汤海山对此大为叫好。两人都深知，完成这项文化工程难度极大，没有雄厚的资金作基础，是难以实现的。然而，他俩对此都兴致勃勃，跃跃欲试。

此后，海山用轿车拉着我们前去游览吴江的著名古镇同里。这个蜚声中外的古镇至今保存着完整的明清建筑群，古韵十足，即将进入世界文化遗产名单。古装的松陵已溶解在吴江市的现代建筑之中。借助同里的典型的"小桥流水"之景，我们能多多少少地想象一番清初松陵的大致风貌，揣摩一下吴兆骞的生活环境。小小的同里自宋代以来出了那么多文化名人，这使我们从另一个角度思考吴兆骞这个江南才子在吴江出现的必然性。只有在这样富饶的鱼米之乡、文化浸润之地才会产生吴兆骞这样的文学家啊！

列车载着我们向着哈尔滨的方向隆隆奔驰……

兴盛先生像在南下途中一样，对车窗外不断变幻着的景色全无兴趣，对车厢的永无休止的颤动毫不在意，斜靠在被褥上，专心致志地校勘他在北京图书馆善本书库抄录的《秋笳徐韵》。

吴兆骞的出塞和释归是震动清初文坛的大事，文士们就此创作了许多情真意切的诗词。吴兆骞在流放地宁古塔仍与亲人和文士们保持着通信往来。嘉庆年间学者张廷济将这些诗词和书信编辑成书，名之曰《秋笳馀韵》。它是研究吴兆骞的第一手资料。可惜近200年来《秋笳馀韵》一直没有刊印，只以稿本形式存在，而且世上仅此一本，其珍贵可想而知。民国年间，邓之诚先生遍寻此书而未得，于是伤感地宣布：《秋笳馀韵》已经失传。兴盛先生曾因此痛心疾首，不料，1981年他在北京图书馆善本书库意外地查获了此书，那份惊喜和激动实难用语言表达出来。决不能让这本珍贵的史料湮没无闻！他下定了决心。他要复制一本，但是北京图书馆有规定：不许拍照，更不许复印，只能抄录；抄录时不能用钢笔与圆珠笔，只能用铅笔。兴盛先生于是上街买了一把铅笔、一柄小刀，在北京图书馆埋头抄了几天，方将这份潦草的六七万字的稿本抄录下70%。1983年秋冬之际南下时，在京停留数日，他又请了一个就读于中国人民大学的过去的学生帮忙，去该馆继续抄录该书。而这次自江南归来，于京停留4日，他再次抽暇去该馆校录前两次未抄完的部分。

为了让他休息一下疲惫的身体，为了保护他那每况愈下的视力，我多次劝他别校勘了，"让那册皱皱巴巴的稿本也休息休息吧！"但是他听而不闻。难得见他看看车窗外的景色，难得听到他说说话。好不容易抬起头来了，开口说话了："墓没有找到，后裔也没找到……"他目光茫然，口中喃喃地念叨。

他对吴兆骞的情感达到"痴迷"的状态，他的严谨程度几乎表现为"死心眼"了。吴兆骞的坟墓在漫长的岁月里坍塌得痕迹全无，固然令人遗憾，但是也未必是坏事，想想与吴兆骞同时代的大诗人吴梅村的坟墓吧。吴梅村的家境比吴兆骞好，他的坟墓比吴兆骞的气派，但是到了300年后，也塌陷得难以辨认了，好在墓碑虽历经300年风吹雨打却仍然挺立在自己的岗位上。几年前，冯其镛先生经过辛苦的"野外作业"，终于找到了这个古墓。

万万没有想到的是，待冯先生第二次去墓上凭吊时，发现墓碑不翼而飞。原来，该碑已被墓地附近一个农民悄悄掘去据为"奇货"。后经当地政府出面做工作，这块古碑才回到冯先生的手中。从苏州大学钱仲联先生、浙江大学朱则杰博士那里听说了这则轶闻，我感叹不已，不禁为吴兆骞坟墓之坍没、墓碑之不存而感到庆幸。如果吴兆骞的坟墓存在到我们这个世纪，亦难免受到无知之徒的亵渎。纵无此祸，在"大破四旧"的"文革"岁月，也会被那些挥动语录本、戴着红袖章的红卫兵平毁。何况，还有那些一心想大发横财的盗墓贼呢！坟墓被掘、墓碑被砸、枯骨被抛在野地里遭受日晒雨淋，那是多么凄楚的场景啊！还是安宁地躺在潮润凉爽的黄土中惬意。

至于没有找到吴兆骞的后裔，也不必耿耿于怀。因为我们高兴地遇到了吴建华、汤海山这样的年轻人，他们生长在吴兆骞生长的土地上，对吴兆骞充满热爱、关切和理解，从广义上说，他们也应该算是吴兆骞的后裔。如果某天我们真的找到了吴兆骞的后裔，可他们文化不高，对其先人吴兆骞一无所知，满脸的茫然，不更会令我们失望么？

搜寻有关吴兆骞的资料是一个持续不断的过程。资料总是一件一件的发现，一点一点的积累。几十年来，兴盛先生孜孜搜寻关于吴兆骞的史料，其甘苦非局外人所能知晓，其收获可谓辉煌。在评说吴兆骞时，人们都慨叹他一生坎坷、丰才薄命、负屈远戍，可在我眼里，吴兆骞是一个幸福的流人。没有流放生涯，吴兆骞的一生极可能平庸无奇，其文学作品势必缺乏深刻的社会内容和感人的艺术魅力，后人也就不会关注他、研究他了。吴兆骞之不朽，在很大程度上应该归功于流放，这就如同曹雪芹之永恒、《红楼梦》之不朽应该归功于曹家败落一样。吴兆骞的在天之灵如果领悟了这一点，定会欣然一笑。吴兆骞之所以是幸福的流人，还因为他死后受到许许多多人的关爱，兴盛先生是他们的杰出代表。

几十年来，兴盛先生克服了数不清的困难，执着地追寻这位三百年前的诗人的生命轨迹，为他叹息，为他流泪，为他倾注了一腔热血。追寻吴兆骞成了兴盛先生毕生的事业。而且，兴盛先生正是从吴兆骞的研究开始，逐渐转入对历代东北流人与中国流人的研究，完成了《东北流人史》与《中国流人史》等系列专著，树立了我国流人史、流人文化，乃至流人学研究的新的里程碑。

很可能会有那么个月朗风清之夜，吴兆骞像翩翩的蝴蝶一样飘然而入兴盛先生的梦境。兴盛先生喜出望外，惊问"君从何来？"吴莞尔答曰："宝华山也。"四目相对，涕泪滂沱……

《江南才子塞北名人吴兆骞传》

1999．5

吴兆骞杨瑄研究资料汇编

杨瑄卷

高云凌　编

序

本人在我国著名学者谢国桢教授启迪、支持下，对我国流人问题作了全方位、多层次、系统化、理论化的完整论述与深入探讨，三十五年来素以弘扬流人开发边疆、保卫边疆、传播文化的业绩及其艰苦奋斗、艰难创业的精神为己任。1980 年曾为清代流放瑷珲的杨瑄写过《清代瑷珲流人杨瑄、杨锡履、杨锡恒父子资料辑录》一文，并于 1982 年初发表在该地的一份内部刊物上，后来新修的《瑷辉县志》即据拙文将杨瑄父子事迹写入该志。不料此文却引起了当地一位女作家二十余年的关注。

高云凌女士是黑龙江省女作家，从幼年到中年一直生活在古瑷珲城，退休后常年寓居上海。早年在瑷珲工作时，通过新编《瑷辉县志》引用的拙文，得悉雍正元年流放瑷珲的原内阁学士，兼礼部侍郎杨瑄父子事迹后，异常高兴。从此立下了要为杨氏父子撰写一部长篇历史小说的心愿，从而与杨瑄父子结下 20 余年的不解之缘。

为了实现这种心愿，她决定更多地去搜寻杨氏父子的史料。移居上海后，高女士就经常奔走于多处古旧书市场、书店、个人藏书家及图书馆，去查访有关杨瑄的史料，并多次去上海市金山卫杨瑄故乡去作实地考察。幸运的是得到了当地《金山卫春秋》编委会俞德良、黎家余等先生的鼎力支持，为她提供了许多相关文献。又曾沿着杨瑄当年的足迹，去其第一个流放地尚阳堡，并重返其第二个流放地瑷珲作进一步的考察。还曾风尘仆仆地赴哈尔滨市专诚至寒舍，向我请教相关问题。

　　苍天不负苦心人，经过数年的苦心调研与惨淡经营，终于搜集到许多史料，并撰写了十余万字的《黑龙江文化流人杨瑄父子研究的拾遗补缺》一稿，同时写成了五十余万字反映杨瑄父子事迹的长篇历史小说《流人杨瑄》。

　　杨瑄本来正史无传，但其父子流放黑龙江时写的诗文，为边疆历史文化的发展作出了贡献。1980年我初从《金山县志》、《松江府志》发现其事迹，深感意外与惊喜，于是进一步搜访多种史料，汇辑成文。这篇传记虽然远较相关县志之文为全，但缺漏仍多，因此犹感不足。2010年高女士将其文发给我时，我对她为撰写此文投入大量时间与心血的苦心钻研精神深为感动。这时恰值我正在编纂《东北流人文库》丛书，已拟将其文收入。不料该《丛书》只出了五册后，因故暂停，此事未果。今年该《丛书》恢复出版，我将高女士之文列入出版计划。又鉴于这套《丛书》侧重流人文献的资料性，与其论文侧重研究与考证的指导思想有别，加上其文有些因故不适合正式出版之处，于是我函商高女士，决定在其文中仅摘录部分文字①，重新进行剪裁组合与整理加工，并改正个别错字，同时又将我近年来查到的与杨瑄有关的几首诗词收录其中，还将高女士搜集到的杨瑄诗集《萝村诗稿》经整理附于其文之后，更名为《杨瑄研究资料汇编》，与我主编之《吴兆骞研究资料汇编》合为一册付梓。

　　最后，尽管经过选编、整理之后的本书仍存有不足、疏漏，乃至错误之处，但它的出版，为杨瑄父子研究，乃至流人文化研究会作出不可低估的贡献。

李兴盛

2014．2．11

---

　　① 高女士之文因故删除部分，主要为杨瑄之父杨枝起之交游，其祖先杨庆在唐代远至北极圈事，其故居（杨公府）之兴衰，其子锡履、锡恒之行实及杨瑄本人交游者之行实等部分。

小　引

　　在黑龙江省爱辉县（即清代的瑷珲）1983年编纂的《爱辉县志》人物传记中，记载了一组杨瑄父子三人流戍黑龙江省瑷珲的简要事迹和遗存的诗文。他们的事迹能够出现在遥远的瑷珲县志上，这是流人史专家李兴盛先生数十年研究的成果。尽管杨氏父子地方志有传，但由于记载的只言片语及其曾经被流放过的身份，致使其事迹未能彰显于世，甚至其后人也所知无几。但是为了弘扬流人开发与保卫边疆、传播文化的业绩，笔者近几年在李兴盛先生研究的基础上，对杨瑄父子的行实作了更深入的调查研究，多次考察其故乡金山卫，走访故老，并得到金山卫地方志编委会成员俞德良及黎家余等老先生的大力支持（他们提供了多种相关文献，如《金山卫俞氏家谱》、《康城黄廷广记》、《杨氏宗谱》、《杨公府兴衰史录》、《杨府世系表》、《金山卫春秋》、《杨氏家谱》等及相关调查线索），又多次赴上海图书馆翻阅大量相关文献。尽管这些文献中有关杨瑄父子的史料零散、琐碎，但集腋成裘，积少成多，于是我据这些调研成果，写成本文，以就正于广大读者。

一、杨族传人

　　杨族本是河南洛阳望族，历经数度兴衰，自隋初合家乔居松江府华亭县洛北村，至明嘉靖二十二年癸卯（1543），历时955年，传至第34代孙杨洪韬时，杨氏支系已遍布华亭、平湖两境，计385户。因其祖在唐代有"子孙不入仕途，老夫不纳少妇"之祖训，传承近千年，杨家不入官宦，家中没有做官的。故其子孙众多，主要以耕读、经商生活致富于城乡各处。在岭南江浙一带，杨门也是枝叶繁茂的望族。

华亭的金山卫是古云间地方，千年前为海滩，沼泽遍地，清晨日出，云蒸霞蔚，景色美丽非凡。与大海相通，海岸有众多小水，人们择水边居住。杨族择地，在一条小水之北，为纪念洛阳祖居地洛水，因此，此地也称洛水。据上海市金山卫地方志编纂委员会黎家余与俞德良研究考证，松江金山卫有三个杨姓为主的村子，在洛北村是以杨瑄家为主的村子，其他不远地方，还有两支，鸟窝里是其中一支。

俞德良提供的杨公府宗谱世系表之一手抄件的杨瑄五代家谱，证明杨瑄家确实是金山卫的名门望族之一。杨家在洛河北，占地30亩；俞家在洛河南，占地20亩。俞家亲眼见证了杨家的兴衰。

杨瑄的祖父叫杨棻，父亲杨枝起辈有杨枝辉、杨枝翔、杨枝达、杨枝高五个亲兄弟。

杨棻
├─ 杨枝起
│   ├─ 杨瑄
│   │   ├─ 杨锡履—杨晋山—杨怿江—杨崇武
│   │   └─ 杨锡恒—杨晋卿—杨怿荣—杨崇贵
│   └─ 杨昌—杨锡观—杨晋启—杨怿桑—杨崇韬
├─ 杨枝辉
│   ├─ 杨勇—杨锡奇—杨晋拔—杨怿铨—杨崇端
│   └─ 杨凯—杨锡帆—杨晋封—杨怿刚—杨崇文
├─ 杨枝翔—杨南—杨锡浩—杨晋德—杨怿福—杨崇祥
├─ 杨枝达—杨洪—杨锡光—杨晋伯—杨怿翰—杨崇清
└─ 杨枝高—杨杰—杨锡坚—杨晋仕—杨怿舟—杨崇宇

杨门五兄弟中，杨枝起、杨枝辉各有两个儿子，其他人及他们以后均是一脉单传。杨枝起排行第一，他有杨瑄和杨昌两子。杨瑄也有杨锡履、杨锡恒两子。杨锡履、杨锡恒各有一个儿子。到2010年为止，杨瑄的后人已经传到了第十一代。

二、杨枝起事略

　　杨枝起（1608—1683），字扶曦，号道庵，洛北村人。在明朝末年是个出名的谏官，杨枝起的言行在《明史》中有记载。明崇祯三年庚午科（1630）中举人，卫学第七十一名。崇祯七年甲戌科（1634）三甲第 103 名同进士出身，历任湘阴县令、兵部主事，转户科给事中等职，从七品。

　　杨枝起性格刚直，"在垣遇事敢言"，"言人所不敢言，诚为天下万世计，非有所私也"。杨枝起在众多的言官中"有直声"，曾上书直言朝政端弊，如用人不当，功罪不明等，并请启用爱国名将黄道周，追褒抗清名将卢象升，罢黜误国殃民的兵部尚书杨嗣昌，从而触犯了崇祯帝，几至获罪被列入杀头的名单而幸运未死。崇祯十七年（1644）正值李自成的大顺军攻陷北京，清军叩关，明朝统治大厦将倾。他审时度势，投附了农民军，李自成兵败西撤，他回乡隐居 40 年，55 岁和当朝御史同乡人王广心参与松江知府郭廷弼主修的康熙《松江府志》之纂辑，共 54 卷 44 门，康熙二年（1663）刊行。76 岁寿终正寝。"运命惟所遇，循环不可寻"（唐张九龄语）。清乾隆年间编纂《金山县志》时，因杨枝起既未为明尽忠，也未仕清，其事迹未能入志书。"穷巷悄然车马绝，案头干死读书萤"，至清光绪年后，《金山县志·仕绩》、《重辑张堰志》、《金山卫春秋》始有杨枝起小传。

三、杨瑄事迹

杨门记述

　　杨瑄长子杨锡履《自适斋文稿·杨门兴衰史录》中关于父亲杨

瑄的记述大致如下：

　　杨瑄（1657—1727）字玉符，号楷庵，金山卫洛北村人，杨枝起之子，康熙十四年、十五年连捷举人、进士。以庶吉士身份入翰林院庶常馆，不久任编修官，掌管全国考试，所取多成名士。后因治父丧，祭文中犯清廷忌讳，被贬谪到尚阳堡（今沈阳），四年后放还。康熙南巡时，在杭州召见杨瑄，颇重其才，使官复原职。此后十年，累官至内阁学士兼礼部侍郎。康熙常以手书条幅相赠。四十四年赐书其乡里家宅名"抱质堂"。四十七年，本地秋灾严重，他上书请免赋税，被允准免地丁银一年。翌年辞官回乡，专事著述。雍正元年（1723），追究其擅入乾清门之罪而被抄家，发配至哈剌察卫（今黑龙江）。雍正四年丙午年残冬，北国万里冰封，瑄弱不抵寒，是年除夕之夜亥时薨于贬所。

　　本文是家史，一般在家史或者家传中，关于事主生卒年的时间，准确真实。该文是由杨瑄的长子杨锡履所录，杨瑄两次被发遣流放的记述也是真实可信的。因为他亲自跟随侍其父到瑗珲，杨瑄死时他就在身边。可见杨瑄的生卒年及其流放的记述应是正确的。当然，本文也有为亲者讳及叙事错误之处。

　　总之，杨瑄生于清顺治十四年丁酉（1657），卒于清雍正四年丙午（1726），年70岁。卒于大年三十除夕（即1727年1月21日）夜晚上9—11点之间，就是亥时，杨瑄弱冻而死，金山卫地方志编纂委员的委员们也认为，记载是准确的。

俞氏记述

　　金山卫之望族除了杨氏之外，还有居于南村的俞氏。杨瑄启蒙之师俞少俊即出身于俞氏（详后文）。俞少俊不仅为杨瑄的成才作出了贡献，而且其后人也撰写了多种反映或包含杨家史实的著述，如俞少俊之五世孙俞承训、六世孙俞廷凤、八世孙俞永贤、九世孙俞洪武，还有至今笔耕不辍的俞德良等俞氏族人。他们撰写的《金山卫俞氏家谱》、《杨公府兴衰史录》前传、《杨公府兴衰史录》后传、《杨氏宗谱》、《杨府世系表》及《金山卫春秋》等，为杨瑄父子的研究提供了许多可贵的史料。俞氏的记载大致如下。

杨瑄，表字玉符，号楷庵，世居南直隶金山卫洛北村，生于清顺治十四年丁酉（1657），卒于清雍正四年丙午（1726），终年 70 岁。父枝起，明崇祯七年甲戌科（1634）进士。任户科给事中，晋升兵部侍郎。于明末，因敢于上疏褒贬重臣功过，并宏论经邦济世之术，而名闻朝野。

瑄自幼蒙家训，又受南村俞少俊老先生的精心教诲，故聪明过人，并风骨气宇轩昂。十五岁中秀才，十九岁中举人，翌年弱冠即清康熙十五年丙辰科（1676）高中荀国梁榜第五十七名进士，选庶吉士授编修，主顺天试，所取多名士，旋即丁忧归故第。起复，以撰文误用典故，被谪戍尚阳堡，后归故里。圣祖南巡至杭城，两江总督等众官俱荐杨瑄高才贤良，帝即召瑄至，甚喜，颇重其才，特起复官，浃岁中历升经筵讲官，正五品，又晋内阁学士，正二品。入宗人府，教授皇子经论之策，晋级从一品。帝赐御书"抱质堂"予杨公府，荣耀朝野。康熙四十七年戊子（1708）华亭县海塘坍溃，灾及娄平两县，瑄上书松郡灾情，帝恩准免地丁银一年。至康熙四十八年乙丑（1709），瑄自忖皇恩深处宜恭让，急流狭径须勇退，朝夕惶恐涉祸，故托病致仕，归故里杜门著述，有《抱质堂易说》、《楷庵诗集》、《塞外草》、《北海极寒极夜天》、《处事要略》、《农桑百艺》、《命运捉弄》。于清康熙六十一年壬寅（1722），将祖藏黄金三百五十两，白银九万余两，献给娄县官府以济贫灾之民。是年冬，京报至，才悉圣祖于十一月十三日暴崩，瑄忧肠满腹，寝食俱减，时常望北遥拜圣祖亡灵。

雍正元年癸卯（1723）春，瑄奉旨进京待命，久等无事，擅进乾清宫见新帝未遂。后究其私入阙门之罪，发落刑部，瑄府第查封。普查杨府钱财，甚乏，且账务相平，白银不足千两，黄金更微，铜锱不满五百贯，合府一百一十三人，均为官奴，欲充军两万里之遥垦荒。后新帝念瑄往日有功于国，并慷慨献银于官府济贫，故免其家属罪，只要瑄戍边就可，帝又念瑄年事已高，故令瑄子杨锡履、杨锡恒侍父黑龙江北哈剌察旗（前文作"卫"），后转戍庙街御海巡检所。期间瑄在夫人和两子的侍奉下，著《北国风光极夜天》等。于清雍正四年丙午（1726），残冬万里冰封，瑄体弱不抵寒，又遭北熊攻破其舍，终于是年除夕之夜于贬所。翌年春三月，帝有赦谕，追赠瑄官复原职，其夫人与两子奉旨扶枢归籍。

瑄甚精史学、医学、麻衣学、《易经》、天体论等经术，并精研儒道释三家，沉浸浓郁，其馨其藏。行文操笔，立成构思，并工书法，故赞其文直跻宋人堂奥。尝自谓古文唯让尧峰出一头地，若牧斋《有学集》无多让也。时以为……诗律稳细，书法行楷俱入妙，尤强狂草之书。瑄性温善通情，好乡邻，乡童直呼其名为小瑄子，瑄亦呼乡童为猫狗之名，甚是亲热。瑄对家乡父老之辈甚是敬重，主动嘘寒问暖，故乡邻之人见瑄枢归来，十有八九哀泣。

学者考述

李兴盛先生依据光绪《金山县志》、嘉庆《松江府志》、乾隆《娄县志》、《清圣祖实录》、《国朝松江诗钞》、福格《听雨丛谈》、蒋良骐《东华录》等相关文献考证原文：

杨瑄秉承家学，颇有才华，而且幼年又曾师事同邑"放笔为文浩瀚莫御"的董而中，因此更加才华横溢。康熙十四年（1675）中举人，十五年连捷进士，改庶吉士，十七年授翰林院编修之职。同年八月主持过顺天乡试。

康熙二十九年（1690）八月，声势显赫的康熙帝舅父佟国纲（内大臣、都统），随抚远大将军福全出击厄鲁特部噶尔丹时，在乌兰布通战死，杨瑄与其他翰林院官员奉令撰文祭祀。由于他在祭文中引用了五代时后梁大将王彦章的典故，触犯康熙帝的忌讳。因此，这年十月康熙帝下诏："今揽杨瑄所撰内大臣、都统、公舅舅佟国纲祭文，引用王彦章事迹，极其悖谬。朕见所撰祭文，每于旗下官员，多隐藏不美之言，于汉人则多铺张粉饰，是何意见？"康熙帝所谓"悖谬"与"不美"之言，可能是指王彦章是被俘而死，而佟国纲却未尝被俘。另外，王彦章拥戴的是"昏乱"的梁末帝，而佟国刚的主子康熙则是"圣明"的。凡此种种，均犯清廷之忌。结果，杨瑄被革职"发奉天八旗当差"，礼部尚书张英也受到牵连而被革职。

康熙四十二年（1703）春，康熙帝南巡至江南，也许是由于曾经"驻跸"过杨瑄的故乡松江，因此，忽然想起了"原任编修杨瑄，学问甚优"，于是在四月份下诏"著复原职"。同年九月又"充日讲起居注官"。四十四年

（1705）十一月，主持过顺天乡试。四十五年二月升任内阁学士，兼礼部侍郎。同年五月充经筵讲官，六月又兼任詹事府詹事。这几年是杨瑄在仕途上青云直上的时期。

　　皇四子雍正帝胤禛上台后，为了彻底击败政敌，对于胤禩（皇八子）、胤禟（皇九子）之党附者，更是无情镇压，杀捕放逐，无所不为。甚至连罢职家居的杨瑄，也未能幸免。雍正元年（1723）胤禛借口杨瑄"不奉召赴阙，擅入乾清门"，把他遣戍到更为遥远的黑龙江城（今爱辉）。杨瑄不奉诏赴阙，并入乾清门的原因，虽然史书无征，但如考虑到康熙大行皇帝的梓宫当时是存放在乾清宫内这一史实，问题就比较清楚了。也就是说，杨瑄的来京，系为"哭临"病逝未久的先帝……

这些论述见其《东北流人史》、《中国流人史》，及其论文《穷老投荒尽室迁》。

作者补考

　　杨瑄秉承家学，学识渊博，启蒙老师，除了其父杨枝起之外，还有两位重要老师，一位就是大书画家董其昌同族族孙董而中。俞氏相关著述曾载其事迹，《金山卫春秋》记述如下。

　　董而中（生卒年不详），字霞篆，号南园，清康熙初年秀才，松江董其昌族孙。入赘金山卫城洛北村，遂以为家。他自幼好学，及长，钻研百家经史，为文气势浩瀚，诗也脱俗。在家设馆授徒，有出类拔萃者如杨瑄等。他不善家事，又好急人难。学馆收入常被亲友借去。他生活节俭，晚年以信佛而终。所著诗赋杂文，名《霞篆集》，达三百余卷。

杨瑄的另外一位老师，就是金山卫南村俞家的俞少俊。

俞少俊是俞氏第 39 代后人，表字宇翔，出生于明朝万历三十九年辛亥（1611），比杨枝起小四岁。卒于清康熙十二年（1673），终年 63 岁。他先后有两位夫人，都被敕封为安人，可见俞少俊曾经是一位官员。夫人张淑英，奉贤人，生于明崇祯二年己巳（1629），卒于清康熙六年（1667），年 39 岁。夫人史可珍，祥符人，明朝万历四十一年（1613），卒于清康熙二十三年（1684），年 72 岁。

俞氏之家，从唐宋至清，官至一品二品的不乏其人，其地位与门户比杨家还要高贵。如俞少俊的弟弟俞少宏，字宇亮，是一位文武生员，明崇祯元年（1628）出生，卒于清顺治三年（1646），只活了 19 岁，上谕诰封为奉国将军。

杨瑄就学于这样社会地位的老师之家，所得到的学问和熏陶，是一般学童所无法比拟的。总之，其学之启蒙，始于其父与董而中，成于俞少俊。前文提到的记述杨家事宜的俞承训就是俞少俊的第五代孙，而俞承训及其子孙俞廷凤等多人之著述都记述了杨家之事，可见杨家与俞家关系之密切与久长。

关于杨瑄第二次遣戍地点。

按着《清实录》等有关记载，杨瑄第二次遣戍地点是黑龙江城（即黑龙江瑷珲）。但据《自适斋文稿·杨门兴衰史录》载：

> 杨家主仆一百三十人〔俞氏记述作一百一十三人〕均为官奴，主屋尽拆为他用，合家欲充军万里之遥垦荒……新帝又念杨瑄年迈，故令其子锡履、锡恒侍父谪戍北疆哈剌察卫，旋即戍庙街御海巡检司（所）……雍正四年残冬，北国万里冰封，瑄弱不抵寒，是年除夕之夜亥时薨于贬所，终年 70。瑄两子奉旨扶枢归籍，葬于

村南。

在这里，"两万里之遥"、"哈剌察卫"、"庙街御海巡检司"、"贬所"，是几个关键词。按照这几个关键词，几个地方都走到，肯定有"两万里之遥"。因为，在这遥远的地方生活着北山野人，相当荒僻，没有驿道，没有地图，几乎无人知晓。如果没有到过这些地方，是绝对不会提到这些地名的，可以确定，这几个地方杨瑄都到过。这是有记录的流人"两万里"长征第一人。

1. 哈剌察卫

哈剌察卫究竟在哪里？哈剌察与哈喇察、喀喇沁、哈拉察、哈拉嗔、哈拉赤均为蒙古语"守卫者"的不同汉译。

喀喇沁原是蒙古族的一个部落名称。它渊源于古老的乌梁海蒙古，源于唐努乌梁海部，为迭列列斤蒙古的分支。《元史》称兀良哈氏，明代亦通称兀良哈氏。兀良哈、乌梁罕、乌梁海，均为同一语的异译，即今之乌梁海氏。乌梁海是蒙古语森林、守山、狩猎的汉语音译。喀喇沁部以乌梁海为姓氏，这是一支森林游牧部落。

喀喇沁蒙古人在元初，游牧于斡难河（今蒙古人民共和国的鄂嫩河）、不儿罕山（今肯特山麓）地方，以打牲捕貂为业，不游牧于平野。清朝的喀喇沁部在喜峰口东北 350 里至京师（北京）760 里，东西距 500 里，南北距 450 里。东至土默特及敖汗界，西至察哈尔正蓝旗牧场南界，南至盛京（沈阳）边墙，北至翁牛特旗。而这些地面基本不归黑龙江将军管辖，因此杨瑄被遣戍的地方，应该不是这个哈喇察部之地。

另外，在黑龙江上游的源头地方，外兴安岭以南，有两条小河流汇入，西面的一条叫额克河，旧有蒙古人或者北山野人，以河流为姓。东面的一条叫托木河，旧有蒙古人或者北山野人，也以河流为姓。在两条河流的河谷间，有明朝蒙古人喀喇察旧地，那里曾经有一个被遗弃的前朝卫所，这个卫所曾经管辖的地面，叫哈喇察卫。在杨氏家传中，曾经出现过哈剌察卫的字样，应该就是此卫，因为"哈剌"与"哈喇"是汉译的不同书写方式。

查《大清一统舆图》清代有关卫所以及奴儿干都司及附近地区驿站分布图等资料，可以确认这个哈喇察卫在黑龙江左岸，格尔必齐河以北的托木河卫与额克卫之间。具体的位置在黑龙江以北外兴安岭以南，在托木峰山下，距离亨滚河乌第山不远，此地在今黑龙江以北俄罗斯境内。

哈喇察卫在明朝末年的时候，因为天遥地远，渐渐地废弃了。清朝取代了明朝，接管了明朝的全部领土，就是说清朝初期的领土辖境基本为明朝末期的领土，此卫理所当然地在清代初期归属黑龙江将军衙门管辖。如果杨瑄父子果然到了哈喇察卫，那他们就是被遣戍到黑龙江以北最远的一个卫所的记录了，但是未必就是到了该卫所的治所，而是到了哈喇察地面。

杨瑄因何到哈喇察（即哈剌察）卫?

杨瑄父子到哈喇察卫，一定是和戍边军务巡查有关。

这时是雍正二年（1724），是杨瑄到瑷珲的第二年，距离康熙二十八年（1689）《尼布楚条约》的签订已经25年。这个条约明确规定：中俄两国以格尔必齐河、大兴安岭和额尔古纳河为界，清政府将原属于中国的尼布楚以西至贝加尔湖的领土让给了俄国，以换取俄军撤出雅克萨，俄国照约拆毁了雅克萨城和迁移额尔古纳河南岸的全部据点。

《尼布楚条约》签订后，为了加强边疆地区的军政管理，清政府重新调整了宁古塔、黑龙江将军的管辖区，并根据条约的规定，派遣官员查勘中俄东段边界，及时在格尔必齐河、大兴安岭和额尔古纳河等处树立界碑和鄂博（界碑、封堆），并制定了定期派官兵巡逻边界的制度。

其中，黑龙江（瑷珲）水师营每年都有至少20名到80名的

水兵，拉纤上溯黑龙江至格尔必齐河巡边，一直到格尔必齐河以北的 250 里的托木河卫与额克卫以北，这里，就是要巡查的哈喇察卫地方了。

遣戍到黑龙江，就是派遣到黑龙江当兵，而且只有当水兵，才有可能到达黑龙江以北的哈喇察卫。按照制度，巡边的水兵，要有 20 名在那里守 2 个月的时间，在黑龙江快要封冻的时候才沿水路返回瑷珲。如此看来，杨瑄父子是跟随着黑龙江水师营的巡边队伍，走到了哈喇察卫。

2. 庙街御海巡检司

庙街，又叫庙屯，位于黑龙江出海口处，自古以来就是中国领土（1858 年中俄《瑷珲条约》将此地划为中俄共管，1860 年中俄《北京条约》将此地割让给沙俄，此后，庙街俄文名称尼古拉耶夫斯克）。庙街位于黑龙江下游河口附近，是一个天然的良港，船舶由这里驶出河口湾，可直达库页岛，沿鞑靼海南下，可达日本海和朝鲜半岛。由河口湾北上可进入鄂霍次克海，由河口湾北航道进入黑龙江，溯航 120 多公里，到达兴滚河口对岸的特林屯（奴儿干都司所在地）。

巡检司，始于五代，盛于两宋，金及西夏也有类似设置。元因宋金遗制，所设巡检司主要为州县所属捕盗官，另有京师、沿海、蛮夷地区的较特殊形态。明清州县普遍设于荒郊林莽，山区海聚，关津要害处。所设巡检司，属于流外之职，维持地方治安。巡检司为从九品秩，专司缉捕盗贼、盘诘奸伪职事等。

元朝曾在庙街设征东元帅府，庙街也是明代奴儿干都司下属的一个卫所。庙街御海巡检司在杨瑄到来的时候，应该是旧地名，但未必有巡检司的功能了。

奴儿干都司设在黑龙江下游亨滚河（今俄国阿姆贡河）口对岸的特林（俄人称"蒂尔"，为特林之音转），下距庙街 125 余公里，上距三姓（今依兰县）1750 余里。明代时它管辖除辽宁外的整个东北地区。

其中庙街在黑龙江南岸的入海处，清代时也属于黑龙江将军管辖。为监视俄人动静，黑龙江将军的水师营巡边的时候要察看额尔古纳河"东岸沙草有无牧痕"，以防俄人侵越边界。每三年还有副总管、佐领、骁骑校由水路至河源兴堪山（即外兴安岭）巡察一次，但是也有可能从陆地上越过乌第河，到达庙街地区。按照这个前提分析，应该有水兵轮流戍卫经过庙街御海巡检所（司），杨瑄是其中之一人不无可能。

关于这一点，杨瑄之著述亦可为佐证。

杨瑄曾经写过《北海极昼极夜天》这样的一部诗稿或者文稿（已佚），证明他到了北海。关于北海，一说北海是贝加尔湖，在今天俄罗斯的西伯利亚，那里在汉代就叫"北海"，是苏武牧羊的地方。一说是欧洲的北海，是大西洋东部的一个海湾，西面部分地段以英格兰、苏格兰为界，东面与挪威、丹麦、德国、荷兰、比利时和法国相邻；再一说是鄂霍次克海，曾经叫通古斯海、拉穆特海。鄂霍次克海也叫北寒海，此北海当即黑龙江口北岸之乌里班、图尔古等海湾。无论是西伯利亚的贝加尔湖还是欧洲的北海，以及鄂霍次克海那个北寒海，都具备看到极昼和极夜现象的条件。

杨瑄是到了哪个北海？根据巡边路线，他应该是到了鄂霍次克海的海边的庙街地方。这里，已经快要到达北极圈，看到北海的极昼和极夜是正常的，如若没有到过这样的地方，他怎么会写得出来这篇文章？由此可见他确曾到过庙街。

综上所述，杨瑄是于雍正元年首先被遣戍到黑龙江城（瑷珲），入水师营充当水兵，不久随营察边，先到达过黑龙江上游之哈喇察卫，后至下游之庙街，次年又返回黑龙江城。

四、杨瑄著述

《俞氏家训》记："瑄甚精史学、医学、麻衣学、《易经》、天体论等经术，并精研儒道释三家，沉浸浓郁。其馨其藏，行文操笔，立成构思，并工书法，故赞其文直跻宋人堂奥。尝自谓惟让尧峰出一头地，若牧斋《有学集》无多让也。时以为……诗律稳细、书法行楷俱入妙，尤强狂草之书。"

据笔者考证，杨瑄著述有《留都志》、《抱质堂易说》三卷、《水经注补》（草稿二册）、《楷庵诗略》、《塞外草》、《北海极昼极夜天》、《处世要略》、《农桑百艺》、《命运捉弄》等。至于《北国风光晚霞凉》、《北国风光极夜天》、《北海极寒极夜天》、《北海极昼极夜天》四部，书名类似，应该是写黑龙江的。《留都志》应是与盛京有关的志书。

上述著述，除《抱质堂易说》尚存，其他均已失传（其中上世纪七十年代曾被个别学者征引过的《楷庵诗略》，我们经数年的多方搜访，迄今仍未查到）。但我们却意外地发现杨瑄另一著作《萝村诗稿》。

此外，杨瑄还曾参与编纂皇家典籍《佩文韵府》，为纂修兼校勘官七十六人之一。

康熙四十五年（1706）在武英殿，杨瑄与汪霦、蔡升元编著《佩文斋咏物诗选》，又曾参与过编纂《明史稿》，为顾炎武32卷的《日知录》评点，也评点过苏轼诗文。

下面我们将杨瑄的佚诗（《栜友》二首见李兴盛先生之文，此不赘）、佚文与书法作品作一介绍。

首先介绍佚诗：

送洪昉思游大梁

十月长安道，天高朔气逼。

绝塞走风沙，惊雕厉羽翼。

念我通门友，征车嘶寒色。

问君何所之，大梁名胜域。

城阙古帝都，山河雄四塞。

振衣吹台巅，长啸夷门侧。

讯有贤使君，缟带旧相识。

握手道起居，尊酒情无极。

余也抱微愿，五岳思攀陟。

临风羡壮游，恨不随衔勒。

君行登首山，嵯峨天可接。

骋目望京华，漠漠塞云黑。

缪孝子行①

雍正癸卯初秋寓艾浑城中僧舍题。

缪孝子，有父胡惨然？有母胡远□？

麻鞋重茧走天涯，欲语吞声泪不止。

孝子本住天长军，阿翁秀颖尤能文。

一朝长鲸沸近海，草间狐鼠吹狂氛。

缪翁挈家避薮泽，资财牲畜抄如□。

---

　　① 李兴盛按：此诗为我于1983年抄于外地图书馆，由于抄写匆忙，错字较多。前数年高女士来访，我另抄一份赠之。未想高女士回沪，即收入其文并全文发于网上。目前此文收入本《丛书》，待校对之际，忽然发现我的原抄件不知何时已经失去。而本诗抄自何馆，已不记忆。基于此，本诗之误，暂时无法改正。其中疑误之字，用□替代，但错误仍会存在，容后设法改之。特此声明，请读者鉴谅。

事平骨肉幸完保，区区长物何足论。
怨家交关列罪状，不日被抄日助饷。
囊头三木冤莫伸，玉石昆岗俱烈炀。
翁既伏法都市中，妻孥遣戍屯边障。
是时孝子才三龄，出继伯父得免行。
阿母抱儿哺儿乳，与儿永诀无还程。
六亲之□皆雨泣，儿虽未解啼咿嘤。
迨逾毁齿悲填臆，儿生有母儿不识。
虚生天壤亦何为？欲向辽东探消息。
宗党佥谋谓不可，年光荏苒忧成疾。
至情勃发奋不顾，严关无繻逐中格。
归来辗转回哀肠，义有轻重须审详。
况闻□殁母再徙，此身孑然关宗祊。
抑情娶妇举子一，□丝坠绪差不亡。
手提幞被出门去，捐躯之志今始尝。
孝子寻亲宁古塔，□林蔽天风□□。
囊空羸马走崎岖，山林野店都周匝。
苦将音耗问居人，居人瞪目漫不答。
俄焉一妇自外来，备陈委悉词□□。
孝子闻之蹶起行，再访母居扣中□。
阿母骤惊徐乃喜，喜心翻极增悲唈。
昨夜分明入梦来，皓月团团照户闼。
再生觌面今生逢，□□既盼中复合。
惆怅人生乐事稀，只因艰食遣儿归。
两年之后期见□，儿身□□心无违。
孝子茹荼泣受命，白云回望情依依。
蓬转萍牵聚忽散，中年忧患常羁绊。
阿母零丁更极边，黑龙江上音书断。

待得书来讣文闻，神魂震越先飞翰。
孝子再走艾浑城，辽河东北三千程。
西安大岭插云汉，儿在山巅母入茔。
匍匐茔前七日哭，山中鸟兽皆哀鸣。
三年庐墓古有则，僦居僧舍依松庭。
终生之慕曷有极，苍鬐素发犹孩婴。
边俗无知亦感动，啮指啧啧钦芳名。
吾自仲春谪居此，倾盖相逢缔交始。
湛然玉德兼以温，贮向冰壶洞表里。
示余甘旨述哀诗，蓼莪隐痛彻心髓。
读未终兮□流泚，天乎我独非人子。
穷老投荒尽室迁，辱身败名为亲耻。
四时□享躬弗亲，展拜楸梧无日矣。
回环数过愧且死，把诗勿作诗人观，
用揭民彝验□恩。

赋得红药当阶翻，应掌院陈夫子教

名花天下种，春暮自芳菲。
何意登黄阁，还堪傲紫薇？
萼含珠露绽，叶衬石苔肥。
遥映扶风帐，光辉更可依。

送友人之楚

揽辔郊原意若何？酒酣折柳为君歌。
新诗偏向邮亭得，才子从来幕府多。
芳草马嘶迟白日，春风冰泮渡黄河。
故人尺素能相忆，二月衡阳雁影过。

南歌子·晓景

　　鸳瓦霜花绣纱窗，曙色烘，初温锦幄正朦胧。无奈数声啼鸟隔帘栊。

　　眉黛轻匀绿胭脂，净洗红，半钩残月带斜鸿。早见一枝梅破小春风。

下面介绍佚文。

金山卫城隍庙碑记　康熙三十七年

　　金山卫城隍庙一区，创始于明洪武二十年指挥佥事李公武，盖设卫之明年也。弘治四年，总督杨公政驻节于此，复鼎新之，规制称大备矣。迄今二百余稔，屡葺屡坏，旁风上雨，庙貌勿严。（群）〔当作郡〕卫之人，皇皇焉惟陨越明威是惧。于是分镇王君功建，偕诸将佐，率先经划，而卫之人士某辈咸踊跃从事，鸠工庀材，罔或勿饬。始丁丑冬，讫戊寅夏，其规模无改于昔，而重檐修拱，危垣文陛之制，视昔有加焉。工既竣，某等谓瑄，宜为文以纪其事。瑄虽不敏，其何敢辞？窃惟神之命于天也，犹人臣之受职于君也。而神之有城隍也，则犹州县吏之守土亲民者也。有祷焉必应，有吁焉必闻。操阴骘之权，以助正教之不逮也，神为之也。是故祀典之载于有司者，城隍为特重，不与他祀比。卫城南临大海，北控泖淀，自明初置戍设防，而本朝因之，盖洁戎奋武之地也。比岁以来，岛屿削平，鲸鲵偃仆，四境宴然，里（苍）〔当作巷〕无吠（火）〔当作犬〕之警，若商贾之往来于浙闽、于粤东西，于登莱津门者，帆樯络绎，如行阶除间，岂非国家声教四讫海隅，率俾之明效欤？虽然，今之可患者，厥有二焉：海潮之自南汇嘴而西也，漤阙为首冲。明郡守方公所筑石塘日就倾圮，秋月潮盛间，值风雨，水势汹涌，高与塘平。其穴石溽以入者，声轰然如雷，则患在海潮之冲决也；环城地皆斥卤，其通

潮汐以资灌溉者，惟运盐河是赖。今则河底日高，河身日狭，苟复秋间十日、二十日不雨，农人相顾无所措手，而田禾且尽槁，则患在内河之淤塞也。盖举百里内外，数万生灵，与夫田畴室庐资生之计，胥托命于一线之塘，与一线之水，其可患也如此。苟非神之默施补救，以惠此一方，其能旦夕保哉？夫蒙其利矣，必隆其报；举其祀矣，必竭其诚。宜诸人士之祇肃歆慕，相写趋事恐后也。继自今以往，庶几风雨以时，阴阳不忒，天吴海（苦）〔当作若〕，奉职效灵。俾我民乐业遂生，永享太平无事之福，维神之休，岂有艾欤！瑄世居卫城之西北郊，幸尝与邀神庇，故于庙之成，举其事之系于民生者，书而勒之于石，用扬灵爽于无穷，非徒为一庙志废兴也。又考《松江府志》于城隍庙下记云："别庙六，一在金山卫小官市东。"是以今庙为府城隍别庙，非也。明初军卫之体尚尊，故其神与府并爵为公，迥出州县上。今州县皆有专祠，而独绌为郡之别庙，可乎？敢并正之，以告后之观者。

皋声堂诗序

　　丁酉秋，先大人客白门，隐石夫子相值甚欢，序宗谊雁行交好，夫子辛丑、甲辰成进士，告改苜蓿，莅松郡学博，适瑄补郡庠弟子员，夫子固瑄叔，又瑄师也。荷爱犹子，提命倍切，每构一义，靡不承指南者。昔先大人曾语瑄云：尔叔文传海内，诗在李杜王孟上，必传。初瑄心志之，未甚解诗。及读书中秘，从诸巨公后勉力馆课，始稍稍解拈韵事。归里门读《礼》余，讽诵师《皋声堂诗》，笼盖天地，荡轶古今，直自竖一藩篱，益信先大人言不轻许也。集中毋论敦族笃友爱世忧民大者，即品花题石，赠鹤较棋，在在见学问，见品节，无不肖所咏物。而即以自写其胸怀，以吾师名走鸡林何难。逾年格以驰骋荣显，而甘守青毡困抑，发之吟咏，天下读师诗者，益知师学修定力，益知师卓荦人品矣。其必传，岂特诗焉已哉？

受业门人制侄瑄百拜识。

素赏楼集序

　　黄梨洲先生之称卓母钱孺人也，谓高明之家，而荼苦一生。余读之，叹其与吾嫂陈孺人绝相类。顾梨洲之文，述钱妇德良备，独未称其能诗，岂非才分有所限欤？海昌陈氏族望甲海内，孺人为相国之从女，司空文和公之女弟，幼承姆教，娴习风诗，甫事声律，便擅闺房之秀。洎归吾宗语可兄，眉案相庄，俨如宾友。时舅司马公升华台省，祖姑陆太夫人、姑唐夫人，皆在堂，孺人瀡瀡之余，寄情吟咏，颂椒铭菊，彤管有炜，於戏！何其盛也。未几而唐夫人下世，司马公方拜抚黔之命，诸兄弟或留辇下，或走军中，无在者，一切医药之需，饭含之具，取办孺人只手，悉中礼节，而哀慕之忱，见于篇什间者，益悱恻可诵。语可兄负隽才，连不得志于有司，意气豪迈，不屑问家人生产，四方宾客之至止者，文酒流连无虚日，孺人出奁具佐之，犹不给，以故家日益落，而语可兄寻病，郁郁赍志以殁。孺人鞠育诸孤，绸缪风雨，拮据捋荼，有单门穷蒌所未尝者，间一操翰，泪与墨渖交和，今集中侍疾悲怀诸什，虽三峡猿啼，中宵鹤唳，无以喻其酸楚也。孺人长子曰淳玉，自少英敏饶干局，年十七代司马公经理高堰堤工，讫用底绩，诸长老咸叹异之，乃不幸与仲子雅度相继摧折，独季子开绪存耳。孺人叠遘闵凶，惨裂焦府，捐弃笔墨者且经年。旧岁九秋，开绪偕同社诸子有咏菊之作，孺人触物写怀，先后得七言律诗十六章，一时才俊皆为阁笔。盖孺人之遇益酷，而其诗乃益工，岂造物忌才，文人多阨，即女士亦不免耶？抑有意抑塞困苦之，以发皇其灵秀耶？吁其可悲也已！孺人雅不欲以词章自表暴，平昔所作颇多散逸，淳玉尝手录成帙，今开绪续加编辑，将以授梓而问序于余。余观古今诸名媛集，大率兰苕翡翠，仅可供耳目朝夕之玩耳，若孺人之诗，原本性情，止乎礼义，音节悲壮，含蕴深长，天咫人伦之故，缠绵肫笃，斯固追踪骚雅，而有功名教者也，讵可使其湮没不传哉。开绪以闻诸孺人，孺人曰："此非未亡人志也，然一生阅历，略具其中。则此举未为不可。"余遂诺开绪之请，为序而传之。

康熙丙申嘉平上浣，弘农宗人瑄顿首拜撰。

最后介绍其书法作品一篇。

2008 年 6 月 25 日，集藏阁艺术网公布了春季拍卖会消息：上海道明拍卖有限公司拍卖编号 0514 行书文扇面纸本的杨瑄作品：

杨瑄，字玉符，号楷庵，康熙十五年（1676）进士，翰林院编修。款识：咏盘羊作，洛村杨瑄。

杨瑄印鉴：瑄，玉符，抱质堂，扇面 17×49cm，估价 RMB 3000—5000。

扇面释文：盘角传闻朔野珍，喜随豹尾来见真……塞垣万里探奇迹，博物何须羡景纯。

绍老年世翁正之。

证明这件书法作品，是给绍姓老朋友写的，而且是从尚阳堡归来以后居家赋闲时候的作品。

五、赠答哀挽之作

康熙四十七年，杨瑄被康熙以"知交杂乱"为借口"原品休致"，即此一端也可见他的交游较广，现将友人或后人与他有关的唱和赠答之作辑录于下。

戴梓赠杨瑄之诗二题五首，依次为：

佳公子招游郊野座中赠陈省斋梦雷、杨玉斧瑄两太史

其一

出塞悲连月，寻欢此一游。

龙沙天地阔，沈水古今流。

挟弹追黄鸟，输拳覆白瓯。

醉中无赖甚，忘却异乡愁。

其二

闽南恒把袂，塞北又联觞。

万里存君我，千秋共肺肠。

有书延贱命，无语慰高堂。

敢复言忠孝，酸心抚白杨。

其三

谩说成名早，文章亦祸机。

谋生虽寡策，教读且瘝饥。

终荷君恩宥，休伤世事违。

升沉何足定，强饭望朝晖。

其四

日色荡寒沙，归鞭促暮笳。

乱红萦马足，深绿隐渔家。

路踏严城月，门敲小径花。

春光长不歇，投老愿天涯。

雪后访杨太史玉斧醉中口占

同是冰天谪戍人，敝裘短褐益相亲。

愁中独念孙开士，风雨吴江倍怆神。

南北浮云照眼新，文章今已负儒身。

西风一任吹残笛，且笛乾坤作醉人。

陈梦雷赠杨瑄之诗一首为：

同戴文开、杨玉符二先生及从游诸子南郊射饮醉歌

　　边城四月接春光，漠漠轻阴昼正长。

　　细草丛中舒蝶粉，绿杨深处啭莺簧。

　　莺簧睍睆初成语，似唤游人觅游侣。

　　投荒野老不知愁，逐队宾朋来远墅。

　　安道当年品最高，关西夫子亦人豪。

　　诸英问字能携酒，童冠春风属尔曹。

　　平畴绣错远山横，辽水东来照影清。

　　万树山花难辨种，一林啼鸟不知名。

　　花香鸟韵堪留客，遍地绿茵重布席。

　　分棚角射气争雄，兴到狂呼浮大白。

　　须臾上客玉山颓，屡舞仙仙亦壮哉，

　　我谓二公乘兴莫虺隤。

　　青莲昔日玻璃杯，移向夜郎酌浊醅。

　　圣主恩深汉文帝，贾生宣室亦归来。

　　吾徒方寸但当对天地，支离潦倒莫疑猜。

　　兔网雉罗安足恤，不能鬼蜮首鼠，

　　朵颐摇尾令人哀。

　　二公贾勇倾余沥，踟蹰归骑日之夕。

　　杨柳风来送马蹄，一声长啸辽天碧。

顾永年赠诗远较上述诸人为多，现录之于下。

玉符杨夫子招饮即席拈尾字作古体见示恭和　　戊午

　　中谷有芳兰，清芬异凡卉。

　　幽香袭人裾，繁条何鞋鞋。

夫子生华胄，天资具英伟。
道高心益谦，下采及葑菲。
赠以明月珠，杂然陈筐篚。
教之勤诵读，谆谆戒比匪。
良玉贵琢磨，君子学博依。
诗书道所存，夙夜常亹亹。
文豹善藏身，神龙偶见尾。
古来贤达人，盛名能有几。
佩服弗敢忘，讵得云非韪。
愿言赋归与，狂狷亦成斐。

送杨夫子出塞　庚午

分携顷刻泪潸潸，师弟东西苦一般。
未必雁过金佛峡，那从书寄玉门关。
文人命薄思焚砚，圣主恩多必赐环。
他日得陪烟艇去，风波不虑五湖间。

即事次杨玉符夫子赠日者韵　癸酉

未是苍天欲丧文，相从陈蔡偶离群。
一春生意翻阶草，镇日闲心出岫云。
静里先机参易得，平时物理细能分。
吉凶悔吝吾儒学，不比常谈溷世纷。

羁栖弱草类轻埃，失水枯鱼总暴腮。
岂谓壮心真已矣，独逢秋令亦悲哉。
鹪雏无力应遭戹，凤翮高骞也被猜。
话到荣枯无限恨，夜深风雨莫辞杯。

叠前韵奉酬杨夫子

本是清班掌秘文，庐前王后耻同群。
说诗自合尊匡鼎，联句终当数范云。
未敢苦吟追八斗，不能多读得三分。
而今探讨从师学，日扫门庭谢俗纷。

乾坤莽莽一纤埃，感叹流光泪浥腮。
差解人生行乐耳，难凭天道好还哉。
投林野鹿心犹骇，狎水沙鸥意更猜。
喜是村醪沽不尽，墙头但过莫论杯。

再叠前韵奉酬杨夫子

汉庭谁与荐雄文，落落孤行自寡群。
岂有葵心非向日，何时枫陛再瞻云。
近朱近墨随人染，能白能青到眼分。
早入经楼还暮出，肯将吾道易纷纷。

那觅明犀辟软埃，三春好梦负香腮。
文多寓意元亡是，物到难名实怪哉。
楚峡雨云非尽幻，洛神词赋漫劳猜。
狂花病业吾生毕，无限韶光付此杯。

四叠和晴

晴窗检点得奇文，欣赏多同赖有群。
清昼啼花喧过鸟，远山横黛倦飞云。
小寒欲散烟光薄，宿雾初收日气分。
不待移春丞相府，绿肥红绽始纷纷。

清辉旋远踏芳埃，露眼花须并玉腮。
晓日林光如醉耳，晚春天气困人哉。
槛前芍药新妆出，墙里秋千过客猜。
堪笑时乎时不再，锦茵堆处急传杯。

五叠和雨

身在田间底用文，蓬麻扶植旧成群。
人方殢酒怜长日，天为催诗送片云。
柳叶未舒含黛浅，菊苗初长带泥分。
阴晴试卜檐前雀，偏是闲中百感纷。

廉织密洒净飞埃，忽耸诗肩托短腮。
做雨无聊还复耳，留春不住已焉哉。
鞭驱阴石封姨怒，洗濯新枝少女猜。
结伴一生红友在，宵来闷对竹根杯。

六叠答孙啸父同学

诗才清绝似休文，空尽阴何鲍谢群。
举是故人夸掷地，任教天子叹凌云。
纵君肯以鸿沟割，顾我难与鼎足分。
刻烛只今申约法，罚严金谷敢嚣纷。

斗酒相呼为洗埃，巨鳞细口辨鲈腮。
醉时不觉颓唐甚，老去谁怜夔铄哉。
今雨忽来交未晚，分曹射覆语难猜。
杏林不少游春燕，莫忘田间泥饮杯。

七叠再答啸父

十年惭愧北山文，忽漫相逢许人群。
对我朗吟清似凤，多君高义厚于云。
携来鹫岭诗千首，售去鸡林价十分。
怪道怀中三寸管，龙吟风雨骇披纷。

嵇阮胸无一点埃，搘颐捧腹侧吟腮。
锦茵粪溷循环耳，华屋山丘转眼哉。
本是薰莸求我类，何常冰炭怪人猜。
此间礼俗休拘束，愿为兴公日举杯。

八叠答啸父

蕉叶新题小篆文，收来清秘赛鹅群。
高轩偶过因留赋，胜友相期密似云。
岂虑饮时灯易烬，先愁去日袂难分。
萦回故国思千结，谁为迁人一解纷。

羹非尘土饭非埃，亲挽虬须满紫腮。
生面独开殊快耳，陈言务去亦难哉。
食惟一面来戏宾，歌为无鱼动客猜。
好是不逢寒雪夜，庐仝碗可代刘杯。

九叠呈杨夫子

蜀纸争抄海外文，惊才早轶古贤群。
对人怀抱皆冰雪，得意诗篇岂露云。
命薄讳言明主弃，源清终与浊流分。
郭公夏五从来阙，可怪千秋聚讼纷。

甑釜无端堕墨埃，须髯如戟怒张腮。
或时歌泣乌乌耳，何事书空咄咄哉。
怀璧总因其迹似，锄金难免所知猜。
受恩独以心相许，毋为浇愁倒百杯。

十叠有感

何必儒冠讳而文，相逢□豕已成群。
雷霆易过终开霁，闾阎难排枉叫云。
东海党人清议在，南朝伪学晚年分。
庙堂正遇中天际，莫令传讹史册纷。

上清沦堕弃如埃，偏是旁观泪雨腮。
善未可为何恶也，死犹不得况生哉。
行穷天壤非无际，路失东西莫用猜。
得蔽一椽真浩荡，岁时谁禁此衔杯。

送杨玉符夫子被召还都　乙亥

九重飞诏出重关，为忆孤臣特赐环。
此去不同宣室召，麻鞋莫拟放还山。

休道才人薄命多，诸艰历试更如何。
龙场儋耳千秋话，事业文章两不磨。

破帽羊裘出鲜车，甑生野马釜生鱼。
牢愁不管邻鸡唱，夜雨潇潇只著书。

缺耕梁案敬如宾，多难偏兼多病身。

无米作炊频涕泪，未寒思御早缝纫。

不遇钟牙不赏音，花间月底好联吟。
苏门去后云亭远，耻向人前复鼓琴。

次第还家理旧巢，鸡桑百本未全抛。
园丁报道春来好，新笋墙头又放梢。

屈指年才四十强，及门子姓俨成行。
遥看南极空翘首，不及彭宣燕后堂。

岂是侯生故好奇，蒙污含垢义无辞。
可怜九死馀残骨，博得名贤一句诗。

**仲夏奉谒杨玉符夫子留饮鸿澡堂，读所著《留都志》
兼无题诸咏，即次见怀原韵叠成四章　己卯**

芦湾深处即鱼庄，茶灶经签并笔床。
倦羽思归勤选树，沉鳞初纵爱浮阳。
晋唐书法锋锋秀，温李宫词字字香。
见猎喜生馀习在，步趋能否到词场。

生成陆氏一荒庄，偏许来分上士床。
桐木半焦怜爨尾，葵心一点喜倾阳。
漫调石鼎煎红蟹，频举金蕉试碧香。
回首冰天谈往事，非关游戏作逢场。

谁过师门拂几尘，性殊俗嗜共酸辛。
得从北面看标准，愿学东家觉主臣。

籍注酒民宁弗贵，腹成经笥未为贫。
最怜寂寞空山候，瞥见花枝笑似人。

辣手文章高绝尘，譬如姜桂老逾辛。
曾行辽海称逋客，不碍湘潭署逐臣。
富有年华贪作史，丰于宾馔讳言贫。
蒲轮只恐行催迫，第一官需第一人。

谢杨夫子赐葛　己卯

纵横千缕代天工，价重龙销赐一通。
野卉最宜居士服，良言深愧古人风。
喜当夜坐荷香落，怕见霜高木叶空。
锦绣文章衣被久，未须深语夏时虫。

岂同萧艾意丰茸，称体裁来即可缝。
衣不新兮何自故，被其服者耻无容。
勤知累累成方寸，贫异粗粗着两重。
素质肯教朱紫染，人师千古最难逢。

冰纨雾縠一般轻，投赠珍于翠织成。
笑是一生衣褐见，免教五月被裘行。
惠分装相缣非少，爱比胡威绢更清。
跂足北窗尘不染，凉风透骨解朝酲。

同袍念切独蒙絺，蕙带荷裳我所思。
可是浣衣还葛否，即非摇扉亦凄其。
记曾有愿完初服，誓不从今挂寸丝。
待到秋来藏什袭，此生冷暖藉心知。

劳之辨赠诗：

喜闻卫尔锡、杨玉符恩放归田二首

玉关远窜已长流，何幸金鸡下凤楼。

谪去总由臣罪取，放归真荷主恩优。

晋阳客返葡萄熟，申浦人还稉秬秋。

京洛相逢须痛饮，预将月俸问新刍。

席帽辽东紫塞尘，黑龙江畔地无邻。

叔卿较远三千里，伯起多淹一两春。

十首赠行诗似昨，几回寄札墨常新。

独怜携手河梁客，尚有吴刚泪满巾。

中秋后二日，徐子贞、鹿鸣嘉、张韦存、沈恪庭（皆杨玉符所得士）、杨涵贞（玉符次君）集寓斋，简诸通门，兼寄玉符，用前韵二首

子云初未老，久已倦高飞。

相马收皆骏，将雏羽渐肥。

五湖垂钓艇，三泖读书帏。

今夕衔杯话，无边指少微。

长安旧雨在，来往未暌违。

相聚天香下，同看宝镜辉。

乘槎□璧合，入座偶星稀。

无奈西风泪，双沾素旐归。

博尔都一首：

喜杨玉符奉诏归田

忽传明主诏，关外赦流人。
遍历风霜苦，重沾雨露新。
归耕宁废读，失业敢言贫。
莫恋莼鲈美，全家作隐沦。

相逢忙把臂，不信有生还。
记别惊时易，含凄讶鬓斑。
劳心依日月，归梦怯关山。
纵返南湖棹，迟回恋圣颜。

著名诗人吴伟业亦有一诗：

茸城客楼大风，晓寒吟眺，以示友圣、九日、玉符诸子

偶作扁舟兴，偏逢旅夜穷。
鸦啼残梦树，客话晓楼风。
月落三江外，城荒万马中。
空持一尊酒，歌笑与谁同？

彭启丰之《哭杨玉符先生》诗：

白首江湖作散人，忽投漠北远羁身。
银铠夜动天常黯，魑魅朝游地不春。
捫缶几曾歌顷豆，因风空自忆秋莼。
江南若有招魂所，为告巫咸上玉晨。

480

杨瑄卒后，杨不骞曾有《过杨编修宅》诗：

　　舍棹蹑莎葱，相过太史公。
　　旧村传洛北，归路怡从东。
　　粳稻尝深碗，葡萄折远筒。
　　圣明蠲忌讳，情话畅周丰。

六、杨瑄府第

杨瑄之府第，为抱质堂，据《金卫志》载：

　　抱质堂，在洛北村，为清康熙年间内阁学士杨瑄府第。杨府始建于明成化十三年（1477），续建于明弘治八年（1495）。清康熙四十三年（1704）三月至翌年三月，杨瑄重建府第，占地33亩，由帝书堂名，故称"御赐抱质堂"。有藏书楼，名"文渊阁"。清雍正元年（1723），杨瑄被充军抄家，翌年府第被拆毁，独留清风殿一角，日久旁风上雨，任其倒塌，仅留遗址，供后人怀古。名士杨不骞曾有《过杨编修宅》诗云云（见前文）。今为梅园林梅园里。

七、杨锡履与杨锡恒事迹补考

　　杨瑄长子锡履（葆素）与次子锡恒（涵贞）事迹与佚诗，李兴盛先生已作过考证，为避免重复，在这里我仅就《康城黄廷广纪》等书所载，略谈三点，补李先生所记之不足。

　　首先，杨锡履与杨锡恒生卒年有了明确记载。锡履生于康熙十七年（1678），卒于乾隆二十五年（1760），享年83岁。锡恒生于康熙二十四年（1685），卒于乾隆二十三年（1758），享年74岁。

其次，锡履著述，除了《自适斋文稿》、《口外山川记》外，还有《北极海天奇观》、《夷人性野好动》等。其著述虽已全佚，但据当地父老相传，锡履有《杨门兴衰史录》一文，而且此文就是其《自适斋文稿》的组成部分①。

最后，据我们所考，与杨锡恒有关之诗为劳之辨、顾永年所作。劳诗已见前文，不赘，仅将顾永年之诗录之于下。

杨涵贞世兄还云间八首　甲戌

落尽黄花遣戍迟，逢君转觐恰天涯。
师门未坠千秋业，诗礼犹闻患难时。

文酒留连意正浓，忽闻西去判离踪。
关门一骑看飞渡，转眼其如隔万重。

结束征衣发未冠，来回万里一身单。
临行只恐伤亲意，泪咽胸前不忍弹。

事师事父本来真，洒扫经楼尚有人。
君到南天须自爱，莫愁定省失昏晨。

年时别泪几曾干，目送南鸿鼻更酸。
不敢寄书伤白发，烦君两字报平安。

---

①　李兴盛按：我对此说持有异议：首先，此文载有嘉庆年间事，考杨锡履卒于乾隆二十五年，其文不应记死后之事，此其一；此文谈及杨瑄竟然直呼其名，与古代讳言父名之俗大异，此其二。仅据此二点，此文应为他人所写。退一步言，如实为锡履之作，仅前部（康雍年间）记事，可能为锡履所写，但又必为引用者做了大量改动。因此，此文仍不能认为是锡履所写之原文。

垂老如何去膝前，相看未可语同年。
君登屺岵愁归路，我望江乡竟隔天。

故里风光事宛然，梦随君去我行先。
米家书画知无恙，但到花时便放船。

花萼辉辉风骨奇，一门友爱自相师。
还家好整姜肱被，冷暖须教手足知。

此外，许志进等人与杨瑄有关之作的搜集，俟诸异日。

八、主要引用书目

《康城黄廷广记》（俞德良提供的传抄件）

《金山卫俞氏家谱》（俞德良提供的传抄件）

《金山卫志》

《金山卫春秋》

杨瑄《萝村诗稿》

章培恒《洪昇年谱》

孙铉《皇清诗选》

蒋景祁《瑶华集》

吴伟业《吴梅村诗集》

杨才瑰《皋声堂诗集》

陈皖永《赏素楼诗稿》

顾永年《梅东草堂诗集》

戴梓《耕烟草堂诗钞》

陈梦雷《松鹤山房诗集》

劳之辨《静观堂诗集》

博尔都《问亭诗集》

方式济《龙沙纪略》

西清《黑龙江外纪》

张宗泰《备修天长县志稿》

杨阁学萝村诗稿

杨瑄著

序

　　杨玉符先生为一代风雅之宗，文行兼优，著述甚富。尝自言，"古文惟让汪尧峰出一头地，诗则不多让人。"惜其所著罕传，未得窥其全豹。到处搜求，前于翁君淳处得《易说》乙册，余即付梓以广其传。今又于从子炌处，得《萝村集》一卷，皆先生官翰院时应制应酬之作，裔皇典丽，格韵俱高，具有初唐中晚人笔意，而忠爱之思，浑厚之气，时流露于行间，迥非浅近者所能及。向闻先生童年入泮，赴试金陵，夜梦神人来告曰："汝今科不售，汝家有大事，宜速归。"觉而异之，后夜梦如前，遂不试返。父给谏公怒不悦，晋见母夫人述前梦，且询有何大事。母曰："汝所聘室，近以患痘几不起，今虽愈，眉发俱无，貌极陋，其女与父母皆不愿嫁，托媒氏欲离婚，已有成说矣。"先生曰"事无有大于此者，娶妻娶德，断不可行。"于是两家皆喜曰："特恐异时不睦，故委曲行之，婿既不嫌，又何忧，且少年能行古人之行，必贵无疑。"后遂连捷入词垣。既婚，夫人贤甚，能得堂上欢，先生亦不置一媵。生二子，长锡恒，康熙己丑科进士，次锡观，名诸生，皆长诗古文词，尤以纯孝称于世。后先后一戍沈阳，再戍黑龙江，夫人与二子皆从焉。先生竟卒于戍所。凡谪官卒于戍者，例当于百日内焚其棺，时使者络绎交催，夫人率二子哭拜于地，悲哀动人，使者皆不忍言而去。后遇恩赦，竟得扶榇入关，归骨礼葬者皆夫人力也。余友二垞朱君不妄言者，且与先生为近戚，故得其说甚详，郡邑志既失载，故刻先生稿而并及之，俾知先生行至高，初不仅以文章见重于世也。时嘉庆戊寅秋月后学张应时拜序。

二月十三日召询恭纪

帝德如天遍照临，小臣尤荷主恩深。
玉关暖播回春律，金阙遥悬捧日心。
幸拜銮舆叨渥注，得从仙仗奏微吟。
葵诚愿上南山寿，长挹薰风叶舜琴。

二十一日遣官祭故相
宋文恪公墓恭纪

帝念元臣旧，恩隆振古今。
黄封颁禁籞，紫绋贲松林。
鱼水遭逢盛，丹青想像深。
群公咸感劝，睿念笃遗簪。

二十二日御试知州臣陶尔毯二律，
以"赋得芳气有无中"、"雨中春树万人家"
为题，恭拟应制

海棠香韵别，不与众花同。
蝶近难窥蒂，蜂喧讵满丛。
暂闻因暖日，偶触为微风。

物理通神悟，皇情寄此巾。

春城是处雨丝飘，带郭连村景物饶。
远树参差浓淡色，新林幂历短长条。
鳞鳞瓦屋青如拭，缕缕炊烟湿未消。
共喜皇仁膏泽遍，桑畴麦陇望中遥。

客中寒食偶成

墓门春草正凄凄，独向征途逐马蹄。
摒挡书囊劳稚子，扫除松径累山妻。
萍丝触浪无休日，乌鸟翻风少定楼。
悔杀虚名误人事，不教键户隐蒿藜。

龙潭道中即事

三月风光正浴蚕，身随法从过龙潭。
柳堤绿暗朝烟织，麦垅青稠宿雨含。
江静微波横匹练，山开丽景吐晴岚。
停车不少登临兴，作赋无才只自惭。

金陵即事

銮舆遥指石头城，江海朝宗肃队迎。
虎踞昔曾开战伐，能飞今喜际升平。
六朝胜事空遗址，前代荒陵系圣情。
却喜章缝叨扈从，云霄咫尺倍光荣。

过香草湖口占

香草湖边香草香，如何俗论贵离乡。
无人老向空山里，始信幽兰意味长。

笼中画眉

暂托雕笼戢羽栖，临风引吭似含凄。
可怜空有聪明性，不向深林选树啼。

赋得"岁寒见后凋"，恭拟应制

古干盘根大，亭亭百尺枝。
不同蒲柳瘁，那受雪霜欺。
历岁青逾茂，经寒翠转滋。
共期坚晚节，仰副圣心期。

拟御书岳镇海渎祠额，命告祭官赍往悬立，恭纪五言十二韵

望秩传虞代，平成奠禹州。
云霞舒藻绘，河岳仰怀柔。
圭册崇封旧，躬桓列爵优。
帝心符造化，典礼洽明幽。
俎豆精诚格，馨香至治修。
九重垂旭照，十道肃星邮。

露洒璃霄上，烟霏玉殿头。

挥毫看矞凤，落纸舞神虬。

金榜丹青焕，璇题日月留。

山灵齐奠位，川后永安流。

万岁欢呼彻，三阶瑞气浮。

定知承景贶，锡福遍遐陬。

拟赋"雨洗亭皋千亩绿"应制

甘霖褒尽积埃清，淑景天开绣壤平。

被垄芳荪齐擢颖，缘陂细草亦敷荣。

恍疑曲渚绸纹展，似抱遥山翠霭横。

岂独林皋资胜赏，郊原农事慰皇情。

霡霂连朝洒碧空，平畴沾足土膏融。

迎梅乍届占时豫，破块无惊卜岁丰。

四野青稠桑沃沃，千村绿绣黍芃芃。

圣心默与天心契，摛管难名造化功。

康熙癸未三月，圣驾阅河回銮，仍御经筵，恭纪五言十二韵

缉熙勤圣学，启沃重经筵。

为念时几切，惟期闿泽宣。

河渠烦阅视，闾里庆安全。

俶驾韶春候，归程藻夏天。

云随芝盖度，风送羽旗旋。

倍觉居诸速，弥知夙夜虔。
羲轩承道统，洙泗接心传。
浥露归渊海，倾葵托简编。

晬容圭璧丽，黼扆日星悬。
长景舒尧陛，南薰叶舜弦。
乾行功不息，豫大业无前。
永睹文明治，光华贲八埏。

送高江村少宗伯南归，即次《纪恩》诗元韵

燕许高名伯仲间，岱宗千仞得追攀。
才随凤跸承恩入，又捧龙缣拜手还。
台阁羽仪萦睿想，晨昏色笑慕慈颜。
相依未几俄成别，怅望承明旧日班。

辉煌宸藻灿华星，手抉天苞辟地灵。
铸典熔谟言可则，作忠教孝字为型。
荣光岂独瞻魁象，盛事真宜志鼎铭。
堂陛蔼然鱼水契，儒臣恩遇几人经。

频年正色立丹墀，耿耿孤忠天日知。
香草当门偏见忌，盘根应候自含滋。
运筹密勿宣劳远，造膝从容下直迟。
出处总烦明主计，流观往事过人悲。

玉泉仙苑驻华镳，人喜端明再入朝。

内殿图画陈乙夜，中台剑珮切层霄。
巽风布暖寰瀛泰，离照当空宿雾消。
翊赞升平登寿域，亲从五老颂唐尧。

不恋南宫与北扉，循陔色养思依依。
郖醪蓬鲙娱长景，锦岫瑶林爱寸晖。
问道几纡襄野驾，辞荣远胜鉴湖归。
还期早慰苍生望，快展经纶佐衮衣。

纷纷祖帐簇雕鞍，矢报君恩欲去难。
松干经霜偏挺翠，葵心向日倍倾丹。
诗成八咏金壶丽，笔洒千珠雪碗寒。
魏阙江湖原一致①，独抒忠爱写词澜。

归装潇洒祗经函，浪蹙靴纹稳布帆。
岂是幽栖耽涧壑，悬知雅尚托筠杉。
石堪呼丈真成友，墨可称卿别署衔。
绿野风光春不散，花源杳霭隔尘凡。

后尘昔忝厕金台，五色襕襫睹彩翰。
自笑枋榆同燕雀，敢期霄汉列鹓鸾。
吴歌石阙难为语，越客园丝讵有端。
倘赋归来从杖履，定应载酒卜清欢。

---

① 按：阙，原误作"关"之繁体字，径改。

咏瓶中牡丹

瑶华自昔领群芳，况是栽根御苑傍。
色借宫霞朝绚彩，气分仙醴夜浮香。
徒闻丽句留崇敬，不数繁英在洛阳。
折向胆瓶时点注，愿将寸草奉恩光。

咏牡丹花柬恺公院长

仙种生从上相家，朱栏翠幕护周遮。
三霄璃露敷春藻，五色卿云孕物华。
许国文章真富贵，郏侯风骨自烟霞。
无缘永日陪吟赏，坐挹秾香手漫叉。

初尝樱桃赋谢明公

珍果初登宰相厨，分甘何意及癯儒。
碧筠笼满倾来滑，赤玉盘寒映欲无。
巢凤啄余星的皪，宫莺衔出露涵濡。
尝新又引江南梦，兰笋香清入馔俱。

送陶秋圃南归

云间日下早知名，话旧还深梓里情。
联辔同为东洛客，抽毫重赋上林莺。
何当拂袖寻三径，定有藏书抵百城。

唱罢骊驹心欲折，关山历历数归程。

君已高飞我尚留，栖迟不共入林幽。
心悬谷水鲈鱼脍，梦绕瀛寰竹叶舟。
长短亭边芳草暗，东西沟畔暮云愁。
何时结伴成偕隐，万里沧波狎海鸥。

赐止血石恭纪

犬马微痾昼掩关，惊邀异数五云间。
神方探自灵枢秘，上药亲从御府颁。
首比戴山恩倍重，心悬向日力犹屡。
经旬暂辍承明直，梦绕觚棱恋圣颜。

早觉阳和遍照临，尚方宝玉压球琳。
阆风苑里传珍久，勃律天西韫采深。
似佩文犀忘溽暑，胜餐紫雪涤烦襟。
重延视息皆君赐，未罄捐糜愧寸心。

六月三日驾驻古北口，汲泉试武夷茶，分赐扈从词臣

雨余紫塞驻和銮，茗饮分颁及从官。
石鼎素涛翻蟹眼，花瓷滴乳漾龙团。
甘逾璃露三霄渥，清映冰壶六月寒。
未得簪毫随豹尾，遥闻盛事也腾欢。

题汪东山修撰《秋帆图》

芒鞋旧踏虞山路，拂水岩前翠欲飞。
秋色让君平占却，满林红叶锦衣归。

文园消渴愁逾甚，听说还乡色已飞。
客里送行心事别，与君同梦不同归。

题徐虞门都谏《宣沙视牧图》

徐公夙负王佐才，神姿轩矗须镨毵。
读书万卷取甲第，声名一日腾九垓。
俄然屈身作县令，山城斗大花难栽。
抚摩疴痒爬垢疵，宛如慈母提婴孩。
忽衔简命视闲牧，腾骧夭矫皆龙骒。
居庸关外风土别，惊沙射眼霜皑皑。
水泉喷涌草怒茁，亲持羁靮先舆儓。
宣劳徼外国威振，坐令丑类齐奔摧。
传闻一事更奇绝，邑有巨盗蟠根荄。
吏人色沮公奋过，直探虎穴无疑猜。
推心置腹示顺逆，群盗罗拜声喧豗。
捧头帖耳争乞命，协从罔治降其魁。
果然盘错见利器，飞章上达天颜开。
内迁官拜大司谏，每抒片语群言该。
庙堂鱼水世所羡，从容讽议登三台。
书生事业有如此，丹青伫见图云台。

恭纪圣驾北巡恩德广被诗四十首　有序

　　癸未仲夏，车驾时巡古北口外，季秋乃还，礼也。惟时雨旸
顺序，凉燠适宜。抚生齿之殷繁，揽边陲之绥靖。肇开稼穑，辟
沙碛为田畴；储积仓箱，化榛菅为秬黍。双岐九穗，并献祯符；
珍羽奇毛，咸昭瑞应。名王大姓，披云喜觐龙颜；苍叟黄童，夹
路争迎马足。宏天覆海涵之量，视蕃部若家人；扩民胞物与之仁，
引八荒为一体。幅员之广，山经水志之所未详；勋德之隆，疏仡
循蚩之所莫纪。而皇上乾行益健，离照遥周。黄幄晨开，每亲裁
乎几务；丹纶夕下，恒洞悉夫民依。题彩笺以奉椒闱，如承色笑；
锡鸿章以敦棣萼，倍笃亲贤。吉作大经，字字金声玉振；书兼众
妙，行行虎跳龙挐。流览川岩乐寿，乃知仁之效。旁征名物见闻，
皆格致之功。文武丕昭，广深合撰。加以广开册府，优礼儒臣。
驻马余闲，拜手而宫商迭奏；倚鞍片晷，陈诗而黼黻交宣。馔给
雕盘，甘溢三霄之露；衣披紫缬，荣逾四照之花。异数便蕃，隆
恩稠叠。小臣瑄猥以谫劣，曲被生成。幸随载笔之林，应附属车
之末。偶膺寒暑，楸梧策策以摇风；未展涓埃，葵藿依依而向日。
欣逢盛典，窃撰芜词，上以彰圣主之大猷，下以庆诸臣之荣遇。
管窥蠡测，真莫罄乎形容；蚓窍蝇声，不自知其陶泳云尔。

其一

　　帝京迤北控群峰，列嶂雄关百二重。
　　翠葆经行如户牖，天山瀚海尽提封。

其二

　　帐殿晴披五色云，诸蕃拜舞各欢欣。
　　一年一度瞻天表，争把壶浆效曝芹。

其三

沙碛由来蔓草芜，肇开稼穑禀宸谟。
高原禾黍垂垂接，写出豳风七月图。

其四

甘雨和风不爽期，禾皆九穗麦双岐。
圣朝瑞应寻常见，茁向龙沙分外奇。

其五

巡览余闲志益勤，民间疾苦辄先闻。
邮签计日封章达，裁决如流日未曛。

其六

青齐微祲亦天行，饥弱如伤轸圣情。
忽听十行丹诏下，家家驱犊垄头耕。

其七

八荒仁寿蔼如春，驻辇犹闻巽命申。
要使顽谗齐悔悟，只将安静福斯民。

其八

尊亲孝养古来稀，孺慕常如膝下依。
犹恐晨昏违色笑，手题彩笺奉慈闱。

其九

螽斯麟趾福绵昌，豫教精严式义方。

行幄课经宵漏永，绛纱灯下展芸香。

其十

友爱因心本夙成，临丧倍道趣装程。
共钦诔德千秋笔，犹忆牵裾少日情。

其十一

松门肃肃动清商，圣主经时感未忘。
有敕中秋停赐宴，银沙碧月照苍凉。

其十二

滦河千里直探源，曲折银涛绕塞垣。
形胜岂徒资眺览，山川天险壮篱樊。

其十三

溪山围合远风多，夏木阴中玉辇过。
最是嫩凉新雨后，琤淙泉溜响鸣珂。

其十四

清风徐扇水溶溶，闲理文竿展晬容。
莫讶银刀争上钓，百鳞归处识真龙。

其十五

嵯峨积雪拥层峦，三伏生阴气亦寒。
一自皇仁回暖律，素商时候差轻纨。

其十六

一道飞梁亘玉虹，自天题处号玲珑。

山经搜采何曾到，始信乘槎是凿空。

其十七

蕃马千群灿晓霞，亲携数骑猎晴沙。
推心置腹无猜忌，六合生成总一家。

其十八

苍鹿千年毛角殊，雕弓发处拉摧枯。
专车拟载防风骨，神武天教显瑞符。

其十九

才驻銮镳下锦鞿，更飞彩翰染筠笺。
圣功无息同天健，每日临池字二千。

其二十

重披册府发奎光，御笔亲书大学章。
内圣外王功用备，渊源洙泗见羹墙。

其二十一

苞符秘旨阐羲轩，章蔀纷淆昧历元。
圣悟直超形象始，论穷三角息群言。

其二十二

言本心声蕴太和，天章抒写沛江河。
川岩云物荣光被，并入虞廷解愠歌。

其二十三

奎章阁里萃群书，行笈尝携万卷余。

朱墨分明勤点勘，艺林学海富畋渔。

其二十四

偶征故实及垂纶，睿思宏开耳目新。
博识亦觇天纵妙，心同渊海浩无津。

其二十五

圣泽涵濡万类均，就中恩遇数词臣。
为怜短褐风霜入，赐出宫衣稳称身。

其二十六

森严羽卫静无声，特许班随豹尾行。
橐笔喜瞻天尺五，弓弓队里有书生。

其二十七

卓帐还依御幄前，凫趋鹄立候传宣。
编摹旧是词臣职，奏进新书日几篇。

其二十八

供奉班中出入齐，独携鼠尾写鹅溪。
图成每博天颜喜，香案前头乞御题。

其二十九

玉馔朝朝饱大官，熊蹯鹿尾灿盈盘。
独令重蒸雕薪煮，为念秋深气渐寒。

其三十

岂徒陆海备芳鲜，异品还闻出御筵。

泉煮月团夸紫笋，饭抄云子号红莲。

其三十一

细鳞珍美御尝余，半体分颁到直庐。
饱唼腹腴兼少骨，江乡风味压鲥鱼。

其三十二

鹤禁追陪礼数宽，喜承清暇对流湍。
分甘已慰临渊羡，饱德还同在藻欢。

其三十三

熬波出素质方成，不信天然出水精。
拜赐共知明主意，将好滋味佐和羹。

其三十四

仙草丰茸不识名，寒松落叶骨逾清。
穷搜尔雅犹茫昧，圣主停鞭指示精。

其三十五

儒生鞍马未曾娴，特出龙媒十一闲。
莫虑逸材时骇突，导行先已遣翘关。

其三十六

眷念循良宠谕温，一家骨肉尽衔恩。
致身中外无殊义，共矢捐糜答至尊。

其三十七

小臣曲荷主恩深，未效驰驱愧夙心。

就日倍殷葵藿悃，尘沙遥听属车音。

其三十八

忝携铅椠直金銮，名附元僚奏请安。
传道圣人躬万福，呼嵩额手倍腾欢。

其三十九

泰交盛事庆明良，每接封题喜欲狂。
传说感同身爱切，恍随凤跸被龙光。

其四十

圣德昭融与日新，上穷姚姒迥无伦。
含毫窃恐多疏漏，不及诸臣睹记真。

补充日讲官起居注，恭纪十六韵

启沃勤朝夕，编摹重起居。
五云瞻黼藻，三殿捧图书。
品最称高选，官皆自特除。
珮垂青镂管，香拂紫霞裾。
密地联丹极，清班冠石渠。
小臣殊谫劣，薄植愧庸虚。
弱柳经秋后，焦桐出爨余。
经神非马郑，笔法谢颜徐①。
何意邀宸眷，还容篑直庐。

① 原注：谓颜真卿、徐浩，见唐诗。

时时聆凤绋，日日侍銮舆。
立傍钩陈仗，行随学士鱼。
荣恩身独忝，异数古谁如。
圣德勋华迈，宸章象纬舒。
对扬知莫罄，纪载恐多疏。
岂有涓埃报，惟将悃幅摅。
抚躬思仰副，感极倍踌躇。

赐挂数珠恭纪十二韵

戒珠昭异数，秩命重朝端。
忽沛便蕃锡，优加侍从官。
细攒红靺鞨，间缀碧琅玕。
的的光交映，垂垂缕屈盘。
章身逾鹬绶，襮彩绚貂冠。
银管行兼珮，瑶珂晓并寒。
一时齐拜手，同列总腾欢。
不羡三英粲，还将四照看。
小臣惭负乘，素食凛河干。
有梦随仙仗，无能奉玉銮。
荣虽叨借紫①，心未展怀丹。
只觉衔恩切，弥思报称难。

送杜让水之括苍郡丞任

暂向山城借一枝，冲寒不共话深卮。

---

① 原注：唐制，凡品秩卑而加章服者，谓之借紫。

青云事业看流辈，白首交期感旧知。

月满凤池联句夕①，雪深雁塞寄书时。

翱翔半刺应多暇，好写新篇慰所思。

癸未小除，赐羊鹿鱼雉及鹿尾，恭纪二首

珥笔频分玉箸餐，又蒙宣赐集金銮。

锦鳞彩羽登方贡，鹿尾羊臑出大官。

重捧宫壶琼作液，似攀仙掌露盈盘。

微忱欲献南山寿，先向春朝贺履端。

椒盘柏酒岁华新，贫舍居然有上珍。

最荷恩光先九列，特教姓氏从元臣。

辞年普洽分甘惠，荐熟尤沾锡类仁。

却忆昔时风雪里，寒灯炉火正萧辰。

甲申元夕赐酒馔恭纪

令节传柑夜，隆恩下直庐。

雕盘初献后，珍膳御尝余。

庆洽充庭鹭，欢同在藻鱼。

上林芳信早，风物俨华胥。

油油三爵罢，曲宴有加笾。

仙果盈怀贮，宫花压帽偏。

---

① 原注：让水曾官翰林孔目。

春风生彩袖，喜气溢银鞲。

忝窃臣尤甚，长歌既醉篇。

上元节召赴禁苑观灯连夕，恭赋长句

圣皇四十有三载，太和周浃被八荒。

水土平成雨旸若，尧衢击壤歌时康。

良辰正值上元节，卿云纠缦弥天阊。

禁垣花药春候早，未舒枝叶先闻香。

城开不夜匪逸豫，只为百姓祈丰穰。

雕舆阁道迎寿母，欢颜敬进瑶池觞。

紫宫邃穆钩陈静，桐圭绣衮联雁行。

虎贲缀衣肃剑珮，贡琛献賝来名王。

顾惟儒臣备近列，亦令寓目沾恩光。

恭承宠命忭且舞，缘堤鱼贯趋循墙。

是时冰蟾吐碧峤，微飙不动天苍苍。

忽然一线闪晴电，金蛇火凤纷腾翔。

楼橹参差旌帜别，炮飞燧走森精芒。

上烛璇枢势翕爀，远震岩谷声礚硠。

须臾变幻讵可测，游丝落絮因风飏。

乍疑蜃气嘘海市，珊瑚岛畔垂珠房。

又疑群真朝绛阙，水精帘下拖明珰。

来宵有诏许再入，星球点点攒银冈。

谛观宛象河九曲，千门万户盘羊肠。

灵虬夭矫自何许，口含明月鳞怒张。

连蜷拿攫朝御座，伏若蝘蜓神洋洋。

夜未央兮观止矣，玉壶仙酪仍分尝。

历稽此举传往昔，六鳌双凤词铺扬。
岂如蔼然同乐世，赓歌拜手追虞唐。
小臣频年守荜户，几曾紫陌随游缰。
况登阆苑披宝树，升平瑞事谁能方。
心摇目眴累数日，梦游恍听钧天长。
独惭弇鄙无一似，譬似瓦缶参笙簧。
幸逢锡福遍宇内，家家稌黍盈仓箱。

送蒋酉君庶常，得请迎养兼赐新第

衔毫香案受深知，将母难忘乌鸟私。
特许捧舆趋凤阙，预开赐第近蓬池。
归装正值莺花候，野店争传玉雪词。
春水一帆安稳到，萱闱彩舞日迟迟。

再世金兰谱谊深，枯荄仍得傍瑶林。
谬叨一饭推前辈，直拟千秋共此心。
楼访绛云翻秘帙，岩经拂水寄清吟。
骊驹唱罢情无限，遥数归期待盍簪。

送匡斋兄之武昌太守任

治郡高名洱海传，重闻南楚借才贤。
会城秩是诸侯长，福曜人占一路先。
樊口水寒宵独饮，武昌鱼美署常悬。
忝叨棣萼光分映，伫待征黄到日边。

505

禁中春雪应教

春寒料峭曙光微，五出缤纷集禁闱。
擘柳风来绵早放，落梅曲里玉同飞。
似疏更密频萦槛，乍积还消欲湿衣。
却喜邹枚参末席，分题授简奉恩辉。

皇三子书晚香斋扁额及对联挂幅以赐

当代间平令望新，益于染翰信天人。
漏痕曲注波三叠，戈法斜回弩万钧。
光岳菁英开璧府，芝兰气味及儒绅。
何期宠被瑶华锡，墨宝流传作世珍。

题蔡卓庵副都统《横琴听松图》

三千铁骑拥青油，不是鸢肩定虎头。
却向画图披玉雪，教人错认汉留侯。

琴韵泉声入耳新，烟霞情性鹤精神。
学仙本是英雄事，钟鼎山林指屈伸。

题张砚斋检讨《桃花流水图》

韦平家世无丝纶，日日簪毫侍玉宸。
皖口风光定无恙，暂从画里得闲身。

小草生涯垂白余，把茅长忆五湖居。
怪他绿鬓青云客，便拟岩间着幼舆。

红霞碧浪绕回塘，牵引乡心一倍长。
莫为无田不归去，瓜牛庐亦好徜徉。

绿野风流见典型，百城图画也红亭①。
他时花底将车过，应有新阴在鲤庭。

为念鸰原宿草深②，重披遗墨一沾襟。
白头竟负青山约，此乐从来未易寻。

题蔡方麓詹端《早朝图》

丁丁晓漏彻宫壶，侍女香添睡鸭垆。
洗尽唐人陈句子，别翻新样早朝图。

花阴斜月可怜宵，倦睫薈腾殢碧绡。
便趁鸡声骑马去，误人春事是金貂。

新登八座领宫司，赐第金鳌下直迟。
最羡银屏椽烛下，轻霜全未上吟髭。

画眉妆阁小留连，日影徘徊上八砖。

① 原注：相国园中亭名。
② 原注：谓随斋詹事。

此福天公应吝予，风流学士本神仙。

送徐虞门都谏请假归里

岂独临歧怆别深，多君宦达橐无金。
黄枢要秩高三省，丹扆讦谟有六箴。
客路星霜先结梦，故乡风物倍关心。
莫教久系中朝望，建礼门前听佩音。

送汪迎年广文之官

忆曾问字访邱南①，犀角英英自篆骖。
岂意青山无故老，重逢绿鬓得深谈。
文惭俗学工难售，官寄儒林冷自甘。
好把遗书宏教铎，泮池人共涉经潭。

赐砥石山砚一方，恭纪七律八韵

青瑶一片劚云根，规作星泓墨雾屯。
流润松花波尚腻，含珍砥石德尤温。
岳灵修贡登昭代，文府书勋自至尊。
曾染香毫犹带馥，妙经月斧不留痕。
直方倍觉廉隅凛，贞静从知矩矱存。
歙岭罗纹宁比价，端溪蕉叶敢同论。
未妨余渖沾袍袖②，长许荣光及子孙。

---

① 原注：钝翁所居名邱南小隐。
② 原注：用米芾事。

日夕编摹虚报称，还资默友答殊恩①。

赐青哆啰呢衣一领，恭纪五律八韵

赐衣昭盛典，霞氄② 灿成文。

氄毨③ 鲛人贡，兜罗梵夹闻④。

凤衔梭缜密，翠集羽缤纷。

缝缕金针巧，裁量玉尺分。

薄寒回暖律，急雨荣奇勋。

浅泡花间露，轻舒霁后云。

自怜蓑笠贱，重厕鹭鸿群。

服此期无斁，长承殿阁薰。

优读御书扇头《山庄书怀》示大学士诗，恭颂

秋清紫塞敞行宫，喜见新晴叶岁丰。

盛世雨旸符洛范，高原景物写豳风。

籯车满愿三农乐，稼穑周知五夜衷。

驻跸余闲宣睿藻，斡调元化是神功。

元僚礼遇冠诸卿，御笔亲题扇五明。

宝露浓垂沾袖渥，薰风徐度入怀清。

人传旷典忠咸劝，身沐殊恩感倍生。

堂陛蔼然鱼水契，早知锡福遍苍生。

---

① 原注：顾元庆《十友图》："砚为默友。"
② 原注：吐蕃贡霞氄，今毛段类。
③ 编者按："氄毨"当为"氄氄"之讹。
④ 原注：哆啰即兜罗音之转也，出东印度。

伏读圣制，轸念山庄农事，喜感有秋，长歌一篇恭颂，五言四首

邦本先农食，精勤睿虑长。
年虽书大有，心尚切如伤。
翔野初移跸，秋风届筑场。
八荒皆在目，抒写沛天章。

昨年齐鲁境，微裖亦天行。
未是尧汤儆，先深饥溺情。
遣官临赤县，计口散珠粳。
父老欢心极，惟闻感泣声。

麻征风雨协，灵贶迓天宗。
讵数禾双穗，真成亩十钟。
茅檐歌帝力，苇龠乐时雍。
率土登丰稔，遥知户可封。

保泰心弥励，分猷在庶司。
义同家相贵，禄是下民脂。
日月垂清照，冰霜凛训词。
篇章流德意，并美舜歌诗。

皇太子召赴新苑，观御书匾额二十有九恭纪，七律四首

新开芝苑俨蓬瀛，就下因高不日成。

地接上林通御气，天题禁匾锡嘉名。
云楣耸蠹丹山凤，绣栱横飞碧海鲸。
特许儒臣联步入，凡躯忽傍赤霄行。

重润重输仰睿姿，家庭作述百王师。
勤民宝稼惟无逸，学古尊闻在日知。
自爱离晖娱永昼，常持谦德树崇基。
谛观户牖箴铭备，额手瑶阶颂孝慈。

羲文颉字辟鸿蒙，下逮般倕亦化工。
细展银钩波郁律，巧挥月斧势玲珑。
朝垂霄露披金薤，夜烛荣光亘玉虹。
曾向承华窥墨宝，擘窠运帚法原同。

只字能令尺璧轻，况兼众妙压连城。
数同卜世绵瓜远，象比周天列宿赢。
帝网流辉珠互摄，河宗献瑞宝难名。
微臣飏颂何能罄，文府长沾旷代荣。

砚池冰应令

蓬莱仙苑晓寒生，墨沼停波结水晶。
鹳鹆睛摇光炯碎，蟾蜍滴冷响淙琤。
挥将镂管珠千颗，炙向宫炉碧一泓。
便写云章传璧府，睿怀长共玉壶清。

赐御书大福字恭纪

稠叠恩波万汇该，更颁宝墨下蓬莱。
纯禧真觉从天锡，晚境新从此日开。
华户烟光增璀璨，春台云物共昭回。
敬瞻点画皆皇极，遍德行看浃九垓。

赐御书匾额对联

门巷萧疏草覆檐，双楹何幸贲龙缣。
书超晋帖天章焕，句采唐人圣训兼①。
要惜分阴勤学古，勉留晚节贵持谦。
曲成总荷钧陶力，云日光华得近瞻。

赐砥石砚

曾颁片玉压洮琼②，复拜天恩赐碧泓。
文杏匣开云郁律，春蕉纹细缕回萦。
延津两剑奇终合，韩子双环美忽并。
什袭岂徒藏箧衍，濡毫时益砥坚贞。

加赐哲绿鱼、细鳞鱼各一尾

珍品随年许例支，文鳞增给荷恩私。
才经玉箸亲尝后，犹似银刀出网时。

---

① 原注："汲古得修绠"，"流谦乃素襟"，唐韩愈、钱过句也。
② 原注：砚名，见《周必大集》。

贡出松花微带雪，名符丙穴浅凝脂①。

多鱼庆洽丰穰兆，拜手先陈尔牧诗。

赐玻璃二器

载捧琉璃出紫宫，海西妙制敌神工。

缸凝秋水清无滓，壶泛春醪迥若空。

坚白固应同玉粹，虚明端不遣尘蒙。

便蕃宠渥知难报，只有冰心贮此中。

赐春盘恭纪

青郊仗转簇春盘，节物分颁侍从官。

小户未堪杯泛蚁，清斋偏许膳调兰②。

红炊香稻流匙滑，绿剪柔黄沁齿寒。

珥笔幸依天尺五，光风先已拂归鞍。

赋得"太平天子朝元日"

云开阊阖肃朝正，冠佩锵锵振鹭盈。

岁纪屡丰占在酉③，道登累洽乐由庚④。

方舆职贡梯航远，殿陛赓歌雅颂清。

四十余年宵旰里，普天人共庆升平。

---

① 原注：《通志》哲绿鱼出松花江，鳞鱼与丙穴嘉鱼相类。

② 原注：时奉斗斋，特赐素膳。

③ 原注：古谚云："太岁在酉，乞浆得酒。"言岁必大稔也。

④ 原注：《诗·序》："由庚，言万乐物得其道也。"

赐白金二百两恭纪

皇仁普被及寒微，望外恩加自古稀。
品重朱提天府锡，名书红票月毫飞①。
映来椽烛分行灿，捧并香柑满袖归。
总为冰条官局冷，先回暖律播春晖。

伐檀常慕古贤风，日饱天厨玉粒丰。
俯仰岂犹嗟旅食，解推偏是廑宸衷。
惊邀旷典遭逢盛，喜溢清班拜舞同。
料得家人闻好语，迎门额手尽呼嵩。

谫劣仍趋供奉班，君恩历历重丘山。
正当失路旋开网，已遂归田复赐环。
凡鸟得栖珠树侧，全家许傍阆风间②。
累叨异数超常格，感到沦肌涕欲潸。

此日荣沾宠渥深，千秋佳话贲词林。
东方未饱盈囊粟，司马徒夸买赋金。
礼著养廉明主意，义惟敬事小臣心。
卅年莫展涓埃报，循省中宵愧影衾。

---

① 原注：明李梦阳诗："白金之锭红票记。"谓以朱笔标姓名。
② 原注：先闻赐第之命。

随侍恭纪

阆风芝苑霭长春，睿德昭融与日新。
精诣直探河洛秘，抒词宛共典谟淳。
雅躯书史燃红蜡，延访名流驻画轮。
侍从翩翩扬马盛，隆恩何幸及微臣。

少无名誉齿朋僚，况复先秋鬓早凋。
合共潜鳞游巨壑，岂期凡羽插琼条。
桐材赏自焦余得，骏骨求偏格外邀。
独愧疏慵无报称，惟将寸悃答丹霄。

睿赐砥石砚一方恭纪

曾捧松花片玉温，储闱今喜拜新恩。
文回蕉叶红千缕，光腻春波碧一痕。
体示直方臣节在，中含虚受①　睿怀存。
摩挲未敢轻濡墨，盛典还应及子孙。

睿赐宋刻《尚书》一部恭纪

睿文垂黼藻，宝册焕琳琅。
书备前王法，编从孔壁藏。
重辉高作述，五夜觐羹墙。

---

①　原注：下有一格可容纸墨。

猥以颛愚质，先颁锦缥装。

字粗便老眼，刻久露精芒。

展卷期新得，开函袭古香。

定知黄篾舫，夜夜绕虹光。

睿赐糕果精酝恭纪

日日芳鲜纪大官，特蒙宣赐别常餐。

糕糁玉屑香生齿，苞品堆珠灿满盘。

翠杓细分云液腻，金茎恍挹露浆寒。

拜恩更喜江关近，荣被乡间共洽欢。

赐古炉一座果蔬八器恭纪

丁家妙制博山珍，金缕盘螭灿若新。

什袭自应登秘府，分颁何幸及微臣。

擎来鹢舰清光彻，留得龙香紫雾匀。

未敢燕私陈几席，朝朝手炷祝千春。

天家珍品异常馐，薄劣偏邀礼遇优。

翠斧银罍分□□，琼芽缥带剪香柔。

性甘蔬果清斋便，惠逮乡间宠数稠。

只愧素餐虚报称，兰芬长向齿牙留。

恭和御制赐高旻寺僧纪荫诗

初停仙跸化城中，清磬璆璆隔苑东。

神悟独能超梦觉，片尘端不染虚空。
光分莲炬星芒映，香散银毫月影笼。
一自天章挥洒后，千秋佛日倍昭融。

白杜鹃花应令

佳卉来从海舶遥，一枝霏雪占清标。
名同谢豹啼红雨，色比鲛人叠素绡。
洗净浓妆疑月艳，留将芳意殿春韶。
自邀睿藻添芳谱，长傍瑶林玉满条。

赐睿书折扇一柄恭纪

行幄曾窥墨海龙，九华辉映五云重。
展开赭帕香先动，捧出芝英雾尚浓。
皓月入怀将皎洁，清风满握得从容。
单微姓氏天题署，自庆殊恩旷古逢。

睿赐碧玉印池一枚恭纪

阆风苑里翠琅玕，宠渥何缘及从官。
制出云斤纹缜密，光分螭纽缕回盘。
浮筲旁映层波碧①，浑璞中含一寸丹。
远谢祖莹能博识，于阗宝器辨应难②。

---

① 原注：《礼记》"孚尹旁达"释作浮筲。见《艺文类聚》。
② 原注：北魏祖莹辨于阗碧玉，时称其精凿。

恩赐水西马一匹恭纪

再侍銮镳赴朔陲，龙媒赐逮偎装时。
种从洱海波中出，行向蓬山果下骑①。
摇策旧谙随辇路，倚鞍重赋纪恩诗。
小臣未展驰驱力，空抚腾骧汗血姿。

中元日赐山羊二角、鹿条一盘，恭纪二首

曾颁肥羜膳膏馐，全赍尤惊宠数优。
盘角奇偏钟朔野，卧沙美不让同州。
韭花剪后香逾烈，杏酪调来腻欲浮②。
一饱岂徒充匕箸，荣施家祀及时修。

蓬莱仙苑宴斑龙③，别敕行厨细缕供。
不藉盐酼缘舐碱④，妙逾芝术为含茸。
贮将红玉堆盘营，焙向雕薪入齿松。
总是睿怀垂曲轸，常于马上得朝饔。

---

① 原注：《后汉书》有果下骝。
② 原注：杨凝式《韭花帖》云："助其肥羜实谓嘉馐。"苏轼《食次帖》云："烂蒸同州羊，灌以杏酪，食之以匕，不以箸。"
③ 原注：山家生饮鹿血，名斑龙宴。
④ 原注：《辽史》秋山射舐盐鹿。编者按：此句中"酼"当为"醢"之讹。"盐醢"为伴盐之肉酱。

中秋赐扈从词臣果饼恭纪

辇路秋高气转和，不知此夕令辰过。

忽闻殊锡天边降，始觉清光塞外多。

宫饼团圞辉彩魄，露苞的皪散金波。

太常斋久忘中圣，恩重枯颜已欲酡。

八月二十五日睿驾分营行围获熊恭纪

鹤翼初分队，龙沙大合围。

习劳知睿武，服猛信仁威。

一骑盘苍霭，孤熊蛰翠微。

踞崖投石怒，穴馆跌膘肥。

云压秋山紫，霜含塞树绯。

剑摇虹影亘，矛闪电光飞。

批郤奇无敌，通中巧应机。

迎辕疑特兕，就缚比封豨。

义得除残正，欢同奏凯归。

截肪调玉膳，裁褥饰金靰①。

布赏恩旁逮，承颜礼不违。

入常骖凤辇，出亦扈龙旗。

幸待东华直，亲瞻少海逾。

读书闻掌美，披画睹形稀②。

---

① 原注：汉有绿毛熊褥。
② 原注：宋人画有《雁熊图》。

梦叶斯干吉，祥占渭水非。

射将三十六①，史册播鸿徽。

次日复殪野豕凡获四十足恭纪

斗宿占乾度②，山都记诺皋③。

入围偏善突④，鼓鬣乃名豪⑤。

技比虫含弩，形同猬□毛⑥。

团砂当巩阙⑦，孤颖敌箟箬⑧。

卫体谋诚黠，磨牙性复饕。

不堪驯栅圈，只是践榛蒿。

解作昂头听⑨，宁甘妥尾逃。

儒生眦欲裂⑩，中尉刃徒操⑪。

储圣威容赫，秋旻爽气高。

砰锽长箭割，飒拉短兵鏖。

①　原注：《金史》有《日射三十六熊赋》。

②　原注：北斗临亥，分亥为豕，《乾凿度》，纬书名。

③　原注：猪名山都，见李商隐诗集猪都注下。《诺皋记》，唐段成式
著。

④　原注：豕善突，故曰突豨。

⑤　原注：豪猪见《穆天子传》。

⑥　□：此字原作"㻬"，查无此字，当为刻写之误，故以□替代，容
俟考之。

⑦　原注：甲名。

⑧　原注：弩名。

⑨　原注：《涌幢小品》："野豕能飞鬣射人，粘松腊砂石自卫，矢不能
入。惟项下尺许（丁）〔当作可〕射，射者先叱，叱作声，豕辄昂头而听，
乃射杀之。"

⑩　原注：汉辕固事。

⑪　原注：汉郅都事。

520

一发摧枯巧，群奔向穴嗥。
俄焉歼厥类，翻若执诸牢。
蜡岂烦迎虎，烹应陋献羔。
鲜腴花映字，腻理玉流膏。
善得天心豫，无辞睿体劳。
行帷崇色养，徐待奏鸾刀。

睿赐鲈鱼二尾恭纪

金鬴玉鲙美淞江，行幄分甘给一双。
泽国鲜腴当雁碛，家园景物宛渔矼。
赋同斗酒心先醉①，忆向秋风意已降。
叨愧儒臣恩遇重，柳条才贯出银泷。

睿赐鲜荔枝五颗恭纪

轻红酽白冠炎州，移植蓬莱最上头。
赐出尚含金掌露，擘来忽捧水晶球。
色香味擅无双誉，桃李梅惭第一流。
不是仙苞经摘取，离离只向画图求。

八月十五日睿赐食馔，内豆腐一器恭纪

塞路秋阴雨向晨，睿慈曲轸逮儒臣。
清斋雅觉藜肠惯，法馔重颁菽乳珍。

---

① 　原注：用《后赤壁赋》。

盐豉不施明淡泊，芥薤微和发芳辛。
矢将洁白酬恩遇，敢放冰瓯着点尘。

中秋夜赐词臣果品，别给哈密
葡萄一盘，恭纪

缃苞枝饮出行厨，别赐甜冰品格殊。
贮向花瓷光的皪，来经青海路萦纡。
琼条垂实团秋露，璧月潜辉避夜珠①。
饱食怀将余核在，拟牵翠蔓摘云腴。

附：公奠大宗伯韩慕庐文

　　呜呼！斯世之重轻，恒视乎哲人之存殁。其存也，不因名位而加崇；其殁也，不随形气而俱歇。行不苟同，而言皆有物。醒俗学之瞆聋，挽颓风之薄劣，求之古人，若昌黎、庐陵者，指殆未能多屈。自非命世之英，讵易齐驱而比烈。惟宗伯之为文也，独运心灵，穷探理窟，六籍百家，爬罗剔抉，参之《南华》，以畅其流，衷之史迁，以著其洁。春丽鲸铿，飙驰电掣，遂掇大魁，遭逢特达。绘藻火于舜裳，辉球琳于天阙，荟群言之纷纶，裁伪体之茁轧。读公文者，始而骇，继而疑，终而愧且悦，固已传世行远，倬星汉而扶渤碣矣。迨乎晋陟孤卿，羽仪朝列，夙夜寅清，枢机密勿。庆鱼水之和谐，无堂廉之隔绝。公乃正色昌言，济都俞以吁咈，谢宠利而弗居，当雷霆而不慑。退食萧然，神姿高彻。笔墨觥筹，典坟肴核。盎然被人以春风，而泠然饮人以冰雪。视世之婬嫛脂韦者，曾何以当其一哂。去年公以疾请告，天子方靳

①　原注：是夕无月。

公之去，而公已浩然将归老乎岩穴。顾以知遇之殷隆，未敢博名高于勇决。审进退以难安，绕回肠而百折，海内人士方望公之枋政大行，而讵意其死生契阔也。闻讣之日，无知与不知，咸临风而呜咽。况于某等接迹禁林，联趋省闼。譬同车以共载，乃脱辕以失辖。故世之悼公者，以其经术之湛深，议论之卓越，而某推本公之所以为文者，在乎一介必严，万夫不挠之节，则今日之怆，岂徒交从僚友之旧哉，亦将为世道人心而怆结也。瓣香肃陈，清酤载设，岁月无涯，英灵若揭，庶斯文之未泯，晞嗣响于来哲。

后学张炌芸阁
振屺瞻仲　校字

吴兆骞杨瑄研究资料汇编　杨瑄卷

附录

杨瑄　杨锡履　杨锡恒

李兴盛

　　清初，松江（今上海市松江区）人士杨瑄曾遣戍东北地区。第一次在康熙二十九年（1690），遣戍沈阳，至三十四年（1695）始被赦归田里，第二次在雍正元年（1723），遣戍珲瑗，后死于戍所。两次遣戍期间，次子杨锡恒都曾随侍，而第二次遣戍时，其另一子杨锡履（可能是长子）也曾随戍。他们的戍边，对塞外的开发不无小补，尤其是他们在亲身体验与调查的基础上，写成的有关东北地区的历史地理之作及其许多诗文，值得我们挖掘与考查。现在，我们就将杨氏父子三人的有关史料，辑录成编，以供有志于地方史与边疆史研究者参考。

一、杨瑄生平及其著述

（一）杨瑄传略

　　"杨瑄字玉符，华亭（今上海市松江区）人。父枝起，前明崇祯七年（1634）进士，户科给事中。疏请用黄道周及荐吴嘉允等，有直声。瑄承家学，康熙十五年（1676）联捷进士，改庶吉士，授编修，主顺天试。丁艰起复（可能指杨枝起之死），以撰文误，戍沈阳。旋放还，特起原官，历升内阁学士。己丑（康熙四十八年，亦即 1709）致仕。癸卯（雍正元年，即 1723）再戍黑龙

江，卒于贬所。"《松江府志》卷 57 页 7

> 按：《江苏诗征》卷 62 页 7 所载大致同此，唯谓其号楷庵，
> 不见于他书。另外据戴梓《耕烟草堂诗钞》及顾桐村
> 《梅东草堂诗集》，可知杨瑄之字玉符，又作玉斧。

（二）杨瑄主要事迹

1. 杨瑄主试顺天乡试之时间

"康熙十七戊午（1678）乡试，顺天主考，编修杨瑄，检讨
李阜……"

福格《听雨丛谈》卷 9

2. 第一次遣戍之原因

"华亭杨瑄玉符，官编修时，以撰拟阵亡都统公佟国纲祭文，
误用王彦章事，谪戍尚阳堡。旋放还，历官内阁学士，缘事遣归。"

杨钟羲《雪桥诗话续集》卷 3 页 81

"康熙二十九年十月谕曰：'凡拟撰文章，系翰林官职掌，理
当加意详慎，克肖其人，何可意为轻重？今览杨瑄所撰内大臣、
都统公舅舅佟国纲祭文，引用王彦章事迹，极其悖谬。朕见所撰
祭文，每于旗下官员，多隐藏不美之言，于汉人则多铺张粉饰，
是何意见？'并传张英及撰文者，以从前姚文然、魏象枢、叶方蔼
祭文，与此祭文较看。寻准部议：编修杨瑄革职，发奉天（今沈
阳）当差，张英革去礼部尚书，仍管翰林院詹事府事。"

蒋良骐《东华录》卷 15

> 按：是年九月康熙舅舅内大臣、都统佟国纲，随大将军福
> 全出击噶尔丹时，在乌兰布通（今在辽宁）战死，杨

瑄与其他翰林官员均撰文祭祀。由于他在祭文中引用了后梁大将王彦章的典故，被康熙认为是"隐藏不美之言"、"极其悖谬"而受到革职遣戍的处分。其"不美"与"悖谬"，可能是指王彦章是被俘而死，而佟国纲并未被俘。此事《清圣祖实录》也有记载，稍详于此，可参看。另外，王彦章事，见《旧五代史》卷21与《新五代史》卷32。

3．杨瑄第一次出塞

送杨夫子出塞

分携顷刻泪潸潸，师弟东西苦一般。
未必雁过金佛峡，那从书寄玉门关？
文人薄命思焚砚，圣主恩多必赐环。
他日得陪烟艇去，风波不虑五湖间。

顾桐村《梅东草堂集》卷 2 页 1

按：此诗系为杨瑄出塞而作，作于康熙二十九年，据此可知杨瑄出塞为该年冬。两年后，顾桐村也以"党争"失势，被发往沈阳。这样，他们在戍所，时相唱和，并与著名文人陈梦雷、戴梓等过从甚密。

4．康熙三十四年被赦归乡里

顾桐村有"送杨玉符夫子（指杨瑄）被召还都"诗八首，自注作于乙亥，即康熙三十四年，见《梅东草堂诗集》卷3页5—6，以该诗过长，从略。可见，其被赦归乡里，在康熙三十四年。

5．关于重被起用及其升迁之记载

康熙四十二年"上南巡……至江南，诏起用原……翰林编修杨瑄，加检讨……"

王士禛《香祖笔记》卷 2

康熙四十二年四月"乙卯谕吏部……原任编修杨瑄，学问甚优，著复原职。"

《清圣祖实录》卷 212 页 6

康熙四十二年九月丁丑"以……翰林院编修杨瑄，充日讲起居注官。"

《清圣祖实录》卷 213 页 17

康熙四十五年二月"庚寅朔，杨瑄为内阁学士，兼礼部侍郎。"

《清圣祖实录》卷 224 页 10

康熙四十五年五月"辛未以……内阁学士杨瑄，俱充经延讲官。"

《清圣祖实录》卷 225 页 11

康熙四十五年六月"癸巳以内阁学士杨瑄，兼詹事府詹事。"

《清圣祖实录》卷 225 页 17

6. 被勒命"致仕"

"己丑（康熙四十八年）致仕。"

《松江府志》卷 57 页 7

康熙四十八年正月"乙未谕文武诸臣曰……九卿会议时，（诸臣）但一二人发言，众俱唯唯，其汉大臣必有涉于彼之事，方有所言，若不涉于彼之事，即默无一语，……尤可异者，汉官议事，前人画题，后人亦依样画题，不计事之是非，但云自有公论。又有至画题已毕，始问为何事者，如此宁不有愧于举国之清议耶？
马齐、王鸿绪、李振裕……今不可再容矣。蔡升元轻浮无实，杨
瑄知交杂滥，其人品，亦皆不端，俱著原品休致。"

《清圣祖实录》卷 236 页 13—14

按：康熙所谓的杨瑄"知交杂滥"、人品"不端"，系指杨瑄
由于赞同大学士马齐之议，推戴皇八子胤禩为太子，因
此在胤禩之党羽遭到残酷惩处的情况下，杨瑄也被勒命
"休致"。此事与废太子之案有关，事详《圣祖实录》四
十七、四十八年之记事。

7. 雍正元年再次遣戍

"雍正元年不召赴阙，擅入乾清门，获罪，遣戍黑龙江，卒
于戍所。"

《雪桥诗话续集》卷 3 页 81

按：杨瑄不奉诏诣进京，赴阙入乾清门，其目的可能是为
"哭临"康熙之故，因为康熙帝于前一年十一月死去。

（三）杨瑄之经史、诗文与书法

"瑄湛深经术，精研史学，骈体工丽，古文直造宋人堂奥，
诗律稳细，书法行楷，亦俱入妙。"

《松江府志》卷 57 页 7

"瑄研究经史，其所作古文，自谓于尧峰（指清初著名文人
汪琬），当逊一头地，余子不多让也。尤工行楷。"

光绪《金山县志》卷 21 页 6

"吴日千曰：太史（指杨瑄）匪独工台阁体，至古诗歌行，宏肆峻拔，凿阴阳而移高深，昌黎（指唐代著名古文家韩愈）以后不多见。"

《国朝松江诗钞》卷 15 页 17

（四）杨瑄之交游与著述

1. 杨瑄与当代可以考知的唱和者，有吴伟业（《吴梅村诗集》卷 10）、戴梓与陈梦雷（《耕烟草堂诗钞》卷 1、卷 2 等）、顾桐村（《梅东草堂诗集》)、许志进（《谨斋诗稿》癸巳年稿下)，另有陈敬廷（《午廷文编》卷 15)、劳之辨（《静观堂诗集》卷 21)。

2. 杨瑄著《楷庵诗草》、《塞外草》。

光绪《金山县志》卷 15 页 9

按：《江苏诗征》作《楷庵集》。另外，据《国朝松江诗钞》卷 15，清末时，其《塞外草》"只存近体数章"。

（五）附录：杨枝起传

"杨枝起字扶曦，洛北村人，崇祯七年进士，授湘阴令，内擢兵部主事，转户科给事中。在垣遇事敢言，请用黄道周，褒卢象升，而黜杨嗣昌（略）。疏上，帝大怒，将予杖，念其言直，令回奏，遂不问。又尝荐乡贡吴嘉允等，直声大著。李自成破京师，窜伏'贼'籍，士论惜之。"

光绪《金山县志》卷 19 页 15

（六）杨瑄塞外诗

谪居柬友

同是天涯万里身，相依萍梗即为邻。
闲骑塞卫频来往，小擘霜螯忘主宾。
明月满庭凉似水，绿莎三径软于茵。
生经多难情逾好，未觉人间古道沦。

底用浮名挂齿牙，藜床土锉野人家。
梦回飒飒吟秋籁，醉后呜呜答寒笳。
邻树移阴青满院，菜畦通水碧成洼。
扶筇便入鸡豚社，身作齐民一倍嘉。

《国朝松江诗钞》卷 15 页 20

按：这两首诗作于戍所，写的是"生经多难"的遣戍流人
"相依"、"为邻"的友谊及其聊以忘忧的生活。

二、杨锡履及其著述

"（杨瑄）子锡履，字葆素，诸生，尝随瑄戍黑龙江，遇恩赦
归，杜门著述，有《自适斋文稿》及《口外山川纪略》。"

光绪《金山具志》卷 21 页 6

三、杨锡恒及其著述

"杨锡恒字涵贞，号查岑，瑄次子，康熙乙酉（四十四年，
即 1705 年）举人，己丑（四十八年，即 1709 年）进士，中书。"

《国朝松江诗钞》卷 27 页 19

　　"以养亲不就选，侍瑄两次谪戍，体恤周至，瑄自忘其身在万里外也。母病，吁天，愿以己算益母寿，寻愈。及游岭南，时母在家遘病，忽心动，急就道，抵家甫五日，而母卒。"

光绪《金山县志》卷 22 页 8

　　按：杨锡恒既为杨瑄次子，则杨锡履当为杨瑄长子，唯《金山县志》未明言，志此存疑。

　　"杨锡恒著《冰天草》、《听雨轩诗文集》、《生还草》。"

光绪《金山县志》卷 15 页 10

　　按：杨瑄父子三人的七种著述，是否尚存于天壤间？不得而知。如果还能挖掘出来，那将成为东北地方史研究上的大事，志此俟考。

四、杨锡恒塞外诗

纪　异

地乃天之配，其道宜安贞。胡然此一方，震动无时停？
欻若飓风过，殷若雷车鸣。耳目尽骇眩，魂魄为之惊。
初疑九轨道，毂击声喧轰。又如万斛舟，掀簸巨浪迎。
一椽木如寄，敏乂劳支撑。上栋与下宇，岌岌忧摧崩。
不已势将压，性命毫毛轻。闻诸古史册，其变在五行。
迂儒守章句，白黑聚讼争。方今圣明世，灾祲何由生。
此理不可晓，闲居细推评。每当地震后，厥占应玄冥。
阴气盘地轴，欲奋难遽腾。小震则小澍，大震斯盆倾。

屡试不可爽，历久信有征。艾河地库下，溪谷流纵横。
积涝成巨浸，势欲排丘陵。二麦既黄萎，稯际类寸莛。
惟菽稍有实，又恐秋霜零。谋生艰一饱，敢望仓箱零。
典衣入市廛，无处易斗升。来日信大难，寸心忧屏营，
皇天不仁爱，视听非懵懵。万方悉在宥，岂独遗边氓？
愿夺箕毕好，长放羲娥晴。庶使职载者，亦得安坤宁。

按：本诗写的是雍正初年夏秋之际，艾河，亦即爱辉一次地
震的情景。先述地震发生的情景，次述地震之成因，三
述地震带来的灾难，最后倾诉了自己对地震带来的灾难
深感忧虑与盼望天晴并早日赦还的心情。这是第一首咏
黑龙江地震之诗，颇富史料价值。

代酬宗室巴公惠香木杖

荷君拄杖殷勤增，怜我残年老病侵。
入手频教夸夔铄，扶行喜不废登临。
制看从朴弥征雅，质本含香更觉深。
只恐葛陂龙欲化，仙家神物杳难寻。

塞外草甚繁，多不能名，今就习见三种，各咏一首（存二）

马兰花

花色并同高良姜，但差小，而色较深。

谁署佳名作马兰？不殊南国紫罗栏。
态轻疑舞花房蝶，色艳深回紫诰鸾。
天水碧衣风外举，唾花绀袖雨馀看。
娇姿只向边沙老，谁与寄根到上阑？

金 莲 花

沧洲金莲花，研之如泥，彩绘与真金无异。

移自沧洲仙种芳，鞠衣正色应中央。
华峰莲并生来瑞，祇树金同布处黄。
步忆齐宫争窈窕，灯传禁院独辉光。
荒江野岸开无主，一样倾心向太阳。

双燕垒巢梁间者半月矣，一旦忽去，感而有作

望断斜阳竟不归，垒巢未就又相违。
不知芳草天涯外，可有朱门任尔飞?

艾河元夕竹枝词

绝塞寒云冻不开，全凭人事唤春回。
儿童踏臂欢呼处，争看灯官上任来。
（嘉平封篆后，即设灯官，至开篆日止。）

赫赫前驱清道旗，青红皂隶两边随。
朱标告示当街挂，新署头衔灯政司。
（灯官称灯政司。）

倾城鼎沸闹秧歌，红粉新妆细马驮。
不信使君真有妇，罗敷过处看人多。
（马上女妆者，称灯官夫人。）

迎虎迎猫载圣经，祈年赛社岂无灵？

由来戏事关农事，前队先迎五谷瓶。

（灯作瓶式，绘五谷而封其口，取五谷封登意。）

以上均见《松江国朝诗钞》卷 27 页 19—21

原载《黑河社联通讯》1982 年第 1 期

后载《黑龙江流寓人士传记资料辑录》

穷老投荒尽室迁

——清初两次遣戍东北边区的
杨瑄、杨锡履、杨锡恒父子及其塞外诗

李兴盛

清初，大量流人被遣戍到东北，他们对边区的开发，作出了程度不等的贡献。其中一些文人，或将中原文化传到边陲，或在自己的著述中，记录下了当地的沿革、民族、风俗与物产，描绘了美丽的风光景色，从而有助于当地的文化发展与历史的研究。康熙、雍正之际，两次遣戍东北边区的内阁学士杨瑄及其随侍的二子杨锡履、杨锡恒，就是很好的例证。

一、杨　瑄

杨瑄字玉符，一作玉斧①，号楷庵，华亭（今上海市松江区）洛北村人。其父杨枝起，字扶曦，明崇祯七年（1634）进士，历任湘阴县令、兵部主事、户科给事中等职。"遇事敢言"，"有直声"，曾经上疏请召用名臣黄道周、褒奖抗清名将卢象升、罢黜权臣杨嗣昌，以此触犯了崇祯帝，几至获罪。② 李自成的大顺军攻陷北京，他降附农民军，自成西撤，他返回故里，"家居三十载，势渐式微"，至其子杨瑄中进士，"声势复振"③。

---

① 戴梓：《耕烟草堂诗钞》。
② 光绪《金山县志》卷十五；嘉庆《松江府志》卷五十七。
③ 叶梦得：《阅世编》卷五。

杨瑄秉承家学，颇有才华，而且幼年又曾师事同邑"放笔为文，浩瀚莫御"的董而中①，因此更加才华横溢。康熙十四年（1675）中举人②，次年联捷进士，改庶吉士③。十七年七月授翰林院编修之职④，同年八月主持过顺天乡试⑤。

康熙二十九年（1690）八月，声势显赫的康熙帝舅父佟国纲（内大臣、都统），随抚远大将军福全出击厄鲁特部噶尔丹时，在乌兰布通战死，杨瑄与其他翰林官员奉令撰文祭祀。由于他在祭文中引用了五代时后梁大将王彦章的典故，触犯康熙帝的忌讳，因此，这年十月康熙帝下诏："今览杨瑄所撰内大臣、都统、公、舅舅佟国纲祭文，引用王彦章事迹，极其悖谬。朕见所撰祭文，每于旗下官员，多隐藏不美之言，于汉人则多铺张粉饰，是何意见？"康熙帝所谓的"悖谬"与"不美"，可能是指王彦章系被俘而死，而佟国纲却未尝被俘，另外，王彦章拥戴的是"昏乱"的梁末帝，而佟国纲的主子康熙则是"圣明"的。凡此种种，均犯清廷之忌。结果，杨瑄被革职，"发奉天八旗当差"，礼部尚书张英也受到牵累而被革职。⑥

杨瑄出塞之际，其友人顾桐村赋《送杨夫子出塞》一诗赠别：

> 分携倾刻泪潸潸，师弟东西苦一般。
>
> 未必雁过金佛峡，那从书寄玉门关？
>
> 文人命薄思焚砚，圣主恩多必赐环。
>
> 他日得陪烟艇去，风波不虑五湖间。⑦

① 嘉庆《松江府志》卷五十一。

② 乾隆《娄县志》卷十八（民国刊）。

③ 嘉庆《松江府志》卷五十七。

④ 《清圣祖实录》卷五十七。

⑤ 《清圣祖实录》卷七十六；福格：《听雨丛谈》卷九。

⑥ 蒋良骐：《东华录》卷十五，参见《清圣祖实录》卷一百四十九。

⑦ 顾永年：《梅东草堂诗集》卷二。

关于杨瑄遣戍的地点，劳之辨谓在辽阳①，《江苏诗征》作尚阳堡，而《清圣祖实录》、《松江府志》作奉天。我们认为应以《清实录》奉天（即沈阳）之说为是。

两年之后（1692）顾桐村也以"党争"失势，遣戍奉天，这样，他们在戍所得以时相唱和，同时与遣戍该处的其他著名文人陈梦雷、戴梓等也过从甚密。至康熙三十三年（1694）"五月释归本籍"②，赦归的原因，已无从考知。次年塞外归来，友人劳之辨曾赋诗相贺："京洛相逢须痛饮，预将月俸问新刍。"③狂喜之情，溢于言表。

康熙四十二年（1703）春，康熙帝南巡至江南，也许是由于曾经"驻跸"过杨瑄的故乡松江，因此突然记起了"原任编修杨瑄，学问甚优"，于是在四月份下诏"著复原职"④。同年九月又"充日讲起居注官"⑤。四十四年（1705）十一月主持过顺天武乡试。⑥四十五年二月升任内阁学士，兼礼部侍郎。⑦同年五月充经筵讲官，六月又兼任詹事府詹事。⑧这几年是杨瑄在仕途上青云直上的时期。

但也就在他志得意满，一帆风顺之际，一场政治上的打击，突然袭来，使他再次被罢官，重戍塞外。原来，这时由于皇太子胤礽的被废黜，诸皇子均培植党羽，谋夺储位，致使朝内党争十分激烈。四十七年（1708）冬，杨瑄由于赞同大学士马齐推戴皇

---

① 劳之辨：《静观堂诗集》卷十一、卷十二。
② 王渔洋：《居易录》。
③ 《静观堂诗集》卷十一，页五。
④ 王渔洋：《香祖笔记》；《清圣祖实录》卷二百一十二。
⑤ 《清圣祖实录》卷二百一十三。
⑥ 《清圣祖以录》卷二百二十二。
⑦ 《清圣祖实录》卷二百二十四。
⑧ 《清实祖实录》卷二百二十五。

八子胤禩为太子之议，违背了康熙帝的意愿，因此在次年（1709）正月获罪。康熙帝以"知交杂滥"，"人品亦皆不端"为借口，命杨瑄及王鸿绪等四人"原品休致"。同时马齐被革职拘禁，马齐之弟马武也牵累入狱。① 康熙帝制造这次事件的目的，是借此打击胤禩之党，但是，杨瑄在这次政治事件中，却成了"党争"的牺牲品。

皇四子雍正帝胤禛上台后，为了彻底击败政敌，对于胤禩、胤禟（皇九子）之党附者，更是无情镇压，杀捕放逐，无所不为。甚至连罢职家居的杨瑄，也未能幸免。雍正元年（1723）胤禛借口杨瑄"不奉召赴阙，擅入乾清门"②，把他遣戍到更为遥远的黑龙江城（今爱辉）。杨瑄不奉诏赴阙，并入乾清门的原因，虽然史书无征，但如考虑到康熙大行皇帝的梓宫当时是存放在乾清宫内这一史实，问题就比较清楚了。也就是说，杨瑄的来京，系为"哭临"病逝未久的先帝。然而，孤臣孽子的愚忠，却招来遣戍绝域的大祸，这倒是杨瑄始所未曾料及的。杨瑄这时已是垂暮之年，如果康熙十四年中举之际年在二十左右，那么这时已经年近七十。白发戍边，归期无望，晚境之凄凉，可想而知。

三年仲春，行抵戍所，结识了康熙五十七年来艾浑（即爱辉）省亲的天长人缪士毅，他被缪士毅的孝行所感，写有足补史乘未备的、近七百言的长诗《缪孝子行》。该诗既描写了缪士毅历尽艰辛、两次出塞寻亲的动人事迹，又抒发了作者"穷老投荒尽室迁"的无限感慨。该诗所述的缪士毅之母自故乡流放沈阳、沈阳改徙宁古塔、又自宁古塔改徙艾浑的事迹，与清廷所从事的抗俄斗争的战略部署是紧密相关的，因此这首叙事诗，具有很高的史料价值。

---

① 《清圣祖实录》卷二百三十六。
② 王豫：《江苏诗征》卷六十二。

后来不知过了多少时间，杨瑄卒于戍所。其遗著有《楷庵诗草》（一作《楷庵集》），又作《楷庵诗略》、《塞外草》①。《塞外草》写于塞外，对于边事的考证，大有裨益，可惜"只存近体数章"。其二子杨锡履、杨锡恒也都工诗善文，撰有专著。其交游可考者，还有著名诗人吴伟业（见《吴梅村诗集》卷十）、许志进（见《谨斋诗稿》癸巳年稿）、劳之辨（见《静观堂诗集》卷十一）、陈廷敬（见《午亭文编》卷十五）及洪昇（见《楷庵诗略》卷一）等。

杨瑄多才艺。首先，他是一位学者。他"湛深经术，精研史学，骈体工丽"②。"其所作古文，自谓于尧峰（指清初著名文人汪琬）当逊一头地，余子不多让也"③。又有人说他"古文直造宋人堂奥"④，可见其经史与古文造诣，都是很深的。其次，他又是一位书法家。"其书法行楷，亦俱入妙"⑤，"尤工行楷"⑥。此外，尤其值得提出的，他还是位诗人。时人谓其"诗律稳细"⑦。又有人说他"匪独工台阁体，至古诗歌行，宏肆峻拔，凿阴阳而移高深，昌黎（指唐代著名古文学家与诗人韩愈）以后不多见"⑧，可见他又擅长诗歌。事实正是如此，"萼含珠露绽，叶衬石苔肥"，其咏牡丹诗，不但显示了他雍容华贵、高艳秀丽的台阁体诗的特点，而且还体现了他稳细的诗律与横溢的才华。而《缪孝子行》等古诗歌行，又凝聚着宏肆峻拔的诗风。最后，我们选录其写于塞外、既非稳细又非宏肆的具有另一种风格的《谪居柬友》二律，

---

① 光绪《金山具志》卷十五。
② 嘉庆《松江府志》卷五十七。
③ 光绪《金山县志》卷二十一。
④ 嘉庆《松江府志》卷五十七。
⑤ 同上。
⑥ 光绪《金山县志》卷二十一。
⑦ 嘉庆《松江府志》卷五十七。
⑧ 《国朝松江诗钞》卷十五。

以反映其诗歌风格的多样化及谪居生活的心理状态。

谪居柬友

同是天涯万里身，相依萍梗即为邻。
闲骑寒卫频来往，小擘霜螯忘主宾。
明月满庭凉似水，绿莎三径软于茵。
生经多难情逾好，未觉人间古道沦。

底用浮名挂齿牙？藜床土锉野人家。
梦回飒飒吟秋籁，醉后呜呜答塞笳。
邻树移阴青满院，菜畦通水碧成注。
扶竿便入鸡豚社，身作齐民一倍嘉。

二、杨锡履

杨锡履，字葆素，诸生。杨瑄之长子。为人好学，"经史百家，靡不殚究"。杨瑄遣戍瑷珲时，他与其弟锡恒，均曾随侍，"险阻艰难，不离左右"。其父卒于戍所后，兄弟二人以"遇恩赦归"。此后，锡履"杜门著述，至老不衰"。有《自适斋文稿》八卷、《口外山川纪略》六卷。① 这两部书，尤其是后一种，对东北历史地理的研究，必然是大有裨益的，可惜均已失传，但愿他日，能够重现人间。

---

① 嘉庆《松江府志》卷五十八。

三、杨锡恒

杨锡恒，字涵贞，号查岑，杨瑄之次子。"生平好古博学"，康熙四十四年（1705）举人，四十八年（1709）进士①，官内阁中书。杨瑄两次遣戍塞外，他都曾侍行，在戍所，"体恤周到，瑄自忘其身在万里外也"②。康熙三十三年杨瑄自奉天赦归，顾桐村曾赋《杨涵贞世兄还云间》八首绝句为锡恒送行。③ 其三云：

> 结束征衣发未冠，来回万里一身单。
> 临行只恐伤亲意，泪咽胸前不忍弹。

该诗点明杨锡恒当时的年少（未冠）及临归时喜极而悲、但又不敢表露出来的细致感情。杨瑄卒于艾浑后，他又"极哀尽礼"，后来与其兄锡履"遇恩赦归"故里。其为人恪守儒家忠孝之道，"母病吁天，愿以己算益母寿"。后来又曾一度出游岭南，这时适值其母又遭病于家，锡恒"忽然心动，急就道，抵家甫五日而母卒"④。其著作有《冰天草》、《听雨轩诗文集》、《生还草》等。顾名思义，其《冰天草》必为塞外诗集。

杨锡恒曾经长期居于塞外，对于东北的山川、草木、风土、人情、习俗等，都很熟悉，因此以这一部分内容为题材的诗歌，对于黑龙江，尤其是东北地方史的研究，提供了丰富的信实史料。如长

---

① 《国朝松江诗钞》卷二十七、嘉庆《松江府志》卷五十八（陆锡熊《娄县志》卷十八谓锡恒系康熙五十一年进士，与四十八年之说异，但此说实误）。

② 《国朝松江诗钞》卷二十二。

③ 《梅东草堂诗集》卷三。

④ 光绪《金山县志》卷二十二。

诗《纪异》，描写的是雍正年间瑷珲地区一次地震的情景。该诗首先描绘了地震爆发时如风撼，雷鸣，毂击，浪涌的景象。接着推评与论述了地震的成因，又指出地震带来的溪流纵横、积涝成浸、秋收无望的灾害。最后反映了作者典衣易粟、艰于谋生的悲惨处境及渴望赦归的心理。可以断言，这是迄今为止我们所能见到的最早咏黑龙江地震之诗歌，它对黑龙江地方史或科技史的研究，都是非常有益的。《马兰花》、《金莲花》两首绝句，对于塞外物产志的研究，也有着不可忽视的史料价值。尤其是《艾河元夕竹枝词》四首绝句，对于当时艾河即艾浑，亦即今爱辉乃至整个黑龙江地区上元灯节风物民情的研究，有着更为重要的史料价值。现在将全诗转录如下。

艾河元夕竹枝词

绝塞寒云冻不开，全凭人事唤春回。
儿童踏臂欢呼处，争看灯官上任来。
（嘉平封篆后，即设灯官，至开篆日止。）

赫赫前驱清道旗，青红皂隶两边随。
朱标告示当街挂，新署头街灯政司。
（灯官称灯政司。）

倾城鼎沸闹秧歌，红粉新妆细马驮。
不信使君真有妇，罗敷过处看人多。
（马上女妆者，称灯官夫人。）

迎虎迎猫载圣经，祈年赛社岂无灵？
由来戏事关农事，前队先迎五谷瓶。
（灯作瓶式，绘五谷而封其口，取五谷丰登之意。）

灯政司是清朝前期黑龙江北部地区人民利用封印机会，结合上元灯节的特点所创立的一种管理灯务，同时又多少有点行政权威的民间"衙署"。这种风俗，最初在方式济的《龙沙纪略》及方观承的《卜魁风土记》中有所反映，仅仅过了几年，又在杨锡恒的诗中得到了更多的体现。诗中述及的"灯官"、"灯官夫人"、"灯政司"等遗闻掌故，与方式济，方观承及西清等人的有关记载，完全可以互相印证、补充和说明，诚如杨钟羲指出那样："亦边微之琐闻也"①。至于"五谷瓶"灯的记载，反映出雍正年间，当地已由清初的重视游牧，进而改为重视农业了，也就是说，它体现了当地的开发与进步。

原载《龙江史苑》1984 年第 1 期

后载《流寓文化中黑龙江山水名胜与轶闻遗事》

---

① 杨钟羲：《雪桥诗话》续集卷三。